湖北革命知之录

张难先　著

商務印書館

2011年·北京

图书在版编目(CIP)数据

湖北革命知之录/张难先著. —北京：商务印书馆，2011
ISBN 978-7-100-08459-8

Ⅰ.①湖… Ⅱ.①张… Ⅲ.①革命史-研究-湖北省-近代 Ⅳ.①K296.3

中国版本图书馆CIP数据核字(2011)第131334号

湖北革命知之录

张难先 著

商 务 印 书 馆 出 版
（北京王府井大街36号 邮政编码 100710）
商 务 印 书 馆 发 行
三河市尚艺印装有限公司印刷
ISBN 978-7-100-08459-8

2011年9月第1版 开本 710×1000 1/16
2011年9月北京第1次印刷 印张 29 1/4
定价：58.00元

再版前言

在今年庆祝中国共产党成立 90 周年大会上，中共中央总书记胡锦涛发表了重要讲话。胡锦涛在讲话中特别指出，孙中山先生领导的辛亥革命，结束了统治中国几千年的君主专制制度，对推动中国社会进步具有重大意义。

祖父张难先就是这场伟大革命的投身者。早在 1904 年，在孙中山先生革命思想指引下，祖父就与同时代的革命先贤们，在总结以前多次起义失败的教训中，探索出一条湖北革命的正确道路——运动军队，祖父曾激昂地说："革命非运动军队不可，运动军队非亲身加入行伍不可。"当时祖父已届 30 周岁，早已过了当兵的年龄，但为了革命，他同比他小 10 多岁的革命志士一起投湖北新军第八镇工程营当兵。他们在军营里散发革命书报，宣传革命道理，启发士兵觉悟；除了运动军队外，祖父还通过在文普通学堂读书的同乡发动各学堂的学生。在发动军队、学生的基础上，商议组建革命机关"科学补习所"。组建筹备会共 12 人，其中工程营士兵就有 8 人，占三分之二，所以祖父又把"科学补习所"叫做"工程营士兵所发起组织之革命机关"。科学补习所的正式成立，标志着湖北革命已由思想发动进入到组织发动的阶段。祖父在工程营播下了革命的火种，3 年以后，武昌起义的第一枪，就是从这里打响。祖父与其战友们为推翻帝制、开创共和所建立的功绩将永载史册！

祖父 1874 年生于湖北沔阳（今仙桃市）东乡接阳一个小商兼农户之家。3 岁时开始入私塾，接受传统儒学教育。他出生于内忧外患的近代中国，在青年时代，祖父就厌弃科名，立志济世。18岁时写了一副门联明志："欲乘长风破万里浪，懒与俗士论八股文"。戊戌维新时期，他是康有为、梁启超维新思想的追随者。后来，他认识到，维新变法在中国行不通，所以，他很快成为孙中山先生的信徒。1904年，他赴武昌，投身新军，和胡瑛等人在新军中发展革命力量，同年发起创建湖北第一个革命团体科学补习所，在早年的革命中，祖父曾遭到逮捕，险遭杀害。武昌起义爆发后的第二天，祖父就从汉川奔赴武汉，参加抗击清军的战斗。祖父是湖北辛亥革命亲历者，也是辛亥革命的记录者和研究者，他写了不少关于辛亥革命的诗词、文章、著作，诗如《甲辰双十节感赋》，文章如《武昌首义与张之洞督鄂去鄂及其死》，著作如《湖北丙午党狱汇纪》、《湖北革命知之录》等。其中影响最大的是《湖北革命知之录》。写《湖北革命知之录》时，祖父已届耄耋之年，中国正处于战火纷飞的抗战时期，写作环境十分艰苦，祖父以顽强的毅力进行资料的收集、整理、鉴别与写作。为什么祖父对此如此执著呢？他的目的有两个：一是为了保存辛亥革命的历史资料和信史，以此来教育青年一代；二是通过总结辛亥革命的精神，鼓舞全民族同心协力，抗击日寇侵略。为了写好这本书，祖父不顾年老体衰，辗转于政府机构、大学、图书馆，查找史料，还写信向健在的辛亥革命同志及已去世的辛亥革命同志亲属征求史料，祖父把稿子写好后，还专门请大学的史学教授、专家提意见。书名取"知之录"，正如祖父在自序中所说的：取论语"知之为知之，不知为不知"之意。为此，此书三易其稿，可见祖父对写作的认真。1945年，《湖北革命知之录》由商务印书馆在重庆出版，翌年再版于上海。在《湖北革命知之录》出版后，祖父将为写这本书所收集的史料和往来的书信资料整理成册，其中仅往来的书信就有18册之多。他一直珍藏在身边。1968年祖父去世后，由父亲捐献给现在的国家图书馆。今年春，我们在国家图书馆就看到了这批书信的影印本。经仔细翻阅，感到这些资料弥足珍贵；感到祖父所著《湖北革命知之录》的真实分量；感到很值得史学界人士研究与参考。

《湖北革命知之录》出版时就受到众多辛亥元老和各界人士的好评；当今的学者们也认为，这部著作是湖北辛亥革命全景式的记录，是"继《武昌革命真史》之后而称得上有分量的首义史学著作。”《湖北革命知之录》基本上囊括了从辛亥革命前夕至民国建立这段历史时期中有关湖北的重大事件，为辛亥革命史的研究、为民国史的研究提供了真实可靠的历史资料。祖父在序言中写道：“对于本省首义事，素无述造意念，以中央党史会国式馆筹备会，本省通志馆负责有人也。前年偶与京省馆中人谈，咸以史料难搜为病，余始恍然我鄂人凡与武昌首义之役者，均负有供给史料之责也。”祖父在后序中感叹道：“武昌首义，实维国魂，不有表示，直衣绣夜行耳，将何以扬国威而销隐患哉？所以首义纪念，乃整个国家之雄风，并非湖北一省之虚誉也。”今年是武昌首义一百周年，从全国政协提案及相关报道等方面都获悉全国要开展大型的纪念活动。武汉更是投资几个亿建辛亥革命博物馆，并积极投入到纪念活动的准备当中。因此，在纪念辛亥革命100周年之际，《湖北革命知之录》用简体横排汉字出版，对年轻一代了解、研究辛亥革命，是很有帮助的；对弘扬先辈革命精神，振奋民族雄风，是更有现实意义的！

本书的出版得到商务印书馆的大力支持，在此表示衷心感谢。

张铭歌　张灵毓

2011年8月于北京

读《湖北革命知之录》

张难先是湖北辛亥革命的元老，参加过湖北第一个革命团体科学补习所的创建，亲历湖北辛亥革命，其著作《湖北革命知之录》就是湖北辛亥革命全景式的回顾，是当今了解、研究湖北辛亥革命的最重要的资料之一。

《湖北革命知之录》写作、出版于抗日战争时期，当时，张难先已是70开外的老人。为何已届耄耋之年却如此孜孜于此？其一是作者有感于国民党党史、国史机构似乎对湖北辛亥革命史漠不关心，以至于湖北革命功绩不彰，志士事迹不显，倘不搜集、整理，若干年后辛亥志士谢世，史实或将湮没，“因发愿以全力赴之”。他在《自序》中写道：“余不文，对于本省首义事，素无述造意念，以中央党史会国史馆筹备会，本省通志馆，负责有人也。前年偶与京省馆中人谈，咸以史料难搜为病，余始恍然我鄂人凡与武昌首义之役者，均负有供给史料之责也。若身亲其事者，漠不关心，秘不示人，则馆员即同无米之炊。又觉辛亥武昌首义，于本省本国世界诸史乘，俱占重要之一页。”他在《自序》中对有关机构的批评还是比较委婉，顾及其颜面，而在日记中则直言不讳了：“因湖北通志馆、中央党史委员会、国史馆对此俱冷淡。”其二是为了以辛亥革命所表现的革命精神鼓舞全国军民的斗志。在极其艰苦的抗战环境下，作者克服重重困难，完成该书的撰写，显然别有深意。在《后序》中，作者强调：“武昌首义，实维国魂，不有表示，直衣绣夜行耳，将何以扬国威而销隐患哉？所以首义纪念，乃整个国家之雄风，并非湖北一省之虚誉也。惟明达察焉。” 1945年，与人谈到辛亥革命史时，他说："民国成立已经三十余年，可是还没有一本关于民国成立的历史的好书，国民不知民国缔造的艰难，如何叫他们爱国？"可见，作者目的是激励抗战，复兴民族。可以说，著作表达了这位辛亥老人炽热的爱国情怀。从写作缘由也可以反映出，该书纯属个人著述，不属于国民党"党史"或"国史"范畴，因此就较少受到国民党官方正统史学思想的禁锢。

张难先从1943年就开始搜集史料，在搜集史料的过程中，走访了大量的政府机构、图书馆、大学，采访了诸多当事人，并通过信函等形式，向当事人、亲历者征集史料。国家抗战正酣，局势纷乱如麻，作者颠沛流离，生活困苦，长子张少勤在战乱中又不幸病故。从湖北恩施到重庆，几经迁移，搜集、整理、撰写工作坚持不懈，其艰辛可想而知。老友、辛亥革命志士李春萱拟汇赠五千元，给予印书帮助，被作者谢绝。因为作者着手编录该书时，就立下四个规矩：不请阔人作序，不向亲友募印刷费，不鼓吹自己，不因同志小过而掩其大功。有的书籍借到后因须按时归还，时间紧迫，知情者说，作者"常常在菜油灯下抄到半夜三更，他又怕书上的材料不完不实，又东奔西走去找现存的当事人来补充，来印证，找不到的远处的人，便通信征求与讨论"。"他的写作的态度，也像搜集史料和考订史料那样的审慎精密。"作者态度与精神，颇受辛亥元老称赞。张知本来信说："蜀道之难，古今同慨。大驾以高龄搜访辛亥革命史料，不辞劳瘁，岂惟热忱，令人景佩。"著作三易其稿，完竣后，据说，专门请大学史学教授入住家中，进行商讨。作者严谨的态度于此可见一斑。作者在自序中也说："本录命名'知之'者，即取论语'知之为知之，不知为不知'之意。知之义亦有二：一、见而知之；二、闻而知之。见而知之者，当忠实记载；闻而知之者，亦当审慎采择，不敢苟也。"

《湖北革命知之录》资料来源广泛：一是作者亲历、亲闻的史实；二是作者搜集、征集到的著作，如居正的《辛亥札记》、查光佛的《武汉阳秋》、邱文彬的《辛亥阳夏起义事略》、曹亚伯的《武昌革命真史》等；三是搜集、征集的回忆文章、传记、墓志铭等；四是走访当事人当时记下的笔记。此外，凡重要命令、文告、函电等，也予以采录。因此，史料丰富。在作者记忆中，在武昌首义时期，宋教仁曾草拟过《鄂州约法》，但没有相关资料，为印证此事，颇费周章，到处查证，不仅证明确有其事，而且找到了文本。很多史料互有矛盾，但作者都加以考订。比如革命志士陈磊参加何种革命组织问题，就有文学社与共进会两种说法，作者将其列入共进会名单中。新中国成立后有史家认为《湖北革命知之录》的说法是错误的，但笔者考证后认为，张难先的说法并不错误。

依据史料，作者编为22部分。每部分先叙述史实，再列相关人物传记或墓志铭。全书共列人物传记、墓志铭、墓表等70余篇。有的人物传记为他人所撰，该书予以收录，有的则是作者本人撰写。该书以湖北辛亥革命发生发展为主线，以重大事件或革命团体为纲，按时间顺序，叙述湖北辛亥革命全过程。内容涉及湖北革命的动因、湖北革命思想的演进、革命团体的演变、武昌起义的组织与发生、阳夏战争的经过、湖北都督府的建立、中华民国的创立等史实。起于1900年汉口庚子之役，止于中华民国政府、国会成立。著作以记叙湖北辛亥革命史实为主体，但眼界并不局限于湖北。作者在叙述湖北辛亥革命史实时，也把湖北辛亥革命与全国革命形势联系起来，并用前二章的篇幅追溯了中国革命思想的渊源、孙中山革命历史，这就阐述了湖北辛亥革命的背景，揭示了湖北辛亥革命与全国资产阶级革命运动的内在的关系，反映出作者开阔的视野。

著作以翔实的史料不仅生动地展现了湖北辛亥革命的全过程，而且展现了湖北革命党人勇于开拓、敢于斗争的革命精神。如对湖北革命团体的介绍，自科学补习所、日知会，以迄文学社、共进会，都详尽叙述其始末，揭示了革命团体演变轨迹，展示了湖北革命党人不屈不挠的斗志及不事张扬、脚踏实地的实干精神，从而揭示了湖北成为首义之区的重要原因，彰显了敢为人先的首义精神。作者热情讴歌了勇于牺牲的革命精神，以此激励民族抗战。在武昌起义和阳夏战争中，牺牲者不下万人，大部分都是无名英雄。作者满怀崇敬的心情，撰写《无名英雄传》，称颂其崇高的精神和伟大的功绩："吾不敢作夸大之词，谓中华民国，纯由此万余之无名英雄所缔造。然至少武汉之光复，之支持，甚或湖北之军政府、都督府、大都督、总司令等等，悉由此万余无名英雄之血肉换来，洵事实也。顾可等闲置之，以无纪乎？吾因敬谨为此万余无名英雄立传，以次于武、阳、夏三役烈士之后，以告来者，而知复楚之不易也。"

作者虽非史家，却不乏史识。他在后序中提出八个问题供国人研究，这些问题确实值得研究总结，如："武昌地方，四面受敌，当时全国人士，俱认不宜发难，何以公然发难，并且成功。""几个政府所忽视，社会所菲薄之士兵（当时学生参加者亦不少，然主力仍在士兵），何以竟成此有史以来之奇迹。""如此艰巨伟大事业，何以秘密运动，仅费五千八百元之财力，即奏推翻数千年专制之效。""几个乡村无文采，寡见闻，少声气之士兵群众，武昌首义，何以竟倾动世界之文明大国，一致赞美，严守中立。""八月十六日事泄，领导人物全体出亡，何以仅寥寥之下级干部，于雷霆万钧之下，一反手而举其事，并且不扰市民，不费约束，人自为战，动协机宜。"……

著作中大量传记为征集的他人所撰文章，作者收录时，坚持公允审慎的立场，对一些溢美之词、作者看来的不实之处作了处理。但这样的处理又会使他人原作失去原有面目。著作出版时，有书评就指出："张君是录，据其凡例言，以集合见闻供史家参考为宗旨。故传状碑志，多依他人原作转载，溢美失实，自在意料。以史料纂辑之标准衡之，此不能为张君病。惟凡例又谓'所收资料或含有派别之意见，夸慢之辞气，污蔑玩弄之叙述者，本书概以审慎平允之态度酌录，不敢直抄'。是则又似奋笔实削，反失原来之真面目矣。何如备列众说，以待后之史家采择，或附辨证，以抉是非乎？"

湖北是辛亥首义之区，湖北革命党人为推翻封建帝制作出了卓越的贡献。辛亥革命之后，不少志士以其亲身经历回忆或阐述这场革命，或是为了保存史料，或是为了纪念先烈，或是为了策励后进。有关回忆或记叙不在少数，除上述著述外，还有龚侠初的《武昌两日记》、胡石庵的《湖北革命实见记》、熊秉坤的《武昌起义谈》等。这些著作多是当事人所撰亲身经历，为辛亥革命保存了大量的史料。相比之下，《湖北革命知之录》是时间跨度、空间跨度都比较大、内容丰富、系统之作。当今学者罗福惠教授认为它是"继《武昌革命真史》之后而称得上有分量的首义史学著作"。（罗福惠教授认为，《武昌革命真史》“是解放以前关于武昌起义乃至辛亥革命这一专史中分量最重的著作”。）

《湖北革命知之录》由商务印书馆于1945年在重庆出版，翌年再版于上海。1949年之后，台北文海出版社曾再版，收入沈云龙主编的《近代中国史料丛刊》续编。2005年，华中师范大学教授严昌洪将其编入《张难先文集》，由华中师范大学出版社出版。

武汉科技大学教授　张继才

2011年7月

目录 Contents

自　序

本录命名“知之”者，即取论语“知之为知之，不知为不知”之意。知之义亦有二：一、见而知之；二、闻而知之。见而知之者，当忠实纪载；闻而知之者，亦当审慎采择，不敢苟也。余不文，对于本省首义事，素无述造意念，以“中央”党史会国史馆筹备会，本省通志馆，负责有人也。前年偶与京省馆中人谈，咸以史料难搜为病，余始恍然我鄂人凡与武昌首义之役者，均负有供给史料之责也。若身亲其事者，漠不关心，秘不示人，则馆员即同无米之炊。又觉辛亥武昌首义，于本省本国世界诸史乘，俱占重要之一页。因于去年正月起，负搜访本省革命史料之义务。走谒各老同志，求其口说本人事迹，及所见闻者，而笔记之；不能面晤者，函请自记置邮以来。其亲记示余者，则有李君西屏、章君裕昆、王君缵承、赵君师梅、甘君绩熙、张君翼洲、曾君省三、胡君祖舜、李君作栋、陈君雨苍、黄君吉亭、殷君子衡、梁君瑞堂、欧阳君瑞骅、范君腾霄、李君基鸿、陈君少武、聂君国青等。并承傅君养荪寄其先公良弼之碑文行状，耿君伯钊寄其同学吴公绶卿事略，朱君一理寄其先公子英所手写之欧洲同盟会纪实，李君云生查记欧洲同盟会，但君植之增补东京同盟会鄂籍会员名单，胡君忠民寄其先兄秉柯之行述，蔡君则民、化民昆仲，寄其先兄济民之行状碑志，刘君发煊寄其先叔仲文之行状，田君东里寄其先公梓琴之行状，李君远骧寄其伯父国镛之起义日记，夏君衡青叙述其辛亥武汉外交之经过，杨君杰丞叙述其资中反正之情形以来，凡此，皆湖北革命亲切之史料，可供参考者也。复访得梅川居士所著之《辛亥札记》，查君光佛所著之《武汉阳秋》，邱君文彬所撰之《辛亥阳夏起义史略》，曹君亚伯所编之《武昌革命真史》，李君长龄致日知会调查纪录所书，及各图书馆并坊间出版关于武昌首义之各种纪载。其有疑问，就近请教于居公觉生、熊公载乾、蔡公希圣、邹公海滨、孔公雯掀、张公怀九、李公廉方、彭公临九、李公书城、孙公铁人等；并承张公溥泉、冯公自由，及历史学者郭量宇、沈刚伯、余景陶三先生，指示大意，而拙录初稿，始获蒇事。谨此致谢！尤其欧阳瑞骅先生，助予极多，每写一篇，即出就正，率承更定，至为感荷！本录起自庚子汉口之役，至辛亥武昌首义，及中华民国政府国会成立而止。维兹事体大，余一人之知识有限；加之时丁国难，故旧离索，求其详搜靡遗，非势所许。敬恳本省同志，郑重乡邦文献，随时赐教，余当敬谨接受，遵改遵加者也。

中华民国三十三年八月沔阳张难先序于陪都之歌乐山

凡　例

一、本书以集合当时见闻，略加整理，供史家之参考为宗旨。至文字之工拙，体例之合否，概非所计。

二、本书所记之事与人，以本人所知，刊物所载，同志所告者为限。

三、每篇叙事毕，多列名录传状，以便事与人一目了然也。

四、本书所具始末，自庚子汉口之役起，迄武昌首义及停战，与政府国会成立时止。凡重要命令、文告、函电及他文辞，俱插入本事中。

五、本书于较大事件，则叙入纪事栏中。至其他细节，或个人行谊，则入名录传状中。

六、本书传状碑志，多搜他人作品，照原稿转载。维确知原文有误者，亦略与更正或注明。至同志应传而无成稿可据，或成稿事实不确者，间亦补传。

七、传状碑志之序列，俱按其人与某事有直接关系而与重要者次于篇后，并为目附正目下以便检查。

八、编者遇有疑问时，皆函询多数同志，据复，审其确实可靠，经多数承认，始敢写入。若无法证明者，概付阙如。

九、历来秘密名册，鲜有存者。本书名录，当然挂一漏万。若因此竟将所知之一而并弃之，似有未安。故本书名录，只可云存十一于千百也。

十、编者足迹未出国门，所述以本省为限。间有涉及中央与海外者，亦只限于与本书有密切关系之事件。至本省从总理南北奔驰，经营全国之诸巨公，其丰功伟烈，自有党史国史详书，编者不敢强不知以为知也。

十一、本书纪年，多不一律，每处详注，亦嫌烦琐，兹列对照表于书末，以便需要时检查。

十二、所收资料中或含有派别之意见，夸慢之辞气，污蔑玩弄之叙述者，本书概以审慎平允之态度酌录，不敢直抄。

十三、编者原拟将每事来历，注明句下，后以累赘而止。拟本书付梓后，再将原始史料，编次成册，加以校刊付印，一以见本书之来历，一以供史家之参考。

十四、本书原拟草成后，寄各同志审查笔削，现因时局关系，各同志复敦促付梓，冒昧出版，所有错误遗漏，俟再版增改。

吾国革命思想之渊源

革命精神，乃吾国穷变通久之大道，历世圣哲相承，至总理孙公始发扬光大者也。唐虞以还，实行于汤武，孔子复定其名，阐其义，作《周易·彖传》曰："汤武革命，顺乎天而应乎人。"此革命学说之权舆也。孟子更推阐尽致，如"君之视臣如土芥，则臣视君如寇雠"。"残贼之人，谓之一夫；闻诛一夫纣矣，未闻弑君也。""出乎尔者，反乎尔者也，夫民今而后得反之也。""君有大过则谏，反复之而不听则易位。"等说，可谓大声疾呼，榻橥明白者矣。厥后嬴秦暴虐，胜广揭竿，胡元乱华，濠州举义，一为政治革命，一为政治而兼种族革命，可谓愈演愈进。惟开泰时少，否塞时多，凶奸之徒，盗弄大柄，鉴于前事，百端防范，制极惨酷之刑律以悚之。士大夫之柔煦执中者，震于淫威，相率阉然媚世，造成一乡原之局。建夷入据，虽明季遗老若王船山、黄梨洲辈，恸宗国之沦亡，愤异族之咆哮；志不得行，发愤著书，力申种族大义，夷夏大防，使闻者兴起；然不久而有文字之狱，若戴名世、汪景祺辈，俱以著作处死，亲戚故旧，罗织极惨。至雍乾后，已无敢访求遗帙，扬我汉声者！遂至士气日靡，大都趋于利禄之途，甘为奴隶牛马而不之怪。粤人洪秀全习于基督教义，不忍异族之蹂躏，振臂一呼，须臾下东南各省，建都金陵，可谓不世伟业。惜以"天父"、"天兄"相号召，为国情所不顺，曾国藩伺其隙，为文以讨之曰：

为传檄事，逆贼洪秀全、杨秀清称乱以来，于今五年矣。荼毒生灵，数百余万。蹂躏州县，五千余里。所过之境，船只无论大小，人民无论贫富，一概抢掠罄尽，寸草不留。其掳入贼中者，剥取衣服，搜括银钱。银满五两，而不献贼者，即行斩首。男子日给米一合，驱之临阵向前，驱之筑城浚壕。妇人给米一合，驱之登陴守夜，驱之运米挑煤。妇女而不肯解脚者，则立斩其足以示众妇。船户而阴谋逃归者，则倒抬其尸以示众船。粤匪自处于安富尊荣，而视我两湖三江被胁之人，曾犬豕牛马之不若。此其残忍惨酷，凡有血气者，未有闻之而不痛憾者也。

自唐虞三代以来，历世圣人，扶持名教，敦叙人伦，君臣父子，上下尊卑，秩然如冠履之不可倒置。粤匪窃外夷之绪，崇天主之教，自其伪君伪相，下逮兵卒贱役，皆以兄弟称之。谓惟天可称父，此外凡民之父，皆兄弟也，凡民之母，皆姊妹也。农不能自耕以纳赋，而谓田皆天主之田，商不能自贾以取息，而谓货皆天主之货。士不能诵孔子之经，而别有所谓耶稣之说，新约之书。举中国数千年礼义人伦，诗书典则，一旦扫地荡尽，此岂我大清之变，乃开辟以来名教之奇变，我孔子、孟子之所以痛哭于九原。凡读书识字者，又乌可袖手安坐，不思一为之所也。

自古生有功德，没则为神。王道治明，神道治幽。虽乱臣贼子，穷凶极丑，亦往往敬畏神祇。李自成至曲阜，不犯圣庙。张献忠至梓潼，亦祭文昌。粤匪焚郴州之学宫，毁宣圣之木主。十哲两庑，狼藉满地。嗣是所过郡县，先毁庙宇，即忠臣义士，如关帝岳王之懔懔，亦皆污其宫室，残其身首。以至佛寺道院，城隍社坛，无庙不焚，无像不灭。斯又鬼神所共愤，欲一雪此憾于冥冥之中者也。

本部堂奉天子命，统师二万，水陆并进，誓将卧薪尝胆，殄此凶逆。救我被掳之船只，拔出被胁之人民。不特纾君父宵旰之勤劳，而且慰孔孟人伦之隐痛。不特为百万生灵报枉杀之仇，而且为上下神祇雪被辱之憾。是则传檄远近，咸使闻知。倘有血性男子，号召义旅，助我征剿者，本部堂引为心腹，酌给口粮。倘有抱道君子，痛天主教之横行中原，赫然愤怒以卫吾道者，本部堂礼之幕府，待之宾师。倘有仗义仁人，捐助义饷者，千金以内，给予实收部照，千金以上，专折奏请优叙。倘有久陷贼中，自拔来归，杀其头目，以城来降者，本部堂收之帐下，奏授官爵。倘有被胁经年，发长数寸，临阵弃械，徒手归诚者，一概免死，资遣回籍。在昔汉唐元明之末，群盗如毛，皆由主昏致乱，莫能削平。今天子忧勤惕厉，敬天恤民，田不加赋，户不抽丁。以列圣深厚之仁，讨暴虐无赖之贼，无论迟速，终归灭亡，不待智者而明矣。若尔被胁之人，甘心从逆，抗拒天诛，大兵一压，玉石俱焚，亦不能更为分别也。本部堂德薄能鲜，独仗忠信二字，为行军之本，上有日月，下有鬼神，明有浩浩长江之水，幽有前此殉难各忠臣烈士之魂，实鉴吾心，咸听吾言。檄到如律令。无忽。

观曾檄，若在进化八九十年之今日，实不能生丝毫影响。乃彼时旧习仍深，新机未启，竟能号召一时豪俊，如左宗棠、李鸿章、胡林翼、彭玉麟之伦，风起云涌，并力以扼太平天国，而洪氏以倾，列强见中国之暗弱也，群怀野心，肆其凭陵，光绪之际，瓜分惨祸，迫于眉睫，国人咸瞠目而不知所措。总理孙公，崛起岭表，绍述先圣，觉救国之策，舍革命之途径，再无他法。于是坐言起行，奔走海内外，期诸实践，并不仅为种族狭义之革命，兼倡民权、民生诸学说，以成三民主义之谟诰，而归其极于大同。奋斗四十年，无论如何失败，毫不短气，卒能克服艰难，光复旧物，较之汤武、汉高、明祖之革命，尤为进步。若持以视先哲之徒有言论，而无行动者，其相去又奚翅天壤！此即吾国革命之泉源，亦即吾鄂辛亥首义之泉源也，呜呼盛矣！兹将总理之简史、遗著、遗嘱恭录于后。

总理简史

中央执行委员会宣传部编

（一）少年时代　总理孙中山先生讳文，字德明，号逸仙，又号中山，民国纪元前四十六年（公历一八六六年，清同治五年）十一月十二日诞生于广东中山县翠亨村。时值太平军革命失败之后，民族思想弥漫民间，总理颇受其影响。稍长，赴檀岛求学。见国事日非，民生日蹙，若不颠覆满清，建立民国，则无以解救中华民族；由是鼓吹革命，结纳会党，进行革命运动。

（二）兴中会时代　甲午中日战起，中国受帝国主义之压迫益甚，总理乃在檀岛创立兴中会，谋结合海外华侨，共同革命，乙未广州起事失败，即赴美国各地宣传革命。后离美赴英之伦敦，遂为清吏所诱禁，幸业师康德黎极力营救，始得脱离。自是在欧洲考察政治，定三民主义为解决民族、民权、民生三问题之鹄的。旋赴日本，派同志至香港、长江等处刊行书报，鼓动革命。时长江闽粤各地会党，俱合并于兴中会。

（三）同盟会时代　庚子秋间，北方义和团事件发生，总理复派党人在惠州、广州等处起事，虽结果亦失败，而革命思潮，渐普及于国内。一九〇五年，总理重至欧洲，楬橥三民主义、五权宪法，先后开会于北京、柏林、巴黎等地，组织革命团体。复经美赴日，正式成立同盟会于东京，加盟者十七省，国内支部亦次第成立，革命运动，进展甚速。旋往安南，设机关于河内，遂有黄冈、钦廉、镇南关、河口诸役；不幸均遭失败。其后港粤各地同志，于辛亥三月二十九日在广州起事，虽不幸复归失败，而死事壮烈，影响甚巨；未几即有十月十日之武昌起义，遂覆满清。一九一二年一月一日，中华民国成立；总理被选为临时大总统。后因党人意见纷歧，忽视革命主义与方略，总理乃毅然辞职，民国政权，遂旁落于军阀官僚之手。

（四）中华革命党时代　民国二年，总理东渡日本，集合忠实的基本党员，组织中华革命党，继续革命运动。数年之间，讨袁护法，迭次出师北伐，努力与反革命搏斗。民国十年，总理在广州就非常大总统职，造成西南半壁之革命局面。不幸十一年六月十六日，陈逆炯明叛变，总理乃离粤赴沪。十二年广州克复，总理复返广东，就任大元帅职，继续北伐。

（五）中国国民党改组后　总理鉴于党内组织不严密，团结不坚固，乃改组本党。十三年一月，开第一次全国代表大会于广州，发布宣言党纲；对外主张废除一切不平等条约，对内主张培植民权、民生基础。曹、吴军阀既颠覆，总理主张召集国民会议，以谋和平统一；乃亲赴北京，促其实现。不幸积劳成病，竟于十四年三月十二日上午九时在北京逝世；遗嘱谆谆告诫同志，继续努力革命。

（六）革命之主义　总理创造自存自救之民族主义，指示我中华民族及世界弱小民族解除国际帝国主义锁链之途径；创造全民政治之民权主义，发明权能区分之原则，开世界政治之新纪元；创造为民造产之民生主义，确定解决中国经济问题之根本方案，建立民生中心之新法则；更制定建国大纲、建国方略，以为革命破坏及建设之标准。凡此种种空前之创造，实为总理熟察国情需要，融合中外文化之结晶；其博大精深，适合国情，不仅足以救中国，抑且足以救世界；为今后民族自决运动，民主政治运动，及社会革命运动之最高原则，决非任何主义思想所得比拟。世界若是长存，则总理所创造之主义亦将永垂不朽。

（七）革命之方略　总理手订之国民方略，其进行程序定为三期；第一为军政时期，一切制度皆隶属于军政之下。党与政府，一面用武力扫除革命之障碍，一面用主义开化全国之人心，以促进国家之统一。第二为训政时期，凡一省完全底定之日，即为训政开始之时，党与政府，训练各县人民筹备自治，养成人民行使政权之兴趣与能力，成立完全自治之县，开始建设三民主义化的新社会政治经济基础。第三为宪政时期，凡一省全数之县自治完成之日，即宪政开始之时，人民可直接运用创制、复决、选举、罢免四权，参与政事；中央设立五院，发挥五权之治。迨全国过半数省分皆达宪政时期，则开国民代表大会，制颁民国宪法，是为三民主义新中华民国建国大纲之告成。

总理旷世岳立，其典型遗教之崇高伟大，充塞天地之间，举世罕有其俦。其思想永为我人所信仰；其精神永为我人所宗式；其革命事业更永留诸我人之脑海而不消失。

在民国十三年冬间，直系军阀倾覆，北方将领群请总理北上，解决时局。总理以国事纠纷，非开国民会议不能解决，乃于是年十一月十日发表宣言，主张从速召开国民会议，以解决国是，及废除不平等条约，随即离粤北上，躬亲领导。途经上海及日本各埠，日夕讲演，备极劳顿；又以年高体弱，不耐舟车颠簸，故甫抵天津，即感身体不适。而当时北京政府又突于此时发出外崇国信之承认不平等条约照会，更予总理以重大之刺激，遂致夙疾复发。然总理以此行责任重大，仍扶病入北平，从事筹备国民会议，谋民国之和平统一。徒以当时北京政府毫无进行诚意，且又从旁多方掣肘，总理忧劳之余，病益以剧。十四年三月十一日，总理自知病将不起，但犹念念不忘国事，乃环集同志，签立遗嘱。并谓："余此次北来，欲以国民会议建设新国家，务使三民主义、五权宪法实现，乃为痼疾所累，行将不起。死生常事，本无足惜。但数十年来，为国奔走，所抱主义，终未完成，希望诸同志能努力奋斗，早日达到三民五权之主张，则吾死亦瞑目矣！"延至三月十二日上午九时三十分，此伟大崇高之革命导师，人类救星——吾党总理孙先生，竟与世长辞矣！享年六十。

总理上北洋大臣李鸿章书

（时纪元前十八年即光绪二十年甲午）

窃文籍隶粤东，世居香邑。曾于香港考授英国医士。幼尝游学外洋，于泰西之语言文字、政治、礼俗，与夫天算舆地之学，格物化学之理，皆略有所窥。而尤留心于富国强兵之道，化民成俗之规。至于时局变迁之故，睦邻交际之宜，辄能洞其窍奥。当今风气日开，四方毕集，正值国家励精图治之时，朝廷勤求治理之日。每欲以管见所知，指陈时事，上诸当道，以备刍荛之采。嗣以人微言轻，未敢遽达。比闻国家奋求富强之术，月异日新，不遗余力，骎骎乎将与欧洲并驾矣。快舰、飞车、电、邮、火械，昔日西人之所恃以陵我者，我今亦已有之。其他新法，亦接踵举行。则凡所以安内攘外之大经，富国强兵之远略，在当局诸公，已筹之稔矣。又有轺车四出，则外国之一举一动，亦无不周知。草野小民，生逢盛世，惟有逖听欢呼，闻风鼓舞而已，夫复何所指陈。然而犹有所言者，正欲乘可为之时，以竭其愚夫之千虑，仰赞高深于万一也。

窃尝深维欧洲富强之本，不尽在于船坚、炮利、垒固、兵强，而在于人能尽其才，地能尽其利，物能尽其用，货能畅其流。此四事者，富强之大经，治国之大本也。我国家欲恢扩宏图，勤求远略，仿行西法，以筹自强，而不急于此四者，徒惟坚船利炮之是务，是舍本而图末也。

所谓人能尽其才者，在教养有道，鼓励以方，任使得法也。夫人不能生而知，必待学而后知，人不能皆好学，必待教而后学。故作之君，作之师，所以教养之也。自古教养之道，莫备于中华，惜日久废弛，庠序亦仅存其名而已。泰西诸邦，崛起近世，深得三代之遗风。庠序学校，遍布国中。人无贵贱，皆奋于学。凡天地万物之理，人生日用之事，皆列于学之中，使通国之人，童而习之，各就性质之所近，而肆力焉。又各设有专师，津津启导，虽理至幽微，事至奥妙，皆能有法以晓谕之，有器以窥测之。其所学，由浅而深，自简及繁，故人之灵明日廓智慧日积也。质有愚智，非学无以别其才，才有全偏，非学无以成其用。有学校以陶之，则智者进焉，愚者止焉，偏才者专焉，全才者普焉。盖贤才之生，或千百里而见一，或千万人而有一。若非随地随人而施教之，则贤才亦以无学而自废，以至于湮没而不彰。泰西人才之众多者，有此教养之道也。

且人之才志不一，其上焉者，有不徒苟生于世之心，则虽处布衣而以天下为已任，此其人必能发奋为雄，卓异自立，无待乎勉勖也。所谓豪杰之士，不待文王而犹兴也。至中焉者，端赖乎鼓励以方。故泰西之士，虽一才一艺之微，而国家必宠以科名，是故人能自奋，士不虚生。逮至学成名立之余，出而用世，则又有学会以资其博，学报以进其益。萃全国学者之能，日稽考于古人之所已知，推求乎今人之所不逮，翻陈出新，开世人无限之灵机，阐天地无穷之奥理。则士处其间，岂复有孤陋寡闻者哉。又学者倘能穷一新理，创一新器，必邀国家之上赏，则其国之士，岂有不专心致志者哉。此泰西各种学问，所以日新月异，而岁不同，几于夺造化，而疑鬼神者，有此鼓励之方也。

今使人于所习非所用，所用非所长，则虽智者无以称其职，而巧者易以饰其非。如此用人，必致野有遗贤，朝多倖进。泰西治国之规，大有唐虞之用意。其用人也，务取所长，而久其职。故为文官者，其途必由仕学院。为武官者，其途必由武学堂。若其他文学渊博者，为士师，农学熟悉者，为农长，工程练达者，为监工，商情讲习者，为商董，皆就少年所学而任其职。总之，凡学堂课此一业，则国家有此一官。幼而学者，即壮之所行，其学而优者则能仕。且恒守一途，有升迁而无更调。夫久任则阅历深，习惯则智巧出，加之厚其养廉，永其俸禄，则无瞻顾之心，而能专一其志。此泰西之官无苟且，吏尽勤劳者，有此任使之法也。

故教养有道，则天无枉生之才，鼓励以方，则野无抑郁之士，任使得法，则朝无倖进之徒。斯三者不失其序，则人能尽其才矣。人既尽其才，则百事俱举。百事举矣，则富强不足谋也。秉国钧者，盍于此留意哉。

所谓地能尽其利者，在农政有官，农务有学，耕耨有器也。夫地利者，生民之命脉，自后稷教民稼穑，我中国之农政，古有专官，乃后世之为民牧者，以为三代以上，民间养生之事未备，故能生民能养民者为善政。三代以下，民间养生之事已备，故听民自生自养，而不再扰之，便为善政。此中国今日农政之所以日就废弛也。农民只知恒守古法，不思变通，垦荒不力，水利不修，遂致劳多而获少，民食日艰。水道河渠，昔之所以利农田者，今转而为农田之害矣。如北之黄河，固无论矣，即如广东之东、西、北三江，于古未尝有患，今则为患，年甚一年。推之他省，亦比比如是。此由于无专责之农官以理之，农民虽患之而无如何。欲修之而力不逮，不得不付之于茫茫之定数而已。年中失时伤稼，通国计之，其数不知几千亿兆，此其耗于水者，固如此其多矣。其他荒地之不辟，山泽之不治，每年遗利，又不知凡几。所谓地有遗利，民有余力，生谷之土未尽垦，山泽之利未尽出也。如此而欲致富，不亦难乎。泰西各国深明致富之大源，在于无遗地利，无失农时，故特设专官，经略其事，凡有利于农田者无不兴，有害于农田者无不除。如印度之恒河，美国之密士，其昔泛滥之患，亦不亚于黄河，而卒能平治之者，人事未始不可以补天工也。有国家者，可不急设农官，以劝其民哉。

水患平矣，水利兴矣，荒土辟矣，而犹不能谓之地无遗利，而生民养民之事备也。盖人民则日有加多，而土地不能以日广也，倘不日求进益，日出新法，则荒土既垦之后，人民之溢于地者，不将又有饥馑之患乎。是在急兴农学，讲求树畜，速其长植，倍其繁衍，以弥此憾也。顾天生人为万物之灵，故备万物为之用，而万物固无穷也，在人之灵，能取之用而已。夫人不能以土养，而土可生五谷百果以养人，人不能以草食，而草可长六畜以为人食。夫土也，草也，固取不尽而用不竭者也，是在有人能考土性之所宜，别土质之美劣而已。倘若明其理法，则能反硗土为沃壤，化瘠土为良田，此农家之地学、化学也。别种类之生机，分结实之厚薄，察草木之性质，明六畜之生理，则繁衍可期，而人事得操其权，此农家之动物学、植物学也。日光能助物之生长，电力能速物之成熟，此农家之格物学也。蠹蚀宜防，疫疠宜避，此又农家之医学也。农学既明，则能使同等之田，产数倍之物，是无异将一亩之田，变为数亩之用，即无异将一国之地，广为数国之大也。如此则民虽增数倍，可无饥馑之忧矣，此农政学堂所宜亟设也。

农官既设，农学既兴，则非有巧机，无以节其劳，非有灵器，无以速其事，此农器宜讲求也。自古深耕易耨，皆借牛马之劳，乃近世制器日精，多以机器代牛马之用，以其费力少而成功多也。如犁田，则一器能作数百牛马之工，起水，则一器能溉千顷之稻，收获，则一器能当数百人之刈。他如凿井、浚河，非机无以济其事，垦荒、伐木，有器易以收其功，机器之于农，其用亦大矣哉。故泰西创器之家，日竭灵思，孜孜不已，则异日农器之精，当又有过于此时者矣。我中国宜购其器而仿制之。

故农政有官，则百姓勤，农务有学，则树畜精，耕耨有器，则人力省，此三者，我国所当仿效，以收其地利者也。

所谓物能尽其用者，在穷理日精，机器日巧，不作无益，以害有益也。

泰西之儒，以格致为生民根本之务，舍此则无以兴物利民，由是孜孜然日以穷理致用为事。如化学精，凡动植矿质之物，昔人已知其用者，固能广而用之，昔人未知其用者，今亦考出以为用。火油也，昔日弃置如遗，今为日用之需要，每年入口为洋货之一大宗。煤液也，昔日视为无用，今可炼为药品，炼为颜料。又煮沙以作玻璃，化土以取礬精，炼石以为田料，诸如此类，不胜缕书，此皆从化学之理，而得收物之用，年中不知裕几许财源。我国倘能推而仿之，亦致富之一大经也。格致之学明，则电风水火皆为我用，以风动轮，而代人工，以水冲机，而省煤力，压力相吸而升水，电性相感而生光，此犹其小焉者也。至于火作汽以运舟车，虽万马所不能及，风潮所不能当。电气传邮，顷刻万里，此其用为何如哉。然而物之用更有不止于此者，在人能穷求其理，理愈明而用愈广。如电无形无质，似物非物，其气附于万物之中，运乎六合之内，其为用较万物最广，而又最灵，可以作烛，可以传邮，可以运机，可以毓物，可以开矿。顾作烛传邮已大行于宇内，而运机之用，近始知之，将来必尽弃其煤，而用电力也。毓物开矿之功，尚未大明，将来亦必有智者究其理。则生五谷，长万物，取五金，不待天工，而由人事也。然而取电必资乎力，而发力必藉乎煤，近又有人想出新法，用瀑布之水力以生电，以器蓄之，可待不时之用，可供随地之需，此又取之无禁，用之不竭者也。由此而推，用物愈求精，则人力愈省，将来必至人只用心，不事劳人力，而全役物力矣。此理有固然，事所必至也。

机器巧，则百艺与，制作盛。上而军国要需，下而民生日用，皆能日就精良，而省财力，故作人力所不作之工，成人事所不成之物。如五金之矿，有机器以开，则碎坚石如齑粉，透深井以吸泉，得以辟天地之宝藏矣。织造有机，则千万人所作之工，半日可就。至缫废丝，织绒呢，则化无用为有用矣。机器之大用，不能遍举。我中国地大物博，无所不具，倘能推广机器之用，则开矿、治河，易收成效，纺纱、织布，有以裕民。不然，则大地之宝藏，全国之材物，多有废弃于无用者，每年之耗，不知凡几。如是则国安得不贫，而民安得不瘠哉。谋富国者，可不讲求机器之用欤。

物理讲矣，机器精矣，若不节惜物力，亦无以固国本而裕民生也。故泰西之民，鲜作无益。我中国之民，俗尚鬼神，年中迎神赛会之举，化帛烧纸之资，全国计之，每年当在数千万。此以有用之财，作无益之事，以有用之物，作无用之施，此冥冥一大漏卮，其数较鸦片为尤甚，亦有国者所当并禁也。夫物也者，有天生之物，有地产之物，有人成之物，天生之物，如光热电者，各国之所共，在穷理之浅深，以为取用之多少。地产者如五金百谷，各国所自有，在能善取而善用之也。人成之物，则系于机器灵笨，与人力之勤惰。故穷理日精，则物用呈，机器日巧，则成物多，不作无益，则物力节。是亦开财源节财流之一大端也。

所谓货能畅其流者，在关卡之无阻难，保商之有善法，多轮船铁路之载运也。夫百货者，成之农工，而运于商旅，以此地之盈余，济彼方之不足，其功亦不亚于生物成物也。故泰西各国，体恤商情，只抽海口之税，只设入国之关。货之为民生日用所不急者，重其税，货之为民生日用所必需者，轻其敛。入口抽税之外，则全国运行无所阻滞，无再纳之征，无再过之卡。此其百货畅流，商贾聚集，财源日裕，国势日强也。中国则不然，过省有关，越境有卡，海口完纳，又有补抽，处处敛征，节节阻滞，是奚异遍地风波，满天荆棘，商贾为之裹足，负贩从而怨嗟，如此而欲百货畅流也，岂不难乎？夫贩运者，亦百姓生财之一大道也。百姓足，君孰与不足，百姓不足，君孰与足。以今日关卡之滥征。吏胥之多弊，商贾之怨毒，诚不能以此终古也。徒削平民之脂膏，于国计民生，初无所裨，谋富强者，宜急为留意于斯，则天下幸甚。夫商贾逐什一之利，别父母，离乡井，多为饥寒所驱，经商异地，情至苦，事至艰也，若国家不为体恤，不为保护，则小者无以觅蝇头微利，大者无以展宏图大业。故泰西之民，出外经商，国家必设兵船、领事，为之护卫。而商亦自设保局、银行，与相倚恃。国政与商政并兴，兵饷与商财为表里，故英之能占印度，扼南洋，夺非洲，并澳土者，商力为之也。盖兵无饷则不行，饷非商则不集，西人之虎视寰区，凭陵中夏者，亦商为之也，是故商者，亦一国富强之所关也。我中国自与西人互市以来，利权皆为所夺者，其故何哉。以彼能保商，我不能保商。而反剥损遏抑之也。商不见保，则货物不流，货物不流，则财源不聚，是虽地大物博，无益也。以其天生之材为废材，人成之物为废物，则更何贵于多也。数百年前美洲之地，犹今日之地，何以今富而昔贫，是贵有商焉，为之经营，为之转运也。商之能转运者，有国家为之维持保护也。谋富强者，可不急于保商哉。

夫商务之能兴，又全恃舟车之便利，故西人于水，则轮船无所不通，五洋四海，恍若户庭，万国九洲，俨同阛阓。辟穷荒之绝岛，以立商廛。求上国之名都，以为租界。集殊方之货实，聚列国之商民。此通商之埠，所以贸易繁兴，财货山积者，有轮船为之运载也。于陆则铁路纵横，四通八达，凡轮船所不至，有轮车以济之，其利较轮船为尤溥，以无波涛之险，无礁石之虞。数十年来，泰西各国，虽山僻之区，亦行铁轨，故其货物能转输利便，运接灵速。遇一方困乏，四境济之，虽有荒旱之灾，而无饥馑之患。故凡有铁路之邦，则全国四通八达，流行无滞。无铁路之国，动辄掣肘，比之瘫痪不仁。地球各邦，今已视铁路为命脉矣，岂特便商贾之载运而已哉。我国家亦恍然于轮船铁路之益矣，故沿海则设招商之轮船，于陆则兴官商之铁路。但轮船只行于沿海大江，虽足与西人颉颃而收我利权，然不多设于枝河内港，亦不能畅我货流，便我商运也。铁路先通于关外，而不急于繁富之区，则无以收一时之利，而为后日推广之图。必也设于繁富之区，如粤、港、苏、沪、津、通等处，路一成而效立见，可以利转输，可以励富户，则继之以推广者，商股必多，而国家亦易为力。试观南洋英属诸埠，其筑路之资，大半为华商集股，利之所在，人共趋之，华商何厚于英，而薄于宗邦，是在谋国者有以乘势而利导之而已。此招商兴路之扼要也。故无关卡之阻难，则商贾愿出于其市，有保商之善法，则殷富亦乐于贸迁。多轮船铁路之载运，则货物之盘费轻。如此而货有不畅其流者乎。货流既畅，则财源自足矣。筹富国者当以商，务收其效也。不然，徒以聚敛为工，捐纳为计，吾未见其能富也。夫人能尽其才，则百事兴，地能尽其利，则民食足，物能尽其用，则财力丰，货能畅其流，则财源裕，故曰，此四者富强之大经，治国之大本也。四者既得，然后修我政理，宏我规模，治我军实，保我藩邦，欧洲其能匹哉。

顾我中国仿效西法，于今已三十年。育人才，则有同文、方言各馆，水师、武备诸学堂。裕财源，则辟煤金之矿，立纺织制造之局。兴商务，则招商轮船，开平铁路，已先后辉映矣。而犹不能与欧洲颉颃者，其故何哉？以不能举此四大纲，而举国并行之也。间尝统筹全局，窃以中国之人民材力，而能步武泰西，参行新法，其时不过二十年，必能驾欧洲而上之，盖谓此也。试观日本一国，与西人通商后于我，仿效西法亦后于我，其维新之政为日几何，而今日成效已大有可观，以能举此四大纲而举国行之，而无一人阻之。夫天下之事，不患不能行，而患无行之人。方今中国之不振，固患于能行之人少，而尤患于不知之人多。夫能行之人少，尚可借材异国，以代为之行。不知之人多，则虽有人能代行，而不知之辈，必竭力以阻挠，此昔日国家每举一事，非格于成例，辄阻于群议者。此中国之极大病源也。

窃尝闻之，昔我中堂经营乎海军铁路也，尝唇为之焦，舌为之敝，苦心劳思数十余年，然后成此北洋之一军，津关之一路。夫以中堂之勋名功业，任寄股肱，而又和易同众，行之尚如此其难，其他可知矣。中国有此膏肓之病而不能除，则虽尧舜复生，禹皋佐治，无能为也，更何期其效于二十年哉。此志士之所以灰心，豪杰之所以扼腕。文昔日所以欲捐其学，而匿迹于医术者，殆为此也。然而天道循环，无往不复，人事否泰，穷极则通，猛剂遽投，膏肓渐愈。迨乎法衅告平之后，士大夫多喜谈洋务矣，而拘迂自囿之辈，亦颇欲驰域外之观，此风气之变革，亦强弱之转机。近年以来，一切新政，次第施行，虽四大之纲，不能齐举，然而为之以渐，其发轫于斯乎。此又今日之所以望风而兴起也。

窃维我中堂自中兴而后，经略南北洋，孜孜然以培育人材为急务，建学堂，招俊秀，聘西师而督课，费巨款而不惜。遇有一艺之成，一技之巧，则奖励倍加，如获异宝。诚以治国经邦，人才为急，心至苦而事至盛也。尝以无缘沾雨露之濡，叨桃李之植，深用为憾。顾文之生二十有八年矣，自成童就傅以至于今，未尝离学。虽未为八股以博科名，工章句以邀时誉，然于圣贤六经之旨，国家治乱之源，生民根本之计，则无时不往复于胸中。于今之所谓西学者，概已有所涉猎，而所谓专门之学，亦已穷求其一端矣。推中堂育才爱士之心，揆国家时势当务之急，如文者亦当在陶冶而收用之列。故不自知其驽下，而敢求知于左右者，盖有慨乎大局，蒿目时艰，而不敢以岩穴自居也。所谓乘可为之时，以竭愚夫之千虑，用以仰赞高深，非欲徒撰空言，以渎清听，自附于干谒者流。盖欲躬行而实践之，必求泽之沾沛乎万民也。

窃维今日之急务，固无逾于此四大端。然而条目工夫，不能造次。举措施布，各有缓急。虽首在陶冶人才，而举国并兴学校，非十年无以致其功。时势之危急，恐不能少待。何也。盖今日之中国，已大有人满之患矣，其势已岌岌不可终日。上则仕途壅塞，下则游手而嬉，嗷嗷之众，何以安此。明之闯贼，近之发匪，皆乘饥馑之余，因人满之势，遂至溃裂四出，为毒天下。方今伏莽时闻，灾荒频见，完善之地，已形觅食之艰，凶祲之区，难免流离之祸，是丰年不免于冻馁，而荒岁必至于死亡。由斯而往，其势必至日甚一日，不急挽救，岂能无忧。夫国以民为本，民以食为天，不足食，胡以养民，胡以立国，是在先养而后教，此农政之兴，尤为今日之急务也。且农为我中国自古之大政，故天子有躬耕之典，以劝万民。今欲振兴农务，亦不过广我故规，参行新法而已。民习于所知，虽有更革，必无惊骇，成效一见，争相乐从，虽举国遍行，为力尚易，为时亦速也。且令天下之人，皆知新法之益如此，则踵行他政，必无挠格之虞，其益固不止一端也。

窃以我国家自欲行西法以来，惟农政一事，未闻仿效。派往外国肄业学生，亦未闻有入农政学堂者，而所聘西儒，亦未见有一农学之师，此亦筹富强之一憾事也。文游学之余，兼涉树艺，泰西农学之书，间尝观览。于考地质，察物理之法，略有所知。每与乡中老农，谈论耕植，尝教之选种之理，粪溉之法，多有成效。文乡居香山之东，负山濒海，地多砂碛，土质硗劣，不宜于耕，故乡之人多游贾于四方。通商之后，颇称富饶，近年以美洲逐客，檀岛禁工，各口茶商，又多亏折，乡间景况，大逊前时，觅食农民，尤为不易。文思所以广其农利，欲去禾而树桑，迨为考核地质，知其颇不宜于种桑，而甚宜于菠萝。近以愤于英人禁烟之议难成，遂劝农人栽鸦片，旧岁于农隙试之，其浆果与印度公土无异，每亩可获利数十金。现已群相仿效，户户欲栽。今多农隙，所种必广。此无碍于农田，而有补于漏卮，亦一时权宜之计也。他日盛行，必能尽夺印烟之利。其气味较公土为尤佳，迥非川滇各土之可比，去冬所产数斤，凡嗜阿芙蓉之癖者，争相购吸，以此决其能夺印烟之利也必矣。印烟之利既夺，英人可不勉而自禁。英国既禁，我可不栽，此时而申禁吸之令，则百年大患，可崇朝而灭矣。劝种罂粟，实禁鸦片之权舆也。由栽烟一事观之，则知农民之见利必趋，群相仿效，到处皆然，是则农政之兴，甚易措手。其法先设农师学堂一所，选好学博物之士课之，三年有成，然后派往各省，分设学堂，以课农家聪颖子弟。又每省设立农艺博览会一所，与学堂相表里，广集各方之物产，时与老农互相考证，此办法之纲领也。至其详细节目，当另著他编，条分缕析，可以言而实行，所谓非欲徒托空言者，此也。文之先人，躬耕数代，文于树艺牧畜诸端，耳濡目染，洞悉奥窍。泰西理法，亦颇有心得。至各国土地之所宜，种类之佳劣，非遍历其境，未易周知。文今年拟有法国之行，从游其国之蚕学名家，考究蚕桑新法，医治蚕病。并拟顺道往游环球各邦，观其农事。如中堂有意以兴农政，则文于回华后，可再行游历内地、新疆、关外等处。察看情形，何处宜耕，何处宜牧，何处宜蚕，详明利益，尽仿西法，招民开垦，集商举办。此于国计民生大有裨益。所谓欲躬行实践，必求泽之沾沛乎民人者，此也。惟深望我中堂有以玉成其志而已。

伏维我中堂佐治以来，无利不兴，无弊不革，艰巨险阻，犹所不辞。如筹海军铁路之难，尚毅然而成之，况于农桑之大政，为生民命脉之所关，且无行之之难，又有行之之人，岂尚有不为者乎？用敢不辞冒昧，侃侃而谈，为生民请命，伏祈采择施行，天下幸甚。

按：总理革命之初，国人中于康、梁之言，诬总理目不识丁，故录此文以刺其狂吠。据冯自由先生革命遗史谓，总理国学，乃师区凤墀、陈仲尧两先生而大进者也。此书草成后，过上海，就正于太平天国状元王韬，仅易数语而已；嗣由清总理各国事务衙门委员徐秋畦介上。李不能纳，仅予以农学会筹款护照，总理始绝望于清廷，而致力国民革命。

国民政府建国大纲

一、国民政府本革命之三民主义、五权宪法，以建设中华民国。

二、建设之首要在民生，故对于全国人民之食、衣，住、行四大需要，政府当与人民协力共谋农业之发展以足民食。共谋织造之发展，以裕民衣。建筑大计画之各式屋舍，以乐民居。修治道路运河，以利民行。

三、其次为民权，故对于人民之政治知识能力，政府当训导之，以行使其选举权，行使其罢官权，行使其创制权，行使其复决权。

四、其三为民族，故对于国内之弱小民族，政府当扶植之，使之能自决自治。对于国外之侵略强权，政府当抵御之，并同时修改各国条约，以恢复我国际平等、国家独立。

五、建设之程序分为三期：一曰军政时期，二曰训政时期，三曰宪政时期。

六、在军政时期，一切制度悉隶于军政之下。政府一面用兵力以扫除国内之障碍，一面宣传主义以开化全国之人心，而促进国家之统一。

七、凡一省完全底定之日，则为训政开始之时，而军政停止之日。

八、在训政时期，政府当派曾经训练考试合格之人员到各县协助人民筹备自治。其程度以全县人口调查清楚，全县土地测量完竣，全县警卫办理妥善，四境纵横之道路修筑成功。而其人民曾受四权使用之训练，而完毕其国民之义务，誓行革命之主义者，得选举县官，以执行一县之政事。得选举议员，以议立一县之法律。始成为一完全自治之县。

九、一完全自治之县，其国民有直接选举官员之权，有直接罢免官员之权，有直接创制法律之权，有直接复决法律之权。

十、每县开创自治之时，必须先规定全县私有土地之价。其法由地主自报之，地方政府则照价征税，并可随时照价收买。自此次报价之后，若土地因政治之改良，社会之进步，而增价者，则其利益为全县人民所共享，而原主不得而私之。

十一、土地之岁收，地价之增益，公地之生产，山林川泽之息，矿产水力之利，皆为地方政府之所有，而用以经营地方人民之事业，及育幼、养老、济贫、救灾、医病与夫种种公共之需。

十二、各县之天然富源，与及大规模之工商事业，本县之资力不能发展与兴办，而须外资乃能经营者，当由中央政府为之协助，而所获之纯利，中央与地方政府各占其半。

十三、各县对于中央政府之负担，当以每县之岁收百分之几为中央岁费，每年由国民代表定之，其限度不得少于百分之十，不得加于百分之五十。

十四、每县地方自治政府成立之后，得选举国民代表一员，以组织代表会，参与中央政事。

十五、凡候选及任命官员，无论中央与地方，皆须经中央考试铨定资格者乃可。

十六、凡一省全数之县，皆达完全自治者，则为宪政开始时期。国民代表会，得选举省长为本省自治之监督。至于该省内之国家行政，则省长受中央之指挥。

十七、在此时期，中央与省之权限采均权制度，凡事务有全国一致之性质者，划归中央，有因地制宜之性质者，划归地方，不偏于中央集权或地方分权。

十八、县为自治之单位，省立于中央与县之间，以收联络之效。

十九、在宪政开始时期，中央政府当完成设立五院，以试行五权之治。其序列如下：曰行政院，曰立法院，曰司法院，曰考试院，曰监察院。

二十、行政院暂设如下各部：一内政部，二外交部，三军政部，四财政部，五农矿部，六工商部，七教育部，八交通部。

廿一、宪法未颁布以前，各院长皆归总统任免而督率之。

廿二、宪法草案，当本于建国大纲，及训政宪政两时期之成绩，由立法院议订，随时宣传于民众，以备到时采择施行。

廿三、全国有过半数省分，达至宪政开始时期，即全省之地方自治完全成立时期，则开国民大会，决定宪法而颁布之。

廿四、宪法颁布之后，中央统治权则归于国民大会行使之，即国民大会对于中央政府官员有选举权、有罢免权，对于中央法律有创制权、有复决权。

廿五、宪法颁布之日，即为宪政告成之时，而全国国民，则依宪法行全国大选举，国民政府则于选举完毕之后，三个月解职，而授政于民选之政府，是为建国之大功告成。

民国十三年四月十二日孙文书

总理遗嘱

余致力国民革命凡四十年，其目的在求中国之自由平等。积四十年之经验，深知欲达到此目的，必须唤起民众，及联合世界上以平等待我之民族，共同奋斗。现在革命尚未成功，凡我同志，务须依照余所著建国方略、建国大纲、三民主义，及第一次全国代表大会宣言，继续努力，以求贯彻。最近主张开国民会议，及废除不平等条约，尤须于最短期间，促其实现。是所至嘱。

湖北革命之动因

民国纪元前二十年，总理睹清政不纲，在海南纠合同志，设立兴中会，以图革命之推进。湖北处于腹地，交通稍滞，声教未能遽被。维震于鸦片战争，中日惨祸，八国联军之役，时怀杞人之忧。适湖广总督张之洞提倡新政，改革教育，设汉阳铁厂及武昌纱麻四局，烟突十丈，矗立云霄，规模之宏，气象之伟，令人耳目一新。识时之士，入书院，考学堂，济济跄跄，如百川之朝宗。维时康梁之言盈天下，南皮复束缚于忠君之义，与爱新觉罗氏之禁网，为劝学篇、学堂歌以迷离学子之耳目，遂令若邻人追羊，歧路旁多，涂抹苦闷，未知税驾何许。然英异之伦，不羁之士，读石庄茶村遗书，览异域殊方志乘，勃然兴起，不为所囿。一有感触，按捺不住，或著论以指斥时政，或聚众以威胁权奸。激昂慷慨，不少回避。当道忧之，因择其激烈者，派赴东西各国留学，吾鄂人士，始有亲炙总理之机会矣。吴禄贞、傅慈祥、戢元丞、刘成禺、居正、田桐、石瑛、胡秉柯诸志士，一闻总理之主义及计划，倾诚归响，如七十子之服孔子。闻教之后，即偕吾鄂全体留学生，标示革命，传播江浒。或则创办《湖北学生界》、《汉声》等杂志唤醒邦人；或则转刊《黄帝魂》、《孙逸仙》、《革命军》、《猛回头》，以运动军队；或则致书乡人，以期宣传之普及；或则组织团体，以冀主义之实行。自庚子以还，形形色色，奔凑咸来。外而东西留学生，内而军学两界，其倾向革命之热情，如雨后春笋，暴发于满山之间。各机关纷纷设立，前仆后起。迨辛亥义旗一举，满清即亡，实早植基于此矣。兹且就庚子汉口之役起，至武昌首事及政府、国会之成立，以吾所知者历述之。

庚子汉口之役

吾国最丑怪之变局，未有甚于庚子义和团一事者也。市井无知游民，政府自应哀矜之，教导之；弗戢，则惩创之，当可帖然就范，又何至掀起大波，致激怒邻邦，协以谋我，占商埠，陷首都，俾一国元首，逃窜流离，陷吾国于无政府状态，此真有史以来之奇耻大辱也。国父时旅日本，特召集同志，会议于镰仓，决定在珠江、长江两流域起兵。命郑士良在香港组织机关，史坚如赴长江联络会党。鄂人留日学生有革命思想者，若傅慈祥、吴禄贞、戢元丞等亦欲乘机起事，谒国父请示方略。国父告以已派史坚如赴长江布置，可共同进行也。慈祥等喜，惟经费无出，颇为焦虑。适毕永年谓："唐才常已得康有为款二万元，由华侨邱菽园输将，都数为三十万元，当可源源而来，余为之反复陈说，才常大为感动，决脱保皇党而同吾辈革命。"慈祥等愈喜。梁启超悉其事，亦意态活动，于祖饯唐才常、林奎、吴禄贞、傅慈祥等之日，特请国父及陈少白陪宴，以示彼此一致之决心；然国父只赞助之，终不敢信其真能合作，此为庚子春日也。唐才常、傅慈祥等至汉口后，设立机关，聚会党十余万人，创设自立军，分五路密布于鄂、皖、赣、湘各重要地区。傅慈祥并联络武备学堂同学而操兵柄者钮永建、孙武、艾忠琦等数十人，以谋策应。大通为前军，秦鼎彝、吴禄贞统之，安庆为后军，田邦濬统之，常德为左军，陈犹龙统之，新堤为右军，沈荩统之，汉口为中军，傅慈祥、林奎统之，才常自为各军总司令，定于七月十五日，在汉口、武昌、汉阳及皖、赣、湘同时起事。奈康有为停款不发，唐才常窘于饷需，一再延期，聚十万游手无训练之民，而责以危险之事，复饥之寒之，虽愚者亦知其无济也。前军统帅秦鼎彝、吴禄贞之至大通也，运动水师弁卒，及皖抚卫队管带孙道毅共同奋起，乃因待饷迁延，大通保甲局委员许鼎霖侦悉，逮捕七人，铜陵县魏令告密于巡抚王之春，下令戒严。鼎彝以事泄，仓卒发难，之春令芜湖防营统领李本钦及营官邱显荣率领大队会攻，鼎彝挥兵搏斗，巷战七昼夜。卒以力单败绩，余众四散，鼎彝、禄贞走日本。前军既败，汉口总部即愈呈不稳之象。时主力在会党，而绿营、巡防督抚标各营弁卒，强半为彼之徒侣，而悉受其运动。乃因饷项无着，失信彼辈。其隶湘军统领黄忠浩（扎洪山）、巡防营统领方友升（扎汉阳）、督标统领吴元恺（扎草湖门外恺字营）部下者，同时出首，于是秘密全泄。才常犹恃张之洞与彼有师生之谊，欲以勤王大义说之，岂料张已下令围汉口总机关，当捕获唐才常、傅慈祥等数十人弃市。时七月二十八日也。兹录遇害诸人姓名于后。

唐才常，事略见后。　　傅慈祥，墓表见后。

林　奎，字述唐，湘阴人。　　黎　科，广东人。

黄自福，广东人。　　蔡成煜，天津人。

郑保晟，福建人。　　田邦濬，慈利人。

李炳寰，慈利人。　　杜子培，慈利人。

王天曙，辰州人。　　向连陞，辰州人。

瞿河清，辰州人。　　黎桂泉，长沙人。

刘国珊，长沙人。　　陈应轸，龙阳人。

周　七，湘潭人。

犹有姓名不可考者三人，会党之及于难者总在百人以上。中军覆，右军逼近武汉，势成骑虎，即不能不亟为发动，而崇阳、监利及湖南临、沅、潭等邑响应之；然汉口惨败之声，达于远迩，人心涣散，再无驾驭之可能，新堤之师亦溃，于是如火如荼之自立军，转瞬即烟消雾散矣。新堤遇害诸人名录列后：

黄南阳　　李寿全

曾广文　　　　王昌年

（沈荩亡走武昌，至清光绪二十九年六月，被执京师，杖毙阶下。崇、监、临、沅、潭数县遇难者亦多。惟记载难得，不易搜访。）

是役湖北遵令起兵者，有武昌、汉阳、沔阳、蒲圻、应城、巴东、长乐、沙市、嘉鱼、麻城等十余处之多，其牺牲极巨。湘皖亦兴大狱，以身殉者略在三百人以上。失败总因，则在党派复杂，康、梁与吾党之臭味，素来差池，虽经毕永年之启发，才常偶有转变；然彼等经济命脉，仍操于康有为之手，故大通发难，即有"讨贼勤王"之布告出现。文曰：

中国自立会会长以讨贼勤王事，照得戊戌变政以来，权臣秉国，逆后当朝，祸变之生，惨无天日。至己亥十二月二十四日，下立嗣伪诏，几欲蔑弃祖制，大逞私谋，更有义和团以扶清灭洋为名，贼臣载漪、刚毅、荣禄等阴助军械，内图篡杀，不得，则公然与中立为难。用敢广集同志，大汇江淮，清君侧而谢万国。传檄远近，咸使闻知。

（宗旨）一、保全中国自立之权。二、请光绪帝复辟。三、无论何人，凡系有心保全中国者，准其入会。四、会中人必当祸福相依，患难相救，且当一律以待会外良民。

（法律）一、不准伤害人民生命财产。二、不准伤害西人生命财产。三、不准烧毁教堂，杀害教民。四、不准扰害通商租界。五、不准奸淫。六、不准酗酒逞凶。七、不准用毒械残待仇敌。八、凡捉获顽固旧党，应照文明公法办理，不得妄行杀戮。九、保全善良，革除苛政，共进文明，而成一新政府。

吴禄贞见此布告，愤慨赴日本复学，毕永年闻此情形，痛哭走普陀出家，章太炎于数月前，即悉唐名义不正，宣布脱离关系，秦鼎彝失败后，始知康延款误事，宣布与渠绝交。噫！以革命大业，聚意志错杂者以图之，希有不偾事者！惟因此获三大教训，即：一、不能专靠会党作主力，二、组织要严密，决不能取便一时，以容纳异党，三、绝对从士兵学生痛下功夫，而不与文武官吏为缘。后鄂人即把握此三种经验，苦干十余年，遂建辛亥首义之功也。兹将是役渠帅之义烈纪传录后。

烈士唐才常事略

天门胡石庵

唐君才常，字黻丞，亦字佛尘，湖南浏阳县人。少好读书，不为章句所束缚，究心实学，尤娴于中西史乘。年弱冠，举茂才。乙未之岁，元和江公标督学湘中，以新学提倡士类，冀得明体达用之材，蔚为国用，拔君异等，贡成均。旋与乡人谭嗣同等创办《湘学报》，君撰述为多，自署即所称洴澼子。所为文有雄直气，高洁稍不及谭。两人少同游，长同志，订为生死交，才名亦相伯仲。时有浏阳双杰之称。会义宁陈公宝箴开府湘中，君以弟子礼谒陈公于节署。公曰，今日之师生，循故事也，若以学问经济论，吾当北面事君，其见重如此。无何，东游扶桑，读书尚友且一载。戊戌政变，谭嗣同等六君子死焉。君在日京闻之痛极，欲航海复仇，不果。逾岁而有汉口发难之役，盖君以己亥春返国，组正气会于上海，假东文译社之名，实以革命主义，号召人心，结合有志之士。读其序文，有上切不共戴天之恨，下存何以为家之思，及国于天地，必有与立非我族类，其心必异云云。与彼日以保皇党友相标榜者，不啻背道而驰。君既蕴奇气于胸中，而光芒自不可掩，海内外之有志者，闻风而起，相率来归，革命之光线，遂充满于寓居黯淡之中矣。先是政变之未起也，君与谭嗣同辈，早有所图，从事联络大江南北之会党与游勇，设自立会以部勒之，备缓急之用。谭死，其势未杀，而君实为之主力。当义和团起自北方，中原鼎沸，会中人跃跃欲试，君以事有可为，率其党徒溯江而上，思纠合沿江数省之同志，巩固自立会之根柢，乘时以图大举。于时大通党人起事未成，各疆吏咸有戒心。君抵汉后，默察大势，虑迟且生变，不如先发，乃期于某月某日举事，会党应约来者达十万人。未至期，风声已播，事为鄂督张之洞所闻，派兵围而捕之，于七月二十日就义。方捕者至门，君犹坦然自若，笑而受缚，无难色。就义之候，慷慨如平生，临绝，则大呼天不成吾事者再。其所学所志所养，亦可见一斑矣。论者或以为君抱倾覆满清政府之素志，此举则欲援立清帝，驱逐后党，与其平日之言行，乃适相反。夫君之心迹虽未大白于天下后世，而其素所怀抱，已与人以共见。其举事之目的，盖亦有难言矣。至于结合多数无节制、无训练、无规则、游手好闲、野蛮自由之徒，与之谋作新中国之业，驯至劫财掠物，嚣嚣然虽以骚扰为事，则有不能为君讳者。虽然君逞数年之心力，惨淡经营，固非若啸聚草泽，为无意识之举动者。本救国之宏愿，不惜牺牲一切，以为我四万万同胞请命，事与愿违，死有余憾，其志亦大可哀矣，而恶可以一眚掩大德哉。

附：庚子武汉首义烈士墓碑

傅家来稿

庚子秋七月二十有八日，自立会党人在武昌首义，为清吏捕杀者二十人。浏阳唐才常、潜江傅慈祥，湘阴林奎，广东黎科、黄自福，天津蔡成煜，福建郑葆晟，慈利田邦濬、李炳寰、杜子培、辰州王天曙、瞿河清、向连陞，长沙黎桂泉、刘国珊，龙阳陈应轸，湘潭周七，又有姓名不可考者三人，均及于难。先一岁已亥，傅慈祥、黎科、郑葆晟、蔡成煜、吴禄贞、沈翔云等，组励志学会于日本东京。唐才常、林奎等立正气会于上海，旋改组自立会。是年六月，开国会于上海味莼园，四方豪杰之士，风发云涌，不期而集者数百人。于是创立自立军，密布长江上下游。大通为前军，秦力山、吴禄贞统之。安庆为后军，田邦濬统之。常德为左军，陈犹龙统之。新堤为右军沈荩统之。汉口为中军，傅慈祥、林奎统之。置总会亲军，及先锋军于汉口，唐才常实主其事。傅慈祥并联络昔日湖北武备学堂同学而操兵柄者钮永建、孙武、艾忠琦等数十人，以谋策应。会义和团肇衅，各国联军攻破燕京，清室动摇，诸先烈以为有机可乘，将于庚子七月十五日，大举起事。待饷海外，不以时应。秦力山、吴禄贞发难大通不克。越旬日，唐才常等二十人均就义。新堤举事旋亦失败。鄂湘大兴党狱，以身殉者百数十人。躬与是役而未死者，其后皆卓然有所树立。越十有一年，辛亥革命军起武昌，义旗一举，全国响应，清社以墟。盖甲午以还，忠义之士，恫神州之将亡，不惜牺牲头颅，以谋救国，屡仆屡起，此志不磨。呜呼，今日民国之成立，皆昔之先烈不避锋刃，喋血赴义，有以植其基也。诸君子殉难后，首邱未正，藁葬洪山，淹滞岁月，马鬣未封，海内悲之。中华民国二十四年，国民政府悯念前勋，赐金治葬，并于墓侧建立纪念堂，以垂永久。凡我同志，追溯往事，怆然涕下。唐烈士之嗣君有壬，以碑文嘱余，因表其死事之烈，泐于碑石，而系以铭辞。铭曰：明社既屋，神州陆沉。欧风西来，丧乱侵寻。海内志士，慷慨救国。孙公崛起，天地变色。湘楚豪杰，风虎云龙。忠勇奋发，四方景从。天下形势，必争武昌。义旗初举，哀哉国殇。碧血浮江，风声所树。觥觥共和，金汤永固。不有逝者，谁为之先。忠魂千古，视此崇阡。

潜江傅君良弼墓表

黄　复

天定胜人，人定胜天，自古兴亡剥复，相循不已，莫非天时人事，以构成其机会。清末民国改革之际，亦天人参会之所为也。时主其事者为孙总理，羽翼成之者为行省诸同志，然亦几经摧挫矣。其有历险不渝，慷慨捐躯，死事尤烈者，潜江傅君良弼其一也。君先世修儒业，号礼法家，世居县之杨家嘴。君生而颖异，少有神童之誉，长读书，目十行下。顾负奇气，倜傥有远志，不屑屑为章句。其孝弟根于天性，善行称于家邦，学业推于侪辈。而慨念时局阽危，思合群而拯济之。盖自宋以理学昌明亡于元，明以文学气节亡于清，说者犹病人士文弱，乏经世之才。故颜习斋辈，一变其学说，思以卓绝坚苦，强身练骨，成有用之气质。君闻其风而悦之，于研通经史外，凡拳棒、技术、铁练、挺击、泅泳诸艺靡不精习。及派留学东瀛，入成城士官诸校，累试冠其群，大为师友器重。每与同人议及时事，辄太息流涕，匪徒种族念深，实恐中原重被五胡之祸。是时清治窳败，虚饰新政，外强虎视，滥言瓜分，清廷不忌外侮，而钳制汉人益急，适以激成反抗，革命风潮，遂喷涌荡溢而不可止。君既入中山会，约归国，有所注措。运会未至，几事不密，与湘省唐君才常等，同就义于武昌，时庚子七月间事也。唐与君皆隽才，人尤惜之。其后志士拼命以争，所在多有，前仆后起，民气不衰。直至辛亥八月，义军兴复于鄂垣，而革命之基以定。孙公乃建总统府于南京，以明年为民国元年。夫秦政暴虐，亡秦必楚，张南皮谓缔造乾坤，必始江汉，不信然欤。厥后经纬区宇，重秀山川，赖有命世英贤，雷雨经纶，尽人事以挽回天运，计划方长。而追念始事艰难，奋不顾身，诸志士丹心壮节，足以振作国人之义气，而销此厄运者，其英采又何可湮没也哉。君殁后十二年，同县刘君静庵，亦以革命为刑官所忌，诬陷有罪，瘐死狱中。阅三月而革命功成，二君者皆不及见，而志伸身后，足以相慰于九原矣。吾鄂奔走革命者众，潜江一县，得两烈士，不惟邑乘之光，实张楚风之劲也。刘君去年省府会议公葬，碑石屹立。君前葬鄂东，时议国葬，未果。今中央当局建议，由鄂政府修墓，立碑褒扬，没而不朽，公义昭彰。君长子光培，次子光植，因鸠工有日，以表墓之文属复，复虽衰朽不文，尚乐举其荦荦大节，有关时务者，揭之墓道，令纪录者有考焉。其族世行谊之详，已见令长郎所为事略者，不具赘。

附：事略

家庭来稿

先考讳慈祥，字良弼，本徐姓，世居潜江北郭，业耕读，为邑中望族。大父心学府君，赘于傅生，世父希堂府君，季父梓才府君，及先考三人。傅氏先世居江西南昌，明时有尚国公者，始徙居湖北潜江之杨家嘴。世敦儒术，称礼义家。至外曾大父起高公乏嗣，大父为所钟爱，因以承祀焉。光培生时，先考已负笈鄂垣，至庚子，遂及于难。时光培年甫四龄，光植尚在襁褓中，以故先考之行事，皆不得见而知之。顾自微有智识时，先大父母尝告光培等曰，尔父生而颖悟，十岁已毕五经四子书，读时目十行下，见者诧异，惊为神童。长负奇气，倜傥有大志，精于拳棒挺击之术，不屑屑于文艺。然偶一下笔，数千言立就，老宿为之叹服。甲午入两湖书院，适值中日之役，丧师失地，每与人论及，必扼腕太息，不胜麦秀黍离之感，以为欲强国，必人人皆习武事。遂入省武备学堂，研究兵学，屡试辄冠其群，大为师友器重。戊戌派赴东瀛，留学成城学校，旋入士官学校。复以近世纪之争，海军尤为重要，乃兼习海军学。又于伏假期间，习泅泳两月，立水能出脐，入水能数小时。是时列强环伺，瓜分之说，风起云涌。尔父恐晋末五胡之祸，复睹于神州，乃与吴绶卿、蔡松坡、刘伯刚、吴念慈诸人，组织励志学会，讨论革命进行，至深且密。会义和团起，国内鼎沸，海外各同志，歃盟于镰仓，议定以上海为总机关，分珠江、长江两流域进行焉。珠江流域，孙中山先生主持之。长江流域，则公举唐才常、吴禄贞，与尔父主持之。并举林奎为湘南司令，孙武为岳州司令。而以秦力山、沈荩、何来保、唐才中、陈显国、余正义、王正祥分驻大通、安庆、新堤、浏阳及长沙，为之策应。又复密说汉人之执政者，独立自主，同学之统兵者，加入同盟，以为声援。讵事机败露，尔父与唐才常、林奎、李炳寰、田邦濬、王天曙、杜子培、瞿河清、黎科、蔡承煜及义仆某君，同就义于武昌。当尔父之初赴日也，谓尔母曰，吾已以身许国，吾知汝贤孝，善视翁姑子女可也。及由日归也，黄陂黎公宋卿尼之曰，此行殊危险，当珍惜此身，留为国用。尔父以宁为玉碎，不为瓦全谢之。故会审时，慷慨自承，旁无牵涉，虽严刑逼供，不之惧，赖以保全者甚众。临难之际，犹大声疾呼“天乎，其救吾中华四万万同胞乎”不止。时尔等及尔兄光祖，尔姊慧生，年俱幼，惟知随家人环泣，固不知尔父死事之烈也。尔父虽矢志报国，而伦常之际，处处必各如其分，性尤真挚过人。某岁尔太母病，尝于风雨之夕，行五十里，求药而返。尔父师戴公筠病痢，亲为侍药洗袴。与人交，不以久近冷热，一立谈间，肺腑洞见，故人多亲之。变出之日，不独同志为之悲伤，巷哭者且声相接，其感人之深有如是者。光培等泣识之，不敢或忘焉。先考生于壬申二月初八辰时，庚子七月二十八日寅时就义，得年二十有九。著有南斋诗文集各一卷。先母朱太夫人，生于癸酉三月初八戌时，卒于乙丑七月二十日辰时，享年五十有三。光培有女曰勤，光植有子曰林、曰里。就义后之十二年，民国鼎定，中央稽勋局派员来鄂，会同蔡公济民，调查墓地，筹备国葬，遭时多故，未果实行。又后之十八年，国民政府令湖北省政府立碑修墓褒扬，八月而工竣。光培等行能无似，弗克力图进取，绍述遗志，因思先考被难已三十年，诚恐岁月迁流，忠烈无闻，竟成湮没，爰于荣典下颁之日，谨就所闻于先大父母者，述先考事略以志之，俾垂先型于不朽焉。

中华民国十八年九月九日男光培光植谨志

吴禄贞传

“中央”党史史料编纂委员会稿

一、从幼年到立志革命

吴禄贞，字绶卿，湖北云梦县人。祖父道亨先生，是个慈善家。父利彬先生，是逊清有名的秀才，胸襟远大，壮年幕游四方，后因年纪老了，不愿意在外奔走，便回武昌讲学。生子二，长禄贞，次祐贞。禄贞秉性聪敏过人，每天读书约可千言，又受他父亲的家庭教育，所以在八九岁的时候，已能下笔成文。长后喜学国术，好舞剑，研究兵法，尤能深入堂奥。为人尚侠义，广交游，更能急人所急，都是从天性流露，所以他的诗歌，慷慨激昂，楷书草法，雄伟豪迈。时人目为文学天才。十六岁时，他的父亲因病中吃了黄瓜，致病不治而死，所以他终身不忍吃黄瓜。又因为父亲早死，所以他侍奉母亲更加孝敬，有名乡里。适逢这个时候，湖北开办武备学堂，禄贞便弃文从武，入校肄业，另求深造。入校不久，因为学业冠群的缘故，就被官厅选拔，派送日本留学，考入士官学校，学习骑兵。留东年余，看到日本的维新，同时目睹清室政治的窳败，满人当道的昏聩，深深感觉国势的阽危，非改革政治，倾覆清室，不能反危为安，转弱为强，从此就以革命排满为己任。每于课业空暇的时候，常同留学生中有志革命的，如钮永建、傅慈祥等往来切磋，革命学识，更为进步。

二、入兴中会后的活动

纪元前十四年（清光绪二十四年即西历一八九八年）的春天，国父孙中山先生从欧洲到日本运动革命，禄贞同永建、慈祥等，便同时受了革命的洗礼，他潜伏很久的思潮，得革命真理的撼动，更为汹涌而澎湃。禄贞以后的事业，可以说是奠基于这个时期。

八月，康有为倡议变法，清帝光绪听从康议，事为那拉太后所忌，就幽禁光绪，捕杀谭嗣同等六人，后来称为戊戌政变。有为和其徒梁启超先后亡命日本，在日成立保皇会，主张君主立宪，其反对革命和反对共和，比较清廷还要厉害。一时邪说乱兴，留日华侨和学生被诱盲从的很多。兴中会中一部分的同志，也有被摇动的。独他和戢翼翚、沈翔云、林奎、冯自由、郑贯一等，却坚信国父，不为所动。后来同志中的动摇者渐趋觉悟，兴中会的基础得以重固，不可不说是禄贞等诸中坚分子的力量。

纪元前十二年（清光绪二十六年西历一九〇〇年）清廷利用义和团杀洋人，围使馆，惹起八国联军攻入北京，清室帝后仓皇出走，国家陷于无政府状态。国父看见这种情形，就召集同志，会议于日本的镰仓，决定克日筹备起事；区分长江、珠江两流域，同时进行。珠江方面，由国父自行主持，长江方面，命禄贞和傅慈祥主持，并须互相策应。

禄贞奉到命令以后，正感财政困窘、无法进行的时候，事有凑巧，偏遇意外的助力，那时有新加坡闽侨邱菽园，受了保皇党的煽惑，不惜以三十万元巨款，帮助保皇党。保皇党又以二万元付给唐才常，命他回国运动长江一带哥老会。才常得到一笔款项以后，被他的好友毕永年知道。永年素来倾向国父，赞助革命运动，得到保皇党付给唐才常款项的消息，就向才常加以说辞。才常经永年的劝告大为觉悟，当下就脱离保皇党，加入兴中会。并成立自立军，表示不属于保皇党。禄贞当时以才常既能翻然来归，改变他的趋向，皈依国父，从事革命大业，就暂辍学业，和才常一同秘密归国，运动长江各地独立，联络会党，造成潜势力。将所有收服的武力，编自立军为前后左右中五路，分布在湖北、湖南、安徽、江西各重要地方。才常驻汉口，总统各路军队。禄贞、翔云驻大通，形成犄角之势。预定在八月二十九日各地同时发动。不料事被奸人告密，才常、慈祥竟为清吏捕杀。禄贞幸脱虎口，由上海转赴日本，继续求学。事后禄贞对同志谈及此事，常叹功败垂成，引为一生的憾恨。

三、归国后的革命运动

纪元前十一年（清光绪二十七年西历一九〇一年），禄贞毕业回国，到了武昌，两湖总督张之洞委任训练新式军事人才。总督以下的官吏，因为大通的旧案，深存芥蒂，横生阻力。禄贞处在这种情况之下，秘密进行革命运动，不但不为所阻，反更加倍努力。他既帮助刘敬安扩充日知会，为革命机关广布消息；又在武昌花园山天主教堂设秘密机关，联络各地同志，互通声气。此外则派遣同志投入清军，造成革命势力；运动会党，造成各地社会力量；翻印《猛回头》、《警世钟》、《黄帝魂》各种书籍，易名为《富言》、《群学肄言》等名称，散布到军学各界，用作宣传。那时武昌学生因受清廷对俄外交失败的刺激，都存排满革命的思想，因之陆续加入花园山组织的人非常踊跃。每天到会商讨革命进行事宜的，有朱和中、李书城诸人。其在军营学校的同志，则每逢星期，都来报告他们运动经过和工作推进的情形。外省远来的志士，没有不到花园山接洽的。所以近则沪杭，远则日京，一律互通声气。一时间排满风潮，异常浓厚，潜势力一天比一天浩大。清吏虽探听到种种消息，因为教堂的关系，不敢公然拘捕。后来侦知参加的人大半为军学两界的人，就用分化办法，大批派遣出洋留学。激烈的如朱和中等派往西洋；和平的如李书城等派往日本。从此花园山的革命干部人物，为之星散，只剩禄贞和军营学校中的少数同志。禄贞以为军营学校中的工作，进行上较为顺利，就将花园山的机关撤销，以免惹人注意。自信革命运动，终有成功的一天，决不为局部的变动影响大计，所以极力劝诫同志，埋头苦干，不可浮躁，必须和各省同志取一致行动。

四、入京企图和考察西北的挫折

纪元前九年（清光绪二十九年西历一九〇三年）的冬天，黄兴在湖南运动大有成效，约他赴湘筹设速成武备学堂。他到湘后，正助兴筹划一切，忽北京练兵处因成立伊始，物色优良军事人才，来电指名征召。禄贞本意不愿前去，他说："为清廷练兵无异助敌以力，赠盗以粮。"正在踟蹰不决，左右同志对禄贞说："不入虎穴，焉得虎子？君受当道器重，与其在外无所建树，不如投身其中，假与周旋，暗中结交志士，待机而动，将来如果成事，所得结果，将不可估计。"禄贞以此说为然，就决计北上。

纪元前八年（清光绪三十年西历一九〇四年）春天，禄贞进京，被任为骑兵监督。监督一职，徒有虚名，殊无实权。他的职务，不过阅操和编辑军事训练的教材而已。主管上司兵部尚书满人铁良，素知禄贞志大才长，平时防范特严，遇事每加挫折，对禄贞建议分派训练完毕的人员到各军充下级干部和其他的种种意见，均不采用。同事满人凤山，对他猜忌尤深。禄贞处在这样的恶劣环境之下，几年的中间，简直是一筹难展。

纪元前六年（清光绪三十二年西历一九〇六年）的秋天，他就决心改变作法，另辟途径，预备脱离练兵处，游历西北各省，观察边疆形势。就呈请军机大臣铁良，说明愿单独去到陕、甘、新疆、蒙古各地调查，川资一项，请军机处饬令沿途藩库供给。幸获铁良允许，就开始作西北之行。他出了北京，一路经过河南，向陕、甘前进，沿途见闻，作为诗歌，借以发抒他的怀抱，著有《西征草》一书，慷慨悲壮，读之令人兴奋。到了甘肃，访晤巡抚樊增祥，陈词多主革新，樊系反对戊戌维新的守旧派，听见禄贞所说的话，错疑他是康党，加之军机处又没有行文到各省藩库，又疑他冒充军官，就禀明陕甘总督升允，准备将他就地正法。幸而升允未敢冒昧从事，并说："他既然说他是军机处派来，何不奏请后，然后办理。"当时就拍电请示。这个时候，铁良已出军机，军机处各大臣，多半不知道这事的经过，就上奏西太后。西太后召询铁良，铁良奏认是他任上所派。西太后就命铁良电复升允等，升允、樊增祥接到覆电后，见禄贞诚系奉命前来，就加他沿途滋扰的罪名，把他押解回京。禄贞经此番挫辱，刺激更深，他的革命思想，益发尖锐化。

五、办理延吉边务的成功

纪元前五年（清光绪三十三年西历一九〇七年）清廷命徐世昌为东三省总督，世昌呈请着禄贞随从同行。禄贞既不得志于西北，就随世昌前去。到了奉天，被任为军事参议。他趁了这个机会，结交了不少有志之士，又秘密联络绿林中的朋友，以为将来之用。不久，延吉边事紧急，禄贞奉命出巡，他所结交的胡匪张作霖、汤玉麟、冯麟阁诸人，听见他要到延边去，就写信给盘踞延吉夹皮沟、光济峪一带的马贼韩登举，为他介绍。禄贞带了这封信，率领周维桢、李恩荣和测绘生十余人起程。到了夹皮沟，投信后，群匪争先招待，宴饮甚盛。可是禄贞问到他们的实际情形，他们却大吹法螺，一无诚意。禄贞心生一计，就骗他们说："我原本是南方盗首，手下有三四万人，枪械齐全，团聚山寨。不像你们散漫，没有纪律，并且大半徒手，不能成就大事。"群匪忍不住禄贞的讽刺，当下就招集了部属三千余人，马约千匹，请禄贞观看，禄贞看到人马的数额都不虚，枪支虽不一律，倒也一人一枪，暗中欢喜，便拿出银钱犒赏他们，并购牛羊赏给他们大吃一顿，群匪从此就感激服从。

吉林省的延吉府和朝鲜接界，清朝初年，本系南荒围场。纪元前三十一年（清光绪七年西历一八八一年），弛了垦禁，汉人鲜人没有产业的，就都以此地为他们谋生的场所。此处土地肥厚，森林、野兽、矿产，更是非常的丰富，日人垂涎三尺，很早就想要掠夺这个宝库。后来并吞了朝鲜，更想借故侵占为他们的所有物。这时，朝鲜统监伊藤博文，就借口朝鲜十余万人民受了马贼和无赖的凌虐，并且说图们江以北延吉厅所管属的临江一带地方为间岛，是中国和朝鲜没有划定的地界，就命令中佐斋藤季治郎领兵占取局子街，张贴荒谬文告。

禄贞看见这个文告，勃然大怒，就告诉群匪说："我们为匪，必须爱国，现在日本强占我们的土地，为什么不同心协力抵抗他，一定要等国家的保护呢？"群匪说："吴大哥既然不怕日本的军队，我们还怕他吗？但是我们抵抗日本，惹出祸来，将来徐总督要剿灭我们，向日本谢罪，那时怎样呢？"禄贞说："我们大家保卫祖国土地，立功边疆，徐总督也不能这样丧心病狂，我现在虽然为匪，徐总督旧日同我很有交情，大胆地说，敢保你们安然无事！"众匪还不相信，禄贞就把他所带的军服佩刀龙旗各样重要物品，通统拿出来，和随从他的官长立即着起军装来，竟是威仪凛然。群匪看见，一齐趴在地下，叩头说："我们今天才知道吴大哥不但是南方的豪杰，又是徐总督的老友，一致情愿听从命令。"

禄贞收抚众匪，大家整顿布置妥善后，通知斋藤，限他即日退出中国地界。斋藤接到通知后，大惊说："这个地方向来没有大清国官署，又那里来的驻军，必定是欺诈假冒的！"正在疑惑的中间，禄贞的最后通牒又送来了。斋藤就跟送信的人，一同前来会禄贞。这个时候，禄贞站在庙门檐下，屋上龙旗高悬，兵士有数千人之多，排成无数行列。虽然服装不大整齐，精神却是非常雄壮。斋藤看见，心里暗暗地折服，就走到前面，和禄贞握手。禄贞用日本话同他招呼，请到庙内，首先问他："你为什么擅自侵占中国的领土？"斋藤回答说："这个地方，本来属朝鲜管领，现在朝鲜是日本的保护国，所以我们要来保护朝鲜的人民。你为什么来到这里滋生事端哩？"禄贞说："我是中国的官，应当保卫中国的土地，并且向来就住在这个地方，你们强占这块地方，岂能说我滋生事端。吴某性情刚直，不愿意多说废话，贵军能够赶快退出这个地方很好，不然的话，只有武力解决！”斋藤说：“你要求我们退出此地，可以送达文书到朝鲜统监处，如果有了统监的命令，我们就退出去，不然是不可能的！”禄贞说：“我不能同贵国谈判外交，只知道保卫国土。若果是要谈判外交，那有我国的外交部和贵国的外务省。”斋藤知道自己不是他的对手，就退出局子街，但仍插标标明“朝鲜国地界”字样。禄贞得报，立命拔去。自己又星夜赶回奉天，向世昌痛陈延吉形势，并报告自己同斋藤交涉的经过。世昌赞成他的办法，就转奏清廷。清廷以禄贞干练有识，便诏命禄贞为正参领，帮办吉林边务，他返回防地以后，设立边务公署。在局子街各重要地点设立派驻所，派兵防守。安抚慰问朝鲜的百姓，使他们知道中国是以仁爱和平立国，揭穿日人的阴谋，以免韩民受他的麻醉。对于日人的侵略政策，防御得极其周到。此外又测量边界地形，研究历史，准备将来的应用。又设立学校，教育韩民子弟，修筑道路，便利交通。在边一年，成绩大著。日人虽然狡诈成性，也没法施展毒计。当斋藤出兵的时候，驻北京日本代理公使阿部守信太郎同时照会中国外交部，声明：“间岛究属那一国的领土，很久没有解决。朝鲜十多万人民，常受马贼和无赖的凌虐，因为贵国不加处治，我国已派朝鲜统监带兵前往保护。”等情，就和清廷大开界务谈判。我国外交部对于吉林边境，向来没有详细地图，又没有可作征信的历史书籍，而日方则捏造事实，谬论横生，因之迁延多日，不能解决。清廷无法办理，就调禄贞进京询问详细的实在情形。禄贞根据地理历史的参考和证据，作了一部延吉边务报告书，约数十万言，并附详细地图，证明延吉为中国领土。当时外交部藉此作为铁证，再同日方交涉，结果日本就承认延吉为我国领土。禄贞因为办这件外交的事件有功，被升为协统兼督办吉林边务大臣。不到一年的工夫，已经失去的主权就慢慢恢复；各项事务，都陆续开办起来了。终究因为妒忌他而说坏话的人太多，到了纪元前二年（清宣统二年，西历一九一〇年）的春天，清廷下令将边署撤消，调禄贞进京，不久授以镶红旗蒙古副都统衔，特派为法德两国阅操委员。

六、响应武昌起义的宏图

到了冬天，禄贞从德、法阅操回国，清廷任命他为第六镇统制官。到任以后，极力整顿，革除历来的弊病，军容焕然一新。但为陆军大臣荫昌意见不合，总不得尽量展布他的才干。第二年八月十九日，民军起义于武昌，禄贞听见这个消息，请求率领他的部属前去平乱。荫昌疑他存有二心，不准他的请求。却由自己统带大军南下，并调走第六镇的军队一协，同时命令禄贞随行，预备在中途把他杀害。禄贞刺探出这种奸谋，就托病不去。九月初，滦州军要求清廷立宪，京师大为震动。因为禄贞在新军中具有声望并且和一般将校多系友好，非命他前去，不能解决这个难题，就派他前去宣抚。禄贞一到滦州，就集合兵士演说革命的历史和革命的真理，并说将来革命成功以后，所享的权利，国内各民族一律平等，非专为汉族谋幸福。旗籍兵士听见这种论调，也就化除前疑。禄贞看见全军将士一心，即刻电禀清廷，陈述诸军一致拥护朝廷，并无异谋，借以疏懈清廷的戒备。暗地却同各将领开会商讨响应民军计划：以滦州张绍曾部为第一军，奉天蓝天蔚部为第二军，新民屯卢永祥部为第三军，各地的军队约期在丰台会齐，直逼北京。这样，可使南下的清军，不战自退，清室自然颠覆，共和即可告成。那知会商以后，骑墙派的分子竟秘密报告清廷，清廷听见这个消息，非常惊怕。立刻密调滦东各路大军，集中北京，来阻止各军的行动。不多几天，山西民军起义，清廷下令，着第六镇攻打娘子关。禄贞在滦州接到报告，辞别诸将领说："我先阻挡各军不去攻湖北，今天自己反而要率部去攻山西，还有什么脸见诸公。"就从丰台取道芦沟桥，一直回到石家庄。这个时候，禄贞部下的旅长吴鸿昌，已经奉了清廷命令，率领第六镇部队，开始攻打山西。一部分旗籍部队则奉了清廷密命，阳为助战，暗任监视，以防变故。参谋何燧、朱泉勋视察前线，到了乏驴岭，深知晋军城防不大坚固，内中有主张迅速攻打的，何燧是禄贞心腹，见禄贞还没有到，便捏造虚伪的言辞，阻止前进，六镇的兵就暂驻石家庄。禄贞一到，立派周维桢去到山西，和民军首领商议，组织燕晋联军，一同计划推翻清室，建立共和，山西民军首领阎锡山疑惑禄贞不是真心，告诉维桢说："吴公若果诚意帮助义军，请下令旗军攻打固关。山西军攻击他前方，吴公攻击他后方，旗军消灭，燕晋联军的事才可以商量。”维桢把阎锡山的话报告禄贞，禄贞就在九月十四日带领吴鸿昌、何燧在晋军防地的城下，请出守城的官长仇亮，对他说出一片大道理，仇亮听了这席话，十分佩服，当日带领部队前来归服。他又到太原去说阎锡山，锡山还是坚持前日的主张。禄贞笑着说：“我是老革命党，你知道吗？山西军事，我什么都知道。某年某月成军多少，某年某月购买枪械子弹若干，现时消耗外，尚存若干。”说得明明白白，就像数家珍一样。锡山听见之后，半天说不出话来，立刻推举禄贞为燕晋联军大将军。禄贞见已说服了锡山，也就赶快回去，约同晋军，同驻石家庄，截留清廷运往湖北的军火，减少清军的战斗力。当九月八日山西民军起义，禄贞到达石家庄以后，清廷恐怕禄贞将来有变，就任命他为山西巡抚，希图拿高官笼络他，可是禄贞绝不为利禄所动摇。趁这个时候，上书清廷，大意谓：“自湖北兵变，各省响应，如黄河决口，莫之能御。为今之计不如大赦革命军，停止战争。夫革命军之所以敢冒不韪，赴汤蹈火而不辞者，固欲求国家之幸福，而非存心同朝廷为难也。现禄贞已招抚晋军混成一协，巡防二十余营，可供调遣。如蒙采一得之愚，请饬冯国璋军队退出汉口，禄贞愿只身赴鄂，说以大义，命其投诚，以扶危局。如不从，禄贞当率所部二万人，以兵火相见。朝廷若不速定政见，恐将士愤激，阻绝南北交通，妨碍第一军之后路，则非禄贞之所能强制也。抑更有言者，官军占领汉口，焚烧掠杀，惨无人道，禄贞桑梓所关，尤为痛心。此皆陆军大臣荫昌督师无状，师长丁士原、易乃谦，逢迎助虐，应请圣裁，严行治罪。”于是一面拍电给滦州第二十镇统制张绍曾，着他赶快带领部队前来，借清君侧为名，会师正阳门。一面密约北京民军首领姚鹏楠，根本覆灭虏廷。斯时清帝溥仪，已准备逃往热河。

七、遇害经过和身后哀荣

禄贞的顿兵不前，截留清廷运往湖北的军火，和用激烈的言词向清廷弹劾荫昌误国大罪，实使清廷惶急万分。然又不敢明白责斥，恐怕禄贞起兵发难，京师动摇，影响大局。便想用暗算的方法，以去大患。禄贞杀身的祸机，就潜伏在这个时候了！再则，这个时候，清廷已经任命袁世凯为内阁总理大臣，世凯为禄贞在石家庄所阻，不敢北上，其子袁克定想要借重禄贞兵力，加强世凯的势力，禄贞置之不理。于是克定同清廷图谋禄贞越发急迫。

军咨府大臣载涛，素日知禄贞部下标统马蕙田、周符麟因为改编和禄贞有隙，就秘密将他两人叫到北京。许他们二万两银子的赏金，并许将来保他们升官，教他们刺杀禄贞。两人中了升官发财的毒，甘心去做刺客。九月十五日从北京回防，当天晚上，就强胁他们的下级军官会议行刺的大事，内中有司务长杨镇海，深明大义，以为禄贞生死关系重大，共和成立的早晚，国民流血多少，都担负在禄贞一人身上。会议时因被他们势力压迫，不敢有反对的表示。会议以后，马蕙田又派他的心腹监视各下级军官，不许走漏风声。要是有人泄露，就先将此人处死。镇海看见事态紧急，就密派头目兵士赵振武，将阴谋报告步队二十三标部第一营前队队官马玉峰，玉峰转告禄贞的亲信军需官李真，李真报告禄贞。禄贞自从招抚晋军，往来奔走，都是单人匹马，不带卫队，表示他的坦白。由山西回防以后，不驻营房，夜晚驻宿正太铁路站房，仍旧不设警卫，听了李真的报告毫不在意。

十六日夜，正和参谋张世膺、副官周维桢在站房中批阅机密文牍，逆贼马蕙田率领队官梁云章、排长杨福魁、头目苏守鲁、王泽宣等，突然冲门入室，大呼奉密旨杀吴禄贞，他人不问。禄贞听了，立刻从座上跃起，拿马刀连斫数贼，不料一弹飞来，正中要害，遂仆倒地上。世膺、维桢护禄贞不成，也中弹死。贼众见目的已达，竟割取了禄贞的头颅逃走。那时参谋何燧住在车站官厅，闻变忙来查视，只见皓月当空，尸体横地，惨不忍睹。遂看见办公桌上，摊着一张张绍曾来的电文。电文有："电悉，愿率所部健儿，以供驱策。"等语，只得督率部下料理善后。禄贞死后，不但各路部队失了统率，就是本镇势力也立起分化。旗军恐怕被六镇暗算，人各自畏，抛弃子弹百万发，器械二百多箱，马几百匹，饷银数万两，分作三股，向北溃散。晋军乘机收了禄贞遗骸、器械、子弹、银两，一齐向西运去。同到太原，悬赏找寻禄贞首级，久无结果，就装殓成礼，暂时浮厝。禄贞奔走革命十余年，未及见民国成立，赍志以殁，噩耗传出以后，海内人士，没有不痛惜的。尤其是延吉边界的百姓，竟为失声痛哭。当开追悼大会时，自动前来的有数千人之多。归化中国的朝鲜人，也争着赠送诔词挽章，各种祭奠式的文字，表示哀思。

禄贞生于纪元前三十二年（清光绪六年，西历一八八〇年）正月二十六日，死的时候，只有三十二岁。长子是弟祜贞的儿子，早年过继为嗣。次子忠黄，女三,三女为遗腹生。妻景氏，性情贤淑，侍奉阿姑，极尽孝道。禄贞遇害之后，心神悲痛，不愿独生，但以母老子幼，事亲抚孤，都是后死者的重大责任，只得仓皇回南。船到吴淞口的时候，一时悲愤，竟从船边投身大海，去追随她的丈夫。船上的执事人很迅速地派人把他救起，得以更生。志士烈妇，萃于一门，这是多么难得的光荣事迹。

民元南京政府成立，追念禄贞功勋，以陆军大将例赐恤。民国二年十一月七日并为公葬于石家庄，建造专祠，竖立碑志，以慰英灵。后来的人，到石家庄这个地方的，没有不去他墓上低徊流连谨诚致敬的。

附录一：吴禄贞传

钱基博

吴禄贞者，湖北云梦人也，字绶卿，雄杰有大略。自少时学兵法，有名于楚。年十八，以鄂督张之洞命赴日本，习为骑将。会清帝以义和团叛乱，八国联军问罪，势不支，西走长安。禄贞在日本闻之奋起，约结死士潜归国，曰："时哉不可失。"默相天下大势，自以生产楚地，悉江汉间情势，谓夏口兵冲要地，襟带江沔，依阻湖山，左控庐、淝，右连襄、汉，南北二途，有如绳直，一旦骤有变，则河洛震惊，南服均阻。又其人剽轻易发怒，可劫以起事，日夜招致。事泄，多死者，禄贞只身走大通，变易姓名，间行复东渡留学。未几返国，授徒武昌，数慷慨言当世事，积忤大吏。然名字渐起，长沙黄兴谋湘独立，函要禄贞同发难。禄贞已不得志于楚，颇思用事于湘，立赴召，为筹划方略。时北京设练兵处，函电相促，禄贞辞不往。党徒有劝禄贞者，谓殷之兴，伊挚在夏，周之兴，吕牙在殷。不若乘机进用，揽北方兵枋，伺隙而动，入虎穴而得虎子，斯其时矣。遂行，抵京，充练兵处监督。以所志学教育后进，播布各军。陆军部尚书铁良夙材器禄贞为人，然察其心神鞅鞅，有异意，遇事龁龁，俾不获竟其志。禄贞乘闲周历蒙古、陕、甘，按视边兵，体察形势。甘督升允深嫉禄贞，几陷之至死。时延吉兵哗饷噪变，日师潜渡图们江应之，边庭震惊。清廷索抚边者，无应，仍起禄贞帮办延吉边务。禄贞单骑抵延，讨军实而申儆之曰："来，吾语汝曹，汝曹为国家效命疆场，于朝廷固无负。顾不能得食，主者过，故非朝廷负汝曹。吾能食汝曹，速安辑，无得违吾命取戾。"辞气爽亮。骄兵悍将环集左右，禄贞曾不携一卒自卫，然惮禄贞威名，无敢动者。日帅闻之，为却军三十里。禄贞遣使日军，往复论说，卒有以屈日帅，使认延吉为中国领土，恢故疆方千里。或嫉禄贞功不己出，遗书中朝诟诸。东督徐世昌恤禄贞才，百方解护，檄调奉天办军务。日帅故惮禄贞却退。禄贞去，知无可惮者，复进军延郊。清廷畏日军逼，再命禄贞督办边务，锐力振新，边人赖之。在边三年，百堕俱举，回京补副都统，派赴德、法观操。返，出为保定第六镇统制。莅镇，殚精训练，期成劲旅，以捍京畿，拨其根株。时党人士阴谋渐闻于朝，陆军部尚书荫昌夙忌禄贞才，恐与党人士连，或起据肘腋为变，不能制，厄之，郁郁不得志。适第八镇协统黎元洪起兵武昌，禄贞已见厄于荫昌不得逞，自请督师赴鄂岳。地势建瓴，终为天下要害，思乘势响应，以湔前败。荫昌知禄贞不能效忠于清廷，阴阻于军咨府大臣载涛曰："禄贞兼资智勇，武烈过人，一时之杰。倘资之兵使去，是傅翼于虎逸使出柙也，一旦飏去不我用，不可复絷也。"载涛然其言，不许禄贞，以荫昌督师，令将第六镇兵从，谋毙诸途。禄贞恐不免，辞以疾。会滦州军联名邀立宪，势甚亟，清廷知禄贞得将士心，急檄往宣慰。禄贞驰抵滦，召将士晓以大计，谓："清廷屡创无所惩，偷旦夕安，益坏败不可救药，微改弦而更张之不可。今荫昌倾北京兵南征武昌，诸君倘能偕我倒戈，掩北京不备，可无血刃而定。然后绥靖士民，易置帝政，规皇古共和之制，以媲美欧、美，传檄东南，释甲寝兵，天下之事大定矣。"皆欢应曰"诺"。因电奏安堵，弛北京备，密部署诸将，以滦州张绍曾所部为第二军，新民屯卢永祥所部为第三军，合师丰台，以逼北京。会有与议者，驰北京告变，密调滦州汽车抵北京，以防禄贞运兵。会山西太原兵变，遥应鄂岳，载涛遽檄第六镇留守攻娘子关。禄贞在滦闻保定兵发，曰："吾劝诸将袭北京，而所部攻晋，勿阻之，何面目在滦与诸将相响乎。"径赴石家庄，叱停战，身入娘子关，与晋军联和，合出关，运取第六镇兵辎重以足军火。联电抵北京，猜禄贞谋益急，暗募人杀之。阳以朝旨奖借，命抚晋，促令赴任，未发。其帐下将马惠田突以手枪击禄贞不中，禄贞遽起奔，惠田手捍格，惠田枪再发，仆，割其首，持奔北京，时辛亥秋九月十七日也。偕死者三人。一参谋张世膺，与禄贞室邻，倏闻枪声起禄贞室，走视，惠田适枪禄贞仆，手犹拄地思起。惠田拔刀砍禄贞头欲下，世膺骇，奋张空拳与斗，被惠田刀中脑死。一副官周维桢，亦赴救禄贞遇害。禄贞性坦直不疑人，将兵十载，吏卒深夜谒见，未尝陈兵卫，故及于难。

无锡钱基博曰：吾闻诸乡人廉泉，廉泉闻诸宁河王照，谓以禄贞材武，宜若可以有为。曾忆甲辰在京师，偕禄贞饮酒，酒酣，禄贞倾座大言曰："若辈犹忘庚子夏皖盗劫大通釐局事乎？亦知盗为谁某乎？"声震四座，座客骇愕无应者。禄贞右手举酒满杯，挥左手自指鼻尖语曰："不敢欺，我也。"扬杯饮，一吸而空。时良弼、姚锡光在座，相视失色，易曰："机事不密则害成。"此其所以失身而丧其元欤，吾知处心积虑以死之者为已久也。禄贞意气自豪，曾不稍顾，以蹈于祸，可慨也夫。

附录二：钱作骧（辛亥为湖南军政府参谋次长湘人）

跋吴禄贞延吉厅边务报告书三卷

右延吉厅边务报告书三本，计九章，三十八节，吾亡友吴禄贞绶卿所著，而亲赠于吾以为考案者也。初，吾国东三省与朝鲜接疆之地，以满人封禁，故不详。及康熙五十三年设珲春协领，隶于宁古塔副都统，于是方有建设，而汉人、朝鲜人无产业者渐以为尾闾。清政不纲，有汉人为马贼之韩登举者，据夹皮沟充霁谷等为巢穴。地本沃壤，富森林及野兽，日本游历者涎之。及吞并朝鲜，遂欲越图们江而霸其地。有日人守田利远者著满洲地志，称图们江曰豆满，而言其北岸向来所属于延吉厅临江一带之地以为间岛，且指为朝鲜属地。于是日本驻韩统监伊藤博文，遂令其中佐斋藤季治郎率兵一营，至于延属之六道沟，遂将占领之。赖绶卿据历史以争，遂保有其地。绶卿之学博而功亦巨矣。呜呼，以绶卿之才，使得行其志，则吾国之所保，岂止于一延吉厅而遂已乎。虽然，绶卿固伟男子而亦多情人也。初绶卿既毕业于日本，在湖北不能行其志，乃至北京投练兵处，为旗兵监督。监督者，无兵，而但令阅操及编操典各事，所言当改革者俱不行。绶卿不乐闲曹，乃自陈于军机大臣铁良，愿独身而往陕西、甘肃、新疆三省，调查一切。与之数千金为旅费，不受，曰：但求军机处一纸条，令得在沿途藩库领银为盘费是矣。铁良许之。及至甘肃，会樊增祥，言词慷慨，意颇轻其老朽。樊固以守旧反对戊戌维新，且赞成庚子义和拳而漏网者，闻绶卿所言，疑为康党，且军机处大臣从无以纸条而索银于外省之藩库者，因是益疑其妄，乃白升允拟就地而诛之。升允曰，彼言自军机处，何不奏闻而后处置。于是遂电京城，会铁良已出军机，诸大臣皆不晓本末，以闻西后，西后曰，今日岂不是陆军部尚书铁良值日么。对曰，然。于是铁良叫起，西后问故。曰，吴禄贞是奴才在军机处时派去调查边务者。西后曰，然则你去回他们的电罢。铁良叩首趋出，电甘。升允、樊增祥益忌之，曰，吴某虽是奉命而行，然沿途不应滋扰，以此调查边务，不称，遂押解回京。绥卿益无聊，间以诗酒及女闾为乐。会徐世昌督东三省，调之行，绥卿以为可行吾志。及至东，世昌宦习正深，绥卿与言，多不省。会有韩登举在夹皮沟，日本将认为独立国者。绥卿拟私往侦之，而绥卿所结交之胡匪如张作霖、冯麟阁、汤玉麟等，闻绥卿将往会韩，并为之介绍。绥卿赍数千金请假而行，周维桢（字幹臣）、李恩荣及测绘生等十数人从焉，既抵夹皮沟，出介绍书投群匪，匪争延酒食，日或数起。绥卿询一切，诸匪言词夸大。绥卿故绐之曰，我固南方盗首也，有众三五万人，快枪等是，然有山寨聚处，不似汝曹散漫，且多徒手，不足有为也。于是诸匪乃言：吾辈亦可招其部属，请吴大哥观之，如何？绥卿曰，善，既聚，可三千四百余人，马近一千，枪不一式，然其数与人相等。于是绥卿乃出千金犒之，并购牛羊数十头，宰而大嚼，且曰，吾南方义士，其会饮咸如是，不似北方人鄙吝也。诸匪既大惭，且心服焉。会斋藤至，于六道沟贴倭人告示，有起之送于绥卿者。绥卿乃勃然怒曰，吾曹为匪，亦宜爱国，今日本人强占我疆土，吾等何不同心竭力以拒之，而待国家官吏为之保护哉。匪曰，吴大哥不畏怕日本，我曹亦不畏，但我曹决战，而徐总督将来要杀我曹以谢日本，则如之何。绥卿曰，不然，此事由我担任，我虽匪，与徐总督亦故交，奈何畏其杀我哉。诸匪犹不信，于是绥卿乃解其包袱，出其在练兵处所穿之军帽、军衣、佩刀、皮靴、龙旗等，光彩夺目。从官亦咸衣其军服，威仪懔懔，至是群匪咸拜伏于地曰，吾今日乃知吴大哥不但南方豪杰，又徐总督故人也，欢欣不已者久之。绥卿部署既定，通牒敌人，限其即日出境。斋藤闻之大骇，曰，此旧属朝鲜，无清官署，更何有兵驻守，必诈也。绥卿又通牒请之，斋藤随使者而来，见绥卿立于庙外，其上龙旗招展，军服皇皇，兵士不下数千人，虽制服不全，而赳赳之状，已为心折，乃进前与绥卿握手。绥卿操日语与之为礼，且延入，诘难何以至此。斋藤言此地本属朝鲜，今朝鲜合并于敝国，故来此镇守，君何故来此挑衅。绥卿曰，我中国官，守中国地，且一向居此，汝今日方来，乃言吾挑衅贵国哉。吴某性直，不愿多言，贵官能速退出境，则善，不然，惟决战而已。斋藤言汝要吾退出，可速送文书于朝鲜统监，俟其答复，允吾让出，即退，否则不能。绥卿曰，吾不能与贵国讲外交，惟知守土。若外交，则有吾国外交部与贵国外务省在。斋藤知不可胜，即曰，吾回营，将致电敝国去矣，即分散。明日，日本人插标木于地为日本界，绶卿遣人拔去之。绶卿于是一面致电北京军机处、外交部，一面送文书与徐世昌及陈昭常辈。几处闻此，不知所措。时张之洞在军机，退朝，传刘道仁、哈汉章、良弼等问之，诸人皆以绶卿所办为然，且与吴同学，称其胆不置。张之洞尤激赏之，于是令绶卿暂署吉林副都统，且调回京，详询一切。此书其在京时所作也。吾国外交部于吉林边界无详细之图，又无可征之历史。绶卿在日本，于朝鲜颇有研究，又新得宋教仁所著间岛问题一书，故能源源本本，详言其故，卒之折冲樽俎，使日人退让，而延吉厅约数县之疆土，得以保存，非伟男子而能若是乎。又绶卿初至奉天，狎一女优，为徐世昌指摘，以为职官无品。及绶卿署吉林副都统，世昌俟其入见，以张之洞门生郭宗熙代之，恐其复任。张之洞喜其爱国，且能读书，遂以延吉边防大臣畀之。绶卿往延吉开府，过奉天，徐世昌访之，不答，请宴，不赴。徐世昌初拟释怨，召绶卿前所狎女优演戏，及绶卿不至，甚惭。曲将终，绶卿则衣夏布长衫，持大蒲扇，摇摇至于台下。世昌望见趋揖之，绶卿不顾。观看良久，俟女优下台，携与共车而去，是夜纳之矣，则其有情又当何如也。予至昆山，访老友曹亚伯。曹与予皆与绶卿为至交，闻曹欲刻吴禄贞之调查延吉边务报告书三卷以公同好，故跋其行事如此，补国史所未及云。

秦力山传

章炳麟

秦力山初名鼎彝，字力三，故江苏吴人。父文丙，客食湖南，遂寄籍为长沙人。力山少慧，为文数千言立就，尝师浏阳谭嗣同，入南学会。未弱冠，补县学生。督学徐仁铸奇其才，遣游学日本。八国联军陷京师之岁，唐才常谋起兵汉上，力山与同学林奎、蔡中浩、毕永年归赴之，被推安徽后军统领，将缉私水师巡防诸营，据大通盐局，与芜湖防军相持七昼夜，兵败走免。督部营务处陶森甲独保持之，得返日本。而才常与圭等皆死武昌。力山日呕血数升，虽病，志未尝挫。才常者，本与梁启超合谋，启超时在日本横滨，军兴馈饷皆关其手。力山亡命贫困，求假贷，不与。力山亦以才常起兵用勤王号，名义不顺，欲立振刷之，遂与启超绝，自作《少年日报》，道汉族自主义。时香山孙公方客横滨，中外多识其名者。而游学生疑孙公骁桀难近，不与通，力山独先往谒之，会余亦至。孙公十日率一至东京，陈义斩斩，相与语，欢甚，知其非才常辈人也。诸生闻孙公无佗犷状，亦渐与亲，种族大义，始震播横舍间。余与力山起中夏亡国二百四十二年纪念会，和者虽不广，亦不怪也。沧州张溥时年二十，游学与力山同舍，力山独伟视溥，为余言状，余因得与溥交，溥即今张继云。自是力山或在日本，或微行入皖南，谋再举者数年。孙公与黄兴等集中国同盟会于东京，以力山主安徽事。力山至安庆，与巡抚卫队营管带孙道毅结谋，自安庆下薄江宁，据形便为根本。事泄，亡奔香港，复以言撄主者怒。西去，与胡汉民之仰光。而腾越张成清自密只那来会，为叙其缅甸亡国史。力山既遭名捕，不得返中国，业避地仰光，乃客干崖土司刁安仁所，时往来野人山，短衣负铳，为其民道汉族光复事，冀借边裔为窟宅，因以倡义。安仁固夷种，亦本离中国自立，力山数诮之，然后知其不为己用，时作乐府道悲愤，往往若自嘲者。久之，果为安仁所害。及武昌倡义，云南应之，而力山不逮见矣。安仁集诸土司揭旗称兴夷灭汉。师长李根源自腾越遣使莅问，安仁窘，诣南都自归，云南发其叛迹及杀力山状，乃锢之陆军狱，数月，传至京师，病死。根源已至干崖，求力山尸，不得，为立祠腾越，与云南死难者并祀焉。无子，以弟钧彝之子修竹为嗣。

赞曰：孙公之在东国，羽翮未具，力山独先与游，自尔群士辐凑，岁逾百人，同盟会之立，斯实为维首焉。及谋举江宁不成，窜迹蛮左，不忘奋飞，岂谓藉是可以定大业哉，亦致命遂志而已。抱奇无施，卒遭阴贼，悲夫。

庚子甲辰间鄂人思想之演进

庚子联军陷京师，于国家则大损，于革命则大益也。当七月间，革命军在珠江者，占领惠州月余，并轰炸总督署；在长江者，则如上所述。此在平时，以狼毒阴狠之西太后处之，其诛戮之惨，岂可纪极？乃适于七月十九日，联军陷京师，那拉氏絜光绪西窜年余，心目中只有一联军；而对革命党，则漠焉置之，任当地督抚便宜处理，因之保全实力甚大。及回銮后，正以丧师辱国，懊恼万分，不咎既往，直不啻默认革命之行动为当然，而增长党人之勇气。虽暗中责令各督抚，如所派留学生，发现革命分子者，必予以连带处分。实则各省督抚，亦无方法以钳制学生之爱国也。两湖总督张之洞想入非非，既作《劝学编》、《学堂歌》，以教忠劝士，犹未能已，复命武昌知府梁鼎芬撰《翼教丛编》，力申君臣大义，视满清为不可侵犯之神圣。彼两人者，聪明绝夷等，于世界趋势，夷夏大防，岂不知之。徒以欲固禄避祸，朦诳清廷，为此无聊之举，可笑亦可怜也。卒之学生思想，以不堪压迫之故，多敝屣本省学校，自费出国求学。壬寅癸卯之际，湖北学生在东瀛者，其多如鲫，而官费生若刘成禺、吴禄贞、蓝天蔚、李书城等，亦无所畏忌。或则设立励志会以交换知识，或则组织义勇队以鼓励实行。至壬寅冬，吴禄贞回鄂，之洞以大通之事，禁锢于将弁学堂，历三日，招之严加训斥；岂料禄贞口如悬河，慷慨论天下事，为南皮倾倒，突失声曰："奇才奇才。"即派充学务处会办，营务处帮办，将弁学堂护军全军总教习，武普通学堂会帮。旬日之间，阶下囚忽变为席上珍。是当日之官吏，亦无形为之屈服矣。禄贞既恢复自由，寓水陆街十三号，学生志士，争愿一亲丰采，而领取其新智识。江汉士风，为之一变。惜甲辰春，为北京练兵处征去。故吴在鄂之日，只有言论而无组织。再花园山李步青处，亦为当时军学两界青年聚集之所，而党人往来尤密。如胡秉柯、朱和中、吕大森、李书城、时象晋、贺之才、时功璧、张荣楣、时功玫、吴炳宗、陈开淦、余德元、张春霆、刘伯刚、范鸿泰、屈德泽、郭肇明其最著者也。旋《苏报》、《民报》出，秉承总理主张，大放厥词，以驳康、梁之言论，康、梁不能敌，又弃甲曳兵而走矣。官僚与保皇党之声势廓清，而全国人之思想意志，乃群集于总理主义之下。吾鄂之革命团体，若科学补习所者，遂于甲辰四月产生。兹将章炳麟《驳康有为政见书》录后，以见思想之演进云。

附：驳康有为政见书

章炳麟

长素足下：读与南北美洲诸华商书，谓中国只可立宪，不能革命。援引今古，洒洒万言，呜呼长素，何乐而为是耶？热中于复辟以后之赐环，而先为是龃龉不了之语，以耸东胡群兽之听，冀万一可以解免。非致书商人，致书于满人也。夫以一时之富贵，冒万亿不韪而不辞。舞词弄札，眩惑天下。使贱儒元恶，为之则已矣。贪称圣人，自谓教主，而犹为是妄言，在己则脂韦突梯，以佞满人已耳。而天下之受其蛊惑者，乃较诸于出贱儒元恶之口为尤甚。吾可无一言，以是正之乎。

谨案长素大旨，不论种族异同，惟计情伪得失以立说。虽然民族主义，自太古原人之世，其根性固已潜在。远至今日，乃始发达，此生民之良知本能也。长素亦知种族之必不可破，于是依违迁就，以成其说。援引《匈奴列传》，以为上系淳维，出自禹后。夫满洲种族，是曰东胡，西方谓之通古斯种，固与匈奴殊类。虽以匈奴言之，彼既大去华夏，永滞不毛。言语政教，饮食居处，一切自异于域内，犹得谓之同种也耶？智果自别为辅氏，管氏变族为阴家。名号不同，谱牒自异。况于戕虐祖国，职为寇雠。而犹傅以兄弟急难之义，示以周亲肺腑之恩，巨缪极戾，莫此为甚。

近世种族之辨，以历史民族为界，不以天然民族为界。藉言天然，则褅袷海藻，享祧蜼蝯六洲之氓，正色之种，谁非出于一本。而何必为是聒聒者耶？长素又引氐羌鲜卑等族，以至元魏所改九十六姓，大江以南，骆越闽广，今皆与中夏相杂，恐无从检阅姓谱而攘除之。不知骆、越、闽、广、皆归化汉人，而非陵制汉人者也。五胡代北，始尝宰制中华。逮乎隋唐统一，汉族自主，则亦著土传籍，同为编氓。未尝自别一族，以与汉人相抗，是则同于醇化而已。日本定法，夙有蕃别。欧美近制，亦许归化。此皆以己族为主人，而使彼受吾统治，故一切可无异视。今彼满洲者，其为归化汉人乎？其为陵制汉人乎？堂子妖神，非郊丘之教；辫发璎珞，非弁冕之服；清书国语，非斯邈之文。徒以尊事孔子，奉行儒术，崇饰观听，斯乃不得而为之。而即以便其南面之术，愚民之计，若言同种，则非使满人为汉种，乃适使汉人为满种也。

长素固言大同公理，非今日即可全行。然则今日，固为民族主义之时代，而可溷淆满汉，以同薰莸于一器哉。时方据乱，而言太平，何自悖其三世之说也？长素二说，自知非持之有故，言之成理，不得已，复援引《春秋》，谓其格外吴楚，终则等视。不悟荆扬二域，《禹贡》既列于九州。国土种类，素非异实。徒以王化陵夷，自守千里，远方隔阂，沦为要荒，而文化语言，无大殊绝。世本谱系，犹在史官。一日自通于上国，则自复其故名。岂满洲之可与共论者乎？

至谓衣服辫发，汉人已化而同之。虽复改为宋明之服，反觉不安。抑不知此辫发胡服者，将强逼以成之耶？将安之若性也？禹入裸国，被发文身；墨子入楚，锦衣吹笙，非乐而为此也，强逼既久，习与性成。斯固不足以定是非者。吾闻洪杨之世，人皆蓄发，不及十年，而曾左之师，摧陷洪氏，复从髡雉。是时朋侪相对，但觉纤首锐颠，形状噩异。然则蓄发之久，则以蓄发为安。辫发之久，则以辫发为安。向使满洲制服，涅齿以黛，穿鼻以金，刺体以龙，涂面以堙，恢诡诛形，有若魑魅，行之二百有六十年，而人亦安之，无所怪矣。不问其是非然否，而惟问其所安，则所谓祖宗成法，不可轻变者，长素亦何以驳之乎？野蛮人有自去其板齿而反讥有齿者为犬类，长素之说，得无近于是耶？

种种缪戾，由高官厚禄之性，素已养成。由是引犬羊为同种，奉猳尾为鸿宝。向之崇拜公羊，诵法《繁露》，以为一字一句，皆神圣不可侵犯者。今则并所谓复九世之仇，而亦议之。其言曰："扬州十日之事，与白起坑赵，项羽坑秦无异。"岂不曰秦赵之裔，未有报白项之裔者，则满洲亦当同例也。岂知秦赵白项，本非殊种，一旦战胜，而击坑之者，出于白项二人之指麾，非出于士卒全部之合意。若满洲者，固人人欲尽汉种而屠戮之，其非为豫酋一人之志可知也。是故秦赵之仇白项，不过仇其一人。汉族之仇满洲，则当仇其全部，且今日之握图籍、操政柄者，岂犹是白项之胤胄乎？三后之姓，降为舆台。宗支荒忽，莫可究诘。虽欲报复，乌从而报复之。至于满洲，则不必问其宗支，而全部自在也。不必稽姓名，而政府自在也。此则枕戈剚刃之事，秦赵已不能施于白项，而汉族犹可施于满洲，章章明矣。明知其可报复，犹复饰为喑聋，甘与同壤，受其豢养，供其驱役，宁使汉族无自立之日，而必为满洲谋其帝王万世，祈天永命之计，何长素之无人心一至于是也！

长素又曰："所谓奴隶者，若波兰之属于俄，印度之属于英，南洋之属于荷，吕宋之属于西班牙，人民但供租税，绝无政权，是则不能不愤求自立耳。若国朝之制，满汉平等，汉人有才者，匹夫可以为宰相。自同治年来，沈、李、翁、孙，迭相柄政，曾、左及李，皆为外相。恭醇二邸，但拱手待成耳。即今除荣禄庆邸外，何一非汉人为政。若夫政治不善，则全由汉唐宋明之旧，而非满洲特制也。然且举明世庭杖镇盗，大户加税，开矿之酷政而尽除之，圣祖立一条鞭法，纳丁于地，不复差徭，此唐虏至明之所无，大地万国所未有。他日移变吾四万万人必有政权、自由，可不待革命而得之也。"夫所谓奴隶者，岂徒以形式言耶？曾、左诸将，倚畀虽重，位至藩镇，蕞尔弹丸，未参内政。且福康安一破台湾，而遂有贝子郡王之赏。曾、左反噬洪氏，挈大圭九鼎以付满洲，爵不过通侯，位不过虚名之内阁。曾氏在日，犹必谄事官文，始得保全首领。较其轻重，计其利害，岂可同日而道？近世军机首领，必在宗藩。夫人君无为，而百度自治。为首领者，亦以众员供其策使。彼恭醇二邸之仰成，而沈、李、翁、孙之有事，乃适见此为奴隶，而彼为主人也。阶位虽高，犹之阉宦仆竖。而赐爵仪同者，彼固仰承风旨云尔，曷能独行其意哉。一条鞭法，名为永不加赋，而耗羡平余，犹在正供之外。徭役既免，民无哭声，而舟车工匠，遇事未尝获免。彼既以南米供给驻防，亦知民志不怡，而不得不藉美名以媚悦之。玄晔、弘历，数次南巡，强勒报效，数若恒沙。已居尧舜汤文之美名，而使佞幸小人，间接以行其聚敛，其酷有甚于加税开矿者，观唐甄之潜书，与袁枚之致黄庭桂书，则可知矣！庄生有云："狙公赋芧，朝三暮四，众狙皆怒。朝四暮三，众狙皆悦。名实未亏，而喜怒为用。"此正满洲行政之实相也。况于庭杖虽除，诗案史祸，较诸庭杖毒螫百倍。康熙以来，名世之狱，嗣庭之狱，景祺之狱，周华之狱，中藻之狱，锡侯之狱，务以摧折汉人，使之噤不发语，虽李绂、孙嘉淦之无过，犹一切被赭贯木以挫辱之。至于近世戊戌之变，长素所身受，而犹谓满洲政治为大地万国所未有。呜呼！斯诚大地万国所未有矣！李陵有言："子为汉臣，安得不云尔乎！"夫长素所以不认奴隶，力主立宪，以摧革命之萌芽者。彼固终日屈心忍志，以处奴隶之地者尔，欲言立宪，不得不以皇帝为圣明。举其诏旨有云，一夫失职，自以为者。而谓亟亟欲开议院，使国民咸操选举之权，以公天下。其仁如天，至公如地，视天位如敝屣，然后可以言皇帝复辟，而宪政必无不行之虑。则吾向者为正仇满论既驳之矣。盖自乙未以后，彼圣主所长虑却顾，坐席不暖者，独太后之废置我耳。殷忧内结，智计外发，知非变法，无以交通外人，得其欢心。非交通外人，得其欢心，无以挟持重势，而排沮太后之权力。载湉小丑，未辨菽麦，铤而走险，固不为满洲全部计。长素乘之，投间抵隙，其言获用，故戊戌百日之政，足以书于盘盂，勒于钟鼎，其迹则公，而其心则只以保吾权位也。曩令制度未定，太后夭殂，南面听治，知天下之莫予毒，则所谓新政者，亦任其迁延堕坏而已。非直堕坏，长素所谓拿破仑第三新为民主，力行利民，已而夜宴伏兵，擒议员百数及知名士千数尽置于狱者，又将见诸今日，何也？满汉两族，固莫能两大也。

今以满洲五百万人临制汉族四万万人而有余者，独以腐败之成法，愚弄之锢塞之耳。使汉人一日开通，则满人固不能宴处于域内。如奥之抚匈牙利，土之御东罗马也。人情谁不爱其种类，而怀其利禄。夫所谓圣明之主者，亦非远于人情者也。果能敝屣其黄屋，而弃捐所有以利汉人耶？

藉曰其出于至公，非有满汉畛域之见，然而新法犹不能行也。何者？满人虽顽钝无计，而其怵惕于汉人，知不可以重器假之，亦人人有是心矣。顽钝愈甚，团体愈结。五百万人同心戮力，如生番之有社寮。是故汉人无民权，而满洲有民权，且有贵族之权者也。虽无太后，而掣肘者什伯于太后；虽无荣禄，而掣肘者什伯于荣禄。今夫建立一政，登用一人，而肺腑暱近之地，群相讙哓，朋疑众难，杂沓而至。自非雄杰独断，如俄之大彼得者，固弗能胜是也。共驩四子，于尧皆葭莩姻娅也。靖言庸阘，而尧亦不得不任用之。今其所谓圣明之主者，其聪明文思，果有以愈于尧耶？其雄杰独断，果有以侪于俄之大彼得者耶？往者戊戌变政，去五寺三巡抚如拉枯，独驻防则不敢撤。彼圣主之力与满洲全部之力，果孰优孰拙也？由是言之，彼其为私，则不欲变法矣。彼其为公，则亦不能变法矣。长素徒以诏旨美谈，视为实事，以此诳耀天下，独不读刘知几载文之篇乎？谓魏晋以后，诏勑皆责成群下，藻饰既工，事无不可。故观其政命，则辛癸不如；读其诏诰，则勋华再出。此足以知戊戌行事之虚实矣！

且所谓立宪者，固将有上下两院。而下院议定之案，上院犹得以可否之！今上院之法定议员，谁为之耶？其曰皇族，则亲王贝子是已。其曰贵族，则八家与内外蒙古是已。其曰高僧，则卫藏之达赖班禅是已。是数者，皆汉族之所无，而异种之所特有，是议权仍不在汉人也。

所谓满汉平等者，必如奥匈二国并建政府，而统治于一皇，为双立君主制而后可。使东三省尚在，而满洲大长得以兼统汉人，吾民犹勉自抑制以事之。今者满洲故土，既攘夺于俄人，失地当诛，并不认为满洲君主，而何双立君主之有？夫戴此失地之天囚，以为汉族之元首，是何异取罪人于囹圄，而奉之为大君也？乃曰："朋友之交，犹贵久要不忘，安有君臣之际，受人之知遇，因人之危难，中道变弃，乃反戈倒攻者。"诚如是，则载湉者，固长素之私友，而汉族之公仇也。况满洲全部之蠢如鹿豕者，而可以不革者哉？

虽然如右所言，大抵关于种类，而于情伪得失，未暇论也。则将复陈斯旨，为吾汉族筹之可乎！长素以为"革命之惨，流血成河，死人如麻，而其事卒不可就"。然则立宪可不以兵刃得之耶？既知英、奥、德、意诸国，数经民变，始得自由议政之权。民变者，其徒以口舌变乎？抑将以长戟劲弩飞丸发旝变也？近观日本立宪之始，虽徒以口舌成之，而攘夷覆幕之师，在其前矣。使前日无此血战，则后之立宪，亦不能成。故知流血成河，死人如麻，为立宪所无可幸免者。

长素亦知其无可幸免于是，迁就其说以自文，谓："以君权变法，则欧美之技术器艺，可数年而尽举之。"夫如是，则固君权专制也，非立宪也。阔普通武之请立宪，天下尽笑其愚。岂有立宪而可上书奏请者？立宪可请，则革命亦可请乎？以一人之诏旨立宪，宪其所宪，非大地万国所谓宪也。长素虽与载湉久处，然而人心之不相知，犹桎一体，而他体不知其痛也。载湉亟言立宪，而长素信其必能立宪。然则今有一人执长素而告之曰，我当酿四大海水以为酒，长素亦信其必能酿四大海水以为酒乎？

夫事之成否，不独视其志愿，亦视其才略何如！长素之皇帝，圣仁英武如彼，而何以刚毅能挟后力以尼新法，荣禄能造谣诼以耸人心，各督抚累经严旨，皆观望而不辨，甚至章京受戮，己亦幽废于瀛台也？君人者，善恶自专，其威大矣！虽以文母之抑制，佞人之谗嗾，而秦始皇之在位，能取太后嫪毐不韦而踣覆之。今载湉，何以不能也？幽废之时，曰爪牙不具，乃至庚子西幸，日在道途，已脱幽居之轭，尚不能转移俄顷，以一身逃窜于南方，与太后分地而处，其孱弱少用如此。是则仁柔寡断之主，汉献唐昭之俦耳！太史公曰："为人君父，而不知《春秋》之义者，必蒙首恶之名。"是故志士之任天下者，本无实权，不得以成败论之。而皇帝则不得不以成败论之。何者？有实权而不能用，则不得窃皇帝之虚名也。夫以一身之不能保，而欲其与天下共忧，督抚之不能制，而欲其使万姓守法，庸有济乎？

事既无可奈何矣，其明效大验，已众著于天下矣！长素则为之解曰："幽居而不失位，西幸而不被弑，是有天命存焉！王者不死，可以为他日必能立宪之征。"呜呼！王莽渐台之语，曰："天生德于予，汉兵其如予何？"今之载湉，何幸有长素以代为王莽也。必若图录有征，符命可信，则吾亦尝略读纬书矣。纬书尚繁中庸一篇，固为赞圣之颂，往时魏源、宋翔凤辈，皆尝附之三统三世，谓可以前知未来，虽长素亦所竺信者也。然而《中庸》以天命始，以上天之载，无声无臭终。天命者，满洲建元之始也。上天之载者，载湉为满洲未造之亡君也。此则建夷之运，终于光绪，奴儿哈赤之祚，尽于二百八十八年。语虽无稽，其彰明较著，不犹愈于长素之谈天命者乎？

要之，拨乱反正，不在天命之有无，而在人力之难易。今以革命比之立宪，革命犹易，立宪犹难，何者？立宪之举，自上言之，则不独专恃一人之才略，而兼持万姓之合意。自下言之，则不独专恃万姓之合意，而兼恃一人之才略。人我相待，所依赖者为多。而革命则既有其合意矣，所不敢证明者，其才略耳。然则立宪有二难，而革命犹有一难，均之难也，难易相较，则无宁取其少难而差易者矣！虽然，载湉一人之才略，则天下信其最绌矣。而谓为革命党中，必无有才略如华盛顿、拿破仑者，吾所不敢必也。虽华盛顿、拿破仑之微时，天下亦岂知有华盛顿、拿破仑者？而长素徒以阿坤鸦度，一蹶不振相稜。今天下四万万人之材性，长素岂尝为其九品中正，而一切检察差第之乎？藉曰，此魁梧绝特之彦非中国今日所能有，尧舜固中国人矣，中国亦望有尧舜之主，出而革命，使本种不亡已耳。何必望其极点，如华盛顿、拿破仑者乎。

长素以为："中国今日之人心，公理未明，旧俗俱在，革命以后，必将日寻干戈，偷生不暇，何能变法救民，整顿内治？"夫公理未明，旧俗俱在之民，不可革命，而独可立宪，此又何也？岂有立宪之世，一人独圣于上，而天下皆生番生蛮者哉？

虽然，以此讥长素，则为反唇相稽，校轸无已。吾曰不可立宪，长素犹曰不可革命也。则应之曰：人心之智慧，自竞争而后发生，今日之民智，不必恃他事以开之，而但恃革命以开之。且勿举华拿二圣，而举明末之李自成。李自成者，迫于饥寒，揭竿而起，固无革命观念，尚非今日广西会党之侪也。然自声势稍增，而革命之念起，革命之念起，而剿兵救民赈饥济困之事兴，岂李自成生而有是志哉！竞争既久，知此事之不可已也。虽然，在李自成之世，则赈饥济困，为不可已。在今之世，则合众共和为不可已。是故以赈饥济困结人心者，事成之后，或为枭雄。以合众共和结人心者，事成之后，必为民主。民主之兴，实由时势迫之，而亦由竞争以生此智慧者也。征之今日，义和团初起时，惟言扶清灭洋。而景廷宾之师，则知扫清灭洋矣。今日广西会党，则知不必开衅于西人，而先以扑灭满洲，剿除官吏为能事矣。唐才常初起时，深信英人，密约漏情，乃卒为其所卖。今之广西会党，则已知为主体，而西人为客体矣。人心进化，孟晋不已。以名号言，以方略言，经一竞争，必有胜于前者。今之广西会党，其成败虽不可知，要之继此而起者，必视广西会党为尤甚，可豫言也。然则公理之未明，即以革命明之。旧俗之俱在，即以革命去之。革命非天雄大黄之猛剂，而实补泻兼备之良药矣。

长素以为：“今日之言革命者，或托外人运械，或请外国练军，或与外国立约，或向外国乞师。卒之堂堂大国，谁肯与乱党结盟？可取则取之耳！”吾以为今日革命，不能不与外国委蛇。虽极委蛇，犹不能不使外人干涉。此固革命党所已知，而非革命党所未知也。日本之覆幕也，法人尝通情于大将军，欲为代平内乱。大将军之从之与否，此固非覆幕党所能豫知。然以人情自利言之，则从之为多数，而不从为少数。幸而不从，是亦覆幕党所不料也。而当其歃血举义之时，固未尝以其必从而少沮。今者人知恢复，略有萌芽，而长素何忍以逆料未中之言，沮其方新之气乎？呜呼！生二十世纪难，知种界难，新学发见难，直人心奋厉时难，前世圣哲，或不遇时；今我国民，幸观精色。哀哀汉种，系此刹那。谁无父母，谁无心肝，何其忝阙之不遗余力。幸同种之为奴隶，以必信其言之中也。且运械之事，势不可无，而乞师之举，不必果有。今者西方数省，外稍负海，而内有险阻之形势。可以利用外人，而不为外人所干涉者，亦未尝无其地也。略得数道，为之建立政府。百度维新，庶政俱举。彼外人者，亦视势利所趋耳。未成，则欲取之，小成则未有不认为与国者，而何必沾沾多虑为乎？

世有谈革命者，知大事之难举，而言割据自立。此固局于一隅，所谓井底之蛙，不知东海者，而长素以印度成事戒之。虽然，吾固不主割据，犹有辩护割据之说在，则思割据犹贤于立宪也。夫印度背蒙古之莫卧尔朝，以成各省分立之势，卒为英人蚕食，此长素所引为成鉴者。然使莫卧尔朝不亡，遂能止英人之蚕食耶？当莫卧尔一统时，印度已归于异种矣！为蒙古所有，与为英人所有，二者何异？使非各省分立，则前者为蒙古时代，后者为英吉利时代。而印度本种，并无此数十年之国权。夫终古不能得国权，与暂得国权，而复失之，其利害相越，岂不远哉。语曰："不自由，无宁死。"然则暂有自由之一日，而明日自刎其喉，犹所愿也。况绵延至于三十四年乎。

且以印度情状，比之中国，则固有绝异者。长素论印度亡国书，谓其文学工艺，远过中国，历举书籍见闻以为证。不知热带之地，不忧冻饿，故人多慵惰，物易坏烂，故薄于所有观念。是故婆罗释迦之教，必现于印度，而不现于异地。惟其无所有观念，能视万物为无常，不可执著。故此社会学家所证明，势无可遁者也。夫薄于所有观念，则国土之得丧，种族之盛衰，固未尝概然于胸中。当释迦出世时，印度诸国，已为波斯属州。今观内典，徒举比邻诸王，而未见波斯皇帝，若并不知己国之属于波斯者。厥有愤发其所能自树立者，独阿育王一家耳。近世各省分立之举，亦其出于偶尔，而非出于本怀。志既不坚，是故迁延数世，国以沦丧。夫欲自强其国种者，不恃文学工艺，而惟恃所有之精神。中国之地势人情，少流散而多执著，其贤于印度远矣！自甲申沦陷，以至今日，愤愤于腥膻贱种者，何地蔑有。其志坚于印度，其成事亦必胜于印度。此宁待蓍蔡而知乎？

若今之汉人，判涣无群，人自为私，独甚于汉、唐、宋、明之季，是则然矣。抑谁致之，而谁迫之耶？吾以为今人，虽不尽以逐满为职志，或有其志而不敢讼，言于畴人。然其轻视鞑靼，以为异种贱族者，此其种性根于二百年之遗传，是固至今未去者也。往者陈名夏、钱谦益辈，以北降虏，贵至阁部，而未尝建白一言有所补助，如魏徵之于太宗，范质之于艺祖者。彼固曰异种贱族，非吾中夏神明之胄。所谓立于其朝者，特曰冠貂蝉袭青紫而已。其存听之，其亡听之。若曰，为之驰驱效用，而有所补助于其一姓之永存者，非吾之志也。理学诸儒，如熊赐履、魏象枢、陆陇其、朱轼辈，时有献替。而其所因革，未有关于至计者。虽曾胡左李之所为，亦曰建殊勋，博高爵耳。功成而后于其政治之盛衰，宗稷之安危，未尝有所筹划焉。是并拥护一姓，而亦非其志也。其他朝士，入则弹劾权贵，出则搏击豪强，为难能可贵矣。次即束身自好，优游卒岁，以自处于朝隐。而下乏贪墨无艺、怯懦忘耻者，所在皆是。三者虽殊科，要其大者，不知会计之盈绌，小者不知断狱之多寡，苟得廪禄以全吾室家妻子，是其普通之术矣。无他，本陈名夏、钱谦益之心，以为忠心，固二百年而不变也。明之末世，五遭倾覆。一命之士，文学之儒，无不建义旗以抗仇敌者。下至贩夫乞子，儿童走卒，执志不屈而仰药剚刃以死者不可胜条也。今者北京之破，民则愿为外国之顺民，官则愿为外国之总办，食其奉禄，资其保护，尽顺天城之中，无不牵羊把茅，甘为贰臣者。若其不事异姓，躬自引决，搢绅之士，殆无一人焉。无他，亦曰异种贱族，非吾中夏神明之胄，所为立于其朝者，特曰冠貂蝉袭青紫而已。其为满洲之主，则听之；其为欧美之主，则听之。本陈名夏、钱谦益之心以为心者，亦二百年而不变也。然则满洲弗逐，而欲士之争自濯磨。民之敌忾效死，以期至乎独立不羁之域，此必不可得之数也。浸微浸衰，亦终为欧美之奴隶而已矣。非种不去，良种不滋，败群不除，善群不殖。自非躬执大彗以扫除其故家污俗，而望禹域之自完也，岂可得乎？（以上旧著录九满正论）

夫以种族异同，明白如此。情伪得失，彰较如彼。而长素犹偷言立宪，而力排革命者，宁智不足，识不逮耶。吾观长素二十年中，变易多矣。始孙文倡义于广州，长素尝遣陈千秋、林奎往，密与通情。及建设保国会，亦言“保中国，不保大清”。斯固志在革命者，未几瞑瞒于富贵利禄，而欲与素志调和。于是戊戌柄政，始有变法之议。事败亡命，作衣带诏，立保皇会，以结人心。然庚子汉口之役，犹以借遵皇权，密约唐才常等，卒为张之洞所发。当是时，素志尚在，未尽澌灭也。唐氏既亡，保皇会亦渐溃散。长素自知革命之不成，则又瞑瞒于富贵利禄，而今之得此，非若畴昔之易。于是宣布是书，其志岂果在保皇立宪耶？亦使满人闻之而曰："长素固忠贞不贰，竭力致死以保我满洲者，而向之所传，借遵皇权，'保中国，不保大清'诸语，是皆人之所以诬长素者，而非长素故有是言也。"荣禄既死，那拉亦耄，载湉春秋方壮，他日复辟，必有其期。而满洲之新起柄政者，其势力权藉，或不如荣禄诸奸，则工部主事可以起复。虽内阁军机之位，亦可以觊觎矣！长素固云："穷达一节，不变塞焉。"盖有之矣，我未之见也。

抑吾有为长素忧者，曩日革命之议，哗扣于人间，至今未艾。陈千秋虽死，孙文、林奎尚在。唐才常虽死，张之洞尚在，保国会之微言，不著竹帛，而入会诸公尚在。其足以证明长素之有志革命者，不可枚举。虽满人之愚蒙，亦未必遽为长素欺也。呜呼！哀哉！南海圣人，多方善疗。而梧鼠之枝，不过于五，亦有时而穷矣。满人既不可欺，富贵既不可复。而反使炎黄遗胄，受其蒙蔽，而缓于自立之图。惜乎！己既自迷，又使他人沦陷。岂直二缶钟惑而已乎。此吾所以不得不为之辨也。

若长素能跃然祗悔，振厉朝气，内量资望，外审时势，以长素魁垒耆硕之誉，闻于禹域，而弟子亦多言革命者，少一转移，不失为素王玄圣。后王有作，宣昭国光，则长素之像，屹于星雾。长素之书，尊藏于石室。长素之述，葆覆于金塔。长素之器，配崇于铜柱。抑亦可以尉荐矣。藉曰：死权之念，过于殉名。少安无躁，以待新皇。虽长素已槁项黄馘，卓茂之尊荣，许靖之优养，犹可无操左契而获之，以视名实俱丧，为天下笑者何如哉！书此，敬问起居，不具。章炳麟白。

按：吾国数千年名教威权，至曾国藩讨太平天国而告结束。此时国人之思想，正往复于新旧之间。康有为、梁启超起而乘之，张保皇之说，附会新义。壬癸之交，《新民丛报》几至风靡一时。总理与本党各同志知其生心害政也，辞而辟之。发愤有作，名著甚夥，太炎为一代文宗。此书出后，传遍全国，英俊之士，翕然响风，群奔赴于本党旗帜之下，关系实非小可。缘录其文，以见一斑，并以明国人思想之演进云尔。

科学补习所始末

科学补习所者，乃湖北陆军第八镇工程营士兵所发起组织之革命机关也。先是曹亚伯、吕大森、胡瑛、张难先等，俱认革命非运动军队不可；运动军队，非亲身加入行伍不可。于是张难先、胡瑛遂投工兵营，充兵士。两人日说士兵，散发《猛回头》、《孙逸仙》、《黄帝魂》、《革命军》等书。常于饭后集操场，讲有关系之故事以激厉之。瑛年少英挺，善词说，闻者莫不感动。乃于甲辰四月，与同营之朱元成、陈从新、雷天壮、陈教懋、毛复旦、李胜美等，及学界表同情之吕大森、欧阳瑞骅、曹亚伯、时功璧、康建唐等，发起组织机关，在武昌斗级营同庆酒楼开筹备会，共推吕大森起草章程。吕大森者，武高等学生（为武备学堂初改者）之高材生也。性豪放，有胆识。曾于中俄缔结密约时，鼓动数百学生，会曾公祠演讲，直斥政府昏聩。激昂慷慨，轰动江汉间。订章程，名为科学补习所，设多宝寺街。宗旨标明研究科学，实则意在愚官府耳目。草具，由胡瑛、朱元成、康建唐、张难先审查，提出大会通过。维会员，则以心记之宗旨“革命排满”四字为主。所于五月成立，举吕大森为所长；胡瑛为总干事；曹亚伯任宣传；时功璧任财政；宋教仁任文书；康建唐任庶务。六月，黄克强自沪过鄂，本所开会欢迎。克强告以：“湘省计划，预定十月十日，乘清西太后七十生辰起义。”本所党员，均一致表示赞同。当约定由湘省发难，湖北响应。所务进展甚速，多宝寺所址屋小，不敷用，复于七月由干事欧阳瑞骅赁魏家巷一号房屋迁居。时本所党员曹亚伯已在长沙“求中”、“宁乡”、“长沙”三中学任教事，推彼为湘鄂联络员。凡饷械，俱在共同筹划之列；并于本所印就军用票三十万张，以备起义时两省之用。值学校暑假，曹亚伯回所，开大会，讨论进行方略。决定：派吕槐庭、康建唐赴施南，何季达赴荆宜，联络会党；宋教仁赴长沙，与东文讲习所华兴会会长黄克强接洽；武高等学堂，由刘熙卿负责推动；文普通学堂，由欧阳瑞骅负责；马队，由刘静庵负责；工程营，由张难先负责。其余各校各营，均有负责干事。其分配之弹械，由胡瑛、王汉赴湖口起运来鄂。计划既定，正按照指派职务积极进行。不料湘省有会党何少卿、郭鹤卿二人，在湘潭谋泄被捕；同时长沙亦有会员朱某及湘绅王先谦党刘作楫泄其事于先谦，即向巡抚陆元鼎告密，围其机关，逮捕党人；复搜得文件，乃知湖北科学补习所与东文讲习所，有共同计画，当电总督张之洞按治。本所先已得克强电，由胡瑛、王汉等移藏枪械于汉阳鹦鹉洲；刘静庵销毁所中文件册据；张难先通知各同志远祸。当夜军警围所搜索，一无所获，逮其房主以去，时九月二十日也。房主讯鞫时供称：“赁房者为文普通学堂学生欧阳瑞骅，至彼辈所作何事，吾侪小人丝毫不知。”时主持学务者，系粤人梁鼎芬，张督最信任之。鼎芬见此案牵连学校，又无其他主名，设案情扩大，不利于己，乃缓颊张督前，只开除欧阳瑞骅及宋教仁二人学籍寝事。党人星散，王汉、胡瑛迁鹦鹉洲；刘静庵迁美教堂圣公会。见本案已有结束，复出而暗中活动。会清廷假伪立宪名义，派户部侍郎铁良搜括东南财赋，以七月至苏，十一月二十二日抵鄂。刘静庵、王汉、胡瑛聚而谋曰：“此国贼也，弗除，民力竭矣，宜狙击之。”汉、瑛愿任其事，于是携所藏于鹦鹉洲之手枪以去。先拟毙之于汉口大智门东站，比至，铁车已开，知铁尚有事河南彰德，跟踪追及。汉轰击，不中，杂人丛中逸。搜索急，汉以膏虏廷刃为羞，投井死。此科学补习所为吾鄂党团之首基，皆其荦荦可记者也。所员姓名、略历及传状、碑志可访得者具后。他篇亦如之。

所员名录

吕大森	传见后
曹亚伯	传见后
胡　瑛	传见后
张难先	字义痴，沔阳人。任干事，运动工程营士兵
朱元成	传见后
陈从新	安徽籍。运动军队
雷天壮	黄陂籍，字月轩。运动军队
李胜美	字遵五，襄阳籍。后任团长
毛复旦	一名汝际，字善如，浙江黄岩人
陈敖懋	字桂仙，黄陂人。帮运弹械。以上十名俱发起人
欧阳瑞骅	字季香，沔阳人。文普通学堂干事。
时功璧	字伯弼，枝江人。任干事，筹款。
康建唐	恩施人。任干事，运动会党。
王　汉	传见后。
何季达	传见后。
冯特民	传见后。
刘度成	字熙卿，沔阳人。运动武高等学堂学生。
刘静庵	传见后。
宋教仁	传见后。
朱子淘	在所办事努力。
易本义	在所办事努力。
孙　武	传见共进会篇中。
刘　复	字菊坡，鄂城人。民国任安徽民政厅长。
欧阳振声	字笃初，号俊民，湘南人。后被选为国会议员。
龚国煌	字村榕，崇阳人。武昌沦陷后病故本邑。

田　桐　传见同盟会湖北分会篇中。

辜天保　运动会党。

赵光华　字幹廷，沔阳人。担任军运甚努力。民元病故。

张朗村　名荣楣，恩施人。

余　诚　传见同盟会湖北分会篇中。

张　汉　字佩绅，荆门人。后被选为国会议员，卒旧京。

徐竹坪　荆门人。

方柏年　安徽人。

季雨霖　传见日知会篇中。

邱启发　黄陂人。

张品珊　沔阳人。丙午因军警捕党人急，受惊病故。

许崇灏　字公武，广东番禺人。辛亥首义佐林述庆在镇江反正，后为国民政府委员。

徐　于

徐炳龙　蕲水人。

刘　彦　字式南，湖南人。后被选为国会议员。

卢启贤　襄阳人，民国任县长及内务部秘书。

傅人杰　字楚材，沔阳人。

汪　翔　黄冈人。后任何南县知事。

李庆芳　黄陂人。

唐　碧　湖南永州人。

陈　琨　汉川人。

许远香　沔阳人。早故。

曾　唯　湖南人。后任金陵大学教授。

所员列传

吕君槐庭传（三十三年元月）

张难先

吕大森，字槐庭，湖北建始人也。少入邑庠，喜吟咏，倜傥负奇气，肄业武备学堂。会中俄订密约，君鼓动学生数百人莅曾公祠演讲，斥政府失策，激昂慷慨，轰动一时。甲辰夏，与朱子龙、曹亚伯、胡瑛、张难先等，设科学补习所于武昌多宝寺街（后迁魏家巷）实行革命，推为所长。计乘清那拉后十月寿期举义。派宋教仁赴湘，联络黄克强，胡瑛、王汉购运枪械，大森自任与康建唐回施南运动会党，同谋起事。未几，大吏察知，所被封，并札施鹤道严缉大森。窜山谷中，晦迹数年。辛亥武昌反正，始出里赴烟台，佐山东都督胡瑛理戎机。和议成，料袁氏终必叛国，赴沪，说同志以利害，共讨袁。苏督逮捕下上海狱。民九，以靖国入狱，民十一，又以驱逐鄂督王占元入狱。民十六，复窘于共产党，去而之他，作《放歌行》以抒悲曰："四十七年穷不死，犹思乘风破万里，誓将热血洗神州，不惮投笔来皖水。曩昔曾从宋黄游，生平亦识孙总理，廿年奔走蹶而颠，三在缧绁非其耻。主义知难行亦难，治人先贵能治己，迩来徒向口头禅，夸诈相习风日靡。言辨行乖吾谁欺，以言取人谀则喜，道德沦亡非所忧，英雄埋没宁足纪。滔滔同此貉一坵，狂澜孰作中流砥，酒酣耳热詈且呼，眼中落落无余子。大厦宁容一木支，况复言讷衣朴鄙，脱帽豁然头已童，绕颊于思霜盈髭。语既逆耳貌亦憎，所如不合良有以，先生到老不识时，自谓材力犹堪使。掉臂东行头不回，拼弃妻孥如敝屣，毕生心志百未偿，一蹶再蹶仍难起。吁嗟乎，先生之命何其否，只今坐困愁城里，任使饥寒相迫挤，谋生术拙颜有泚，谁为为之一至此，忧患端从读书始。"其凄怆悲壮之情，今人不忍卒读。十九年，予摄浙篆，君往游，竟一病不起，埋骨西湖，悲夫。

论曰：方余等组织科学补习所时，大森正年少，英姿飒爽，不可一世，人咸以伟器目之。殊亡命幽禁，长度愁苦生活，致年未盈五十，即赍志以殁。坎壈数十年，其主张正义之心，丝毫不少回屈。诚子舆氏所谓豪杰之士欤。

王汉传（三十三年元旦）

张难先

王汉，字竹庵，后名潮，号怒涛，湖北圻水人也。父濬川，兄伯寅，俱名诸生。少受庭训，年十六，通五经大义。旋从其同邑何焜阁孝廉问《易》，好之甚，刻不释手。焜阁语汉以大《易》需时义，汉怫然曰："人各需时，奈何？需之彖曰，利涉大川，大川险也。维涉险，然后可以济天下之险，故曰利也。"焜阁无以难之。汉于治经之暇，间涉新闻杂志，觉国亡无日，愤慨而究兵书，讲剑术，结纳当代豪俊。甲辰游省垣，识黄冈何季达、潜江刘静庵、桃源胡瑛、江陵朱元成。汉、静庵沉毅少大言，两人最相得。会仲夏，吕大森、曹亚伯、张难先、胡瑛等，设科学补习所于省城，潜谋革命，汉毅然加盟。所中预定乘十月清西太后寿期，诸大吏集皇殿庆贺时一举而歼之。烈士闻此，每日摩拳擦掌，急欲一试。湘省黄克强组织之东文讲习所，已约同时并举。无何，湘事泄，巡抚陆元鼎得悉鄂中秘密，电总督张之洞按治，补习所被封。汉愤不欲生，与胡瑛、陈教懋将运来枪支，往藏鹦鹉洲，洲僻在汉阳南郊，罕与人耳目接。前即在此辟一秘室，备非常用。至是汉、胡瑛同匿居焉。刘静庵则避于美教堂圣公会，探悉虏廷将假伪立宪名义，搜括东南财富，派户部侍郎铁良南下，由江、浙、皖、赣抵鄂。静庵与瑛、汉密谋除之。刘年长，瑛、汉请行，于是携鹦鹉洲所藏手枪以去。先拟狙击汉口大智门车站。比至，铁车已开，知铁尚有事于河南彰德，尾追及之。汉轰击，不中，杂人丛中逸。搜索急，汉以膏虏廷刃为羞，投井死。留有手枪、遗书于逆旅，旅主人隐其事，托言系商人以折阅自杀，扬于市，募金瘗之，时为清光绪三十年腊月。年二十二，结婚仅月余，无子，妻高氏苦节至今。

论曰：烈士痛吾国士大夫萎靡疲茶，谓将亡国之兆，思一振而行荆聂之事。并谓作事不必计成败，成固善，不成，以死继之，必有慕风兴起而竟其志者。烈士死，果有吴樾访其事于胡瑛，感奋而炸清五大臣于北京前门。清廷之亡，实基于此。后之举大事，必反复踌躇于成败之间致失事机者，观此当知所从违矣。

附：王汉殉国年月及与吴樾关系考证

王汉殉国年月，多误传为乙巳春，或丙午日知会失败后。欲证明此事，应以铁良行踪为断。查《清史纲要》，光绪三十年甲辰，载有“七月癸未，命铁良往江苏等省，查勘财政、武备事宜”。《增修通鉴辑览》所载亦同。是铁良出京查勘财赋，确为甲辰无疑。其证一。又乙巳上海《警钟报》停刊，系因载王汉刺铁良事。据冯自由《中华民国开国前革命史》载，《警钟报》被封，在乙巳正月（中国文化服务社三十三年二月初版一二九页）。王汉死于彰德，其消息必数日始能传至上海。新闻记者访得登载，官厅阅报，封馆，又需若干日。查封为正月，汉事应在甲辰季冬。其证二。再《张文襄公年谱》（商务新书，许同莘编）载：“光绪三十年甲辰，公六十八岁。……侍郎铁良奉旨南下，查勘江南制造局移建地方是否合宜。又查各省出入款项。……十一月，钦差大臣铁良至。”括弧附注云：“在江南清查款项，道员蒯光典劝勿为刚毅续，十月奉旨，他省款项不必查。二十二日至武昌。二十五日赴湖南勘湘东制造新厂地址。十二月中旬，再至武昌，阅兵，观学堂、局、厂。留数日北返。”中旬至武昌，留数日北返，王汉事当在十二月二十间。其证三。有此三证。王汉殉国年月，已成定案，其他异说，或文字易淆者，皆当以文襄年谱正之。

再吴樾受王汉感动，拟刺铁良，后改刺五大臣，世多不知。兹举证于下。

1.《吴樾遗书·自序》曰："今日之时代，非革命之时代，实暗杀之时代也。…逾时有万福华刺王之春案出，又逾时忽有刺客某刺铁良逆贼未成而遁，并有王汉刺铁良逆贼未遂，而先自尽之报。之三子者，其志可嘉，其风可慕。"又《遗书》第六节，标目为"杀铁良之原因"。叙述分为二。"一、原于同胞之观念。""一，原于同志之感情。"此条申明谓："盖以王汉之刺铁良未成，遂自尽以明志，其心亦良苦矣……今余而不成王子之志，则王子前日之行，不特无益，而且有害。诚以己未杀人，而授人以杀人之名，危乎殆哉，我汉族之前途，其有不堪设想者矣。……有此二因，予之志遂定而不疑。"

2. 吴樾追悼会，胡瑛演说曰："烈士因五大臣出洋，清廷将以假立宪愚天下，故迫不及待，而有前门车站殉义之事。而所促烈士死义之动机者，必有至大原因，当为诸君陈述。先是湖北有王汉君者，以暗杀为事，所抱之宗旨，则以为吾国士夫，酣嬉游乐，将以文弱正国。故吾辈作事，不必求其事之能成与不能成，当先问自己之能死与不能死，若能舍身一死，以唤醒同胞，其效较诸一事之成，影响尤大。王君当时谋刺铁良，待于彰德……不遂其志，王君遂为遗书一通，及刺铁良之手枪，留于逆旅，投井而死。嗣后吴君曾以此事质问鄙人，以王君之志告之。烈士慷慨言曰：'吾辈举事，大都必求有利于己，且有利于国者，始肯为之。吾则极求必有利于国家，极无利于己，且于一己有至苦极痛之事，吾当身受之，以为天下先。'烈士之死，盖早已决。"（见邹鲁《中国国民党史稿》廿七年再版，第七章吴樾事注）

3. 观陈去病所撰《徐锡麟传略》论赞，更易见其端绪。兹将全赞录下："南史氏曰，长江流域，自张文祥以私恨刺江南总督马新贻，死之，迄已数十年，侠风惨淡，亦几几不闻有荆聂之俦矣。至甲辰之冬，春申市上，乃始有万福华枪击王之春事，固较然皖北之民也。然事不成而败，闻者惜之。顾杀机一开，刺客踵起，至逾年春日，爰有王汉刺铁良不成而自杀之事，风潮所播，警钟不鸣，舞台摧倒（时《警钟报》以登王汉事被锢，而予所著《大舞台》杂志亦同受诘问销毁），盖亦烈矣。然而吴樾以一介书生，因之感激（见其自序），径怀炸弹以入北京，力投汽车，期尽歼其渠，志气勇甚。乃天祸中国，满酋无恙，而终殒厥身，悲夫，伤哉。两岁以来，胡尘蔽日，天地不明，汉朝男子，终若甘心降虏矣。乃端酋返国，来我江南，不务安集，而日为酷虐，天乎，人乎，固有人焉思刳刃于其腹矣。而徐君乃毅然突起其间，先掠小丑以歼之，虽曰伤勇轻生，杀之不武，而其效已著，夙愿毕偿，要可含笑入地，傲文祥而惭福华，慰王汉而悯吴樾，轩然悚其魂为厉鬼，以褫胡虏之魄，降其灵为天神，以昭汉族之民，阴佑默相，俾我生者尽集憨而歼之，重扶汉室，归于中州，永奠河山，长觇日月，则徐君之赐我多矣。故传其略，以勖吾党。”（见中国国民党丛书《血花集》，三十三年一月重版，五十四页）

按：胡瑛演说词“侍于彰德”句下，余略去“铁良至彰德，未下车”二句。因此事乃胡瑛、王汉同去，王汉死后，瑛毫未报告鄂中同志，故当时对瑛，极多谣传。瑛以后对此事，亦讳莫如深。故演说词毫无提渠同去之事。如铁未下车，汉未击铁，汉又何必死耶。且瑛言汉为遗书一通，此书瑛当见之或藏之，然瑛终未发表此书，亦从未与人看过，亦可想见其难言之隐，而有此权词也。再陈去病吴赞“逾年春月”一语，乃举《警钟报》被封时间而言，非指王汉刺铁良时间也。证诸冯自由“乙巳正月《警钟报》被封”一语，及《张文襄年谱》铁良回京之日期自明。胡氏词意支饰，陈氏文句浑成，恐阅者误会，故两识之。

胡瑛传

张难先

胡瑛，原名宗琬，字经武，浙江绍兴人。父某，以知县候补湖南，瑛随侍，昆仲四，瑛其季也。长兄亦以佐杂听鼓长沙。不久，父兄尽殁，依其兄盟友曾竹岩于桃源，故多有谓瑛为桃源人者。少颖异，年十六，黄克强与胡元倓办经正学校，瑛肄业于其间，闻克强绪余，矢志革命。大吏将捕之，克强介避于武昌吴禄贞许，识难先，商组革命机关于多宝寺街，名曰科学补习所。同入工程营运动军队，联合湘省，准备十月清那拉后寿期举义。推所长吕大森与康建唐回施南联合会党，宋教仁回湘接洽黄克强，胡瑛、王汉购运枪械。经费则由曹亚伯、时功璧、黄克强等统筹。不料期前湘事泄，得悉鄂中秘密，湘抚飞章报总督按治。本所同日亦得湘电，于是通知各同志亡匿，焚毁所中文件。至夜，督署派队围所，不获一人，逮房主严鞫，开除文普通学堂所员欧阳瑞骅、宋教仁学籍寝事。后党人稍稍集，闻铁良南下，瑛、王汉预备狙击于汉口大智门车站，比至，铁车已开，追至河南彰德及之，汉连击数枪不中，投井死。瑛遂赴日。未几，日政府颁布取缔中国留学生规则，学生大哗，瑛愤甚，赴各校演讲，主全体回国，自办学校。学生大感动，推为会长，偕姚宏业、田桐、秋瑾等回国筹备中国公学。旋同盟会成立，被推为评议员赴日，常与杨笃生等研究制造炸弹，从事暗杀。丙午秋，萍醴举义师，总理派瑛、朱子龙、梁钟汉回鄂，抵日知会谋响应。瑛等至汉，诣刘静庵计事，群虑经费无着。座中有无赖郭尧阶，在倭与瑛、教仁识，自言我有办法，湖南六合锑矿公司经理刘小霖已运动成熟，自承以十万金佐吾辈革命。瑛寓汉口名利栈，约于次日在栈洗尘以决之。届时小霖至，甚款洽，酒数行，则武士多人入，传瑛以去，始知为其所卖也。逮至武昌巡警道署，与难先分系署内两房中，各自守兵十余，以铁索锁其手，另一端连锁一兵以防其逸，一弁一典史门焉，森严万状。提讯时，瑛曾受酷刑，以瑛声誉张甚，故特别注意也。十二月二十六日，见守者频作耳语，知有异，草诗一首托禁卒示难先曰："昆仑紫气郁青苍，种祸无端竟白黄，仗剑十年悲祖国，横刀一笑即仙乡。河山寂寂人何在，岁月悠悠恨更长，我自乘风归去也，众生前途苦茫茫。"系绝命词也。维官厅逮瑛时未搜得丝毫佐证，张督赏格中亦无瑛名，虽逼之甚，瑛茹刑不承。复欲迫难先以科学补习所旧案而株连之，难先自承革命，求一死以绝官厅之欲，而不涉谁何。故狱不决。后得吴禄贞、程家柽等奔走，肃邸电张督对此案和平办理，而狱始缓。除夕，分禁九人于各监，始脱缧绁，能通信会客矣。次年五月，判瑛以无期徒刑。瑛之在狱也，手腕敏锐，禁卒囚徒，悉在笼络中，等于僮仆，故见客谈话，极自由。

党人多探候者，间及党务，故以后每一机关之组织，瑛皆与谋。庚戌、辛亥两年，文学社、共进会相继成立，声势甚盛。辛亥春，同盟会香港统筹部派谭人凤来鄂考察，颇不满于文学社，经武屏左右语曰："子无误，湖北党人，自成风气，类皆埋头苦干，不以外观相夸耀者也。"谭始默契，对共进、文学两团体不加轩轾。两派由是联合，声势更张。八月十九日武昌光复，张鹏程、李济臣等带队至府监迎瑛出狱。时都督黎黄陂尚犹豫，经武危之，约詹大悲往汉口组织军政分府，人心始定。军府以外交重要，任瑛为部长，与汉口各领事交涉，因得认为政治团体，严守中立。旋奉派为都督代表赴沪，复推为议和代表。适山东事急，孙大总统命瑛为山东都督，民元二月，派兵舰护送，就职于烟台行署，至袁氏当国辞职。二十二年病故南京，经纪其丧葬者老同志覃振也。

论曰：吾自见经武后，即不敢论天下事，盖震于经武之言论丰采，而自惭木讷也。后察其纯用机智，虑其成就不大，频勖以学，然卒如凿之入枘。辛亥武昌光复，经武出圜室一跃而长外部，瑕疵稍稍见矣。予忠告辞去，不通闻问者二十年。迨予主政两浙，经武狼狈来游，款洽数日，约游西湖，经武赧然谢之，盖耻筹安之无以对国人也。世之执德不弘，徒恃其仪表以快一时者，可以鉴矣。

朱子龙传（三十二年夏）

欧阳瑞骅

朱子龙者，湖北之江陵县人也。父传绶，郡庠生，绩学敦行谊，乡称墨香先生。子龙十四而孤，继母亦丧，抚于祖母。至性纯笃，奉事维谨。为学求有用，精天算舆地，俱潜自阅书有得，不由师授。作文屏去浮华，虽屡绌于试，毫不为意。口吃罕言，然与人别是非，论古今成败得失，则博辨莫穷。尝开馆训蒙，即弃去曰：此岂吾之志哉。值湖广总督张之洞变法效欧西，练立新军，子龙毅然入伍，著籍工程营。未久，官长以为材，擢书记，后不合辞去。初与吕大森、胡瑛、张难先等组织科学补习所于武昌谋革命，事败又入日知会。日知会者，为圣公会阅报之所，刘静庵即假其地为革命机关以宣传主义，共商进行方略者也。复留学日本，入同盟会。萍醴事兴，孙总理派子龙及胡瑛、梁钟汉归鄂，会议党人作声援。无赖郭尧阶，利赏金，告密当道捕之，同时被祸者，有刘静庵、张难先等八人。子龙至吏庭，讯曰："汝设日知会，运动革命乎？"即出书札一，诵其词使闻。名刺一，即郭，曰："汝识此人乎？勿狡辩，其速举同党悉以告，当宥汝。"不应。鞭之，即报语，且讽且詈，极难堪，讯者气沮，锢于室，遣人赍衣物殷勤存问。次日，讯如前，子龙曰："我罪罪我，非我罪释我，胡纠绕为？"寻置江夏县狱。次年三月二十四日，以病卒，权厝正觉寺，五月归葬江陵枣树店。子龙为留日时之名，原名家梃，在军名元成，字松坪。没年三十二，其祖母七十，时犹存也。

论曰：荆南自古为重镇，踞长江上游，兵戈竞争相循。而湖山秀美，土物饶裕，代产名人，如岑文本、杨溥、张居正，皆足不朽。子龙亦生是间。潜江又有刘静庵，相望二三百里，两士负瑰玮奇姿，志行并美，担革命重任，振衰起颓。昔人云，地灵人杰，其殆然欤。子龙身修而癯，余于科学补习所屡见之，实温良君子也。乃中道与静庵为奸人所陷，系囹圄，先静庵四年而没。张公难先二十七年，因便事过荆，致祭表墓，其申故人之情至矣。余违难西来，住沙头，未及三日，不克睹拱木宿草，酹酒一奠，迄今犹引以为憾焉，呜乎！

兴国州人曹亚伯

冯自由

曹亚伯，湖北武昌兴国州（民国改称阳新县）人，太平天国用兵湘鄂时，兴国州人应募者极众，而立功亦至伟。刘成禺著《太平天国战史》，题词有“兴国州人策异勋”一句，即指此事。亚伯赋性率直，疾恶如仇，自幼居乡，每聆乡中父老述太平军当年起兵杀贼遗事，辄眉飞色舞，油然萌种族思想。稍长肄业两湖书院，时任书院山长者为梁鼎芬，尝仰承鄂督张之洞意旨，日以诱导学生效忠满清为事。亚伯以诸生多热中利禄，不脱奴隶根性，遂呵之曰“无骨气”，或曰“走狗奴才”。同学中恶其好使气骂人，或以“曹疯子”三字报之。甲辰武昌发起一革命团体，名曰科学补习所，亚伯与焉。亚伯结识武昌基督教圣公会牧师胡兰亭、黄吉亭等，胡、黄均有心革命，常于说教讲道时，假基督舍身救世等事为宣传革命资料。亚伯与之志同道合，遂亦皈依基督教。乙巳，又设日知会，为吾党聚集讲说革命之秘密机关。此二机关，如鄂之刘贞一、冯特民、季雨霖、朱子龙、吴贡三、李亚东、梁钟汉、石志泉、张难先、吴昆、殷子衡、吴兆麟，湘之黄轸（后更名兴，字克强）、刘揆一、禹之谟、宋教仁、易本义、陈天华、胡瑛诸人，咸附入。甲辰九月黄克强、马福益、刘揆一密谋在湖南起事，亚伯至长沙助之，不幸期前事泄，黄克强潜避于长沙吉长巷圣公会黄吉亭寓所。后乃乘二人肩舆，垂下轿帘，亚伯与张继二人各怀手枪，紧随其后，卒获脱离。乙巳（一九〇五年）各省志士云集日本东京，亚伯亦在。七月孙总理自欧洲抵日本，与黄克强联合旅日全国各派革命党人组织中国同盟会，第一次成立会假座赤坂桧町黑龙会所，冯自由预约亚伯赴会。当各写盟书时，亚伯自书籍贯曰兴国州。有广西人某不知有兴国州地名，以为儿戏。亚伯曰：“君不知太平天国大败清军时有兴国州人包打洪山之事乎？（事见刘著《太平天国战史》）若无兴国州人，你们两广的天王洪秀全焉能安然在金陵登基也。”众笑解之。丙午（一九〇六年）夏秋间，亚伯自日本赴英国游学，道经香港，偕张继访冯自由于《中央日报》，冯自由请其任驻英义务通信员，亚伯慨然不辞。在伦敦数年，向外人宣传中国革命，孜孜不倦。己酉（一九〇九年）孙总理自南洋赴英伦。亚伯介绍吴敬恒入同盟会，且向留英同志筹款八十金镑助总理旅费。辛亥八月武昌革命军起，总理复至伦敦，邀亚伯与吴敬恒结伴归国，亚伯以事辞。民元夏秋间，鄂省民党有国民党与共和党两派之争，共和党孙武一派以素与都督黎元洪有好感，颇占优势。适亚伯自英回，黎元洪与彼为旧识，特邀入幕府赞襄机要，国民党大得其助力，后卒为共和党所挤，不安于位。民二赣宁讨袁军失败，亚伯东渡谒孙总理，参加中华革命党之讨袁工作。民三中华革命党成立，陈炯明等在南洋表示异议，另创水利速成社相对抗，孙总理乃派亚伯及陈耿夫二人至南洋各埠，向华侨党员宣布改组宗旨。民六六月总统黎元洪被督军团逼胁解散国会，国人大愤，孙总理在上海力图起兵护法，而绌于经费。会有素与亚伯相识之美籍某国医士告亚伯曰：如孙公有起兵护法之决心，某国愿助资百万。亚伯以告总理，大悦，嘱亚伯坚守秘密。亚伯曰：吾乃基督教徒，当指天为誓。自是每当夕阳西下，亚伯恒偕女友吴□□乘马车游行各马路兜风，顺道至虹口某医士寓所携去大皮箧一具，其中累累皆各国钞票，外人虽侦伺严密，无疑之者。未几遂有程璧光率海军南下及广州后集非常国会之举。事后亚伯拟措资创办亚林臭药水厂，求助总理，助以万元，即酬其是役奔走劳也。民十十月总理督师北伐，驻节桂林，亚伯随行。因细故与参军某不协，某令侍役勿为其供食，亚伯大窘，陈少白怜之，乃使就食于己室。少白每日例与总理同桌而食，至是乃特为亚伯设供，礼之逾恒。某以是迁怒于少白，亚伯意不自安，遂偕少白先后返广州，逢人必诉某氏弟兄闭塞贤路，妨害大局等事，闻者多为不平。陈炯明方极力抑制北伐军进展，知亚伯与某氏兄弟有隙，且素得海军将领温树德等心，遂多方联络，备致推崇，使怂恿海军将士宣言中止北伐，谓："某氏历年揽权伐异，妨功害能，吾等非釜底抽薪，不足以保全总理。"亚伯惑之，以告少白，少白曰："北伐关系大局安危，君与某氏发生恶感，乃属私事，安能因私害公！"冯自由适在座，亦谓亚伯曰："陈派谋不利于总理，尽人皆知，君万勿卷入漩涡，为君计，应立即避嫌离粤，庶免危险。"亚伯愤然顾余曰："都是你从前介绍我入同盟会之过，今日他们如此忘恩负义，我倘有不测，惟君是问。"少白与冯自由力劝之。亚伯卒从陈、冯等言，怏怏归沪。行后不及两月，而陈部叛变，围攻总统府之祸作矣。亚伯自是厌闻时政，以亚林臭药水厂售诸五州大药房，在昆山购地数十亩经营农业，差足自给。民十五国民革命军入江苏，亚伯号召乡民起义于昆山，附近各乡闻风响应，革命军某支队疑亚伯属投机分子，诱禁之上海司令部。亚伯移书上海交涉使郭泰祺求援，郭以告蒋总司令，蒋立下令开释。亚伯既脱罪，谓国民党改组后，一般青年多数典忘祖，鄙视吾辈，皆由不知革命历史所致，遂发愤搜集其多年珍藏之日知会文书笔记，及辛亥武昌革命一切文告等等，编辑成书，题曰《武昌革命真史》，凡数十万言。民十八特托中华书局旧友陆某代其发行。出版未久，在京鄂人吴某等谓曹著批评起义人物过于露骨，且抹煞起义之各团体，而独归功于日知会，有失公道，遂联名呈请党部禁止发行，并没收之。中华书局因之损失不赀。亚伯受此打击，决意摆脱世事，专心学佛，且禁绝荤腥，尽改其平日好使气骂人之故态。尝语人曰“吾辈革命党人作孽过重，惟有竭诚念佛，足以忏悔一切，死后庶免沦入畜生道”等语。大有抛下屠刀立地成佛之概。民二十五元旦尝至苏州章太炎宅祝寿，人见其须长逾尺，道貌盎然，迥非昔比。民二十六秋日军犯沪，昆山地近战区，迭受日机轰炸，亚伯犹念佛农舍，不愿迁避。至十月某日沪报忽载其圆寂消息。时在昆山失陷之前半月。生平友好以交通阻塞，无从吊唁，咸为哀悼不置。然亚伯能于所居未沦陷前作大解脱，得免身受阿鼻地狱之惨，当是佛学有得之效，不可谓非幸事也。

宋先生传略

徐天复

宋先生教仁，字遯初，湘之桃源人，一号桃源渔父，不知者或称先生为桃先生。先生有大志，天资俊伟，乡里之接先生颜色者，咸惊为非常人。先生十二岁丧父，家贫，不易求学，然先生能自刻苦，好学深思。所学能穷源究委，视其大全，得其精要。且富于感情及判断力，故未弱冠，即知名于时。

癸卯游学武昌文普通学堂，即抱改革大志，年二十二岁也。甲辰夏，先生与胡经武在湖北设立机关，名曰科学补习所。八月，先生回湘又与黄克强、刘揆一诸子组织华兴会，推克强为总理。分五路，常德一路，先生主之。华兴会者，革命最初之一团体也。先生之舍身从事于革命事业，盖自此始矣。华兴会本拟于十月十日起义，至九月十五日事泄，机关封闭。先生在常德，至长沙，不以失败为意。然武昌学校，因先生谋革命，除先生名，先生乃走上海，赴日本，留学于东京弘文学校，后入早稻田大学。

乙巳，先生创《二十世纪之支那》杂志，鼓吹革命。夏，孙中山先生自欧抵日本，会合各省革命同志，组织同盟会，先生与焉。先生拟以《二十世纪之支那》归同盟会办理，嗣以日政府禁止发行，乃改名《民报》，先生为经理。丙午，黄克强赴安南谋举事，举先生为庶务长，掌同盟会一切机密。先生见同志俱在南方运动，北方尚未着手，乃奋起偕白逾桓、吴昆及日人末次节赴东三省，立辽东支部，运动马贼，谋占奉天，响应南方。会碱厂招兵事忽败，白逾桓被捕，先生复回东京，仍参与同盟会机密。当是时先生专心研究政法、经济诸学科，为将来建设时代之需。复精舆地学，曾著《间岛问题》一书，清政府得之，间岛交涉因以不败。清政府欲请先生任外交，先生不为动。时美洲同盟会之《大同日报》及南洋各机关报，均敦请先生主持，先生以东京事繁，亦不克往。秋，克强有钦州之役，丁未又有河口之役。先生则为大革命全局之布置，扩张党势，联合军队。内地各省及海外南洋，机关无不遍立，而大举之势，已于此树立根基矣。

戊申，《民报》被封，同盟会之势一挫，故终己酉一岁无大举，然潜势力亦多于此时养成。庚戌春正月，广州之师又败，赵伯先等俱赴东京，已而复回香港。时东京同盟会本部精神惰懈，谭人凤、李肇甫、居正、张懋隆等会先生商整顿事。先生对于革命大举方略，主张革命地点应居中，不宜偏僻，革命时期应缩短，不可延长，战争地域宜狭小，不可扩大，深究域内之形势，洞悉方略之精微。群皆赞同，本以实行。谭人凤赴香港，会赵伯先、黄克强，语以先生之筹划。适香港准备再举攻省城，不克行。时居正回武昌。先生亦至上海，主持《民立报》，凡所议论胥原学理，国民莫不钦服。

春，香港事急，请先生往。三月中旬，先生赴香港。香港因广州事特组织实行部，中又分五部。先生继陈炯明任编制部部长，进攻省城。举赵伯先为战时总司令，召集各省同志及敢死之士，编制敢死队，陆续赴省。二十六日，黄克强亦先期赴省。二十七日事泄。二十九日仓卒举事，先生及赵伯先、胡汉民俱未能先期至。三十日晨抵省，事已败，乃相率回港。是役布告令文，皆出先生手。在港时且与同事诸子草定民国宪法草案焉。盖先生于破坏时代，固无时不为建设谋也。未几，赵伯先以愤郁死，黄克强亦负伤，同志精锐俱大挫折，众灰心失望，乃解散香港机关。先生遂偕陈英士回上海，仍主持《民立报》，于根本上反复详尽，言清政府之腐败，唤起国民担负国事之责任心，所论皆能洞悉本源。凡读先生文者，无不心折。清政府虽心嫉先生，亦未尝不深重其才也。

先生鉴于前此革命之失败，以为非切实准备不可，乃建三策，以取决于众。上策为中央革命，联络北方军队，以东三省为后援，一举而占北京，然后号令全国，如葡、土已事，此策之最善者也。中策在长江流域各省，同时大举，设立政府，然后北伐，此策之次者也。下策在边隅之地，设秘密机关于国内领地，进据边隅以为根据，然后徐图进取，其地则或东三省，或云南，或两广，此策之又次者也。佥谓上策运动稍难，下策已行之而败，且足引起干涉，酿分裂之祸，故决采用中策。实行中策之准备，于上海立一总机关，名为同盟会中部总机关，闰六月成立，设五总务干事，则先生及陈英士、谭人凤、杨谱生、陈祖彝也。中部总机关既成立，先生精心擘画，于长江流域，遍立分会，准备大举。谭人凤旋赴鄂，令居正使湖北共进会与文学社联合，立湖北分会。派曾杰会、焦达峰立湖南分会。派范鸿仙、郑赞丞立安徽分会。是数分会皆直接上海总机关，主持长江流域联络军队，一遵先生之成规也。时东京本部吴永珊、张懋隆将回蜀，道经沪上，先生令其在川立分会，运动军队，与长江下游相联络。陕西井勿幕在秦联络军队，亦著大效，先生令其计画合为一气，与南方相声应，而立分会焉。

至是机关略备。先生乃继筹施行之策，以湖北居中国之中，宜首倡义。然武昌为四战之地，粮饷不济，故一俟湖北举事，即令湘、蜀同时响应，以解上游之围，而为鄂中后援。又以京、汉路为南北交通之孔道，敌军易于输运，故先生之计划，不欲以武、汉为战争区域，以防牵动租界，而启外人之干涉。拟于武昌举义之后，即派兵驻守武胜关，使敌兵不得南下，以保武、汉之安宁。一面令秦、晋继起，出兵断京汉路，以分敌势。而又惧湖北一动，下流阻塞，将使运输不利也，故又拟长江下游同时于南京举事，并即封长江海口，使敌军海军舰队孤立，而乘利应便以取之。计画既定，乃以之通告各机关，本此实行。可见先生谋之深虑之远矣。使武胜关不弃，南京不失，又安有汉阳之喋血哉。

又相继为筹款购械之事。斯时财政支绌，进行不易，而湖北军队又急不能待，拟定一期以举义。居正、杨玉如乃来沪，就商先生，并迎先生及谭人凤回鄂主持。先生以时机未至，令稍待。七月间，川人争路风潮发动，先生遂拟定乘时大举，乃决令长江上下游及秦、晋速为整备，于八九月间起义。八月中旬，先生将偕居正出发赴鄂，主持大举。而汉口机关破露，三烈士被害。先生知一切预定计画，将不能实行，而长江下游又不可不亟谋响应，以免武、汉陷于孤立，乃留沪筹下游响应，于南京则令范鸿仙偕柏文蔚主持，于上海则助陈英士、李燮和谋光复。九月三日，黄克强至上海，先生偕同赴鄂。鄂中战事正挫，众举黄克强为总司令，先生则助胡经武办理外交。鄂义军既起，虽战祸日炽，而外交卓著成效。外人终严守中立者，皆由先生之手腕与方略也。

先生以破坏既始，建设必须随之，亟为建设新国家之谋。乃同居正、汤化龙计画，由先生草定鄂省临时约法，通电各省举代表赴鄂，组织临时政府于湖北。各省代表有至者，有不能至者，俱会上海。先生约汤化龙，拟请数省代表全至武昌组织政府。至沪，举各省代表会于江苏教育会，决定中国采统一制，立责任内阁，设政府于武昌。代表均赞成至鄂。一部分代表留沪为通信机关。迨湖北开会，中有代表对统一制及责任内阁倡反对之议。另草临时政府组织大纲。稿传至上海，上海代表亦不赞成。时汉阳失守，而南京克复，形势一变，武昌陷于危险，乃主迁临时政府于南京，电湖北代表回宁。十月中旬，先生为宁事意见不洽，亲赴宁调解。适在先生赴宁期中，代表之在上海者，议举大元帅，遂举黄克强为大元帅，黎元洪为副元帅，而克强不允就任。及湖北一部分代表俱会于南京，请追认公举之大元帅，忽引起反对之论，并疑及先生所运动，将为总理之预备者，而不知实误会也。乃改举黎元洪为大元帅，黄克强为副元帅。又以黎不能南来，复谓黄克强代理大元帅，数遣代表来沪迎之，克强仍不允。组织政府问题，遂以是牵延至一月之久，意外波折，实非先生所及料也。

冬月初，孙中山先生回国，先生偕张继回沪，主张举中山先生为总统。初八日同盟会诸巨子会于中山先生行辕，议决举中山先生为总统，克强为内阁总理，克强不允。中山先生与胡汉民主张不设总理，先生内审国情，外察大势，鉴于责任内阁之适于民国也，起而力争。中山先生认可，派张继与先生磋商，以克强不允任总理，拟请先生代之。先生不允，邀居正、田桐、吕天明至克强处力劝，克强始允。于是中山先生为总统，克强为总理之议始定，同赴南京，预备组织政府。先生以临时政府组织大纲规定不设国务总理，乃提出修改案。代表有不知在沪所决议者，起而反对，致未通过，并加入国务员同意权一条。先生主张，终受此挫折，不能实行。后孙总统提出先生为内务总长，亦以从前种种误会，致未通过，先生亦不以之介意也。旋孙总统任先生为法制院院长，先生乃本平日之经纶，草定法制，故临时政府法令，多出先生之手焉。

南北和议告成，而两方意见，终不能泯，先生忧之，以调和南北为职志，期新国家之统一。嗣与汪精卫、蔡孑民同为欢迎袁总统专使，值京、津兵变，几遭不测。北京临时政府成立，先生任农林总长，先生以非所长，不克展布。然先生在职，拟定边境开垦，移民殖林诸法律案，及外蒙设垦殖总管府，内蒙、满洲设垦殖厅诸官制案，注意于实边保境之大计画，提出国务会议。又先生关于整顿农林政策诸大纲，曰设劝农使于各内省，曰设蒙古兴业公司，曰测量田地清釐田亩，曰设拓殖银行，曰设督办屯恳事务官于满洲、蒙古、新疆，曰设农业银行以各省积谷常平仓谷为资本，曰征烟草酒税，皆未及实行，而唐内阁倒。先生以当举责任内阁之实，联带辞职。

先生既退，主持党务，以小党分立之无益也，联合五政党，力持合并之议，议决改组国民党，而党势大张。国民党之成立，实先生力也。先生继被举为国民党理事，尽瘁党务，不遗余力，有所建议，党员无不服从，虽异党亦咸敬仰先生之为人。以故先生之手腕，实有调和各政党之能力，赵内阁之得成立，先生实襄助之。盖先生苦心孤诣，其调和南北意见事，未尝自矜，人亦多莫能尽悉也。

先生数年来奔走国事，未遑宁处。家属仍居桃源。先生自满清时倡革命，为清吏所逼，出走日本，未一返故乡。堂上尚有老母，只以尽忠于国，未能全孝。至是党事大定，稍息仔肩，乃亟归省母，退隐林泉，事亲终老。后以国事日非，党中又屡敦劝先生出任维持之责。先生知国基未固，尚非独善其身之时也，慨然奋起，含泪别老母而行。至武昌并遍历各地，演说改良政治之必要，闻者心折。抵沪，国民党开大会欢迎先生，先生演说现政府种种失政，滔滔数万言，然皆一本于事理，无一叫嚣谩骂之语，论者咸谓先生不失在野党监督政府之真面目。然未几而北京有某当局著论匿名辩驳，复又有所谓救国团体通电各省，亦驳击先生曩日欢会之演说，盖欲假此以毁先生之令名者。先生以其诬罔，根据理论事实作答词，而驳者不能难。时国会议员多联袂来沪，先生与之商榷政见多相合，乃约予为之起草国民党大政见，先生口述而予则笔录之。三日始成，仅及大纲，先生复略加修改，拟至京时与本部议决后公布天下。斯时先生于宴国会议员席上演说大旨，并言此次政争之决心。

未久，袁总统电促先生赴京。先生乃于三月二十日之夜，乘津浦车北上。不幸于车站中遭奸徒之狙击，腰间中枪，即赴沪宁铁路医院剖腹验治，卒以伤重不起。先生受伤后，曾语于右任以三事，一以书籍捐入南京图书馆，一请同志抚助其家，善视老母，一嘱同志奋力进行。并拟稿电袁总统，临死哀言，尚望总统开诚布公，定良好之宪法。呜呼，先生虽在极痛苦中，犹念念国事，盖如是也。先生于二十二日四时八分薨，享年三十有二。先生既逝，举国震悼。老母年七十余。胞兄教义，以先生倡革命为清吏所捕，瘐死狱中。寡嫂尚在。夫人李氏，子一，年十二，女一，年十四。

徐血儿曰，余之崇拜先生，盖人类之通性也，先生无在不可以崇拜者。

而先生乃死于奸人之手，人心日坏，知天之所以祸中国者，正未有艾也。余薄德寡能，不克继先生之志，亦惟有先生奉之嘉言懿行，以为师表耳。呜呼，先生之声音笑貌，至今辄盘旋于脑中不能去，余之恨岂有穷哉。犹忆先生在沪，时相过从，嘱余与先生合作《辛亥革命外史》，以为当时实录。草未竟，先生北行，允将历年所保存之材料相寄，孰料遽罹此惨祸耶！谨当竭绵力以成此书，藉慰先生于万一耳。

刘静庵传

欧阳瑞骅

湖北潜江有杰士，曰刘静庵，名大雄，或曰贞一，静庵其字也。又字敬庵。性沉毅寡言，接人蔼然有度。幼承父教，凡《易》、《诗》、《书》、《礼》、《春秋》，及诸子百家，程、朱、陆、王之书，释、道之言，靡不研习，能窥其精要。负大志。当清季国事日非，外人觊觎图我，救亡政策，宜从根本彻底下手，于是革命之说，茅靡澜扬。静庵识敏，蓍烛几先。黎元洪方为新军管带，驻鄂垣，乃投营，以书记自效。光绪甲辰，吕大森、胡瑛等，设科学补习所于多宝寺街，阳为讲学，实则运动革命，将联合湖南党人，乘十月西后生辰起事。所员均军学中英俊少年，静庵加入，倾诚相结，悉能称其分量，不画町畦。关于密计，静庵必预。所旋为官家封闭，毁销文件，维护诸同志远祸，尽力最多，而己亦见逐出营。清廷预备伪立宪，思敛天下泉货归内藏，派铁良南下清查，抵湖北。静庵令胡瑛、王汉狙击于京汉路，未中。汉愤，跳井死。静庵遭此两次摧挫，而革命情绪弥烈。武昌府街圣公会，为教士阅报，夙置日知会，会长胡兰亭，静庵契之，得司理会事，购列新书新闻杂志甚夥。日来览者，踵趾不绝，因输其革命义旨，散布《猛回头》、《警世钟》、《黄帝魂》诸编启之。星期聚同志讲演时势，抉剔症结，声情激昂，咸为感悚。自是入会之人，计以万数。更筹办东游预备科、江汉公学，育材待用。 国父孙公闻其事，丙午五月，派黄冈吴昆偕法人欧几罗来鄂视察，莅会演说，于中国革命之需要，及其进行方法，昌言罔忌，为当路暗探通报，遂益注视于静庵矣。秋，萍醴事作，国父派胡瑛、朱元成、梁钟汉还鄂，晤静庵议策动。适总督张之洞接直隶总督袁世凯电云，据日本谍告，长江上下游匪首为刘家运，爰悬赏万金缉。有儇薄子郭尧阶，为所素识，即指静庵为家运，密揭于巡警道冯启钧。兼逮胡瑛、朱元成、梁钟汉、张难先、季雨霖、李亚东、殷子恒、吴保春八人，皆友善静庵者。静庵匿黄陂村中，郭导役捕获，不知静庵之姓，偶合家运，其人并非家运也。张督命按察使梁鼎芬，暨司道七八辈会审，必欲渠自认为家运，且供同党。刑讯极悖人理，遍体鳞伤，惟曰吾革命党也，他俱不悉。堂上叱之急，堂下骂之厉，劲挺不稍回曲，群称为“铁汉”。狱枉成，将行刑。圣公会主教吴德施，会长孟良佐、黄吉亭不平，为具牒申于领事、公使，达宫廷。由外务部谕张督贷其死，永远监禁。在狱五年余，瘐毙，距武昌首义前三月。年三十七，未娶，以弟之子应松嗣。民国十七年，湖北省政府政务会议议决，公葬于武昌东郊伏虎山麓。张公难先别为碑及碑阴纪其行迹。兹所著，犹其荦荦大者也。

论曰，静庵胸怀磊落，行事光明，实践革命大事业，虽未躬观其成，而犹藉伸其志于没后。缧绁累年，湮郁摧躯，求仁得仁，夫何恫怨。所最堪异者，静庵本非家运，既因诬以罹罪，迨竹素流传，仍袭其误，观国父及本党老同志之纪事书，亦懵焉未明。张公难先撰静庵墓碑碑阴专辨此节，胪列始末援据，确乎其不可拔；谓家运为哥党渠魁，静庵则革党，鼠璞不相混，录文分送党部党史史料编纂委员会，俾纠正之。今春史会尚致函问余曰，刘静庵是否即刘家运。余答言，往在科学补习所，与静庵过从，未闻其名家运也。噫！千秋史乘，关系匪轻，须及时论定，不然，匪独愧对静庵，斯则静庵之所伤心，而不安偃息于九原者也。

附：烈士刘静庵先生墓碑

清光绪三十二年冬，湖广总督张之洞，令按察使梁鼎芬会司道七八辈鞫囚，时一囚慷慨言中国危殆，触鼎芬怒，笞之，囚怒，詈鼎芬，鼎芬怒，益笞，囚益益詈，鼎芬益益笞。囚自首至踵趾无寸肤完，濒死者数，稍苏，仍戟手骂不绝，当时号为“铁汉”，即辛亥前吾鄂革命党首领潜江刘静庵先生也。先生少随父琪读，纵观六经诸子，并究心闽、洛、姚江，旁逮《内典》、《道藏》，罔不学，学俱有心得。稍长，见中原多故，投鄂军为管带黎元洪司书记，欲假军队作根基进行改革。有吕大森、胡瑛、朱元成、何季达等，设机关于武昌，名曰科学补习所，以愚官府耳目。先生与宋钝初先后入所，急谋联合湘省，期于清那拉后寿节举义。亡何，湘事泄，破获机关，得鄂中秘密。湘抚飞章报鄂督按治。时甲辰十月，鼎芬方官武昌知府。承旨封科学补习所而逮捕党人。先生亦被逐于黎氏。旋清廷任命铁良南下搜刮财赋，先生闻之怒，密令胡瑛、王汉侦刺之，不中而汉死，先生益愤，复勼合同志图再举。先是美教堂设有日知会，即教士阅报所也，先生素善其会长胡兰亭，因缘为会中司理，将借其地为机关，集同志。会例星期演讲，先生每登坛，痛述大局危亡状，以输其革命义意。不数月，军学界大感动，相率入会者达数千人。更设东游预备科，及江汉公学，广事号召。至是教会之阅报室，遂变为革命党之根据地矣。湖北党务，自科学补习所挠败，经先生呼号，声势复振。孙总理在海外闻讯，大喜，爰派黄冈吴同志昆，与法国同志欧几罗，来鄂视察，以期大举。欢迎时，欧几罗不知有暗探，倡言中国应如何从事革命，语瞬息传遍，当路侧目，时丙午五月也。及秋萍醴事起，势甚张。孙总理在日京，谓时不可失，派胡瑛、朱元成、梁钟汉等回鄂，抵静庵，谋响应。适无赖郭尧阶者，以游学识胡瑛，侦悉内情，告密于巡警道冯启钧，导捕先生及胡瑛、朱元成、梁钟汉、季雨霖、李亚东、殷子恒、吴保春并难先九人，以攫赏金。初，鄂督得谍报，云长江上下游匪首为刘家运，因悬赏万金缉。郭即指先生为家运贸之。先生急，走黄陂，逻骑追及执还。对簿之日，鼎芬、启钧必欲先生自承为家运，并迫供同党。先生名贞一，字静庵，一字敬庵，在军名大雄，故始终违拒，第承已为革命党，不涉谁何。后家运被获，与殷子恒同监，实另一人也，卒罗织成狱。十二月二十六日，已部署行刑矣。忽圣公会教士，群起声先生冤于领事公使，为直于内外部，下鄂督，得不死，仍判以永远监禁。竟于辛亥五月瘐毙狱中，年三十七，距起义方三月。呜呼痛矣！先生之在狱也，学行益进，狱卒、囚徒俱感化，愿为弟子者数辈。一日纳一囚，狞狰凶悍，吏卒畏惮。移与居，久之，和易过他囚。先生平居不苟语言，仪止庄肃，宾朋过从，虽最轻佻者亦莫不敛容相对。以国难不娶，没后，令以弟子应松嗣。去年，湖北省政府政务会议议决，公葬先生于武昌东郊伏虎山之麓。系曰：

使公迟数月死，得见专制推翻，吾辈亦有所归矣。噫嘻天耶！聊寿贞石，以为吾党纪。

中华民国十八年八月一日沔阳张难先撰并书，

大冶许长清刻石

碑　阴

静庵烈士碑文刻竣后，觉有一事，犹须详说者，即海内刊物，多误指刘家运即刘静庵是也。此事一见于中山先生之自传，再见于刘揆一先生之黄兴纪传。其他以讹传讹者，尤指不胜屈。兹事弗辨，则后来几只知有刘家运，而侪刘静庵于乌有虚无之列，或浑静庵、家运为一人，因孙、刘之言论有力，而讹传周遍海内故也。今试以致误之由，一一剖白之以明真象。丙午冬，余辈九人被逮，微闻官府指逮捕之刘静庵即家运，俱惊愕，以静庵向无此名。比对簿，按察使梁鼎芬必欲静庵自承为家运，施刑惨毒，静庵抵死不承，只慷慨自承为革命党耳。先是湖督张之洞接直督袁世凯电，谓得日本探报，称长江上下游巨匪为刘家运，适萍醴狱兴，之洞举刘家运、胡瑛、朱子龙等并案立格侦缉。有同邑郭尧阶者，因友人之介绍识余，厌其儇薄也，轻之，维未严拒其往还。会余等组织科学补习所，因缘得识胡瑛、宋教仁。旋东渡留学，与教仁尤暱。尧阶归国，教仁抵书静庵，为之延誉，且谓湖北党务，须与商洽。余戒静庵无轻信，谓尧阶浮薄，非可与计大事者，静庵以余绳人刻，置之。尧阶好冶游，负日商四千金，控诉夏口厅，拘其兄追比。尧阶计无出，见名捕刘家运悬赏万金，胡瑛、朱子龙各数千，心动。时湖北党魁群属望静庵，自欧几罗来后，风声益大。赏辑中虽无静庵名，然官厅与社会之指目均在静庵。静庵不自安，遂匿黄陂。尧阶即诬静庵为家运，告密巡警道冯启钧，导索黄陂村中。其实家运乃哥党渠魁，久洋溢长江上下游者也。胡瑛、朱子龙、梁钟汉适奉中山命回鄂，谋响应萍醴，其谍报均来自日本。萍醴事起仓卒，湖北党人未尝濡迹其中，故赏缉牍中无静庵名。尧阶深悉党部内情，以姓同事同时同牵合而株连之，于是构成冤狱。未几家运在湖南被捕，递解来鄂，与殷子恒同锢一处，数月提付他所，竟不知所终。一时士论，谓家运既明白被捕于湘，则静庵与家运显是两人。承大吏旨者，既欲诬指静庵为家运，静庵抵死不承，乃复酷刑毒逼，案牍盈尺，不料家运竟获，则官厅之诬陷何以自解，且恐吾曹廉其隐而穽之，乃谋窜取家运移置他监为名，即牵连别案置之死以灭其迹，此当日官吏移甲换乙、李代桃僵之惯技，以规避处分者也。余撰静庵碑文，虽知事实经过如此，然局外言人人殊，究不能不矜慎从事，爰邀集同难之见存者李君亚东、梁君瑞堂、吴君保春、殷君子恒，并请日知会与静庵同居数年之胡兰亭、黄吉亭两会长，从历来参与日知、科学两团体之曹君亚伯，丙午夏与欧几罗偕来之吴君昆，聚首证明。吴君曰，我自中山所来，从未见静庵有家运名。胡君曰，余与静庵朝夕相处，乌有此称。而殷君并谓家运实别一人，与我同监，随取丁未二月十四日《汉报》一纸宣示，标题为湘省又获刘家运，其言曰，去岁在黄陂拿获之刘家运，研讯数次，自供为刘敬庵，仅认为革命党，不认为刘家运，现闻湘省又拿获一刘家运，究竟孰真孰伪，将来必有水落石出之一日也。由此观之，可想见当日之官吏张皇失措，不得不以诡谋消灭其事矣。此外诸同志均不认静庵有此名。静庵本烈丈夫，既已承为革命党，当无倖生余地，其名果为家运，又何苦忍死茹刑，为此无意识之狡展耶。且静庵学人，其原名或曰大雄，或曰贞一，而字则为静庵，或敬庵，俱寓有深意，何取凡俚之家运二字。是年在文华书院书一联曰，大块噫气嗟劳苦，帝天无言遂生成。自署丙午年重阳前一日敬庵刘子书。又前三日书一联，署曰静庵书。现在前联存文华校长卢春荣家，后联存胭脂巷张稺侯家，有目共睹。党人为应付环境计，常有变姓名以避侦伺之法，静庵既身为领袖，其化名常秘示亲切之党员，以便应付事机，何以会中会外，任有机要者，概无一人知之耶。据上种种为证，则静庵、家运，迥属二人，已无丝毫疑问。维孙、刘等纪载讹误之由来，有说明之必要也。吾鄂自来风气，大抵耻声华，厌标榜，木讷质直，不为时贤所注意，匪第丙午为然，即辛亥上年，谭人凤奉派来鄂，视察党务，谓王玄弈、蒋翊武如田舍翁，李长龄若老学究，罗良骏似纨袴子，即可见党人彼此之意态矣。鄂中内地党人，多自田间来，丙午以前，咸无赫赫名。萍醴事起，牵涉及鄂，声誉始大，故传者只能举萍案之名名之，初无暇计夫实在也。日复一日，以讹传讹，于是静庵之名，为家运二字所夺。以轰轰烈烈之奇男子，因名字之讹误，几成为全身疑案，讵非吾辈极痛心之事乎。所以余于静庵之名，急于别白纠正，不丝毫迁就也。碑文体尚简要，未克详述，因复列之碑阴如右。

中华民国二十六年夏张难先补记于东湖之思旧庵

冯特民传

欧阳瑞骅

辛亥武昌革命，各省纷纷响应，皆吾党同志主持，而于新疆策动有功者，则为冯君特民。先是清光绪壬寅、癸卯之际，武昌学子为新学说所激，俱怀改革志，特民与时功璧交最密，余同舍生田桐极称之。及甲辰革命机关科学补习所立，特民识胡瑛，为所员，余因识君。补习所事败，余被黜于文普通学堂，寓斗级营旅馆。君偕周维桢往访，斥当道失措，为辞以慰。嗣任日知会议议员，凡章则文告，多出其手。开成立会时，特民登坛演说，痛哭流涕。其后每星期日，必有此类演讲，感奋群众。办《楚报》，署名“鲜民”，纵论鄂省政治，不避嫌忌。总督张之洞，与英人密订粤汉路借款合同，特民觅得全文，竟夜抄出，悉载报端，撰文掊击。张怒，派人往查，未值，异日社论诋益烈，同办报者陆费逵，约去沪暂避。旋返汉。适湖北陆军四十二标统杨缵绪，调任伊犁陆军协统，特民相随出关，分担革命运动。辛亥十月，将军志锐，惧杨军生变，设法解散。特民受杨命，联络哥老会首领蜀人徐开阳，图发动。鄂军府拍一电，由上海陈英士都督，经俄国转至伊犁，略谓袁大化、升允长、庚志锐等，谋拥宣统西迁，伊犁应速起义，响应武昌，破彼偏安之计，而完成全民革命。杨接电，遂集党人，商定于十一月十九日反正，并照会俄领事，请求承认革命军，严守中立。同时派特民与黄立中占领南库，李辅黄据东门，迎马腾霄、徐建国、周浩如等军队入城，郝可权率炮队攻将军府，冯大树攻副都统署。志锐自后花园遁匿乌都统衙门。未几副都统署攻下，而甘回冯大鼻子领众百余顽抗，特民主用伊犁最大之二十四生的口径后膛炮轰炸，不果。缵绪请卸任都统广福，出而调停，组五族共和会，举缵绪为会长，广福为临时都督，成临时政府。特民及马步云带队入协领衙门，捕志锐至鼓楼东枪决。缵绪本同盟会会员，马腾霄为回部首领，李辅黄、郝可权、冯大树，皆湖北人，与特民同赴伊者也。特民进占精河，与新疆巡抚袁大化，互持于精河西湖间，血战三四次，坚守四五月，革命军马队团长钱广汉通敌，缘是全省光复中顿。壬子年四月，中央政府令新疆伊犁两方停战议和，袁大化退任，保镇迪道杨增新为新疆都督。增新人险狠，受袁世凯密命，仇视党人，以缵绪为喀什噶尔提督；广福都督伊犁，特民司伊犁外交，分其势力。特民兼都督府政治顾问。增新诱说马腾霄刺杀特民、李辅黄于惠远城。特民名一，籍江夏，毕业自强学堂，工书能文。嗟夫，吾国幅员广袤，东北如奉天、吉林、黑龙江三省，均属重要屏藩。西北则新疆密迩强俄，尤为国防所宜注意。东三省已建置铁路，利交通。新疆距腹地辽远，行旅经数月方至，声气隔绝。余往来三省，计四五年，不知特民踪迹，继闻从军新疆。而辛亥、壬子，特民乃在万里外，树伟大之业，竟见歼于残贼，念之令人泫然不已也。昔左文襄侈言平西域之勋，以自殊于曾、李，顾余溯革命功，则推特民为难能云。

何自新传记

熊十力

何自新，字季达，一字醉侠，湖北黄冈人。黄冈大县也，科举时，应试者常数千人。南皮张文襄公，尝按试吾黄，叹为多才。自新以童年，预试得第一，居榜首，文名动一郡。少与圻水王汉，同师何炳藜焜阁。炳藜以孝廉北上，知康有为上书事，念世变，归与汉、自新言之。汉、自新叹曰：胡文忠之在鄂也，江岸见英轮驶至，惊而昏厥仆地，虑西夷之难敌也，前辈忧国之忱如此，吾侪敢不自勉乎？康有为欲拥清廷以图强，清室素内猜，非覆清不足自树立。遂与熊十力共游江汉，欲物色四方豪俊，而与之图天下事。十力径入军营充一卒，自新、汉居旅舍，常往来各学堂与新军间。未几，识宋遯初于文普通学堂，识吕大森于武备学堂，识刘敬庵于某军，识张难先、胡瑛等于工程营；又由胡瑛以与其师黄克强通音问。一时志士毕集，合谋创立科学补习所于武昌多宝寺街，武汉之有革命党团自此始。时有疑武昌不易发难者，十力、自新并辟其谬，谓武昌据长江上游，南北关键，天下安危所系；张彪以庸竖握兵柄，吾曹默运行伍，不数年可行大事矣。未几，黄克强规取长沙，事泄，湘抚电鄂督，查封科学补习所，党人稍散。光绪三十一年春，王汉刺清亲贵铁良于彰德，不中，死之，语在汉传。是年夏，自新与前补习所同志，假武昌圣公会堂，成立日知会。及冬，十力由行伍，考入陆军特别学堂。明年，十力与诸同志，创设黄冈军学界讲习社，联络各军营兵士及各学堂学生，名为黄冈一县旅省人士之结集，以避警吏注目故也。久之，张彪侦悉，密令捕十力，营务处阴令十力先遁。张彪遣密探严缉，自新设法藏匿，备极劳顿。是年秋，湖南萍醴发难，事败，鄂督派军警包围武昌日知会，捕刘敬庵等九人下狱。自新亦在名捕中，乃亡走江南，数年，以病还黄冈，卒年二十九。自新英挺有大志，颖悟过人，少负时望，有刘青田之目。为学，尚博通。及居武汉，以结纳豪俊为务，不免荒弃所学。自负有知人鉴，尝谓十力曰：君弱冠能文，奋起投笔，可谓有英雄之气；然解捷搜玄，智穷应物，神解深者机智短也。学长集义，才愧经邦，学问与才猷不必合也。夫振绝学者，存乎孤往，君所堪也；领群伦者，资乎权变，君何有焉？继往开来，唯君是望。事业之途，其可已矣！十力怫然曰：天下第一等人，自是学问事功合辙，兄何薄吾之甚耶？自新默然不复言。民国既建，乱靡有定，自新固死于辛亥前一岁，十力孤存天壤间，荏苒不自立。久之，从军湘鄂，浪游两粤，默察人心风会，益知来日大难，于是始悟我生来一大事，实有在政治革命之外者，痛悔已往随俗浮沉无真志，誓绝世缘，而为求己之学。每有荒懈，未尝不追思吾自新之言，以自愧自励也。呜呼！吾老矣，所学犹在知解间，知及而不能仁守，其负吾友也深矣。自新稍长于吾，体弱多病，尝戏谓曰：书生结习，难亡百世名，我将以传文累君。十力闻之而惧；德业不进，已则无闻，而可传自新耶？三十余年来，未忍忘此嘱，而不敢一执笔；今以鄂人征集先烈事迹，以自新传见责，老怀枨触，辄搔首望天，而不知泪之所自也。

日知会始末

日知会者，乃科学补习所党人刘静庵独力缔造之革命机关也。静庵治学猛，于儒术外，兼究佛耶；故其时佛门大师，教会长老，多乐与之游。补习所失败时，任黎协统元洪书记官。因索党人急，静庵请假，避高家巷美教堂圣公会。狱缓，回幕，而官署之检查信件仍严。不久，黎获张守正致静庵书（守正即黄克强化名），中多隐语。黎疑之，讽静庵托病辞职出营。前所员曹亚伯在湘，同黄克强、张继脱险后，亦来鄂住圣公会。静庵既失职，走告其会长胡兰亭，兰亭留与亚伯居。旋静庵不自安，求去，亚伯商之兰亭谓："静庵狷介人，耻素餐。"即聘为日知会司理。静庵缄默寡言，虽隶党籍，尚不为人所指目，故乐就焉。时当乙巳暮春。日知会者，圣公会附设之阅报室也。会为辛丑前会长黄吉亭（即蔽黄克强脱险者）所创办，原设武昌府街，定购各种新闻杂志及新书，任人入览，以瀹进知识。后迁候补街高家巷圣公会内，静庵即服务于此。其理会务也，整理书报，详订章则。对阅书报者，招待极周，迎机启示。数月，会务大进，党人稍稍来归。于是静庵商诸兰亭曰："国势诚岌岌矣！公中国人，当不忍其沦胥。下走愚妄，窃愿借此谋革命以救国，公能许我乎？"兰亭曰："君意诚善！若外人何？"静庵曰："贵会诸外籍人，均领教屡矣！类皆道德高尚，愿力弘大，当能本基督救世之旨，同情吾辈。"兰亭慨然曰："国危至此！尚何所顾虑？愿与君共为其难，即如君言，第好为筹划也。"静庵感泣，便从事草规约，不欲以空文而累实事，仍用日知会名义，惟质变耳！吸收党员，不尚严格形式，惟在灌输宗旨，使其真正认识革命而归依之。每星期日，公开演讲，阐述世界大势，本国危机，及现今救亡之道。演词主径直而求通俗。又数月，无论是否党人，凡来听讲者，多醉心革命，执守不惑矣。至丙午正月，始开成立会，到者百余人。由静庵报告筹备经过，张汉杰记录，冯特民宣读会章，何季达、朱元成、冯特民、孙武等俱有极激烈之演说；特民并痛哭流涕。其后每星期日，必有此类演讲，以表现大无畏精神。未几，东京同盟会派余诚为湖北分会会长，倚日知会进行。会务得同盟会之指导，声势更大，其名称依旧，以内地不同海外也。复办东游预备科，广储革命人材。余诚、何季达、李长龄、李亚东等俱任教职。梁瀛洲亦主办群治社，及明新公学。均为日知会训练党员机关，实具蓬蓬勃勃气象。五月四日，接烟台法国武官欧吉罗电云："五月八日到鄂。"先是总理由南洋返日本，船泊吴淞。有法国武官布加卑者，奉其陆军大臣之命来见，传达彼政府欲赞助中国革命之好意，叩总理以各省军队之联络如何？总理以未有把握对。彼乃派驻扎天津参谋部之武官七人，归总理调遣。派赴南昌、武昌联络调查者为欧吉罗，由乔义生及吴昆招待。八日果至，日知会开会欢迎，到党员军人甚众。欧吉罗甚满意，演讲兴会淋漓，倡言革命；会员继续演讲者亦然。而新军统制张彪、巡警道冯启钧之侦探，已混迹其间，事遂全泄（湖广总督张之洞，派洋关员某国人，尾法武官行踪。途上与之订交，亦伪为表同情于中国革命者。欧吉罗以彼亦西人，不之疑也。内容多为彼探悉。之洞奏其事，清廷乃向法使交涉。法使本不知情，请命政府处分布加卑等；政府饬无问，清廷亦无可如何。未几，法政府变更，而新内阁不赞成是举，撤布加卑等回国），暗潮极大。秋，湖南党人刘道一、蔡绍南等，自日本归，在醴陵、浏阳一带鼓吹革命。其会党首领李经其、龚春台等闻而壮之。适长江旱灾，人心浮动，乃乘机联络，于十月十九日，举义于浏阳、萍乡等处，有众数万，以白旗为号，号革命军。长江数省震动，东京党人，莫不激昂慷慨，亟思飞渡内地，身临前敌。此役本党人之自动，故东京总部，事前无所闻；然事已至此，亦不能不派人指导。总理派胡瑛、朱子龙、梁钟汉三人来湖北，负责进行。抵鄂，而总督张之洞已悬赏通缉朱子龙等矣。其札文曰；

鄂督张札臬司文：为札饬悬赏，严拿会匪事：照得近来长江一带乱党滋多，前承准军机处电传，钦奉谕旨，严拿会匪党羽，当经通饬领遵在案。上月江西萍乡，湖南浏阳、醴陵，各处会匪起事，其头目即是该匪一党。现已派拨大兵，驰往剿办。叠接北洋大臣袁、湖南抚院岑，先后函电，访问会匪党羽，潜布长江一带，意图勾结逆党起事，近有大头目王胜、陈金等匪，由湘潜来鄂境，请严防密捕等因。准此。该匪等纠党倡乱，实属罪不容诛，亟应严拿重办，以正国法，而遏乱萌。合亟札行出示晓谕，悬赏严拿，并详列该匪姓名踪迹，分别赏格。如有将后开真正匪首擒获送辕者，立即照格赏发。其知风报信，因而拿获者，照原开赏格减半发给。本部堂储款以待，决不食言。为此札行该司，即便饬属遵照，切切此札。

计开赏格

王胜（系湖南大号目，年三十六七岁，长沙人，身中，面圆，无须假辫）；陈金（与王胜同行，年三十二三岁，湘潭人，身矮，面胖，无须假辫）；姜守旦，即万飞鹏（年约五十余岁，系浏阳东乡人，瘦，有须）；陈绍庄（年约五十余岁，亦系浏阳一带人，身高大，无须，像极凶恶）。拿获以上各匪者，各赏银一千两。

宗黄，又名夏灵（年四十岁，系长沙富商，为黑帮头目）；刘家运（系湖北全省会首）；曹玉英（年二十九岁，系沙市油皮富商，为沙市会首）；黄庆武、柳际贞、刘林生（以上三名，系湖南匪目）；郑先声、李燮和、朱子龙、萧克昌、卢金标（以上五名系长江一带之匪目）。拿获以上各匪者，各赏银五百两。

查赏格中只有朱子龙一人。萍醴事起仓卒，湖北党人，事先均未与闻，瑛、钟汉亦总理临时指派，清廷尚未探悉，故赏格中无刘静庵、余诚、胡瑛、梁钟汉等名，而瑛等仍积极进行也。十一月十一日，刘静庵乃召集日知会同志与瑛、子龙、钟汉等会议于汉阳之伯牙台，皆以财政困难为忧。有无赖郭尧阶者，具言彼有办法，云六合锑矿公司经理刘小霖愿纳十万元佐吾辈革命，同志信之。尧阶告密于巡警道冯启钧，于二十三日晚，诱捕朱子龙于汉阳。二十四日由刘小霖宴胡瑛于汉口名利栈捕之。随导捕刘静庵、梁钟汉、季雨霖、李亚东、吴贡三、殷子衡、张难先诸人。语载各人事略中。兹将当时系狱九人及名捕未获与他省因本案下武昌狱者，详列于后。

系狱九人名录

刘静庵　胡　瑛　朱子龙　梁钟汉　季雨霖

李亚东　吴贡三　殷子衡　张难先

事略依次具后：

刘静庵（传载科学补习所篇）

胡　瑛（传载科学补习所篇）

朱子龙（传载科学补习所篇）

梁钟汉，字瑞堂，湖北汉川人也。其先世以经商起家，雄赀财，与弟耀汉（又名栋，字瀛洲）、恢汉，俱留学日本，入同盟会，努力革命。耀汉先回国，加入日知会，佐刘静庵办党办学不遗余力，常以私财济党务之急。丙午秋，萍醴举义师，孙总理指派钟汉与朱子龙、胡瑛回鄂谋响应。至则为奸人告密，与朱、胡同时被逮，兼捕其弟耀汉。耀汉逃至家，军队跟踪至系马口搜索，耀汉乘间逸，逮其夫人周氏，士绅以罪人不孥说之，得释。梁氏在系马口商店栉比，抄洗一空；并焚毁其房屋以去。钟汉至次年五月，则处以有期徒刑，解回汉川原籍监禁。迨辛亥武昌首义之翌日，文学社党员王守愚与其弟恢汉，率领部属，迎钟汉出狱，推为总司令，守襄河各要隘。部署定，晋省报告经过，军政府以汉川为武汉藩篱，宜本党忠实同志震慑，当发饷械。黄总司令兴委为游击总司令，以当敌军右翼。敌人窥阳夏，以先取汉川为上策，终惮钟汉威名，不敢越雷池一步。巡防营统领刘韫玉，带队由襄下，欲与汉口之清军会，以逼武昌。钟汉迎击于仙桃镇，数战而歼刘军，因不为武汉害。会阳夏先后失守，汉川势成孤军，乃率所部归安襄郧荆招讨使季雨霖编配北伐，已则专理本部财政。略地至襄，招讨以钟汉知襄阳府事。和议成回省，被聘为副总统府高等顾问，旋选为省议会议员。湖口讨袁之役，任总参议。事败，走日本，复奉总理命充湖北第三路国民军司令返国。抵沪滨，即被捕而入西狱。迨袁死，始由唐少川、黄克强交涉出狱。六年护法军兴，任大元帅府参议。奉令回鄂，会同王天纵威胁右星川荆襄独立，后委为讨逆军前敌总指挥。十年，任中国国民党办事处干事，兼军事委员。十一年，任非常大总统府咨议，奉派入湘，联络陈嘉佑参加北伐。五月，陈炯明叛变，赴广州运动洪兆麟等反正，被逆军杨珅如逮捕入狱，赖兆麟以私交释之。十五年，党军会师武汉之际，任武昌攻城别动队指挥，潜入省城，运动宋大霈反正。武昌克复后，与共产党意见不合，于是努力于社会事业，而脱离军政界矣。湖北党人，以汉川梁家、京山刘家之牺牲为最大。两家俱富赀财，因革命荡尽；梁家瀛洲、恢汉昆仲，刘家聃述、碧如弟兄，俱以革命成仁，此政府急宜表彰，以励后进者也。

季雨霖（传载本篇）

李亚东（传载本篇）

吴贡三（传载本篇）

殷子衡，一字子恒，为吴贡三甥，黄冈人。少从贡三读，常供散布刊物之劳，习闻绪论，故其革命性若天成。武昌有革命机关，曰日知会，子衡常奉贡三命与机要，因得为会中重要会员。凡贡三刊刻各宣传品，皆由子衡雠校输送。极勤学，于经、史、子、集、天、算、舆地，罔不研习。尤致力于方舆，购置图籍数十种，简练揣摩者三年，著有《六洲舆图》，即预测巴拿马定有开凿之一日。对于新书报章，极喜涉猎。热情激发，常于渡口茶肆，演说革命大义。一日，散发革命宣传品于鄂城、大冶，随地演讲专制之毒。一素识者咋舌曰："汝要头乎？"不顾，而毕其词。丙午五月，代表日新学社欢迎法国民党欧几罗，极为官厅侧目。至冬，萍醴义师起，中山先生派朱子龙、胡瑛、梁钟汉来鄂抵日知会，谋响应，官厅得谍报，名捕党人，竟与吴贡三同时在籍被逮，系测海兵轮上驶。子衡以膏虏廷刃为羞，投江自杀，为舟子救起。对簿刑讯，折双足，跪铁练，架绷左右手，藤鞭鞭其背，血肉横飞，不少屈。后因外交、民政两部，同电鄂督张之洞和平处理本案，乃判以十年徒刑，下湖北模范监狱。刘静庵已先系此，铁窗无事，日与静庵讲学论道，最终崇拜耶教，遂师静庵，锡名勤道，而授业焉。己酉五月，子衡移夏口监。辛亥八月二十三日，一友人往谒谓：“武昌已光复，各监俱开放。”子衡侦知禁卒果散漫，因集诸难友晓以大义，嘱以后重新做人，即厉声曰：“吾辈出。”当率百数十人分途去。系汉阳县监之李亚东先一日出，公推权汉阳府篆，子衡闻之，驰往协助，旋赴黄州助贡三参谋军政，订黄州府临时行政章程。后月余，偕友至南京、苏州等处，观察大势，总觉距彼理想政治太远，且自研究宗教以来，陈义过高，视政治生活如恶臭，从此一心向道，绝不过问。今七十矣！睟面盎背，识与不识，一见而知为有道之士。子爱生，孙乐义、乐信，女长昭素，次静慧。民二七年避倭寇徙施，馆静慧家，其婿欧阳暄以城市嚣隘，在西郊筑姜园先生读书处以居。姜园，子恒别号也。

张难先，字义痴，湖北沔阳人。纪元前八年与吕大森、朱子龙等组织科学补习所谋革命。同胡瑛投陆军第八镇工程营充兵士，以运动军队。语载吕大森、胡瑛传中。丙午冬，难先在仙桃镇办集城学校，阅报知萍醴起义师，来省约同志谋响应，至则日知会已被围；总理派来之胡瑛、朱子龙、梁钟汉，均成擒矣。友人具资促走日，愤慨欲死，不愿亡，狼狈返仙，吐血不止。数日，鄂督张之洞派军队至仙围校捕难先解省（校距省三百里）。初审之日，微窥虏廷有必杀刘静庵、胡经武之心，诬指赏格中之刘家运为静庵，以为杀刘根据；而经武则赏格中既无彼名，复未搜得丝毫证据，惟一方法，则在钩取难先，供以为杀彼之张本耳！因经武与难先共事科学补习所时，极其密切，早为奸人报告。难先廉得其情，即自承革命，以一死绝吏廷之欲，不涉谁何。逼之，笑曰：“吾死且不惜，何爱于人？”吏术终无所施，后复得他方之援救，此案遂化险为夷。经武报以诗曰：“吾道消沉久，多君独苦行！穷交肝胆在，高义死生轻！忧患逢知己，艰难见世情，十年家国泪，今日共心倾！”盖纪实也。在狱四月，忽患病，濒死者再矣！乡耆硕黄福、王劭恂等见而怜之，缓颊于按察使梁鼎芬、巡警道冯启钧之前，请保就医。先是总督张之洞爱惜难先，故寻有司疵，俾无成谳。梁、冯因迎合张督意准保，于是出狱。此本案未判决时也，至下年定谳，其余七人，则无活动余地。刘、朱两公，瘐毙狱中，悲夫。

名捕未获诸人名录

吴　昆　余　诚　梁瀛洲　何季达　李长龄　冯特民　孙　武

徐竹坪　廖汇川　黄景亚　李楚翘　何子植（事略依次具后）

吴　昆　（传载同盟会湖北分会篇中）

余　诚　（传载同盟会湖北分会篇中）

梁瀛洲　（即梁栋，传载日知会篇中）

何季达　（传载科学补习所篇中）

李长龄　（传载日知会篇中）

冯特民　（传载科学补习所篇中）

孙　武　（传载共进会篇中）

徐祝平，字竹坪，湖北荆门人。日本留学生。纪元前七年入日知会。丙午，与季雨霖、吴昆、梁瀛洲等刺指血为盟书，誓共生死，以谋逐除鞑虏。襄河上下游会党，悉能听其指挥。事泄，亡命走东瀛。后在哈尔滨主《长春日报》笔政，因熊成基案下狱。辛亥武昌首义，助蓝天蔚在关外独立。事败回鄂，号召襄河旧部，佐招讨使季雨霖收复荆襄。和议成后，努力报界。后以病殁于汉口，经纪其丧葬者，为黄吉亭先生。

廖汇川，字宗伯，湖北荆门人。纪元前六年入日知会，与季雨霖、梁瀛洲等歃血联盟，誓共生死，以谋光复汉族。事泄，亡命日本。辛亥武昌首义，佐招讨使季雨霖收复荆襄。民二被选为国会议员。

黄景亚，号楚玉，湖北汉川人。入日知会后，与梁瀛洲办理群学社、明新公学，以为日知会宣传育材之所。夏秋间，日知会图大举，与瀛洲歃血联盟，誓共死生。事泄，索之急，流离转徙以免。辛亥首义，佐梁钟汉据汉川以抗清军右翼，后复隶季招讨部下，效力荆襄。讨袁护法，无役不与。

李楚翘，湖北荆门人，日知会会员。丙午机关破，以楚翘为季雨霖歃血盟友，捕之，亡命得免。

何子植，湖北黄冈人，日知会会员。丙午机关破，以子植为吴昆歃血盟友，索之，亡命获免。

他省因本案在鄂监禁诸人名录

刘家运　欧阳泽垠　曹玉英　谢　九　孙鸿钧（事略依次具后）

刘家运，会党也。丙午北洋大臣袁世凯据日本谍报，称家运为长江上下游巨匪。萍醴军兴，鄂督张之洞立格通缉中，列刘家运一名，注系湖北全省会首。萍醴事起仓卒，日知会先未与闻，故总督张之洞之赏格中，无日知会会员名。奈奸人利赏金者，诬日知会之首领刘静庵为家运以捕之。后家运获于湘，解鄂，官厅大窘，搜他案致死以灭其迹。事详刘静庵碑阴。

欧阳泽垠，会党也。萍醴起兵时，任参谋，事败，被逮于鄂，与朱子龙、殷子衡同锢江夏县狱。子衡述其事甚详。

曹玉英，总督张之洞赏格中列其名，谓："玉英，年二十九岁，系沙市牛皮富商，为沙市会首。"但吾辈不知为何许人；亦未闻监禁武汉何处，第见邹鲁《中国国民党史稿》第八章，丙午萍乡、浏阳、醴陵之役节云："在鄂监禁者，为朱子龙、刘家运、胡瑛、梁钟汉、曹玉英、谢九、吴之铨、殷子衡、刘贞一。"此君当系会党中人物，因本案捕禁于鄂者。

谢九，不知为何许人；亦未闻监禁何所。第见邹书如上云云。

孙鸿钧，不知何许人，维见于刘揆一所著之《黄兴传纪》及冯自由所著之《革命遗史》第一集，"辛亥武昌起义之革命团体"日知会一段中。以上三人，鄂人均未有知者，想作者必自有确据也。

本会遭此破坏，风潮不息者累年。党员风流云散，在省者亦匿迹销声，日知会从此瓦解矣。查吾鄂自倡导革命以来，有三大党狱。一，庚子傅慈祥、唐才常之役。二，丙午刘静庵、胡瑛、朱子龙之狱。三，辛亥彭楚藩、刘尧澂、杨宏胜之狱。庚子之狱，其势遍长江数省，党人遇害者以数百计，以此大流血，轰动一时，其种因诚巨矣。甲辰科学补习所亦遭破坏。（清鉴以庚子、甲辰、丙午为三大狱，甲辰湘省受祸重，湖北受祸轻，故不列为吾省大狱。）然事发邻省，应变有方，终于和平了事。丙午日知会则大张旗鼓，军学界附者以万计，又涉萍案，蔓延数省，当时侦骑四出，风声鹤唳，吾鄂党务受摧残者数年。至戊申始复由本会会员李亚东、任重远、郭抚宸、李长龄、孙武、黄申芗、刘尧澂、彭楚藩、查光佛、王宪章、熊子贞、蔡济民等，赓续办理湖北军队同志会等机关，至辛亥八月十八日又遭惨败，致有彭、刘、杨三烈士之狱。然清廷即由此倒矣。世之饮水思源者多归功于日知会，吁，何其伟也。

会员名录

刘静庵　传见上篇。

曹亚伯　传见上篇。

何季达　传见上篇。

朱元成　即子龙，传见上篇。

梁瀛洲　传见本篇后。

季雨霖　传见本篇后。

李长龄　传见本篇后。

吴　昆　传见下篇。

孙　武　传见共进会篇。

黄吉亭　名瑞祥，武昌人，创办本会后，为湖南长沙圣公会 会长。甲辰视与会事书，以全力保护黄克强脱险。丙午本会事覆，以全力营救刘静庵诸人；光复后功成不居，国人敬仰。

胡兰亭　传具后。

刘藩侯　名应宗，咸宁人，代胡兰亭为圣公会会长，其掩护党人如黄、胡，亦功成不居。

陆费逵　字伯鸿，江苏人，任评议员，后经理中华书局。

李亚东　任评议员，传具后。

冯特民　任评议员，传见上篇。

濮以正　安徽人，任评议员，极精干，离鄂后不知所终。

李胜美　略历见上篇。

赵光华　略历见上篇。

张难先　略历见本篇党狱中。

梁钟汉　略历见本篇党狱中。
贺公侠　字剑川，天门人。
廖汇川　略历见本篇党狱中。
张汉杰　任宣传责任，因鼓吹革命下武昌府狱。
吴贡三　传见本篇后。
殷子衡　略历见本篇党狱中。
余　诚　传见下篇。
徐竹坪　略历见本篇党狱中。
黄景亚　略历见本篇党狱中。
李楚翘　略历见本篇党狱中。
何子植　略历见本篇党狱中。
宋开先　传见同盟会湖北分会篇。
任重远　潜江人，本会风潮息后，复同李亚东组织湖北军队同盟会。
黄绍香　起义后改名申芗，任标统，大冶人。
张纯一　字仲如，汉阳人，作歌以宣传革命，后努力哲学，任各大学教授。
熊子贞　后名十力，黄冈人，在会谋起兵，统制张彪下令捕之，逸去。首义复充都督府参议，后努力哲学，专心著作。
刘　通　字子通，黄冈人，负运动学界之责，后厄于顽固党，于民国十年后病殁。
查光佛　字兢生，蕲春人，运动军学界，辛亥光复后任教育部部长。
张　汉　字佩绅，荆门人，运动会党，光复后任国会议员，殁于旧京。
时功璧　略历见上篇。
范腾霄　字银槎，利川人，本会发起人，运动军学界最努力。
范尚立　名鸿勋，武昌人，宣传最努力。
胡维世　武昌人，宣传努力。

郭抚宸　运动军队最努力。

郝可权　字大衡，蕲春人，辛亥光复新疆最努力，当任新疆军务部部长。

冯大树　崇阳人，辛亥光复新疆最努力，当任新疆平政院院长。

朱羲胄　字心佛，潜江人，投军欲起兵，名捕逸去，后努力国学，任教各大学。

刘度成　见上篇，首义后任军务部参议。

熊丽堂　黄梅人，袁氏称帝被逮，身受酷刑，瘐毙武昌狱中。

彭楚藩　传载武昌首义篇中。

刘尧澂　传载武昌首义篇中，在会时期不久他去，少有知者，现尚有在会照片存真史中。

钟剑林　江西人，运动军队。

吴禄贞　传载庚子之役篇。

兰天蔚　字秀豪，黄陂人，充奉天协统，辛亥在关外独立，称关外都督。民八在鄂西遇害。

丁立中　字笏堂，江西南昌人，负宣传责任，首义后任军务部秘书，及兴业银行总办。

成邦杰　字兴亚，湖南人，联络会党，性极豪迈。

熊子香　名剑飞，黄冈人，运动军队。

熊持中　字海春，黄冈人，运动军队，辛亥光复黄州。

赵鹏飞　字雄群，钟祥人，首义后任都督府顾问，民二十五，惨死于京。

黄金门　汉川人，负训练之责。

蔡达生　运动学界，著有《死法》，轰动一时，首义后充黄总司令军法官。

潘善伯　名公复，襄阳人，制造炸弹，光复武汉最努力，淡泊不言功。

王宪章　传见文学社篇。

蔡国桢　即济民，行述见共进会篇中。

刘襄廷　建始人，联络警界，事泄下狱，抗战前病没武昌。

辜天保　运动会党。

朱作梅　负通译宣传之责。

李兴汉　汉川人。

张海涛　黄冈人，运动军学界。

冯群先　黄冈人，运动军学界。

邱介甫　名可珍，黄冈人，运动军队。

方剑侯　一曰简侯，武昌人，讨袁在浙江遇害。

陈雨苍　字少峰，荆门人，运动军学界，首义后任都督府参议。

郑雄飞　字心田，钟祥人，辛亥在汉口阵亡。

张星汉　字芙青，天门人。

邹特夫　武昌人。

方柏年　安徽人，运动军队。

周定原　字瑞廷，沔阳人，辛亥任都督府参议。

余德沅　字明卿，房县人，运动学界。

金封三　名华祝，黄陂人，曾受黄兴聘任教明德学堂。

石志泉　字友儒，孝感人，运动学界。

吴兆麟　字畏三，鄂城人，工程营队官，首义后任都督府参谋长。

张笙陔　应城人，同梁瀛洲办理明新公学。

罗子清　鄂城人，工程营队官。

钱葆青　字选青，黄安人，马队八标三营队官，首义后管带水师。

姚金镛　字小圃，辛亥起义任参谋、团长、参谋次长等职。

熊炳昆　后改秉坤，字载乾，江夏人，首义后任协统。

夏占奎　字玉泉，黄冈人，日本士官生，辛亥参加阳夏之战。

殷　盘　字云齐，黄冈人，日本铁道工程学生。

王愚忱　武昌人。

易介三
张其亚
徐　诰
童　澍
毕振英　　圻水。
李实栗　　孝感。
李济川　　河南。
刘玉堂　　咸丰。
黄可徵　　以资财接济党费，运动革命最早。
钱友松　　武昌人，为静庵所信任，首义时充各部总稽查。
张　统　　字闰三，黄冈人，首义时为稽察部军务司长，民二讨袁，黄陂捕杀于江岸。
祝梦罴　　后改名制六，荆门人，辛亥任四十二标代表，起义不久，为黄陂所杀。
何亚新　　蕲水人，首义后任黄总司令部会计。
卢保三
董　杰
宋锡全　　字质夫，湖南人，辛亥首义任协统。
潘善美
黄家麟　　事略见文学社篇。
喻　禄
徐继庶　　潜江人。
熊兴亚
熊飞宇
徐叔渊　　鄂城人。
宋　衡　　京山人。

钟大声　　黄冈人。
郑子瑜　　湖南人，在南京遇害。
覃炳堃
雷　超　　江陵人。
钟遐龄　　湖南人。

会员列传

胡兰亭传

张难先

胡兰亭，名齐勋，湖北武昌人也。信基督教。毕业于上海圣约翰大学。光绪二十八年，任武昌圣公会会长。会中设有日知会，专以开通民智为职志，前会长黄吉亭所创办也。兰亭接任，益加振奋。所购新书日报甚夥。星期公开宣讲，批评政俗，无所忌讳。一时知识分子，忧国志士，咸向往之。会武昌革命团体科学补习所挠败，党人曹亚伯、刘静庵等即转集于此。兰亭聘静庵为日知会司理，静庵借为掩护之地。星期讲演，大倡其革命意义，后并以此为机关。会中人有为兰亭危者，兰亭一笑置之。而革命思潮，遂遍播于江汉军学界。丙午冬，鄂政府由萍案大兴党狱，派军警围日知会，捕刘静庵等九人下狱，去兰亭赴日留学才数月耳。论者谓兰亭如在武昌，或不至扩大如是。兰亭留日三载，返国后二年武昌光复，党人多颂胡兰亭、刘静庵两先生功，兰亭视之蔑如也。时日知会会员显贵者其多如鲫，讫不与通，仍致力于社会慈善事业及布道，老而不衰。民国二十五年卒于武昌，享年七十有二。子三，长庆生，美国科伦比亚大学硕士，归国历任文华、武汉等大学教授。次愈生，文华大学毕业，历任各学校教员，及各机关会计视察等职。三懋生，文华大学肄业，历任各校教员，及航政局会计主任。女四，长、四早逝，二女华中大学肄业，历任各中学教员，现适湖北纺织厂副厂长陈。三女华中大学毕业，历任女子高中学校教员，适汉口圣公会总办事处会计主任郭。孙二，祐文、祐华，现均志愿加入知识青年军。

论曰：异哉，宗教博大深厚之旨趣，何其入人之深哉。黄吉亭、胡兰亭二公，对两湖党人之爱护，现若张继、居正、冯自由、邓家彦诸巨公谈及，均赞不绝口。乃彼二人者，闻人诵言前事，辄怃然曰："罪过罪过。"吾党之以微劳为奇迹，居恒愤愤鸣不平者，视此当哑然自失矣。

民国三十三年十二月记于陪都歌乐山

梁耀汉传

周海珊

梁君耀汉，号瀛州，避难后更名栋。世居湖北汉川，富甲全郡。年十六，为诸生，英锐奋发，胆略过人。恨满清专制，蓄志改革，知非学识不足以谋也。负笈东渡，肄业日本经纬学校，日与海外同志努力企图革命。回国后，投笔从戎。曾注《孔孟心肝》书，辩论种族关系，阐扬共和政体，并印刷数万部，以广宣传。时美教堂设有日知会，为教士阅报所，同志刘君静庵司理其中。君与静庵借其地为机关。星期日集会同志，演讲中国濒于危亡，灌输革命意义，军学界感动入会者数千人。更设明新公学、群学社，广事号召。光绪丙午秋，萍、醴煤矿矿工举义，孙总理以为机不可失，派胡瑛、朱元成并君之兄钟汉回国，与君等谋响应。乃召集同志，开会于汉阳伯牙台。适季雨霖将奉命募练新兵一营赴伊犁，咸赞成其兄钟汉提议，令同志悉投是营，以备缓急之需。有无赖郭尧阶者，侦悉内情，告密贸赏，于是刘静庵、季雨霖、胡瑛、朱元成、张难先、殷子恒、吴保春、李亚东并钟汉等九人均被逮。是役之先，孙总理曾派法人欧几罗到鄂视察。当道闻报，深为注目。君同欧合摄之影，被官吏抄获，认君为是案首要，故家被抄者六次。因君未获，是以迁延莫决。君复乘机密请教会援助，九人赖以不死。君始走奉天，继入四川，虽在逃亡，无日不以革命相号召。辛亥七月，川路事起，君认有机可乘，四出罗召党徒，积极进行。后得武昌首义消息，推海珊谒川督赵尔丰，警告东南反正，迫其独立。事虽未谐，然川中同志，赵不敢再加杀戮，其有裨于革命者多矣。同时又联络成都防军，约督署举火，群起响应。君同海珊等结合督署卫队，于谒赵之次晚，偕同志杨维、陈君显、詹觉吾并海珊入督署。因时间错误，误举火，卫队邓衡堂被捕，君同海珊等突围出。时端方率湖北三十一标驻资州。君不以失败气馁，且再接再厉，亟将东南反正情形，函告该标同志杨杰臣、胡浩然、陈育五等，约同起义。杨等得报，即日晚杀端方，宣布独立，大功于以告成。反正后，武昌因孙武、张振武、蒋翊武争权，发生变乱。黎元洪、季雨霖同钟汉遣余文甫入川，约君返鄂。川中同志念其勋绩，开会挽留，君桑梓情殷，坚辞东下。行至夔门，因驻军误会，不幸被害。民国七年，蓝天蔚、叶荃、黎天才，刊石于夔之白马寺，即君遇害处也。妻周氏，仰药以殉。

李君筱香传

张难先

吾人鄙朴老丑，充满村气，有时亦具妙用哉！丁未春，吾系武昌，一客款扉入，其状貌瘦削枯槁，目眊，髭星稀，马褂长几及膝，袖三尺有奇。吾叱曰："此时胡犹在省会出入也？"客曰："谁疑我为革命党者。遂相视而笑。"客李姓，名长龄，字筱香，湖北天门人。祖述文，父泽梅，俱绩学隐居，不乐仕进。君少慧，年十一，补博士弟子员。薄举业，专治子史古文辞及算术。后教授乡里，以此课之。时承学之士，多重科名，喜制艺，故其学不为世俗所乐。独族侄李廉方慕而悦之，时来请益，年十六，即以其学显。君体弱多病，尝事养生之术，搜讨道玄，间涉释典，孜孜于出世法者又十余年。中日战后，益留心时务，慨然提倡新学。曾受长沙明德中学聘，教数学。武昌支郡师范学堂，复聘为国文教员。邻近数邑在省垣各学堂肄业者，假中多往问学，及门弟子若宋开先辈，尤深受感动，而为革新巨子。乙巳弃皋比，时有问业门人曹文思为新军管带，因入其幕，以书记自效。时青年有志之士，稍稍投身军界，君倾诚结纳，多所启示。鄂中革命机关有日知会者，刘静庵所组织也。君毅然率诸少年加入，会中英挺杰出之士，有汉川梁耀汉瀛洲，荆门季雨霖良轩，江夏冯一特民，夏口孙武尧卿等，俱不以君老耄，延参密谋。静庵所办之东游预备科、江汉公学，瀛洲所办之群学社、明新公学，皆由君任算学教习，日夕奔走，不辞劳瘁。丙午夏，法人欧几罗在会演讲激烈，风潮极大。君乃组秘密团体，与黄冈吴昆、何子植，荆门季雨霖、徐竹坪、李楚翘、廖汇川、汉川梁瀛洲、黄景亚等，焚香刺血，为生死盟书，以应非常。其书由瀛洲夫人周氏缝于被絮中，付君密藏。十月，萍醴军兴，鄂督张之洞横捕党人，君亡走穷谷中避之，此腊月事也。次年春，君潜来省，时入狱存问各同志，人咸危之。君竟恃其老态龙钟，今日府监，明日县监，如入无人之境矣。鄂中经此风潮，党人四散，军学界不谈革命者年余，大有习凿齿重来襄阳之感。戊申春，潜江任重远自蜀归，君喜，介入曹营，时在君处谋集旧侣，图再举。旋黄申芗、郭抚宸、覃炳堃亦至，乃共组织群治学社，党务复由此活动。己酉正月游沪宁，结伴不慎，为江督端方扣留南京，卒以无佐证得释。归鄂，闻门人宋开先噩耗，哭之恸。开先留学东瀛时，发扬蹈厉，与河北张继、江南刘光汉最相得，君许为青出于蓝者也。归国，旋里，与京山刘英联合钟、京、潜、天诸少年如刘白旗、龚士英等，潜谋革命，为豪家狙击毙命，宜乎君夫人为之恸也。庚戌四月，湘省以粜米暴动，传言湘中已尽为革命军占领，党人欲起而应之。先是君在统领黎元洪幕，见楚同军舰抵长沙电，知湘乱已定，奔告同志曰："湘事未平，暴动，可牵制鄂军不南下，今已平，区区之数，不足乱鄂，适自毙、多流血耳。"果刘协统韫玉下令捕陆军可疑学生，黄申芗等逸去，群治学社又风流云散矣。安郡有公益社，为彭临九、赵鹏飞等所组织，日知会失败后，赖此以联系党人声气。时群治学社瓦解，彭、赵复他适，推君为社长，以暗通党人，并办工厂，为党人藏身之地。文学社成立，君往加盟，适开秘密会议，君直入内室，新进少年群惊起，蒋翊武止之曰："此同志前辈李老先生，列席无妨也。"自是密议必与。后见同志多剪发易装者，戒曰："革命在精神，不在形式，秘密运动，无辫不如有辫便。"众以为然。八月十九日，本党起义，君即赴各中学演讲，鼓励学生投笔从戎，于是彷徨悚惧者，群兴奋而效力革命。时人心未定，多向君卜成败者，君曰："已占数优势，如此大举，市民安堵，外人赞其文明；一、满政府力量，只有陆军，现均为我用；二、汉阳兵工厂武器充足，并可接济邻省；三、种族革命，万众一心；四、武昌为第二革命根据地，形式便于他省；五、但嫌起事仓卒，统御力弱，我之军队，略类乌合，是一缺点耳。胜算有五，缺点只一，实无足虑。又况我军形式虽乌合，人心不乌合，敌军形式不乌合，人心实已乌合，是之谓以乌合敌乌合，可以相消也。"闻者均高呼万岁，蜂拥上前线去。复念军界同志仅数千人，非广收新附不可，遂开安郡同志会，为诸郡倡。是晚得廿二人，联名上军府书，请兵一队，以旬日略定安郡，即筹饷募兵，以援武汉。复派人赍书副都督刘英，起宋开先旧部赴鄂。都督黎元洪给札，令各回本县，并发枪三百支，子弹五万粒，从此革命力量，遍全省矣。季雨霖、胡瑛、蒋翊武等均为军政府要人，言于黎，邀君主秘书。君入府，有要电黎辄秘之，君争不得。又建言二十六日得刘家庙，宜乘胜前进，不宜调回得胜之兵，今既数日，敌正面防御已固，宜以奇兵由新沟出孝感，攻敌侧面，言词甚厉。元洪愈不悦，君乃拂袖去。后黎悔，命人觅君，君曰："老夫处此危城，复何所求，随处俱可自效，不必军府也。"终谢之。九月初六日，我军失利，里人以其兄之书至，命回县办理团防。君答书，谓事已至此，弟身当与大局共存亡，大局定，兄弟父子，始能相见，若覆，万无生还之理。语诸儿，宜自为计，无望我也，我死，能继我志，则为肖子。十一日，汉口大火，武昌已无兵可派，湖南援兵亦未至，人心大恐。知旧劝远避，君曰："平生笑人不能打破生死关头，临危失措，若此时抽身去，岂非笑柄。仆虽未任事，事不成，当不令诸君独死也。老朽未任事，不肯去，少年任事者可去乎？"于是诸少年欲逃者愧而止。时黄兴拜总司令，命守汉阳，人心稍定。都督命季雨霖为安襄郧荆招讨使收复荆襄，强君同行，君曰："此间新同志与旧同志，非同志与同志，各怀意见，执事性和易，调停其间，实为当今第一要人，执事去，无调和者，必生内乱，吾甚不主张执事去，顾强我耶？"季君为具装促行，终婉谢而止。时敌军由孝感至新沟窥汉川，梁司令钟汉于四叉河佯筑炮台，敌遂返，至是遣人至军务部乞炮及弹，不应。君上言："汉川为汉阳门户，非外州县可比，敌不得渡河攻汉阳，必攻汉川，汉川失，则敌人架炮仙女山以掩护部队，汉江可渡也，既渡汉，则循汉南山脉进攻，而据蔡甸城头山，汉阳便坐困矣。不省。"十月朔，一同志奔告曰："先生言城头山不可失，今已失矣。"先生惊起，询知蔡甸早无军队，敌并不必取汉川，即由蔡甸渡河。当划四策上都督："一、以主力攻蔡甸正面。二、以舟师由马家湖攻敌侧面。三、调回赴襄之师，尾袭其后。四、急据金口大军山。"都督韪之，然不能实行也。七日，敌竟陷汉阳，君痛哭失声。初九日，都督出城，拟奔葛店，时黄总司令兴亦离鄂，以蒋翊武代理总司令，请君参赞军事。其日报载袁世凯与姜桂题占领北京，满清全遁，各国公使承认袁为大总统，南北罢战，遣使至鄂矣。君曰："往日仆劝人不去，今满洲已倒，本愿已遂，去志决矣；人皆谓有功，我自觉造孽，当窜穷山吃困苦，消除罪孽。"即出城赴纸坊，拟窜咸、崇山谷中，徐观动静，不遽返里。惟同里后辈萧尚志，托妻子于君，以赴前线，出走时，即携之随行，实感痛苦。人曰："此何时，带人眷属行，滋不便，曷送归故里以释负也？"君然之，即送至其家。询悉前报不实，满清未倒，君乃以荜封其门，自圭窦出，示羞见人。即其地授徒自给，弗返本宅。后季招讨知其还乡也，遣使迎之，不往，复请顾问张难先为函招之，勉就焉。然因建议不纳，居常怏怏。和议成后，即买舟归，由此杜门不出。黎黄陂即大总统位，遣人招之，不往，安贫乐道，设帐教乡里子弟。民国十七年元月，以老病卒于家，享年六十有七。夫人熊氏最贤淑，先君卒。子四，长福萃，早卒。次福履，敦品力学，有父风。孙世亿，现肄业武汉大学。

赞曰：老易腐朽，君竟倔强。老患苟得，君竟廉良。六韬借着，十白名堂。大儒气概，大将锋芒。共和帜立，愿望幸偿。笑谢新贵，初服还乡。出则虎啸，处则龙藏。方诸古德，吾祖子房。

季雨霖传

张难先

季雨霖，字良轩，湖北荆门人也。感甲午、庚子之变，投笔从戎，入将弁学堂习军事。与刘静庵等组织日知会谋革命。旋任军职，故官兵之景从者众，实湖北军官参加革命之先河也。丙午夏，孙总理派法国革命同志欧几罗来鄂参观，在日知会演讲激烈，政府侧目。至冬萍醴事起，胡瑛、朱子龙、梁钟汉奉命回鄂，抵静庵谋响应。为奸人告密，导捕胡、朱、梁三人下狱，并逮日知会党人，而雨霖与焉。雨霖时任三十一标三营督队官。清吏最恶军人倾向革命，钩距刑讯，不遗余力。无何，清廷主和平办理，其狱始缓。先是张难先系狱患病，同乡耆宿黄福、王劭恂等保出就医，雨霖亦以病为协统黎元洪、标统曾广大保释，因狱未成谳，吏得出入之，此丁未四月事也。至下年判定，静庵等七人，即无从推移矣。雨霖出狱后，以湖北不可居，即奔走于燕、蜀、辽、黑间，以求达其志。吴禄贞将军甚器之。辛亥武昌首义，雨霖绕道归，都督黎元洪大喜。其时将领多恃首义功，彼此不相下，雨霖性和易，四出调解，得力甚剧。会刘英募数千人送省增援，都督任雨霖为团长，汉口急，赴前线督战，一弹自前胸洞背而出，几死，由西医治旬余始愈。九月武汉略定，都督命雨霖为安襄郧荆招讨使规复襄荆。以刘佐龙一标归雨霖调遣，当放饷十万元，令全标准备随行。讵招讨抵沔阳之仙桃镇，刘军尚未至，询悉汉阳已失，都督截刘军不遣，刘并电调驻仙之李荣陞一营回省。招讨等于空拳。时难先说招讨曰：李营在省，应受刘标统调遣，在仙，则当受招讨节制，宜先定李营之志，以作基本队伍。再汉阳失，汉川不可保，梁司令钟汉军可说之来归。刘英以副都督名号为黎黄陂所忌，其部下俱惶惑观望，散于襄河一带，可往商之，使悉归本部而受其节制，则军力乃厚也。招讨以为然，于是晓李荣陞以大义而受命，由难先赴汉川约钟汉率全部移仙，又说刘英，皆能共体时艰，团结一气，始成军北上，师次沙洋。招讨亲率偏师援荆，难先留守。先是唐牺支攻荆州不下，招讨至，荆州将军联魁恐，请天主教神父法人马德修居间约降，以不杀满人为条件。许之。荆州下，以李亚东权府事而班师。在沙洋复筑襄河溃堤一道。此堤经清吏三筑三溃，糜款百万。招讨遴干员汪秉乾、杨澧督修。仅费十余万而成金汤，农人感之，名曰季公堤。时清军营长张楚材犹盘踞安陆，招讨出兵讨之，一战而溃。赴襄，襄阳兵备道喜源，先为新军驻襄之张国荃等反正驱走。招讨至，抚慰奖编，悉就轨范，即以秘书长李步青摄襄阳道篆。十一月，进兵河南，不数日下新野邓县。败走南阳镇总兵谢宝胜，和议成，奉都督命停止进攻。忽武昌内讧起，同志李长龄等电招讨，从速整队东下，以应时变，于是班师回省。至沙洋，招讨集同志刘英、刘铁、梁钟汉、张难先、谢超武、阙龙、李荣陞、胡玉珍、章裕昆、顾鸿、陈雨苍、廖汇川、陈子惠等数十人歃血联盟，约共生死。抵省，则难已靖，维意见尚存。招讨与刘英、梁钟汉、难先等奔走疏释，始渐谅解。招讨之回省也，以任务已达，呈请结束本部。都督允之，编其部队为师，改任招讨为八师师长，不久辞职。旋参加讨袁。六年护法之役，雨霖号召襄河旧部起兵，竟为军阀鹰犬黎天才捕杀于钟祥，惨矣。子三，长明威，字少霖，于十六年北伐受伤病故。次明心，字幼霖。三明前，字稚霖。现服务军界。

中华民国三十三年十二月述于陪都之歌乐山

李亚东传

张难先

李亚东，名斌，河南信阳人也。性笃厚。弱冠入湖北将弁学堂习军事，毕业，任鄂军二十九标一营左队队官，以革命嫌疑褫职。后任工业传习所、支郡师范学校体操教官，对学生鼓吹革命，不遗余力。乙巳武昌日知会成立，入为会员。会例，星期演讲，亚东每登坛，慷慨激昂，听者无不感动。丙午冬，萍醴事起，孙总理派胡瑛、朱子龙、梁钟汉回鄂，抵日知会谋响应，事泄被逮，并逮日知会党人，而亚东与焉。对簿时，按察使梁鼎芬鞭其背以逼供，抵死不屈。次年五月，移禁汉阳县监，判处有期徒刑。亚东之在狱也，变姓名曰皇甫观，字上逸。与沔阳陈少武办《通俗白话报》，鼓吹革命，用上逸为笔名，多不知即亚东也。并联络其同学，组织湖北军队同盟会，厉行革命。县令廉其往来军人多，疑之，严令典狱不许通宾客。总干事任重远复赴蜀，会务停顿，因改组为群治学社。辛亥起义前，党人常就亚东决事，多所指导。八月十九日，本党克复武昌，次日，四十二标发难于汉阳，标代表胡玉珍、邱文彬派张大鹏、张文彬带队迎亚东出狱，并公推知汉阳府事。亚东之摄府篆也，闻满人藏鹦鹉洲者甚夥，派干员四出侦缉，多所斩获，心腹之患以去。会九月十二日汉口不守；汉阳协统宋锡全全军复溃，亚东以文吏无所措，奔汉川，依梁司令钟汉。旋与陈少武收溃军成游击队，设司令部于沔阳之仙桃镇。时都督任季雨霖为安襄郧荆招讨使，出发至仙桃镇，而汉阳失，亚东乃以部队属招讨。招讨聘为高等顾问，参与戎机。招讨下荆州，以亚东权荆州府事。旋豫军王天纵电迎回籍，公推为豫南总司令，腊月就职。和议成后，亚东料袁氏终必叛国也，辞职东下，说同志以利害。寻宋教仁被刺，国会解散，亚东汲汲若不可终日，到处鼓吹讨袁，袁恨甚，密令苏督冯国璋严缉务获。时亚东寓沪上，冯乃出重金购之，槛致京师。袁死，始出狱。六年护法之役，孙大元帅命亚东为河南招抚使，因故障未成行。十三年本党改组，往来申汉间作宣传工作。后张难先在鄂、浙长民、财政，延为上宾，多所赞助。迨难先卸政家居，亚东即作寓公于杭垣。二十五年病卒，浙江省党部经纪其丧，而葬于西子湖畔。妻许氏，名意慈，子一，绍禹，女二。张难先请于中央党部而恤其家焉。

吴贡三传

张难先

吾鄂清季之老书生，列胶庠，而谈革命者，在天门有李长龄，在黄冈有吴贡三。贡三少习举子业，聪颖冠侪辈。入泮后，设帐教乡里子弟，分经学、史学、地理、时务四科。讲经至“君之视臣如犬马”，及“民为贵”两段，则声震屋瓦，目眦尽裂，故其及门弟子若吴昆、殷子衡辈咸感动，献身革命，卒建推翻数千年专制大业，何其盛也！校外复设有日新学社，名为讲学，实含革命意义。手编《孔孟心肝》、《作新民》、《破梦雷》等书，散布武昌军学各界；且亲刻始祖黄帝大刀阔斧像，下缀说明书，印数万张，遣学生四乡分发。一时远近之士，闻风来访者，有蕲水之王怒涛，武昌之胡维世、邹特夫、方剑侯、范尚立，江西之钟剑林，湖南之郑子瑜、钟遐龄、成邦杰等，皆一时倾向革命之英俊少年，有所就正，满意而去。闻武昌日知会为革命机关，令弟子吴昆、殷子衡恒往来通声气，与密谋，并翻印《警世钟》、《猛回头》、《黑龙江》、《估占辽东》、《训兵谈》、《革命军》、《太平天国史》等书，送日知会散布。由是日知会与日新学社，同为官厅所注目。丙午萍醴起义军朱子龙、胡瑛、梁钟汉奉中山先生命来鄂，抵日知会谋响应，官厅得谍报，为一网打尽之计，既先逮朱子龙、胡瑛、梁钟汉、刘静庵、张难先、李亚东、季雨霖七人下狱，复派测海兵轮驶黄州，捕贡三、昆、子恒。昆逸，获贡三、子恒以归。指所著《孔孟心肝》诸书，刑讯贡三，不少屈。后美主教及公使游说于清廷，得轻减，判以十五年徒刑，发还原籍监禁。辛亥武昌首义，其县之绅耆与县长潘诵捷迎贡三出狱，以全权交贡三，求其处理。时巡防营营长姚福忠犹持两端，贡三晓以大义，亦归心焉。当派高荷湾知府事，谢琦为县长，已则驰谕黄州八属反正。和议成后，见目的已达，依然还我初服，执一卷以终。贡三庠名之铨，一字保春，生于同治甲子十月十六日，以民国丁丑阴历十一月初五日，卒于黄州城内，享年七十有四。妻孙氏，子正宗，女梅仙、兰仙。

赵鹏飞事略

张难先

鹏飞赵姓，字纯青，投笔时改字雄群，湖北钟祥人也。治宋明理学，言行谨饬。以诸生考入湖北陆军特别学堂，参加日知会。会事败，与彭养光借钟祥学社掩护党人，事详公益社篇中。戊申由陆特校挑入海军班，学驾驶。毕业，奉调入川，与向岩、梁瀛洲等运动川军，图匡复。辛亥武昌首义，回鄂，充都督府顾问。和议成后，知袁氏有异志。走沪，与彭养光、蔡济民等谋讨袁。龙华失败，南京、湖口相继不守，遂走日本。时总理划湖北为四区，任蔡济民为总司令，以鹏飞为第四区区司令。余三区则熊秉坤、刘英、曾尚武分任之。鹏飞奉命回沪，住法租界，一日，散步旷野间，侦探傅希伯、雷应春等尾之，鹏飞不知也。距华界不远时，傅希伯以腰带套鹏飞胫，尽力拖之，欲使出界。鹏飞伟躯干，固孔武有力者，挣扎之以免。护法之役，复同蔡济民等在鄂西起兵。时鄂西诸军云集，各不相下，酿成残杀之风。地方不能忍，亦起与诸军为仇。蓝天蔚、蔡济民、张学济死焉。鹏飞时在恩施，与一沙门善，乃衣僧衣亡，辗转山谷间，半年始脱险旋里。钟祥人士，延请讲学，嗣为钟祥教育局长，学风为之一振。十七年北伐军奠都南京，政府命张难先长鄂财政，难先欲整顿税务，以鹏飞廉正，商请长汉口征收总局，谢去。民政厅长严立三延为秘书主任。自严氏解职后，鹏飞复回邑办地方教育，兼治内学，巍然为一郡人师。二十五年被选为国民大会代表。八月，以友人之招赴京，九月竟为他人之汽车失慎，轧伤脑部，医治三日，卒于中央医院，年五十有九，同志至今哀之。

同盟会湖北分会之概况

鄂人因庚子汉口之大流血，如梦方醒；嗣经壬癸海内外笔舌之战，结果，革命说为全国公认之救国途径。于是热烈之志士，时时有一中山先生印相，盘旋牢结于脑海，几欲破浪走海外从之；不能得，则如醉如痴，甚至发狂。此实当日普遍情形。总督张之洞亦以曹亚伯、吕大森、冯特民、孔庚、李书城、胡秉柯、时功玖、陈同如、贺之才、朱和中、史青、魏宸组、耿觐文、时功璧等，鼓吹革命，常有戒心。甲辰秋，择其激烈者派往西洋留学，以杀其势。乃派贺之才、史青等赴比；魏宸组、胡秉柯等赴法；朱和中等赴德。夜半公文至，限令次晨谒张督，午后四时上船。之才等次晨谒张督后，往花园山与同志作别。盖是时爱国青年，多集花园山李步青寓倡谈革命。虽无组织，而团结则甚密也。诸少年颇不以之才等离鄂为然。朱子英曰："事已至此，岂能自由？然如此伟大革命，我辈群龙无首，岂等夷所能领导？正好借此机会，往西洋觅孙逸仙耳！"众默契，而转促子才等速驾。子才等抵上海，闻总理招鄂人刘成禺赴美，主旧金山《大同报》笔政，因办放洋手续，由日本来沪。之才、秉柯等，与刘俱两湖经心同学，特请成禺向总理代达悦服之忱；并将其行踪通知。成禺以总理将由美赴欧，乃介之才等谒总理。之才等抵欧，而总理仍在美。乃函请总理莅欧。十一月，接刘成禺自美寓函云；"总理已至伦敦，住其友慕尔干家，囊空如洗，嘱之才等尽力接济。"计留比者筹得四千余佛郎，留德者筹得二千余马克，留法者筹得千余法郎，汇去；并敦请总理来游。得复电，允往比京。不久，果乘轮于某日午后三时，达北海港俄斯丹埠。欢迎者，有代表贺之才、朱和中、李藩昌三人。时天气初寒，总理御皮领大衣，乘车入比京，则鄂籍学生二十余人，已在站候迎，一一为礼，下榻胡秉柯寓。总理曰："汝辈主张革命，其进行方法如何？"之才等以湖北军学界之热烈情形对，总理甚悦。旋问湖北会党情形如何？秉柯等历以庚子边口之事实及骚扰情况详陈之，总理色颇不豫，以为粤人郑士良等所领导之会党不至此。讨论三日，总理乃曰："吾辈以后，当发展革命势力于留学界，使分途作领导人，则会党之流弊，可减少也。"众闻其说，而归心焉。总理提议组织革命团体，咸赞成。是晚，秉柯等设盛筵以款总理，酒数巡，总理提出宣誓一事，有持异议者，总理谓："非此无以表决心，且书载秦誓牧誓，自古已然。"众仍犹疑，总理问朱和中曰："子英兄意如何？"和中曰："我辈既决心革命，任何皆可牺牲，何惮宣誓？"总理喜曰："然则尔愿意宣誓乎？"和中曰："愿。"总理曰："即从尔起。"和中曰："可。"总理命取纸笔来，先书誓词。秉柯以纸笔进，总理书曰：

> 立誓词人×××，当天立誓：驱除鞑虏，恢复中华，建立民国，平均地权。矢信矢忠，有始有卒，有渝此盟，神明殛之！
>
> 天运×年×月×日
>
> 监誓人　孙文

和中见总理所书誓词稿，贻秉柯而笑，总理曰："何笑为？"和中曰："康梁说先生目不识丁，今见誓词简老，书法遒俊，知康梁之见忌而思毁之也。"总理曰："我读书，岂日日报告康有为耶？"于是和中宣誓。同时总理亦宣誓，众乃一一宣誓，共三十余人。誓毕，总理与诸同志握手道喜曰："为君等贺！君等已非清朝人矣！"各人之誓词存总理处，总理之誓词，在党部未成立前，交史青收执，此第一次集会之结果也。时在乙巳春间。朱和中回柏林，刘家佺、宾步程等复请总理至柏林。在车站迎候者二十余人。当下榻于罗阑多尔福街三十九号朱和中寓。留德学生加盟者二十余人。此为第二次之集会。旋总理由柏林至巴黎，巴黎留学生闻比、德之风而兴起，胡秉柯复赴法，为之奔走，加盟者十余人。此为第三次之集会。柏林满人多，王发科已加盟，为一满洲学生所知，呵曰："我将通信国内，撤汝官费，取汝性命。"王大窘，至巴黎，商于汤芗铭，汤亦新盟者，闻之色沮。遂偕王共候于总理所居之旅馆中，总理外出，以朋友名义直入总理房，割其皮包，取加盟名册，及总理与法政府交涉关于安南之案件以去，向驻法公使孙宝琦涕泣自承。孙痛斥王、汤，使返名册于总理；至关于安南之密件，孙即赴法外交部破坏之；并奏诸清廷。

鄂籍会员名录

贺之才 培之，蒲圻。

石　瑛 行状列后。

胡　铮 铁中，沔阳。

李　彪 春圃，黄冈。

刘荫茀 之万，黄安。

罗葆寅 信伯，黄冈。

龚永煌 星垣，秭归。

祝乾逵 叔达，恩施。

田吴炤 续卿，江陵。

陈宽律 安陆。

潘宗瑞 继武，罗田。

李藩昌 寿卿，天门。留瑞士。

朱和中 子英，建始。

周泽春 福介，随县。

姚家振 子林，建始。

曹葆恕 心如，汉阳。

左德敏 子杰，应城。

史　青 丹墀，安陆。

王鸿猷 子匡，谷城。

黄大伟 子荫，黄陂。

陈宽沆 琴舫，安陆。

王治辉 威禅，黄陂。

许熊章 渭滨，鄂城。

李光泗 于门，蕲水。

姚业经 执甫，武昌。

石龙川 露舫，阳新。

吴国良 彦青，汉阳。

李以祜 笃周，汉阳。

曹亚伯 以字行，阳新。留英

刘家佺 仙舫，汉口。

钱祖元 会东，兴山。

陈康时 雨樵，荆门。

周树廉 季介，武昌。

胡　钧 千之。沔阳。

胡秉柯 行述列后。
魏宸组 注东，武昌。
罗前信 实生，宜昌。
张书年 寿钱，潜江。
刘庠云 兰生，沔阳。
冯承钧 子衡，汉口。
邓凤池 松泉，黄冈。
罗　虔 致坡，黄冈。
李仁炳 崇武，汉川。
唐　豸 仲揆，应山。
喻毓田 幼香，鄂城。
李钟蔚 云去，鹤峰。
秦国镛 子壮，咸丰。
杨荫渠 星桥，随县。
陈执礼 仲嘉，武昌。
张祥麟 藻香，沔阳。
曹葆江 致东，武昌。

欧洲会员事略

朱和中事略

张难先

和中，朱姓，字子英，湖北建始人。少颖异，弱冠补博士弟子员，入湖北武备学堂习军事。感于庚子义和团、自立军两事，知非革命不足以救国。辛丑中俄密约之事闻于鄂，学生不期而集于曾公祠者数百人。和中义愤填胸，演讲激烈，手中所持之折扇，拍成片段，亦不自知也。时吴禄贞寓水陆街，李步青寓花园山。之二所者，热心志士常集焉。和中无日不到。当时虽无若何组织，然暗中已成一革命团体之雏形。其主要策略，即尽力将知识分子介绍入营。时科举废，士人均以入学校，投新军为维一出路。经和中与禄贞、步青游说其间，多有舍学校而入行伍者。湖北革命之基，实于此植之也。甲辰秋，总督张之洞虑学生之嚣张生事也，择其最激烈者派往西洋以分其势，和中即派遣之一也。一日夜半，总督公文至，限次晨谒见，午后四时就道。届时谒总督归，走花园山别同志，均不以和中等离鄂为然。和中曰：事已至斯，岂能由己。然我辈群龙无首，如此伟大之种族革命，岂等夷所能领导，今往西洋，正可乘机访逸仙，是于此间同人之前途，大有裨益。均韪之。于是仓卒登舟。比至沪，闻总理聘鄂人刘成禺主旧金山《大同报》笔政。刘由日来沪，办理放洋手续。和中与贺之才、胡秉柯等晤刘，请其向总理代达悦服之忱，而告其行踪。及抵柏林，成禺来书，告总理已至伦敦，囊空如洗，嘱尽力接济。和中当汇一千二百马克去。并请总理来大陆一游。复电允来比京。和中如期往迓。总理至，住胡秉柯寓，问和中等主张革命，其方法如何。和中以必须更换新军头脑，开通士子知识对。总理不以为然。谓秀才不能造反，军队不能革命，须靠会党暴动。和中乃举唐才常等失败之经过反复言之，并云会党自新军成立后，已无势力，即将武汉军学界之实况详告。总理喜，言我正在改良会章。和中复言会党志不纯洁，若倚之以成功，其害将有非和中所忍言者。反复辩论三日夜。总理乃决定曰：今后将发展革命势力于留学界，使忠实学生作领导人。众大悦曰，此吾辈倾心于先生之大愿也。总理曰：讨论已三日夜，今晚应作一结束，请诸君宣誓。众持异义。总理极论宣誓之必要。难者愈多。和中未发言。总理谓和中曰："子英兄，尔意云何？"和中曰："我辈既决心革命，任何皆可牺牲，岂惮宣誓。"总理喜曰："然则尔愿意宣誓乎？"和中曰："愿。"总理曰："既愿，即从尔起。"和中曰："可。"于是遵总理教宣誓。诸人见和中宣誓，乃一一如仪宣誓。总理革命力量之达于留学界，和中实元功也。武昌首义，和中正住德国兵工大学，乃与礼和、捷成两洋行交涉，请其将清廷所定之军火交与民军。办妥乃归国，任参谋部第二局局长。十三年本党改组，任广东兵工厂厂长。十五年北伐，后奠都南京，成立五院，任立法院立法委员，多所建议。抗战军兴，政府西迁，和中随院徙蜀。于二十九年旧历五月病故北碚，明令褒扬。

伯兄质斋先生行谊记略

胡忠民

先生讳秉柯，字质斋，民国纪元前二十九年生。幼聪颖挺秀，三岁时，先君教以诗歌，辄背诵如夙习。十岁通五经章句，内自先君，外及邺里乡党，皆重爱之。为文简洁雄健，穷究事理，有柳子厚风。十六岁院试第二，旋被湖广总督张公香涛拔入经心及两湖书院。癸卯乡试，以文旨切指时弊，与俗违，未中；而张公独信其有经世才，派赴欧洲比国留学。居有顷，转入法国巴黎大学，专攻法律，成法学博士。而钻研国学不懈，每寄家书，辄数千言，爱国思亲、忠孝友爱之情跃跃纸上；并力辨宋儒朱晦庵训“学”为“效”之误，归本于致良知，重创造，以示诸弟为学之方。去国七年始归省，至则先君病重不能语，跪侍汤药三日，而先君殁，哀毁特甚，时供陈自欧携回饮食名产于先君灵几以祭，悲不自胜，瞻仰墙宇林园，寻游田陌丘墓，发为诗歌，极尽孝思。其《春思篇》有句云：“老去光阴消壮志，夜来风雨助凄声……平地仰天天际隘，高冈望父父恩深。”又《春游篇》有句云：“雨雪霏霏，昔我往矣；杨柳依依，今我来思；不见我父兮我心悲，东西南北将何之。”幽思宛转，词旨直融三百篇。又归途中渡印度洋，访佛迹，有句云：“大空杳无际，佛岸水悠悠，心理涸欲海，社学破天囚，爱极生奇恨，悲余感新愁，短剑光断月，长虹气横秋……伏尸流血地，壮矣少年头。”感慨悲歌，想见明透壮厉之怀抱。先生守制中筹家政，课诸弟，间则发历朝典志伟例，披阅每至深夜，士绅多自远方来，则具酒谈笑，若忘忧者，宾至大欢如归，其平易近人如此。暇辄作书，秀劲夺目，曾作一纸置座右云：“读书以为乐，天下以为忧，吾忧无极，吾乐何求。”又追思先君遗训，作屏语一副云：“勤而不疲，俭而不吝，忍而知耻，让而自强，忠厚而不暗弱，明察而不苛刻。”其胸怀之恢宏，与以立身处世之简练，由此可窥一斑。无何，孙中山先生主持留欧法、比同盟会事，函召返欧，因启行，经京汉铁路，窥清廷虚实，经西伯利亚铁道，横览亚欧大陆。抵法京，专力革命运动，法、比两国闻人多友敬之。辛亥武昌义军起，先生自法重经西伯利亚，入东三省，讽黑龙江巡抚周树模反正，遥为策应，未果。遵海至南京，参总统府密勿。翌年春，受鄂人选，为临时参议院议员。不数月南北议和，中山先生以总统让袁世凯，统一之局暂现，正式国会待开，先生从中山先生北游青岛，宣扬党纲，听者目为国士，党中益倚重之。南还至鄂，为同盟会鄂支部评议长。便道回乡省母，孺慕不忍离。慈命之行，复至武昌，应邀演说于南京、苏州、上海间，掊击专制政体，阐扬政治进化原理，主张法治精神，原始要终，理论一贯，千万人会场中为之肃然。时同盟会联合各革命团体，组成国民党，从事国会竞选。鄂虽为起义地，而党势未张，共和进步各党与国民党竞争急，鄂政当局且为之助，因之国民党人群以为难敌。中山先生促先生回鄂主其事，部署发动，运筹决策，群情惊喜过望，卒能战胜异党，使本省选出国会参众两院议员国民党均占多数，先生亦在参议员选中，异已者皆叹服。民国二年春，第一次国会集会北京，宫殿辉煌，议院纷遝，新旧气象，相映成趣，冠盖云集，新贵雾腾，而多才广誉者，均纳交于先生，政府重员，多输忱问事。先生皆坦怀待之，无所轩轾。袁世凯约见南海总统府中，与论法国拿破仑、美国华盛顿之功罪。袁初有矜伐意，及闻先生议论，大惊，期以太平宰相，执礼甚恭。先生退语人云，袁氏胆略诚过人，但非忠于民主政治者，国家内乱之局，将不免乎！未几政府与国会龃龉日甚，政治家桃源宋教仁先生过沪，遇狙捐躯，袁实主使，全国震荡。先生伤之，乃毅然出京走汉，集同志以为之备。袁侦知，密电鄂督黎元洪逮捕。先生甫至汉而祸作。汉口各国领事素钦先生，闻其事，联翩渡江迫黎而获释。先生因征引欧洲政治事例，痛论国家安危，请袁辞职以谢天下而保晚节。然知袁将终不悟也，乃走南京、上海。湖口事起，南北决裂，先生坚主树立中央政府，正位以号召人心，而党中文武意见背驰，争持不决。袁氏因得挟中央以令各省，削平党军。党人败，始叹悔不从先生计。是时党人不能出亡者，麇集沪上法租界，先生掩护之，扶助之，久而力窘，俯仰世变，忧愤吐血，终至疾病缠绵，经年不治，殒身沪滨。赖友人助，归葬桑梓，年仅三十二岁，时民国三年冬月也。海内外识者闻讯，皆叹惋。先生面方正，目清扬，肩广手长，立时矮而坐时高，邑中名宿杨仲芸先生挽先君有句云："有子封侯骨相奇。"盖指先生言也。孰知创业未就，而中道赍志以殁乎！先生殁将及一世，而国势飘摇，强寇鲸陵，中兴之运，民主之治，不知尚待何年。东望故园，已拱墓木，摇落于尘氛之中，于兹三年矣！忆前踪而念家国，不觉泪之涔涔下也。先生中西著述、遗稿、墨迹，及藏书，一毁于匪军，再蹴于虏骑，无有存者。遗孤圣宝，比妇出，先生极怜爱之，因后先生归国生，父子未相见也。先生殁后，赖家属与公费之补给，毕业比京大学化学科，兼擅音乐之长；未及足履祖国，世界大战起，而消息断。忠民承先生友爱，亦兄亦师，望我者远，而终无成，德我者多，而终未报，吁！亦足伤也！偷生僻壤，坐视疮痍，抚今忆昔，痛心殄瘁。爰就先生行谊为所亲见闻而知之者，略记如此，以俟良史择焉。

中华民国三十二年仲春

石蘅青先生行状

贺有年

先生讳瑛，字衡青，阳新石氏。曾祖东壁，祖凌云，皆绩学不显。父若霖，以家产中落，辍学治农事。一门雍穆，乡里称仰。先生生而厚重英特，举止异常儿，读书过目成诵，东壁公亲教之，目为大器。既出就傅，益奋厉，文誉日起。年二十四，中清光绪癸卯湖北乡试。同举之士，大率趋京朝，求仕进。先生念国势日削，非改弦易辙，振业崇武，不足救危亡，慨然有远翥之志。总督张文襄公奇其才，选派留学欧洲。初至比，旋转法习海军，殚心力索，冀速其术以强兵雪耻。而校中歧视外籍生，战术器械之新异者不以授。先生与其友向国华刺取秘藏之图说，私相研究，事为主者知，国华被捕，先生乘间得脱，营救国华，经政府交涉未深究，乃适英学海军制造。先生出国前，与蕲春田桐、广济居正结兄弟盟，砥学行，谋革命，已与国父通声气。既游欧，适国父至，则助之号召留欧学生，组织同盟会，为国外革命团体活动之始。先生负经理及筹款之责，国父许为廉能，深倚任。武昌起义，国父就临时大总统于南京，先生归国参密勿，总办禁烟事宜。 国父解职，派先生回鄂，主同盟会鄂支部。未几当选为众议院议员，见袁氏有异志，而国会中亦品杂多劣行，不足以匡正，遂弃去。深感救国非空言可济，自顾所学犹未之能信，因决再赴欧。未行而湖口事败，先生名在牒捕中，急走英。入伯明罕大学，习采矿冶金，以工资读，缩食敝衣，坚苦匪懈，学以大进。先生年已三十五六。在国内政治地位，足与时贤驰骤，而能折节从新致力于学术，立后来事业之基础，时贤感敛手谢不如。时吴敬恒亦留英，年更长，均以中国名流游学海外，气类之感弥笃，往还甚密，磋切甚勤。欧战既起，倭寇乘机胁迫中国益甚，先生内怵国艰，外感世变，益发愤钻研，潜心观察，期有以拯祖国而安天下。复以课暇深入社会，与达官耆宿、田夫村媪、儿童走卒周旋议论，以求彼土政制礼俗国故民情之奥，参证取镜之资。历九年，学成回国。始欲在粤建厂造机械，以私人兴实业，为社会倡导，遇阻力而罢。任北京大学教授，时校长蔡元培方网罗全国学者，无问新旧通专，必礼致之，极一时之盛。先生深邃笃实，尤为所宾敬。课暇肆力于治术政论，日与李四光、王世杰辈相切劘，行坊言表，时望翕然。寻应聘长武昌师范大学，以不克行其志，未一年仍返北大。受党使命，于授课外密合徒友，声势日张，风动学府。时执政者欲引先生入阁长教育，以收物望。先生坚谢，赴粤为工程师，人多异之。北伐军抵沪，任上海兵工厂厂长，力除积弊，支出减二分之一，而出品加倍。至十七年改任湖北建设厅长，时张知本任省政府主席，严立三长民政，张难先长财政，贤豪并集，开湖北政治史上之新纪元。先生辄出所学，度以精思，运以大力，于交通、水利、农林、工商诸部门，一一创造规模，荡涤旧污，为后来者取法。十八年辞职，任武汉大学工学院长，建校未久，设备未周，先生亟谋充实。勤于讲授，严于实习，树刻苦好学之风。十九年冬，张难先任浙江省政府主席，挽先生长建设。适当浙政百废俱兴、财力竭蹶之后，先生苦心擘画，别缓急以定进止。而杭江铁路及电厂工程，最为急务，又莫名一钱，则赴沪与银行界磋商，反复开陈，始得赞助，建设之僵局以活。外籍水利顾问数人，报酬巨而无所事，先生立解约遣去，省政府亦遣去民政厅外籍警察顾问，矫正盲崇外人无功豢养之陋习，人心为之一奋，行政效率因以骤增。二十一年改任南京市长，国都所在，市民甲第相望，往往略绳墨，先生一齐以法，建筑、税收、地籍各要政，悉准定则而行，久之无敢违犯。以条约故，涉外事夥，外人狃于旧习，气张甚，先生据约与理折之，无毫末假借，终亦守范。于市政建设，不以开拓马路整肃市容为已足，特措意于国民教育与平民生计。孜孜扩充小学，举办小本借贷，扶植旧有缎业，尤尽力提倡国货，策动国民经济之发展。时汪逆精卫长行政院兼外交部，力主媚倭，凡倭人至，即微贱必礼以上宾，请谒先生，辄峻拒。一日倭总领事须磨遇先生于途，央外部人员介见，先生拂袖去。二十四年三月，倭团体访华，汪逆命市政府科长以上集机场迎候，先生以为辱国，愤而辞职。离任之日，市民遮道攀呼，有垂涕者。同年任铨叙部长，入督僚佐，出巡地方，于铨政多所推进。越二年，抗战军兴，中央以湖北地扼冲要，改组省政府，再以先生长建设，先生慨然受任。军事方急，公路之修筑破坏，视作战需要为办，而出以迅速。促进工业，推广合作，筹划迁移，计虑指挥，日不暇给。失眠旧症大作，乃解建设厅长职，迁恩施后，复辞去委员。二十八年，省设临时参议会，先生膺选为议长，敬恭桑梓，义不可让。持论一秉大公，视政府人民为一体，竭诚翼导，无所偏倚。会中同列，悉本此旨为献替，一扫诡随依违与故持异同之习。省政当局亦重先生德望，加礼敬焉。顾精力久耗，宿疢日深。三十年春，力疾主持会议，历十余日，会毕而足部痿痹，自是日就衰损。三十二年七月，就医陪都，治疗无效，以十二月四日卒于歌乐山中央医院，年六十有五。国民政府明令褒扬，元首亲临致祭，中央党部厚给丧恤各费。以故乡沦陷，遗衬权厝歌乐山阳。有弟四人，今存者二，荫周、灼华，敬业恪职，各有以自树。配徐夫人，庄俭自持，齐志比德。子效曾，毕业重庆大学，子妇柯蕙荣，肄业四川大学，克循先范，不坠门风。孙男女各一，俱幼。先生笃于内行，事亲生死尽礼，遇家人有恩，于旁系孤孀，尤抚翼周至。平生出处大节，取与细行，皆皭然不苟。刚果坦率，胸无宿物，任事不避嫌怨，不敢一息自暇。持躬俭约，终身未御皮裘，旅行不携侍役。接物诚挚有礼，视人之急如躬与之。惟疾恶甚严，好面斥人过，每以取戾于世，而人以其无他，终亦谅之。治学教人以致用为主，不尚空论，所至整饬学风，黜华崇实。为政节浮费，裁冗员，惩贪墨，必求弊绝而效著，不为粉饰掠誉之行。从国父革命最早最久，陈力最多，不以元老自居。历任中央执行委员，每商讨大计，直抒所见，侃侃而谈，不随侪辈为向背。寡嗜好，浪漫文艺不以寓目，自云以服务助人为乐。晚岁养疴施南山谷中，创办棉麻纺织合作社，出品供政府平价之用，或廉售军队为被服，并以捐助医院设备，慰劳前方士兵。赢利提多数为公益金，以奖励优异学生，津助小学教师。规划指示，矻矻不少懈。见邻里贫匮，多方振助，或为之区画田功。当病革，语言已不可辨，犹力呼抗战建国。司法院长居正在侧，告以主席蒋公由开罗会议返国，国际情势日好，国内战况亦佳，请勿系念。先生微颔而逝。体气故强，声如洪钟，友好咸谓当跻上寿。比年先生以痼疾在身，不克尽瘁国事为恨，亦不自意年命遽尽，志业遂终于是也。谨述行谊梗概，以备史馆采录，并俟海内外知先生者补辑焉。中华民国三十三年二月。

民国纪元前七年乙巳七月（阳历），总理由美至日本，留学生赴横滨欢迎者百余人。抵东京，开欢迎会于麹町区富士楼，到会者凡千三百余人。因座满停立街侧，以仰望楼上者，复数百人。实东京留学生空前盛会。总理演说曰：

> 鄙人往年提倡民族主义，应而和之者，特会党耳！至于中流社会以上之人，实为寥寥。乃曾几何时，思想进步，民族主义，大有一日千里之势，充布于各种社会之中，殆无不认革命为必要者。虽以鄙人之愚，以其曾从事于民族主义，为诸君所欢迎，此诚足为我国贺也。

顾诸君之来日本也，在吸取文明也。然而日本之文明，非其所固有者。前则取之于中国，后则师资于泰西。若中国以其固有之文明，转而用之，突驾日本，无可疑也。中国不仅足以突驾日本也。鄙人此次由美而英，而德，而法，古时所谓文明之中心点，如埃及、希腊、罗马等，皆已不可复睹。近日雅利安之文明，特发达数百年前耳！而中国之文明，已著于五千年前，此为西人所不及；但中间倾于保守，故让西人独步。然近今十年思想之变迁，有异常之速度。以此速度推之，十年二十年之后，不难举西人之文明而尽有之，即或胜之焉，亦非不可能之事也。盖各国无不由旧而新，英国伦敦先无电车，惟用马车，日本亦然。鄙人去日本，未二年耳！再来，迥如隔世。前之马车，今已悉改为电车矣。谓数年后之中国，而仍如今日之中国，有是理乎？中国土地人口，为各国所不及，吾侪生在中国，实为幸福。各国贤豪欲得如中国之舞台者利用之，而不可得，吾侪既据此大舞台，而反谓无所藉手，蹉跎岁月，寸功不展，使此绝好山河，仍为异族所据，至今无有能光复之，而建一共和国，以表白于世界者，岂非可羞之极乎？西人知我不能利用此土地也，乃始狡焉思逞，中国见情势日迫，不胜危惧。然苟我发愤自雄，西人将见好于我不暇，遑敢图我？不思自立，惟以惧人为事，岂计之得者耶？所以鄙人无他，惟愿诸君将振兴中国之责任，置之于己身之肩上。昔日本维新之初，亦不过数志士为之原动力耳！仅三十余年，而跻于六大强国之一。以吾侪今日为之，独不能事半功倍乎？有谓中国今日无一不在幼稚时代，殊难望其速效，此甚不然！各国发明机器者，皆积数十百年，始能成一物，仿而造之者，岁月之功已足。中国之情况，亦犹是耳！又有谓各国皆由野蛮而专制，由专制而君主立宪，由君主立宪而始共和，次序井然，断难躐等。中国今日，亦只可为君主立宪，不能躐等而为共和，此说亦谬。于修筑铁路，可以知之矣。铁路之汽车，始极粗恶，继渐改良。中国而修筑铁路也，将用其最粗恶之汽车乎？抑用其最近改良之汽车乎？于此取譬，是非较了然矣。且夫菲律滨之人，土番也，而能拒西班牙、美利坚二大国，以谋独立，而建共和。北美之黑人，前者皆蠢如鹿豕，今皆得为自由民，言中国不可共和，是诬中国人曾菲律滨人、北美黑奴之不若也，乌乎可？所以吾侪不可谓中国不能共和。如谓不能，是反乎进化之公理也，不知文明之真价也。且世界立宪，亦必以流血得之，方能称为真立宪，同一流血，何不为直截了当之共和，而为此不完备之立宪乎？语曰："取法乎上，仅得其中。"择其中而取法之，是岂智者所为耶？鄙人愿诸君于是等谬想，淘汰洁净，从最高之改革着手，则同胞幸甚！

先是留学生多为保皇党所惑，谓中国只宜君主立宪，不宜于民主共和，至是闻总理言，始涣然冰释。当总理之抵日也，革命潮流，至为澎湃；惟尚无统一机关，集中力量进行。迨宫崎介绍，总理与黄兴相识，黄固华兴会之首领也。总理乃约黄兴等会于二十世纪之支那社，为言革命必须团结力量之义，兴深以为然，遂于七月三十（系阳历，阴历为六月二十八日）假东京赤坂区桧町黑龙会为会场，召开成立大会，讨论进行。是日莅会者，有总理及黄兴、张继、陈天华、宋教仁、冯自由、田桐、梁慕光、吴春阳、程家柽、黎勇锡、胡毅生、朱少穆、但焘、时功玖、曹亚伯、马君武、董修武、邓家彦，张我华、孙元，何天炯、康宝忠、谢良牧、刘道一、蒋尊簋、张树枬、汪兆铭、朱大符、古应芬、李文范、金章、杜之秋、姚粟若、宫崎寅臧、内田良平等七十余人，籍贯包括全国十七省，惟甘肃一省阙焉。盖其时甘肃尚未有留日学生也。首由总理宣布开会理由，兼及革命形势，次由黄兴、曹亚伯等相继演说，咸慷慨陈革命大义。既而讨论组织问题，总理提议定名为中国革命同盟会。时有主张对满同盟会者，总理以革命宗旨，不专在对满；其最终目的，尤在废除专制，创造共和。讨论结果，定为中国同盟会。次提议以"驱除鞑虏，恢复中华，创立民国，平均地权"十六字为会纲。颇有疑于"平均地权"一语者，经总理详加解释通过。于是黄兴提议书立誓约，众赞成，由各人自缮一纸，举右手宣誓，词曰：

联名人某省某府某县×××，当天发誓：同心协力，驱除鞑虏，恢复中华，创立民国，平均地权。矢信矢忠，有始有卒。如或渝此，任众处罚。

天运×年×月×日

中国同盟会会员×××

按：誓词有无“同心协力”四字，及“如或渝此”为“有渝此盟”四字者，经冯自由、邓家彦两先生证明，以此为确。

宣誓后，由总理授众秘密口号，如问何处人，答为汉人，问何物，答为中国物，问何事，答为天下事等。继推黄兴、汪精卫、陈天华、马君武起草会章，提出下次大会讨论。会员盟单，于干部未成立之前，暂托总理保管。总理盟书，则由黄兴保管。八月二十日（阳历）午后二时中国同盟会，乃假东京赤坂区霞冠子爵坂本金弥邸，开第二次大会，加盟者数百人。公举出总理为总理；同时举出评议部长。由黄兴宣读会章草案，经讨论修改通过。会章全文如下：

中国同盟会总章

第一条：本会定名为中国同盟会，设本部于东京，设支部于各地。

第二条：本会以驱逐鞑虏，恢复中华，创立民国，平均地权为宗旨。

第三条：凡愿入本会者，须遵守本会定章，立盟书，缴入会捐一元，发给会员凭据。

第四条：凡各地会员盟书，均须交至本会收存。

第五条：凡国人所立各会党，其宗旨与本会相同，愿联为一体者，概认为同盟会会员；但各缴入会捐一元，一律发给会员凭据。

第六条：凡会员皆有实行本会宗旨，扩充势力，介绍同志之责任。

第七条：凡会员皆得选举被选举为总理及议员，及各地分会长，被指任为执行部职员及支部部长。

第八条：本会设总理一人，由全体会员投票公举。四年更选一次；但得连选连任。

第九条：总理对于会外，有代表本会之权，对于会内有执行事务之权，节制执行部各员。得提议于议会，并批驳议案。

第十条：执行部设庶务、内务、外务、书记、会计、调查六科。庶务、内务、外务、会计，每科职员各一人。书记科职员无定数。调查科设科长一人，科员无定数。各科职员均由总理指任，并分配其权限。但调查科员由总理与该科长指任。

第十一条：议事部议员，由全体会员投票公举，以三十人为限，每年公举一次。

第十二条：议事部，有议本会规则之权。

第十三条：凡选举总理及议员，以本部当地为选举区。

第十四条：凡在本部当地之会员，有担任本部经费之责。

第十五条：本部当地之会员，得按省设立分会，公举会长，但须受本部统辖。

第十六条：本会支部，于国内分五部，国外分四部，皆直接受本会之统辖。其区划如下：

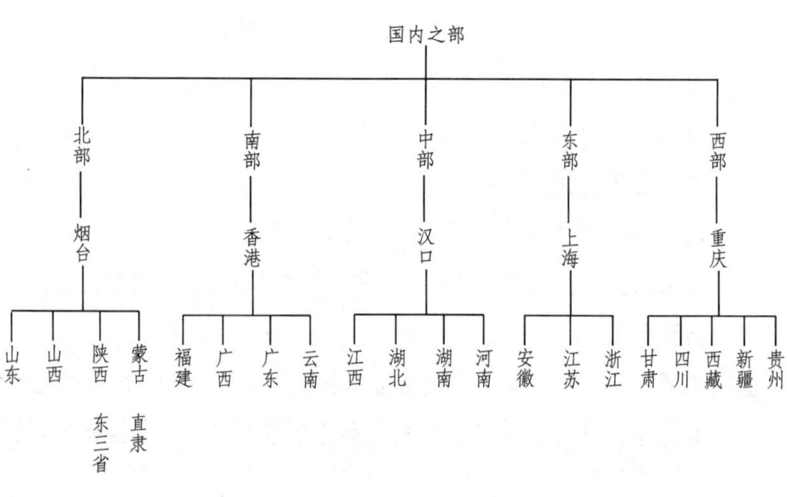

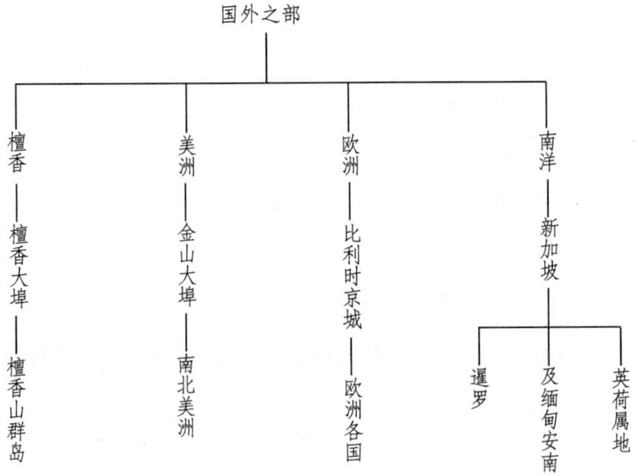

第十七条：各支部皆须遵守本部总章，其自定规则，须经本部议事部决议，总理批准，方得施行。

第十八条：各支部，皆设部长一人，由总理指任。

第十九条：各支部当地会员，有担任该支部经费之责。

第二十条：各支部每月须报告一次于本部。

第二十一条：各支部及其所属分会会员盟书及入会捐一元，皆由支部长缴交本部，换给会员凭据，转交本人收执。

第二十二条：各地分会，皆直接受其支部之统辖。

第二十三条：各分会会长，由该分会会员选举。

第二十四条：总章改良，须有会员五十人以上，或议员十人以上，或执行部，提议于议事部，经议事部决议后，由总理开会修改之。

至于东京总部之组织，总理外，设三部：一、执行部。二、评议部。三、司法部。部之下，又分为六：曰庶务，曰内务，曰外务，曰书记，曰调查，曰会计。各部部长下，有干事。评议部有评议长、评议员。司法部有部长，有检事长。其时为便利起见，三部各别开会少，联合开会多。联合会议议决之事，即执行之。其任职人员如下（执行部有先后任职者悉列之）：

总　理	孙总理
执行部长	（兼庶务科）黄兴、张继、匡一、朱奋吾、孙毓筠、刘揆一等，相继主之（向例总理他适时，由庶务代理一切，故庶务实居协理之地位）。
内务科	朱炳麟（字奋吾）、匡一先后主之。
调查科	谷思慎主之。
外务科	程家柽、廖仲恺主之。
会计科	初定刘维焘，维焘未就职，谢延誉继之。延誉他往，何天炯继之。
书记科	初定马君武，君武不就，改任田桐。其后总理又增派胡汉民（原名衍鸿，字展堂）、但焘、李肇甫，共为四人。
评议部长	汪兆铭（字精卫）
评议员	田　桐　曹亚伯　梁慕光　胡汉民　董修武　范治焕　朱大符　陈陶遗　王　琦　熊克武　但懋辛　吴鼎昌　吴永栅　陈家鼎　吴　昆　康宝忠　于德坤　秋　瑾　张树枬　孙毓筠　周来苏　覃　振　胡　瑛　王善德　程　克　冯自由　黄复生等
司法部长	邓家彦
判　事	张　继　何天瀚
检事长	宋教仁

职务虽照上定。然黄兴实辅助总理计划一切，总理复信任之。故处理党务之事，多出其手。同盟会本部设于日本东京。复推其部务于各省，计先后任主盟者如下：

直隶	张　继
山东	徐镜心　丁惟汾（字鼎丞）
山西	王荫藩　荣福桐　景耀月

陕西	谷思慎　康宝忠
安徽	吴春阳　高荫藻　权道涵　孙少侯（名毓筠）
江苏	高剑公　陈剑虹　章　梓　张　鲁
浙江	秋　瑾
湖北	时功玖　张　昉　陈镇藩　余　诚（时、张、陈均未回鄂，丙午诚始回鄂实行任事。）
湖南	黄　兴　仇式匡　宋教仁
四川	淡春谷　张　治　黄复生　董修武
云南	吕天民
贵州	于德坤　平　刚
河南	杜　潜　朱奋吾
福建	林时塽
江西	张世膺　钟震川
广西	刘　崛　卢汝翼
广东	胡毅生　何天翰
南洋新加坡	陈楚楠　张永福（胡汉民在戊申年，始任南洋新加坡支部长。）
上海	蔡元培　朱葆康
香港	陈少白　冯自由　李自重

嗣本部复编定《革命方略》，以为各地起义应用。但录全目，求详者有专书在。

《革命方略》目录　（本会成立后一年，总理、黄兴、章太炎三人所编，见《革命逸史》。）

一、军政府宣言

分四纲：（一）驱除鞑虏，（二）恢复中华，（三）建立民国，（四）

平均地权。设施

分三期：(一) 军法之治，(二) 约法之治，(三) 宪法之治。

二、军政府与各国民军之条件

三、招军章程

四、招降清朝兵勇条件

五、略地规则

六、对外宣言

七、招降满洲将士布告

八、扫除满洲租税厘捐布告

自中国同盟会成立之后，总理始信革命大业，可及身而成矣。乃定中华民国之名称，而公布于党员，使之各回本省，鼓吹革命主义，而传播中华民国之思想焉。湖北分会会长，首派者为时功玖，次张昉，又次陈镇藩，俱以故未至。盖自甲辰冬，科学补习所失败，暗潮极大，党员星散。而刘静庵虽潜伏于日知会，运用机会，颇具朝气；然乙巳一年中，日知会仍为教会之阅报室。至丙午正月，始得圣公会会长胡兰亭之同意，藉作革命机关，而开成立会。湖北党部乃有基础。日京总部，复派余诚为湖北分会会长，依日知会进行。余诚之回鄂也，与静庵极相能，佐静庵整理党务，经理党校（东游预备科及江汉公学两校，如前述）。于是党人对刘、余好感日增，凡日知会会员，由余诚主盟，加入者多。惟以武汉为清廷注意之地，表面仍称日知会，内容实为同盟会，犹之前此表面系教会之日知会，内容实革命机关也。湖北党务，得余、刘和衷共济，加之党人多自田间来，喜与总部通。其进步之速，真有一日千里之势。至五月，法人欧几罗奉总理命，来鄂视察，亦惊叹不已，可谓湖北党务之黄金时代。惜十月萍案发生，湖北党人欲起而响应之，事泄，刘静庵等被逮，余诚仅以身免，党员亦散去，年余俱在风声鹤唳中。总部即移其全力以经营南部，无暇顾及，自丁未至庚戌，可谓鄂人之自由活动时期。

鄂籍会员名录

何炬新　　蕲水。　　　　　卢保衡　　蕲水。

汤伟强　　蕲水。　　　　　李悍载　　蕲水。

张炳标　　汉阳。　　　　　马志道　　江夏。

周　复　　罗田。　　　　　夏炎甲　　黄陂。

江鸿藻　　江夏。　　　　　张栋臣　　汉阳。

李　唐　　即书城，字晓圆，潜江人。　黄恺元　葆苍，东湖。

张　昉　　仲华，云梦。　　彭道成　　兴山。

刘章侯　　长阳。　　　　　申国炬　　京山。

高鼎勋　　武昌。　　　　　吴德薰　　黄陂。

白逾桓　　字楚香，天门。以诸生留学日本，入同盟会。有居、田、白、吴之目。抗战后死于天津。

王兆群　　秭归。　　　　　姜维藩　　枣阳。

陈　乾　　肇一，蕲州。　　熊　濂　　字廉泉，天门。

陈裕时　　字元白，东湖。　居　正　　原名毓崧，字觉生，广济。

王澄清　　沔阳。　　　　　李佐武　　沔阳。

金玉振　　沔阳。　　　　　陈　谟　　兴国。

吴道南　　广济。　　　　　萧钟音　　钟英，兴国。辛亥在汉阳阵亡。

龚国煌　　村榕，崇阳。　　杨桢祥　　东湖。

时功玖　　季友，枝江。　　耿觐文　　伯钊，安陆。

涂宗武　　罗田。　　　　　余仲勉　　名诚，传见后。

刘　彝　　黄安。　　　　　王观海　　江夏。

王震东　　江夏。　　　　　鲁　鱼　　嘉鱼。

石志泉　　字友儒，孝感。　江华本　　字鉴源，武昌。

何焜阁　　蕲水。　　　　　毕惠康　　蕲水。

朱公勇　　江陵。　　　　　但　焘　　蒲圻。

冯　一　字远村，传见科学补习所篇。

刘贞一	传见科学补习所篇	曹亚伯	传见科学补习所篇
周　斌	亦曰彬，江夏。	陶凤集	南漳。
叶佩薰	罗田。	王家驹	随州。
蒋作宾	雨岩，应城。	李仲逵	名四光，一字仲揆，黄冈。
刘　通	字子通，黄冈。	刘一清	字杏村，江夏。
李叶乾	黄梅。	范绩熙	字绍陵，黄陂。
许　伟	罗田。	陶德瑶	襄阳。

刘树湘　即湘，后改为公，字仲文，襄阳。

张仲文	黄冈。	周尚赤	沔阳，字常五。
吴　昆	传见后	吕嘉荣	黄冈。
邱晦奇	枣阳。	马伯援	枣阳。
姜飞龙	枣阳。	张光黄	枣阳。
张　轸	亚伯，安陆。	石　玠	黄安。
田　桐	传见后。	匡　一	字群观，罗田。
高砺生	武昌。	李翰昌	天门。
周绳庚	利川。	刘　鶡	又名瑗：黄安。
骆继汉	墨荪，枣阳。	陈再兴	东湖。
王利用	枣阳。	宋开先	名镇东，字怀香，天门。
张亚英	天门。	范腾霄	字银槎，利川。
刘　棻	字伯英，黄安。	陈培复	安陆。
陈家颖	安陆。	兰树鼎	黄陂。
詹廷云	蕲州。		
彭汉遗	字述先，广济。	许光棣	罗田。
时功璠	字仲华，枝江。	马遇皋	字东翘，天门。
张　焯	云梦。	刘先振	钟祥。

郭贻青	安陆。	朱嘉蔚	蕲州。
张焕华	蕲州。	张步蟾	蕲州。
罗　洁	罗田，寄居河南商城。	曾巾江	字锡三，天门。
汪应蟾	蕲州。	叶于兰	字润民，江夏。
陈镇藩	字育武，安陆。	陈　曾	字孝通，安陆。

共一百零六人。

上名录，乃党史会主任张溥泉先生饬会员照旧册，摘抄鄂籍会员名以示余者；惟云此为乙巳丙午之名册。以后会员，谨就载籍所记，及同志见告者，录后：

孔　庚	字雯掀，蕲水。	刘成禺	禺生，江夏。
戢翼翚	元成，房县。	孙　武	尧卿，夏口。
刘　芬	伯垂，鄂城。	戢翼翘	房县。
黄　侃	墓志见后。	龚国辉	
岑　楼	伟生。汉川。	箫　萱	纫秋，均繇。
朱子龙	传见科学补习所篇。	姜明经	黄冈。
彭养光	临九，钟祥。	李　碧	罗田。
杨时杰	舒武，沔阳。	梁钟汉	瑞堂，汉川
李　元	碧之女弟，罗田。	李基鸿	子宽，应城。
梁耀汉	传见日知会篇。	刘　英	传见共进会篇。
刘　铁	碧如，京山。	沈鸿烈	成章，天门。
袁麟阁	孔逸，襄阳。	刘　杰	京山。
张知本	怀九，江陵。	金华衮	崇阳。
王龄稀	黄冈。	饶汉祥	秘僧，广济。
冯大树	崇阳。	黄葆昌	
刘凤翔	南如，沔阳。	蒋文汉	东甫 沔阳。

张辉禧	瑞文，沔阳。	孙　时	亦曰洁，崇阳。
冯镇东	亚佛，汉川。	潘善伯	名公复，襄阳。
龚国辉	崇阳。		

日本东京会员传状志

田桐事略

冯自由

田桐，字梓琴，别号玄玄居士，湖北蕲春县人。父又青，为名诸生，在乡设塾授徒，从游者众。生四子，梓琴其长也。幼而秉承父训，于诸子百家及唐宋以来名家文集，靡不兼综博览。稍长，文思益进，惟于八股时文，则鄙弃弗置。尝应州课，试后，父索观其文，不中当时律令，大怒，笞之。揭晓竟列案首，亲友咸为称异。少好游，弱冠尝孑身登庐山，遍览诸名胜。后乃读书白鹿洞，同学迹之，辄不知所往。年二十二补县学生。时鄂省学风渐趋维新，乃考入武昌文普通中学，崭然露头角。同学中有桃源宋教仁者，少负奇气，议论纵横。梓琴与之志同道合，遂共昌言排满。鄂吏闻之大骇，因有查究校中生徒从严惩办之议。监督纪钜维，纪晓岚之远孙也，夙赏识梓琴才，惧不能庇，讽令他适避祸。梓琴遂于甲辰岁（一九〇三年）东渡日本求学，与黄兴、曹亚伯、陈天华、白逾桓、宋教仁、刘揆一等交最密。反满革命之志，由是益坚。旋与刘仲文、白逾桓、鲁鱼、宋教仁等创刊《二十世纪之支那》杂志，鼓吹民族主义，不遗余力。出版达三期，以同志蔡汇东有评论辽东半岛文，触日政府忌，没其书，严究主名。梓琴与教仁几被逮，稍间乃解。

乙巳（一九〇五年）夏六月，孙总理自欧洲抵横滨，梓琴偕黄兴、宋教仁、程家柽等数人往谒之，大倾服。旋应总理召，开各省革命同志联合大会于东京赤坂区桧町内田良平寓宅，届期遂邀《二十世纪之支那》诸同志俱往。是日莅会宣誓者五十余人，决定中国同盟会之会名及盟会书辞句，一致推举中山先生为总理。十日后复假灵南坂子爵坂本金弥邸开成立大会，选举执行、评议、执法三部干事。梓琴被举为评议员，兼总理书记。是岁十月，同盟会之机关《民报》出版，梓琴著作颇多，文有署名“恨海”者是也。时清廷以留日学生多趋向革命，饬驻日公使杨枢向日政府商议约束留学生方法。日政府徇其请，特颁《支那留学生取缔规则》以防之。诸生大哗。同志陈天华因之蹈海死。梓琴亦聚有志者多人于弘文学院，主罢课，所在和之。清廷据杨枢报告，诏捕激烈者十八人，梓琴与焉。其中恇怯者多赍金帛走京师求赦。梓琴独泰然置之。丙午（一九〇六年）复集同志雷崫、高天梅、柳亚子诸人创刊《复报》月刊，是报文字浅显，适于通俗社会，故风行一时。又集明末遗老野史，成《亡国惨记》，书出，人心益奋。

丁未（一九〇七年）春，孙总理得香港冯自由电，称许雪秋在潮州筹备举事已臻成熟，请派留东同志回国相助。遂偕胡汉民、谢良牧、黎仲实、胡毅生等人离日南下。后数月，梓琴至香港，拟入内地参加实行工作。时惠、潮各地军事已先后败挫，总理方驻河内，谋在钦、廉及广西镇南关继续大举，函邀各地同志赴越南集合。梓琴遂偕醴陵谭人凤、连州何克夫、桂平谭剑英、湘乡陈树人等应召。濒行时，香港同盟会分会长冯自由托其携带革命军用券二大箱交呈总理。舟抵海防，为法国关吏发觉，各人均被扣留警署。即由海防殷商、刘岐山保出候讯。总理乃向越南总督交涉释放。结果越督只允将债券给还总理，而携券者则以清吏抗议之故，被判出境。梓琴居海防迭接革命军占领镇南关及孙、黄诸人同赴前敌消息，以讼事未解，无从参加，因之焦急万分。及离越仍返香港，旋奉总理命遣赴新加坡主持《中兴日报》笔政，与保皇党之《南洋总汇报》争论革命民政与君主立宪得失。文战经年，大受英、荷两属侨胞之欢迎。戊申（一九〇八年）某月，康徒徐勤择日在新加坡武善社演讲禁烟历史。梓琴知其必藉此提倡君宪，遂偕孙德彰（总理之兄）、邓子瑜诸人赴会，拟再师东京革命党人大闹政闻社之故智，有以惩创之。果不出所料，徐勤于发言间，竟越出题旨，盛赞清廷宣布限期立宪之德政。梓琴闻言，义愤填膺，大呼曰："打！"孙德彰等数十人奔而前，徐勤急反身走得脱，保皇党徒由是气益馁。

孙总理自丁未十月镇南关一役失败之后，以越南政府徇清吏请求，讽使离境。故自河内迁地新加坡，寓东陵胡节律一一一号。邻舍有杨圻号云史者，常熟人，清领事署之副领事也，与梓琴及当地同盟会正副会长陈楚楠、张永福等以邻居故，颇相认识，与梓琴尤一见如故。时粤督张人骏密奉廷寄遣凶徒至南洋谋刺总理，清总领事以杨所居与总理寓所密迩，乃使刺客寄寓杨宅乘便行事。杨知清祚将终，对于清吏阴谋极不赞同，遂密告梓琴，使通知总理预为防范，且向刺客晓示种种利害，刺客大为感动，竟放弃原定计划掉头他去。总理因得安然无事。此项义举，在杨固属深明顺逆，梓琴亦大有力焉。（按云史有才名，工诗，著《江山万里楼集》，晚依吴佩孚以终。）

戊申、庚戌两年间（一九〇八至一九〇九），梓琴应荷属侨商之约，赴三宝垄、坤甸、泗水各地设报馆，兴学校，深得各界信仰。尝在泗水《南侨日报》译载日人大越英三郎所著《南国记》，尽发荷人虐遇华侨诸状。荷政府禁之不可，乃勒令出境，侨商多挥涕相送，如失师保。时距广州黄花岗一役未远，梓琴鉴于历年党人在边区各省举事之失败，乃主张进行中央革命擒贼擒王之议。黄兴诸人莫不壮之。梓琴于是变姓名北上，与宋教仁、程家柽、白逾桓分头进行。既抵燕京，乃与同志发刊《国光新闻》为言论机关，表面上以倡导立宪排斥官僚政治为号召，密与井勿幕、续西峰、景定成、熊克武诸人联络北方豪俊以袭据京师。屡次企图，均以清吏戒备严密不果。及辛亥秋间，闻党人运动湖北新军之计划已臻成熟，亟拟回鄂督促进行，正摒挡间，而武昌义师已起，遂星夜买舟南下，及抵沪，则谭人凤、宋教仁、居正等已先期赴鄂矣。

革命军既光复武昌，以党中著名首领均未到，乃推清协统黎元洪为都督。黎与诸降将咸意存观望，故士气不振。梓琴至沪时黄兴亦自香港至，遂随黄赴鄂。黄被任为革命军总司令，梓琴为随军参谋。初数次战颇利，及冯国璋尽率其精锐来攻，汉阳势危。梓琴献策，尽取汉阳兵工厂钢板置壕堑间，以御铳弹，得相持至月余始陷。黄兴事后语人曰："吾始以梓琴为文士，今乃知其智计，亦大过人也。"汉阳既失，黄兴乃就江宁求援，梓琴亦随之行。

民元，南京参议院成立，梓琴任临时参议院议员。及南北统一，乃北上复办《国光新闻》，日为文斥袁政府阙失，挝揭隐谋，不少容藉。袁世凯深衔之，使农商次长张仲华持十万元支票来社，商请该报转移论调。梓琴令经理李基鸿却不受，闻者咸为之危。一日铳发于寝室屋颠，梓琴以外出得免。或劝其知所戒备，则笑谢曰："死生有命，吾何惧焉？"是岁，宋教仁遇刺于上海车站，国人多疑为袁氏主使，人心惶惶。孙总理不欲藉此与袁破裂，毅然北上，表示全国统一之至诚。梓琴遂随总理游太原，沿途宣扬德音，听者为动。民二，正式国会选举，复由鄂人举充众议院议员。开会日，袁世凯令汤化龙、梁士诒、王赓诸人组织御用党，以妨害议宪，复私借外债以戕戮异已。梓琴知袁包藏祸心，势将摇动国本，乃南下谒孙总理，力主兴兵讨贼之议。总理早有是意，以民党诸都督多乏勇气，一时未敢轻举。一日，总理招民党各将领于自宅，商讨进行方略。黄兴等多主持重。梓琴起而怒骂曰："是不足与有为也。"乃间关至淮上，入张汇滔军，劝其称兵独立。未几，李烈钧、柏文蔚各在赣、皖发难，黄兴亦亲赴宁举兵。时袁氏已先阴为备，使冯国璋进据浦口，李纯下九江，倪嗣冲奔命淮北。民党诸军以准备未周，缺乏联络，先后不支。梓琴时参淮军幕，乃亡命走日本。

民三，孙总理愤癸卯一役由于党人不用命，及团体散漫，宣布改组国民党为中华革命党。各省党人之曾任军政要职者，以誓约上有服从总理字样及须盖印指模，多表示异议。独梓琴及陈其美、居正、冯自由等少数人率先赞成之。民五春，袁氏称帝，总理令陈其美、居正、邓铿等在海疆各省起兵讨之。梓琴亦被委充中华革命军湖北总司令。及抵鄂，则起兵者已十数辈。袁将王占元闻之大怖，伏不出。袁死，黎元洪继，乃解兵复入国会，于时政多所献替，而倡废盐引以利民一事，尤反复不厌，格于众议未行。时欧战方酣，国务总理段祺瑞欲开边衅以聋众，向国会提出参战案。民党议员咸反对之，梓琴坚持尤力。段大怒，令所部组织公民团包围两院，断绝供给以胁之，继又授意督军团，使联名电请解散国会。总统黎元洪卒从其请，遽于民六年六月十二日下令解散。梓琴遂偕各议员南下，开国会非常会议于广州，选举孙总理为大元帅，称护法政府焉。

民九，岑春煊、陆荣廷、莫荣新等与北方军阀私订和议，牺牲护法。孙总理、陈炯明自闽南旋讨平之，旋设中国国民党本部办事处于广州，委梓琴为党务部长。嗣兴师北伐，复委为大本营宣传处长。时陈炯明已通款于吴佩孚，遽于六月十六日举兵叛变，且令叛将叶举等逮捕韶关大本营职员，变兵搜查韶关行营时，指名严索田桐。梓琴厉声应之曰："老子即是田桐！"遂就捕。有书一巨箧，叱使变兵负之，或迟疑，乃责之曰："尔等捕我，即应为我负物。"变兵笑相顾曰："田先生真倔强人也。"及解送至广州，炯明不欲开罪他省民党，遂令释之。未几，吴佩孚已起北方，拥黎元洪复总统任，召集旧国会，梓琴偕民党诸议员重北上列席，于制宪问题，多所论议。十二年夏，曹锟谋以金钱贿选总统。梓琴语诸议员曰："君等欲贪利受污，则乾坤正气几乎息矣。"立如沪，议员之拒贿者亦相继至，假上海湖北会馆开会，旋以经费不足，散，梓琴仍赴粤从孙总理。

时总理方驻粤，组织大元帅府，见梓琴来，立委为大本营参议，属以改组国民党事。梓琴以共产党人别有存心，乃力陈容共之非计。总理不能用，遂拂袖去。及莅沪，乃假南阳桥章太炎寓所，邀集各省同盟旧友筹商护党救国方法。决议用公函警告全党，合谋匡救。函末署名者有梓琴及章炳麟、居正、周震麟、马君武、刘成禺、茅祖权、谢良牧、但焘、焦子静、管鹏、冯自由等十二人（原函见《革命逸史》第九十一页）。是函公布后，不及二稔，而有清党之举。

自民十三总理逝世后，梓琴以与国民军总司令胡景翼有旧，被征赴洛阳参与帷幄，未几，景翼死，岳维峻继。十五年三月，吴佩孚纠合旧部，由湖北趋河南，维峻与战不利。梓琴率左右退河北，至新乡，说骑兵独立旅长郑庠速以兵扼黄河北岸，遮佩孚北进，南与国民军第五军方振武相结以自固，徐图匡复。振武不敢应，乃退保顺德。先是晋军已通款佩孚，三月十六日使师长商震来犯。梓琴与孔庚督所部御之。战方酣，守北门卒贰于晋，开门请降，遂被俘。商震原属同盟旧人，特亲来劳问。梓琴曰："吾为囚，分也，何劳为？"二十日至太原，晋督军阎锡山遣参谋长李勉之来迎，住其家。佩孚闻梓琴在晋，索甚急，锡山与梓琴亦有旧，且素服其为人，不忍出也。

是岁秋，国民革命军大举北伐，先后平定湘、鄂、闽、赣诸省。梓琴受任为江汉宣抚使，兼湖北省政府委员。尝募死士炸毁孙传芳运载军实之江永轮船，使革命军得顺流而下九江、安庆，其智能有足多者。明年，复将政府命，与周震麟入晋，说阎锡山来归。十七年革命军定北京，全国统一，先后受任为国民政府委员及山西政治分会委员，立法院委员，革命党史编纂委员会委员，皆未就。闲居上海，惟以著述为事。除独力发刊《太平杂志》外，另著有《革命闲话》一卷，《扶桑诗话》一卷，诗文集十余卷。性豪放，不事家人生产，得钱辄以分士，晚岁得肝鬲疾，十九年秋渐剧，一夕读报大感伤，咯血斗余，遂于是岁七月二日逝于上海寓次。配室童夫人，生二子一女，侧室王氏无出。

附：先兄梓琴先生行状

家庭来稿

中华民国十有九年，七月二日，先兄梓琴先生卒于上海。余悲兄之早逝，又重哀其志大，墨墨无所施；其生平又不喜表暴，不及今为状，乞当代立言君子，作为文章，传之不朽，浸就湮没，则负疚何穷！而哀痛之余，心神瞀乱，不能属辞。迟之累月，始得和泪濡墨，诠次大略，著之于左。

君姓田氏，讳桐，字梓琴，号玄玄居士，湖北蕲春籍。祖琼林公，好侠行义，名闻郡国。父又青公，高才不仕，以诸生教授乡里间，从之游者，悉有成就。共四子，君其长也。幼而英硕，神采外流，九岁授《文选》，琅琅上口，有如夙诵。稍长益劬于学，自群经百氏故书传记，下逮唐宋以来名家文集，靡不兼综博览，昭其旨趣。为文章，下笔立就。祖琼林公时抚之曰："此田氏克家儿也。"尝应州课，父又青公索观其文，不中当时律令，大怒，笞之。揭晓，竟列案首，因益爱重。君少好游，尝孑身走匡庐，读书白鹿洞。春秋佳日，则登山步险，遍览诸名胜，同学迹之，辄不知所往，其意趣不可测度率类此。年二十二，补县学生。时学堂甫兴，君考入武昌文普通中学，与宋教仁昌言排满，议论颇流于外。清吏骇，将逮治事。监督纪钜维，纪晓岚先生之远孙也，奇君才，惧不能庇，讽令他去。君遂于癸卯岁度日本，与黄兴、陈天华、宋教仁游，益感慨，以破虏自誓。乙巳夏，前总统孙公违难日本，居横滨。君偕友人数辈往谒之，大倾服，迎莅东京，开欢迎会于富士见轩。复与孙公规设同盟会，游学生先后署名者二千余人。越数日，在灵南坂子爵坂本金宅开成立会，被举为评议员。会章分评议、执行、执法三部。书记则佐总理治文书，掌机要，其任独重。每值会议，君率先发言，以才辩敏捷，为众所推，因调任书记。初，东京无游学生无革命机关报，君纠合同志刊行杂志曰《二十世纪之支那》，出版达三期，以蔡汇东有评论辽东半岛文，触日政府忌，没其书，严究主名。君与教仁几被逮，稍间乃解。是年夏，同盟会成立。黄兴倡议革命党不可无喉舌，因由各同志集资扩充，定名曰《民报》，《民报》文有异名"恨海者"，即君之作也。君又集明末遗老野史，成《亡国惨记》，书出，人心益奋愤，清廷惧，商日政府颁留学生取缔规则以防之，诸生大哗。陈天华因是蹈海死。君聚诸生于弘文学院，主罢课，所在和之。清廷徇公使杨枢请，诏捕十八人，而君与焉。其中恇怯者多赍金帛走京师求赦免，君则意气自如不顾也。尝于其间至湘潭，得马福益兵所将万人，为策画自萍乡进袭南昌，未及用而败，乃走香港。是时许雪秋、余既成起黄冈，以书趣君。

将行矣，适孙公在安南，谋取滇桂边陲作革命策源地，俭于资，亦使胡汉民等以书趣君。君乃商之冯自由，携革命军之用券，与醴陵谭人凤、长沙柳聘农、连州何克夫、桂平谭剑英、湘乡陈树人，俱至海防。时法吏调察严，遂皆被拘。海防党人刘岐山奔走营救，讼于法庭，始得释。旋复奉孙公命赴新加坡，与居正主《中兴日报》，与《南洋总汇报》争论革命、立宪得失，文战经年。《总汇报》主任怒，迎保皇党魁徐勤来。既至，大会于新加坡振武社。君往视之，徐勤登台说禁烟历史，继改说立宪。君嗤之以鼻，又大呼曰："打！"会众奔而前，徐勤急，反身走，得脱，因是气益馁，作"革命万不能行于今日"一章未卒，逸去。由是南洋志士多宗君，君于其间复说荷属爪哇三宝垅、坤甸华侨办报章，兴学校。又日在泗水《汉文新报》译载日人大越英三郎《南国记》，尽发荷人虐遇华侨诸状。荷政府禁之不可，乃令君出境。行时，侨商空巷相送，以为夺我师保去也。君念革命久不就，北走燕京，办《国光新闻》。与井勿幕、续西峰、景定成、熊克武计，欲集北方豪侠，袭据京师。官中戒备严，未果。宣统三年，湖北新军谋大举，君闻之，至汉口为条画方略甚备。其秋武昌兵起，君已先诣上海迎黄兴。时举事仓卒，群推黎元洪为都督。元洪者，故清协统也，意存观望，不为革命军尽力。黄兴至，被任为汉阳总司令，士气始稍振。时清遣大将冯国璋南下，已陷汉口。兴用君策，战颇利。国璋乃尽率其精锐来攻，弹如雨集。君尽取汉阳兵工厂钢板置壕堑间以障蔽之，得相持至月余始陷。兴事后语人曰："吾始以梓琴文士尔，今乃知其智计亦大过人也。"兴之起也，元洪以其威名出己上，不甚与协。至是兴乃就江宁乞援以避之，君与偕。会南京参议院成立，被推为参议院议员。临时政府立，又任为内政部参事。民国元年和议成，袁世凯被选为临时大总统。君亦解职去，至北京，复办《国光新闻》，日为文斥袁政阙失，挝发隐谋，不少容藉。袁深衔之，使农商次长张仲华持银十万版来社，志在觇君意响。君使经理李基鸿却不受。袁惭，募能杀君者与金万镒。一日，铳发于寝室屋巅，属有天幸，君不在。或劝君稍戒备，笑谢曰："死生有命，何惧也？"时宋教仁在京，拟改同盟会为国民党，君不可，后以孙、黄均韪其议，始已。八月，孙公北上，开成立会于象坊桥湖北会馆，君被选为本部参议。遂随孙公游太原，宣扬德音，听者为动。癸丑返鄂，被举为众议院议员。当是时，国民党议员之在京者，率奉教仁为魁率，欲组政党内阁，推教仁为总理。袁诇悉，使贼刺杀教仁于上海，狱不决。群议欲举兵，莫敢先发，君怒骂曰："是不足与有为也。"间关至淮上，入张汇滔军。淮军固以豪著，感君义，称兵独立。会李烈钧自江西东下，决议举兵，就江宁设帅府，于是湖南、安徽、广东、四川皆应。时袁已先阴为备，使冯国璋进据浦口，李纯下九江。倪嗣冲将悍卒万人，奔命淮北，连下颍州、亳州。淮军孤立，众不支，遂溃。君走日本。孙公愤党人不用命，重立中华革命党，君首赞之。甲寅夏，与会众三百余人盟于东京筑地精养轩，革命党于是复振。五年春，袁世凯称帝，君请行，以为国事危急，非举义不足拯民水火。孙公许之，任君为中华革命军湖北总司令，至，则起兵者已十数辈。贼将王占元闻之，大怖，伏不出。袁世凯死，副总统黎元洪继任，乃解兵，复入国会，于时政多所献替，而于废盐引一事，尤反复不厌，格于众议不行。时段祺瑞任国务总理。祺瑞新得政，欲开边衅以聋众，六年二月与德意志绝交，又议宣战。为国会所持，大怒，遍召督军附己者会北京，上书解散国会。君闻，即夕与议员南下，开国会非常会议于广州，选孙公为大元帅，称护法政府焉。九年，孙公改中华革命党曰中国国民党。明年，设办事处于广州，仍以君任党务科长。是年，国会再选孙公为大总统。时北方益乱，孙公念广州偏处一隅，不能制其死命，商之部将陈炯明，欲北伐。炯明无远略，不慊其议，阻之。孙公愤，帅大军赴桂林，欲出湖南。炯明不为馈运，又阴通吴佩孚以阻我师。乃不得已，于十一年四月返旆，免炯明职，改道由江西北伐。六月十六日，炯明举兵反，迫孙公出走。时君任大本营宣传处长，在韶关。炯明令叶举名捕之，吏至，问谁为田桐，君厉声应之曰，老子即田桐也，遂就捕。有书一巨箧，使叛兵负之，或迟疑，君责之曰，尔等捕我，即应为我负物，数兵笑，皆相顾曰，田先生真倔强人也。叶举遂以兵拥君至广州，炯明素畏服君，亦不敢杀，释之去。当是时，吴佩孚已起北方，拥黎元洪复总统任，召集旧国会。君衔命入京，为北方党人策应。十二年，滇、桂、粤联军进攻广州，克之，迎孙公返粤，称大元帅，以君为国民党最高干部参议。其夏，曹锟谋以金钱求大选，君说议员曰，公等若应命，则乾坤正气，或几乎息矣。立如沪，议员亦相继至，假上海湖北会馆开会，自是来赴者凡几百人。未几，以经费不足，散，君亦走粤脱去不顾矣。孙公见君来，则大欢，任君为大本营参议，属以改组国民党事。君力陈许共产党加入之非策，不见听，遂去。十三年秋，吴佩孚以大军攻奉天。所部陕军胡景翼密结冯玉祥、孙岳，自间道出佩孚后，潜师入北京，执曹锟幽之。景翼开府中州，征君赴汴，玉祥亦使人迎至张家口，商国是。佩孚走湖南，说景翼规复湖北。未几，景翼死，岳维峻继。十五年三月，佩孚纠合旧部，由湖北趋河南，众近十万，与维峻战。时陕军几二十万，一日溃。君率左右退河北，至新乡，说骑兵独立旅长郑庠，速以兵扼黄河北岸，遮佩孚北进，南与第五军方振武相结，以自固，徐图匡复。振武不敢应，乃退保顺德。先是晋军已通款佩孚，三月十六日，使师长商震来犯。君与孔庚督所部御之，战方酣，守北门卒贰于晋，开门请降，遂被俘。震亲来劳问，君曰："吾为囚，分也，何劳为。"二十日至太原，晋督军阎锡山遣参谋长李勉之来迎，住其家。佩孚闻君在晋，索甚急，锡山服君为人，不忍出也。是时孙公已卒，国民革命军总司令蒋中正已定全粤，将北伐。以君负南士之望，与谭延闿、张人杰合词招君，被任为江汉宣抚使，兼湖北省政府委员。于时孙传芳据江宁，称苏、皖、闽、浙、赣五省联军总司令，闻佩孚败，率劲旅出九江，以遏革命军东进之师。又尽发招商局轮舰，载其辎重，溯江西上。君募人炸毁其江永轮，所储军械药弹皆尽。未几，革命军克九江、安庆，两省皆下，明年克江西，君以事毕谒归。是年夏，复将政府命，与周震麟入晋说锡山来归。明年，革命军入北京，中国自是统一矣。君被推为国民政府委员，又任为山西政治分会委员。十七年，国民政府改组，任君为立法院委员。十九年，又被任为革命党史史料编纂。皆未就，侨居上海，惟以著述为事，发其素所蓄积，成《太平策》一书，欲为国家立百年之大计。每一篇出，争传诵之。君晚岁得肝鬲疾，时作时止，今年春渐剧，亲友送君入中西疗养院，服用西药，已有起色矣。一夕读报，大感伤，呕血至斗余，遂于民国十九年七月二日病殁，春秋五十有二。殁时，举手指天，盖有所欲言也。君喜言经世，凡往古典章文物，及其成败得失，与夫当时之务，罔不究心。著有《太平策》十七篇、《五权宪法草案》一篇、《人生问题》一篇、《革命闲话》一卷、《扶桑诗话》一卷、《诗文集》十卷。性豪放，不事家人生产，得钱辄以分士，故友闻赴，多有痛哭失声者。桓知鄖城县事，使人以俸钱三百版奉君，悉封还，寄书曰，吾弟为官，当心乎民事，家计之有无可勿问，兄决不以口腹累吾弟也。其意量之远，岂常人所能测识哉。君配童夫人。子二，长侨，次偃，女一，曰修。孙二，长宇，次宙。孙女二，长容，次富。晚纳侧室王，无出。桓悲痛之中，语不能文，谨举故所见闻，以及私所识于心者，以告蓄道德、能文章而与君雅故者，征信以托不朽焉。四弟桓状。

宋开先传

沧州张继

宋烈士开先，初名镇东，字怀香，湖北天门人也。幼聪颖，于书无不读，尤究心海外方舆，及各国政治沿革。下笔辄数千言，议论奇辟。惟不屑治举业。性豪放，倜然有奇气。清光绪壬寅、癸卯间，废八股，以策论取士。邑学者以乏书为苦，开先措制钱千余缗，列所知书目数十种，赴省垣购归，分赠之。凡素识无力应试者，兼贶以资。乡里之穷乏无告者，更时周恤不少吝。甲辰应学院试，隶者发卷，侮士子，开先攘臂先，而群殴之。考场哄，狱兴，颇多株累。开先出而自首。考官义其为，贷不论。在里闻有虎而冠者程某，曾举于乡，父子倚势，鱼肉桑梓。开先纠其地之直士，声其罪行痛惩之，遁而免。于是人争以开路先锋目之。其伯父学渊闻之曰，是可名汝，因以开先名焉。清政不纲，开先从故髫龄师李筱香及刘静庵、季雨霖、张难先、胡瑛、李亚东、赵鹏飞、梁耀汉等密组日知会，运动革命。筱香在湖北新军营，多识武人，潜沃以革命思想。开先每过筱香，必详商进行方法。乙巳冬，东渡日本，入早稻田大学，习政治经济科，参加同盟会，始与余订交。并友善章炳麟、刘光汉、田桐、白逾桓、刘英、景定成、沈鸿烈等，交谊至笃。时康有为、梁启超在东京张君主立宪之说，以惑青年。开先怒，从予迹梁于锦辉馆殴辱之，保皇党徒闻风畏避。丙午，以总理命回鄂，运动新军，谋举事。事发，日知会被封，同志多陷缧绁，开先免而再渡东瀛。戊申复奉命回鄂，主宣传，秘载书籍，深入乡间。每值村镇演戏集会，虽远在数十百里外，辄徒步往，或杂人丛，或径登台演讲。劳苦阴厄，绝不一顾。迭被逮，气不少沮。又阴散家财，结志士千余人，谋举义天、应间，与京山刘英、宋镇华、刘铁等相呼应。而向之虎而冠者，侦知其举，密报县，派兵围捕。且嗾胡家场奸民，乘暮，狙击开先曲巷中。剚刃要首，剧，舁归经旬，以伤重卒，年二十有三。既卒之日，清吏以兵一营至，亲族受祸殆遍。久之事平，而余产皆荡然矣。开先之在日也，尝喜俄人巴枯宁之无政府主义，颇谓将来世界革命进步，或终有实现之一日。然其于总理革命事业，有所命，必力行不懈，生死以之。

论曰：昔墨者夷之，乐闻吾儒之道，而孟子命之，特惜其不能自拔于墨耳。开先之学，病旁骛，而矢志革命，卒致其身，卓然三民主义之信徒，是学驳而行粹也。吾病世之侈称信仰三民主义，而行不顾言者。呜呼！我开先，诚人杰，胜若辈万万矣。

宋开先事略

家庭来稿

先兄宋姓，号开先，讳镇东，字怀香，湖北天门人。幼聪颖有奇气，寝馈经史，于中外舆地政治，尤喜涉猎，为文千言立就，识者知为伟器。性慈祥，见穷乏者如己饥己溺，时予周济。时总督张文襄锐志兴学，中西并务。里闬英俊少年，以无力购书为苦，先兄悯之，请于先父学清公，斥千余缗赴省求之以相赠，由是多所成就。好鸣不平，甲辰赴郡应学院试，见书差侮辱士子，先兄愤甚，纠应试者数百人殴之。试场秩序大乱，府院逮捕数十人，独遗兄，兄挺身自首，得直全释。又闻举人程老一、程必藩、程燮光父子横行乡里，借公敛财，闾阎苦之。一日，老一至胡家场敛款，兄集地方多人，前往质问，并拟置之死。适老一理发，见多人至，披发由后门逸，得免。闻者称快。里人以兄豪侠好义，遇事辄居人先，因以"开路先锋"呼之。先大伯父学洲公即命字"开先"，遂以为号为。乙巳，先兄愤清政不纲，即在省垣联合同志刘静庵、季雨霖、张难先、李筱香、梁耀汉、李亚东、赵鹏飞诸先生等，组织日知会，从事革命。筱香先生者，为先兄幼时业师，关系尤极密切。时继成方肄业鄂垣西路高等小学堂，每见先兄与筱香公讨论时事，辄为感动。是年冬，先兄负笈东渡，入同盟会，进早稻田大学，习政治经济科。课余之暇，即致力革命，与张继、刘光汉、章炳麟、田桐、刘英、白逾桓、沈鸿英诸公友善。时康、梁方以保皇相号召，淆乱国人视聪。一日，梁启超在东京锦辉馆开会宣传君主立宪。先兄与张继先生闻之，愤愤往，冲讲台上，欲痛殴之。启超抱头鼠窜，保皇党自是敛迹。此系先兄回国后，为继成偶一述及者，其他可歌可泣之事甚多，惜继成远在国内，不获目睹，先兄亦无暇一一告知，甚多佚亡，斯为遗恨耳。丙午，先兄奉先总理命回鄂，拟与日知会同志共同努力，期早成功。未几，日知会因萍案被封，刘静庵等被逮系狱。先兄见同志星散，无可措手，乃复赴日复学。戊申毕业回国，其箱箧被褥中，满载革命书报，密运回里，散发有志青年，以事宣传。并遇地方演剧集会时，不惜走数十百里，杂人丛中，对众演讲，毫无忌讳。一面阴散家财，结合同志千余人，谋举义天、应间。期与京山刘英、宋镇华等相呼应。讵事机不密，即被与先兄有隙之劣绅程老一父子，以"革命聚众，夥抢屯粮"等语，密报县令罗庆昌，派兵拿办。并收买地方恶少李润官等，于己酉正月二十五日夜，乘先兄不备，于胡家场僻巷中，以利刃猛刺头腰等处，血流如注。经侍者舁回家中，多方医治，终以受伤过剧，于二月初四日酉时与世长辞。距生于光绪丙戌年，二月二十二日巳时，年仅二十有三。弥留时，以手紧握继成，泪涔涔下，嘱为善事双亲，继续努力而已。子齐名未育，遗腹生一女，未三岁殀，以继成子家骥嗣。逝后十余日案发，清吏率兵一营，大事搜索，先父及先二伯父学海公均被逮，族戚受株连者不下数百人。时继成方肄业文普通中学堂，索之急，赖监督纪钜维先生维护，免。本案经地方绅耆周培金诸先生数十人，仗义向清吏环恳，始得恢复自由。然产业荡尽，亲故连累，牺牲之大，回忆心悸。继成痛先兄之惨死，思有以继其志而成其事，因名“继成”，以资自勉而示不忘。兹恐年久佚亡，特志之以为纪念之资云尔。胞弟继成哀述。

吴昆传

熊十力

吴昆，字寿田，号吼生，湖北黄冈人。县城东有茶村故里，晚明杜濬于皇先生所居也。昆少时游眺其间，慕于皇风义，慨然有光复之志。壮游武昌，与王汉、何自新、刘敬庵、宋遯初、张难先等，规设日知会，印行革命宣传文籍，分布军营及学校。旋东渡扶桑，追随孙公，参与同盟会，被选为评议员，兼《民报》社干事。丙午五月，奉孙公命，偕法人欧几罗，来鄂视察党务。十月，湖南萍醴发难，昆与日知会同志谋举义，不克；刘敬庵等九人被逮，昆回原籍。家故滨大江，捕者乘兵轮至，昆适在家，剃发及半，不动声色，给之曰：“吴昆刚外出。”捕者急返奔寻觅，昆乃从后户趋江滨，乘渔舟，经兵轮旁上溯，以示不疑，人服其镇静能应变。丁未春，与宋教仁、白逾桓，密赴关外，集合李逢春、金寿山诸马侠，设同盟支部于辽东。及夏，遍揽关东大侠，众益盛。欲袭据辽宁，逼榆关，窥燕京，事泄，白逾桓被逮，昆亡走日本。时孙公、黄公俱赴南洋，同盟会本部事无大小，悉委于昆。民国肇建，被选为国会议员。时当选者，多由馈送得之，昆独以动望，为众所推。袁世凯擅贷善后借款，又贼杀宋公教仁，昆提案弹劾引去。六年，段祺瑞解散国会，孙公南下护法，昆与参、众两院议员同赴粤。后渐厌倦政治生活，贫乏不能自存。会居觉生出长司法院，月致常廪，迄抗日军兴，中央核减政费，乃免。昆复困饿，张难先乃以鄂省银行董事职让昆。武汉陷，携妻子走恩施。三十一年十月三日，殁于恩施旅舍。家贫，不能殓，尸且腐，浠水王孟荪闻而伤之，为募资收葬。居觉生哀之，请于中央，明令褒扬，恤其子女。昆平生与宋教仁渔父交最笃。渔父洞悉世界大势，有经国长略。民国肇创，渔父以内阁制，呼号南北，初不为人所注意，独章炳麟太炎，知渔父政治怀抱，甚推重焉。未几，民党亦以袁氏渐专横，决推渔父组责任内阁。渔父拟以昆长交通，约昆北上，颇与袁氏左右周旋，冀解其羽翼。袁氏识渔父有雄才，乃急煎之。昆自是恒郁郁不得意，以酒色自放，同县熊十力尝憾之。鄂城刘芬伯垂曰；“寿田，天下才也，然不足为第一流。使渔父而在，彼当以功名自见；渔父丧，自度世无能用之者，亦不愿碌碌以取富贵，宁葬身花丛中，其志可谓苦哉。”十力曰：“伯垂，寿田知己也。然人生何可颓废如是乎？世日益下，蝇营狗苟，以致通显恣贪残者，滔滔皆是；求如寿田之死而腐其尸者，何可得哉！何可得哉！”十力盖追思寿田不置也。

黄季刚墓志铭

章炳麟

季刚讳侃，湖北蕲春人也。余违难居东，而季刚始从余学，年逾冠耳，所为文辞已渊懿异凡俗。因授以小学经说，时亦赋诗相倡和，出入四年，而武昌倡义。其后季刚教于京兆、武昌、南都诸大学，凡二十年，弟子至四五传。余之学不能进以与翾，而季刚芳颖骏发，所得视曩时倍蓰，竟以此终。世多知季刚之学，其志行世莫得闻也。黄氏出宋秘书丞庭坚，自徙蕲春至季刚如干世。考讳云鹄，清四川盐茶道，署按察使事，以学行著。所生母周，季刚生十三岁而孤，蕲春俗轻庶孽，几不逮学，故少时读书艰苦，其锐敏勤学亦过人。既冠，东游学日本，慨然有光复诸夏之志。

尝归集孝义会于蕲春，就深山废社说种族大义，及中国危急状，听者累千人，环蕲春八县皆响之，众至数万，称曰“黄十公子”。清宣统三年武昌倡义，季刚与善化黄兴、广济居正往视，皆曰兵力薄，不足支北军。乃返蕲春集义故谋牵制，约三千人，未成军，为降将某所袭，亡去，之九江。未几，清亡。季刚自度不能与时俗谐，不肯求仕宦。尝一为直隶都督赵秉钧所迫，强出任秘书长，非其好也。秉钧死，始专以教授自靖。民国四年秋，仪征刘师培以筹安会招学者称说帝制，季刚雅与师培善，阳应之，语及半，即瞋目曰：“如是，请刘先生一身任之。”遂引退，诸学士皆随之退。是时微季刚，众几不得脱。初季刚自始冠已深自负，及壮，学成。好酒，一饮至斗所，俾倪调笑，行止不能就绳墨。然事亲孝，丧生母，哀毁几绝。奉慈母田如母。尝在京兆召宾友会食，北方重蟹羹，庖人奉羹前，季刚自垣一方，问母得蟹羹否，毋以应，即召庖人痛诃谴之，世以比茅容、阮籍云。性虽俶异，其为学一依师法，不敢失尺寸。见人持论不合古义，即眙视不与言。又绝类法度士，自师培附帝制，遂与绝，然重其说经有法。师培疾亟，又往执挚称弟子。始与象山陈汉章同充教授，言小学不相中，至欲以刀杖相决，后又善遇焉。世多怪季刚矜克，其能下人又如是。为学务精习，诵四史及群经义疏皆十余周，有所得，辄笺识其端，朱墨重沓，或涂剟至不可识。有余财，必以购书，或仓猝不能具书簏，即举置革笥中，或委积几席皆满。得书必字字读之，未尝跳脱。尤精治古韵，始从余问，后自为家法。然不肯轻著书，余数趣之曰：“人轻著书，妄也，子重著书，吝也，妄不智，吝不仁。”答曰：“年五十当著纸笔矣。”今正五十，而遽以中酒死，独三礼、通论、声类自己写定，他皆凌乱，不及第次，岂天不欲存其学耶！于是知良道之不可隐也。配王，继娶黄。子男八，念华、念楚前卒，念田、念祥、念慈、念勤、念宁、念平。女子二，长适潘。季刚以二十四年十月八日殁于南都，以十一月返葬蕲春。

铭曰：微回也无以胥附，微由也无以御侮，繄上圣犹恃其人兮，况余之尫腐。嗟五十始知命兮，竟绝命于中身，见险征而举翮兮，幸犹免于逋播之民。

余诚传

张难先

余诚，原名仲勉，字简齐，后学制放炸弹术，改署剑侪。湖北麻城人也。少从其族人余浩吾究周秦学术，及明末顾、黄、王三大儒遗书，慄然兴亡国之痛，复见清政不纲，亲贵用事，乃毅然游长江上下，欲结当代贤豪，共图匡复。会吕槐庭、曹亚伯等设科学补习所革命机关于武昌，诚慨然加盟。所被封，赴日入同盟会。友善陈星台、王博沙，陈氏以忧愤蹈大森海死，诚几殉焉。时总部派各省分会会长回国组织机构，湖北则推时功玖，不肯归，继张昉，继陈镇藩，俱不应，诚愤慨曰："革命宜在内地策动，聚他人国都，快口耳之谈，庸有济乎？"总部乃改派诚，奉命后，即首途返国，藉日知会作根据地，刘静庵、冯特民首先加盟。诚尽力向军学界阐扬本党主义，均为感动。时日知会办有江汉公学、游学预备科等。诚热心教育，凡课程教务，惟力是视。静庵知其劳也，驰书邀张难先任监学。难先至省，诚始知之，曰："不可，难先科学补习所嫌疑重，驻会非计，彼在外县办教育较宜，此间事仍吾任之，无过虑也。"静庵谓然。诚独任其劳焉。秋萍醴军兴，胡瑛等奉总理命来鄂，谋响应。诚、静庵、瑛方聚而规划，为无赖郭尧阶所悉，告密于巡警道冯启钧，导捕瑛、静庵。诚、瑛正在汉口名利栈计事，郭见诚在，以手势示意，诚走，捕瑛渡江系巡警道署。诚既幸脱，始知郭已变节充暗探，愤欲死，谋募死士刺郭，劫瑛等于狱。风声日急，诚从父子敦，友屈兢存等促走避，乃亡申。先是郭隶籍本党，胡瑛、宋教仁等俱与之善。归国后，预闻日知会秘密。后因浪漫，暗中变节，诚与静庵、瑛俱不知也。诚至沪，沪上党人，以诚与瑛同在一处，何以一捕一免，甚疑诚，几无以自明。盖诚至性感人，素为郭所敬惮，捕瑛时，见诚在，良心不安，故示意避之。彼时诚以郭有所见而关注同志，初未疑即捕瑛之人也。久之事实传沪上，诚之心迹始明。丁未春，江督端方闻诚匿沪，悬重赏购之，复亡日本。在日惩于武汉之痛事，谢绝交游，心情至苦，复悲老亲不能养，并被恶名出亡，贻父母忧。伤感成疾，归国不久，没于家。年二十有六，无子。

论曰：诚，笃实君子也。弱冠举于乡，好学不倦。乃遭倾危险诈之世，致同贾长沙以痛哭流涕伤生，悲夫！

龚国煌传

李翊东

君讳国煌，字村榕，晚以字行，湖北崇阳人。祖必达公，力田自食。考海舲公，以商起家，兴学校，好施与，义声著遐迩，黎大总统曾褒扬之。君弱冠以博士弟子员入武昌文普通学堂，与同学宋教仁、田桐、欧阳瑞骅等，倡言革命，加盟科学补习所。监督纪香聪以大逆闻于湖广总督张文襄。文襄爱其才，仅先后除宋、欧、田三人学籍。君遂请假与兄国辉走日本，入东京私立政法学校。旋因日政府颁布取缔留学生规则，君又与教仁、田桐倡议罢课回国，以阻其谋。时清驻日公使杨枢奏请通缉者十九人，君与田桐其最也。同盟会成立，君兄弟皆入盟，君被选为本部总调查，兼湖北支部部长。丙午，浏阳、醴陵事起，奉总理孙公命，赴河南襄樊间联络会党，图响应。事败，复走日本。庚戌，清大赦党人，君归北平，任《国光新闻》编辑。《国光新闻》者，为北方革命党人机关报，田桐主其事也。辛亥武昌倡义，君以兵力薄，不足以支北军，亟返里集乡中知兵者，谋牵制，得千余人，军汉上。未几清亡，君雅志冲澹，不肯求仕进。宋教仁时长农林部，以故旧欲礼致之，君曰："革命乃吾之天职，岂欲官以为报乎？"竟谢去。复任《国光新闻》编辑。会袁世凯杀教仁，君愤，为文申讨，遂被通缉。潜回汉上，斥资置葆真堂，结集党人，谋讨袁。时民党往来汉上者，多住君所，将迎馈赆，无不满志以去。时方觉慧亦住君所，赖君资藉为多。迨黄公克强自江宁起师讨袁，君阴入鄂南集各县党人，谋举兵应之，未几败，走日本。会孙公改国民党为中华革命党，持异议者多，君与田桐首先立誓约于东京筑地精养轩。五年，袁氏称帝，蔡锷自云南起师讨之，君即倾家产，潜入鄂南，与金华衮、周梦阳等部勒国民军相应，复作《民报》驳帝制，为鄂督王占元刺得，系狱，至袁氏死始出。九年，君与孔庚、蒋作宾等主张以鄂人治鄂，在湘谋起兵，逐占元。湘督赵恒惕犹豫，君即斥金独创《湖北民治报》于长沙，为文鼓吹，遂促成湘鄂之战，事败，走粤、桂避之。十一年北伐，君任桂林大本营驻汉宣传员，设办事处于汉口大汉报馆内，事泄入狱，旋释出。明年，君与胡石庵、李翊东、居励今、祝润湘等组织湖北省汉口市两党部，君被选为汉口市党部执行委员。当时孙公创办黄埔军官学校，阴选各省优秀子弟，入学肄业，而鄂中选送者多出自君手也。十三年，共产党加入本党，阴植武汉工会，欲劫我省、市党部。君又与祝润湘主持武汉车夫、铁道各工会以制之。五卅惨案发生，粤汉惨案继起，君愤甚，倡设国民外交协会，痛斥英吉利，声援政府。明年，孙公崩于旧京，君代表湖北党人赴北京致祭。时共产党谋我益亟，君与郭聘帛、袁子英、卢士英设孙文主义学会分会于汉上，首先检举共产党阴谋。十五年，北伐军达武汉，共产党人盘踞中枢，擅作威福，劫夺我党部，谋杀我党人郭聘帛、袁子英、卢士英等，胡石庵发愤死，祝润湘下狱，而君以伏匿免焉。时故旧田桐宣抚江汉，任君为第一独立旅旅长，集数千人，为共产党所袭，亡去。明年，南京清共，君为武汉清党委员，共产政府捕君亟，走南京，任中央组织部审查股主任。旋任湖北省党务整理委员。十七年，任汉口特别市党部指导委员。时余主《民国日报》，聘君为总编辑。自是以后，君齿未艾，犹有所为，然终不得一用其智能，尝语人曰："世言良医比良相，吾有岐黄术以利物，是亦为政，奚取为政耶？"乃赁居汉口或南京，为人治病，往往多奇中。贫者不计资，甚至无力购药者常资助之。后故旧居公觉生长司法院，任君为秘书，实不令视事，月致二百金，念君有功在国，不忍其困也。中日战事起，君以国库未充，自请停薪留职，为天下倡。迨首都陷，危及武昌，君愤然曰："大丈夫不能效命疆场，亦当保卫乡梓。"急返里，瘁尽心力，谋集义军，未成，竟赍志以终。时民国二十九年十一月七日也，享年五十有八。妻某氏，先卒，子二：宗寿、宗遂，孙竞存。所著诗文多散失。君性刚，与兄国辉俱以孝友称。而君少卓荦不羁，尽瘁革命事业，与宋、田同时奋起江汉，名位虽不及其尊显，然功固不可让。君兄弟为国毁家，穷年致力于党与报，不求仕进，而未尝自伐，民党中亦不多见也。晚节诸义故多废死，莫有知君功者。余之辞固不足以传君，然与君交深，称述其生平事，余之职也，乃叙述其荦荦大者为之传。

李翊东曰：呜呼村榕，江汉蹶起，倾家革命，谁能与比。功在党国，禄不及己，天乎人乎，直道衰矣。坚贞无怨，斯称其美，自有千秋，此犹胜彼。

丙午后公益社之扶助功用

公益社，非党团也，然自丙午日知会失败后，于湖北党务，关系最大。公益社先名安郡公益社，乃安陆府所属钟祥、京山、天门、潜江等县旅省军学人士联络感情，并共谋地方公益之集团，而附设于钟祥学社者也。社长为彭养光，副社长为赵鹏飞，社员俱军学界优秀分子，故与党人多接近，或隶党籍。丙午冬，日知会以萍案解散，横捕党员，逮刘静庵、胡瑛等九人下狱，湖北党务，已成中断之局，赖公益社正副社长及社员之将护，为在狱诸人营救。彭养光持李步青函，赴京师，奔走于吴禄贞、刘伯刚、程家柽、邹平陔等处，求缓颊于肃邸；又一方面陈乞于美主教吴德施，美公使乐克希，与外务部交涉，竟将日知会轰动一时之大狱暗中缓和，未戮一人，而张难先、季雨霖并因病保释，此公益社于被逮党人有至大之努力者也。至于在逃党人，声息不通，投止无门，赖公益社在外探递消息，使亡命者少受虚惊，并照料难友眷属。尤其是党人之潜来省垣者，亲故皆不敢纳，如出狱不久，社会所指目之张难先、季雨霖偶至省垣，养光公然馆之。并四川之党人张骏声韵笙、湖南之党人张学济容川、曾杰伯兴等，俱往来于公益社，一面省视在狱诸人，一面输送各方党务概况。彼时湖北年余无党团组织，然因之渐呈活泼气象，不久即有军队同盟会、群治学社出现，皆公益社之力也。自后往来公益社者，不仅为安郡人士，且多外省党人，乃去“安郡”二字，改名为新公益社，然社会仍以公益社呼之。后养光有事于吉林，鹏飞就职于楚同兵舰，旋又赴川，社长一职，改任天门李长龄。时值庚戌冬，正群治学社挠败之后，长龄命郑雄飞、张鹏飞办一工厂于草湖门外，收纳亡命。随又有振武学社产生。长龄此时对党之关系，犹之彭养光在丁未事件，接而愈厉，后先相映也。公益社至民元以后犹存，告朔饩羊。所异者，此社独在狂风巨浪时，迈显精神，故乐记之。

社员名录

彭养光	字临九，钟祥人，任社长。
赵鹏飞	任副社长。
李长龄	继彭为社长。传见日知会篇。
时功璧	事略见科学补习所篇。
贺公侠	字剑川，天门人。民十七年，任黄梅县长，甫到城，为匪所杀。
蔡凤来	字象之，钟祥人。
季雨霖	传见日知会篇。
蔡鹏来	仰之，钟祥人。民元充任人事局局长。
曾巾江	锡三，天门。民七，被王占元逮捕下狱，在狱手足受风湿，麻痹不仁，卧病多年，至廿五年，卒于汉口。
贺禹鼎	名锡圭，天门人。
祝制六	荆门，讨袁，被杀于武昌。
陈雨苍	少峰，荆门。
徐竹坪	事略见日知会党狱中。
詹大悲	传见文学社篇。
陈子惠	荆门。
郑雄飞	事略见日知会名录。
查光佛	竞生，蕲春。
宋　衡	京山。
张　汉	佩绅，荆门。
涂　融	履丹，潜江。
张星汉	芙青，天门。

黄桐生	汉川。
徐继庶	潜江。
张学济	容川，湖南人。护法之役任湘军总司令，带兵北伐，惨死于来凤。
梁维狱	乔山，湖南宝庆。
张骏声	韵笙，四川人。
邓　沅	芷溪，湖南永兴人。
李步青	莲舫，京山。
刘斌一	达三，钟祥。
曾　杰	伯兴，湖南。
李文龙	钟祥。
陈绍平	钟祥。
彭瀛高	天门，名运澍。
宋承先	京山。
侯静庵	钟祥，讨袁，遇害于武昌。
胡钟泗	钟祥，讨袁，被联升所杀。
李立凡	钟祥，讨袁，被杀于武昌。
宋功成	天门。
黄仕臣	钟祥。
傅渭卿	
周炳武	耀珊，钟祥。
张难先	略历见日知会篇党狱中。
李树清	钟祥。
张寅武	钟祥，名殿甲。
张汉超	钟祥，字少云。
雷百里	京山，讨袁，被杀于倪嗣冲。以铁签烧红，贯其掌又烙箠其全身，无完肤，而后斩之。
黄　裳	字典彝，湖南永兴。
张鹏飞	寰海，宜昌。

湖北军队同盟会之始末

湖北自日知会失败后，官厅震于萍乡、醴陵、浏阳前案，侦刺极严，军学界，年余无敢谈革命者，仅一如上述之公益社，暗图连系而已。然军中内在之活气，实日益滋长。彼此默识心通，缔结极固。一遇机会，仍可表暴于外也。戊申春，日知会党员任重远自蜀归，李长龄喜，即介绍补四十一标三营前队兵士。二人以本党黄冈（在潮州饶平县）、惠州、防城、镇南关诸役，屡起屡蹶，不关清廷要害，仍思就武汉腹地，以铁血振之。时在长龄处密谈，谋集日知会旧侣，再结新社。乃与黄申芗、郭抚宸、覃炳堃等，就李亚东于汉阳狱，商组湖北军队同盟会，亚东然之。由重远分途联络，一时和者达四百余人。遂于六月二十八日，开成立大会于武昌洪山罗公祠。秦炳钧主席。宣布开会宗旨，众均赞成。议及组织名义，多不主张，辩论不决，即予保留，由会员相机努力而已。并鉴于日知会以疏阔误事，不具订章规，举动自合约束。鄂中军人，以久蒙压抑，突有组织，顿成蒸蒸气象。亚东复办《通俗白话报》，以陈少武司笔政，慫其鼓吹，势张甚。汉阳令某廉得其狱中往来军人频繁，疑之，严饬典狱不为亚东通宾客，《通俗白话报》旋亦停刊。重远复赴蜀，会务无形中顿。十一月，改组为群治学社。而军队同盟会活动期间，只五阅月，殊无特别表现，惟在党务断绪时，突然重振旗鼓，致后之赓续努力者，日新月异，造成辛亥首义之功，亦不可蔑视，而湮其实迹也。

会员名录

李亚东	在狱主持，传见日知会篇。
任重远	潜江人。时在四十一标三营前队当兵士，极其努力。
黄申芗	大冶，原名绍香。
钟　畸	湖南湘乡人。字勖庄。
陈少武	沔阳人，办《通俗白话报》，为本会之宣传机关。
杨王鹏	传见振武学社篇。
郭抚宸	
章裕昆	字德藩。湖南宁乡。辛亥在鄂最努力之人。
祝制六	荆门人。讨袁在武昌遇害。
秦炳钧	
林兆栋	黄冈。辛亥在川努力。四川光复后，回鄂，在万县下，为匪所害。
黄元吉	应城，鉴宇。卅一标一营兵士。自言陈友谅后，其祖先亡命，以故里有黄蓬山，因冒姓黄。
王守愚	字应一，京山。
蔡大辅	字云舫，京山。
廖湘芸	湖南湘乡。
曹振武	字世杰，京山。
邹毓琳	
唐牺支	字以祀，湖南慈利。
王子英	
彭新宸	
陆国琪	
李抱良	字六如，湖南平江。
李长龄	日知会篇有传。

黄依僧

单道康　　字刺夷，湖南平江。首义后，任团长。

孙昌复　　字复生，湖南岳州。

黄驾白　　字平分，湖南平江。

李慕尧

邹润猷

张文选

莫定国

万　奇

群治学社之始末

戊申十一月湖北军队同盟会，由黄申芗、郭抚宸、杨王鹏、覃炳堃、钟畸、黄元吉、章裕昆、李长龄、梁维亚、曾省三等改组。只缘李亚东在狱，偶受禁限，任重远又入川，会务无形停滞，不得不另易面貌，再作企图。实则素质犹在，不关于一人之去留也。改组名称，定为群治学社，于十一月二十日在武昌小东门外三里许之金台茶馆开成立大会，以此地行人少，僻静故也。当推钟畸主席。通过宣言、简章，并议决两案：

（一）本社暂设庶务一人，维持社务进行。其余各职员，俟本社范围扩大到相当时期再定。并推定钟畸同志为本社庶务。

（二）本社同志介绍新同志入社时，不得介绍官佐，以防不虞。其余照简章进行。

散会后，各会员分途努力，进展甚快。加之杨王鹏于己亥六月应试，获升四十一标一营左队司书生，与队官潘康时最相得，助力甚多。遂破例邀康时入会，而空气益增浓厚矣。计历年来南部屡次起兵：刘思复在粤谋炸李准，徐锡麟在皖刺死恩铭，清廷之巨头，群震惧而不敢妄逞淫威，变其高压手段，而为软化方法。若肃王之尊礼党人，端方之牢笼学生，其明征也。党人亦即借此机会，措置裕如，所以群治学社成立，经一年又九月之长久时间，未受风浪，得安心从事于组织、宣传、训练诸工作，俨成节制之师；

加之宛思演斥资二千，创刊《汉口商务报》，演为总理，刘尧澂襄理，詹大悲任总主笔，何海鸣、查光佛、梅宝玑任撰述，革命空气非常紧张，复有孙武、焦达峰于己酉三月至汉，组织共进会，与黄申芗等相结，愈形活跃。历来鄂中党务，未有盛于此时者也。至庚戌三月，湘省因上年秋收歉薄，奸商复运米出洋，米价昂贵，初五日，饥民数百拥至抚署，要求平粜。巡抚岑春蓂劝富绅先办义粜，王先谦、叶德辉等难之，遂激变饥民，聚至数千，纵火焚毁抚署及教堂、学堂，风潮扩大。湖北党人闻湘中已全为革命军占领，鄂军往者，不能过岳州。李六如、黄申芗、杜邦俊等（时钟畸随曹进往南京，六如接任庶务），视此为千载一时之机。召开大会，讨论响应方略。决定乘时发难，派黄孝霖赴湘协助，林兆栋赴川鄂边境联络，派孙昌福运炸弹于四十一标，即日起事。正部署间，忽李长龄奔告曰："余适在黎统领元洪幕，见楚同兵舰抵长沙电，是湘乱已定也。湘乱定，吾辈以少数人发动武汉，何济于事？徒流血耳！"黄申芗、郭抚宸等闻之，按兵不动。然风声已外露，复有向左旂刘协统告密者，于是全城戒严，派宪警至南湖三十二标捕申芗，申芗逾垣逸，旋奔沪。林兆栋、黄孝霖、贺公侠走川。《商务报》亦被封，而群治学社即从此消沉矣。其宣言、社章如后开：

群治学社宣言

英人常云大陆之上，苟有一二英人足迹，则成为第二英国，此非夸大之言也。岂盎格鲁散逊人，其天生之耶？亦曰研究学识而已。我中国四千年来，素号文明古国。然自孟轲而后，不得其传焉。降而至今，积弱无能，任人欺侮。台湾、朝鲜，相继沉沦，我同胞若非凉血动物，能不痛心？倘不急起直追，则危亡悬于眉睫。同人等有见及此，故发起组织群治学社。研究学识，讲求自治，促睡狮之猛醒，挽既倒之狂澜。同胞同胞，时乎不再，盍兴乎来。

群治学社简章

第一章　宗旨

本社以集合多数人知识，研究学问，提倡自治为宗旨。

第二章　名称

本社为集合多数同志知识，研究学问，提倡自治起见，故定名为群治学社。

第三章　组织

本社设社长一人，于社员中选任之。文书二人，会计一人，庶务一人，评议员若干人，均由社员中推任之。

第四章　职责

社长管理本社一切事项；文书员专司本社一切文件、册据保管事项；会计专管理本社捐款收入、支出保管事项；庶务专司关于本社一切事务事项；评议员专负指导本社同志研究学问、促进自治之责。凡社员，均有介绍新同志加入本社之义务。每月每人须介绍新同志二人以上，加入本社。

第五章　经济

本社社员，须缴纳入社金一元，社员月捐，就各人所得薪饷十分之一，充本社经费。

第六章　入社

凡加入本社之同志，须得本社社员三人以上介绍，经本社派员考查，确认为与本社宗旨相合，愿守本社一切规章者，方得为本社社员。

第七章　附则

本简章如有未尽之处，得临时修改之。

社员姓名

黄申芗　　大冶人，原名绍香。

郭抚宸

曾省三　　楚香，应城。

覃炳堃	
林兆栋	事略见上篇。
梁维亚	民希，麻城。
蔡大辅	云舫，京山。
曹振武	世杰，京山。
詹大悲	传见文学社篇。
廖湘云	湖南湘乡。
王守愚	玄一，京山。
贺公侠	剑川，天门。事败亡走川。
宛思演	黄梅。出资二千元办《商务报》，任总理，鼓 吹革命。
邓玉麟	品之，巴东。
蒋伯夔	传见文学社篇。
刘复基	传见武昌首义篇。
查光佛	兢生，蕲春。任《商务报》编辑，鼓吹革命。
何海鸣	初名时俊，湖南衡阳。充四十一标一营副目。后出营任《商务报》编辑，鼓吹革命。
黄元吉	略历见前篇。
钟　畸	字勖庄，湖南湘乡人。学社章程，推彼起草。后被推任庶务。
杜邦俊	首义后任第七协协统。
潘康时	怡如，黄陂。四十一标一营左队队官，队官入党者独康时一人。
刘星澂	湖南常德。尧澂之兄。《商务报》襄理。尧澂、翊武俱由彼招来。
杨王鹏	传见振武学社篇。
黄贞元	
李抱良	六如，湖南平江。钟畸随曹进赴南京，抱良接任庶务。
邹毓琳	

唐牺支	湖南大庸。
祝制六	原名兆罴，荆门人。三十一标二营兵士。以事泄开除，复化名制六，投四十二标一营当兵，谋革命。
章裕昆	德藩，湖南宁乡，发起组织，异常努力。
黄驾白	湖南平江。
黄孝霖	字组织，湖南平江。驾白胞弟，事泄亡走川。
张文选	
莫定国	
单道康	
李慕尧	
陈　滔	传见共进会篇。
黄依僧	在三十一标入伍，名景贤，以事泄，开除，复化名依僧，投入四十二标二营当兵，谋革命。
万　奇	
邹润猷	
孙昌福	
容景芳	
陆国琪	
冯中兴	
林翼支	
李　鑫	
阙　龙	传见文学社篇。
杨王巽	
姚　钧	
叶正中	
邓刚之	
龚侠初	
彭振新	在四十一标当兵士，事泄开除。

振武学社之始末

群治学社虽覆败，然因黄申芗、李抱良等部勒有方，毫无显著迹象，与官厅以兴大狱之机会，故实力完全保存。庚戌七月，李抱良、祝制六、杨王鹏、章裕昆等在四十一标一营左队队部开会，决议改组为振武学社，推杨王鹏起草简章。八月秋节，在黄土坡开一天酒馆举行成立大会。到者有单道康、查光佛、孙长福、江国光、李慕尧、黄驾白、祝制六、廖湘芸、李鑫、杨王鹏、李抱良、章裕昆等。推杨王鹏主席，宣读简章，及公推杨王鹏为社长，一并通过。复议决，凡干部会议非标代表不得参与，各营不得互知其内容，以防宣泄；惟承代表之命，分途进行，并传达命令而已。三十一标则推江国光为代表，三十二标则推单道康为代表，四十一标则推廖湘芸为代表，四十二标推祝制六为代表，炮队第八标则推李慕尧为代表。其组织较前益加严密，以蛇山蕲春学社为机关。由查光佛司联络军学界之职。社章列后：

振武学社简章

一、名称

本社专以联络军界同胞，讲求武学起见，故定名为振武学社。

二、组织

本社设社长一人，由社员中选充。文书员二人至四人，会计一人，庶务一人。评议员若干人，均由社员中推任之。各标设标代表一人，由各标社员中推任之。各营设营代表一人，由各营社员中推任之。各队设队代表一人，由各队社员中推任之。

三、职责

社长管理本社一切事宜。文书专司本社文件、册据保管事项。会计专司本社捐款收入、支出保管事项。庶务专司关于本社一切事务事项。评议专负指导本社同志学问研究、撰拟问题、纠正错误之责。标代表督同全标同志，研究学识，征集本标社员捐款，汇送本社会计点收。营代表督同全营同志研究学识，征集社员、捐款、按月送缴本标代表点收。队代表亦如之。凡本社社员，有介绍新同志加入本社之责，每月每人应介绍二人以上加入本社。

四、经济

本社社员，须缴入社金一元，社员每月应缴纳月捐薪饷十分之一，充本社经费。按月放饷后五日内，由标代表汇送本社会计点收，存放银行。开会时，会计须报告账目，并银行存折带会验明，以示公开。

五、入社

凡愿加入本社者，须本社三人以上介绍，经本社派员考查，确认为与本社宗旨相合，愿遵守本社一切规章者，方得为本社社员。

六、附则

本简章如有未尽之处，得临时更改之。

本会成立后，蒋翊武、刘尧澂先后投入四十一标三营左队当兵士，干部益增健全。重九日，假黄鹤楼之风度楼（后改名奥略楼）开代表大会，杨王鹏主席。首由各代表报告人数，总计二百四十余人。决议扩充社务，议决凡各同志，每月每人必须介绍新同志一人入社，但不得滥收。自有此决议，数月之间，而社员之数量突增矣。时杨王鹏任四十一标一营左队司书，风声颇外露。协统黎元洪传队官潘康时责曰：“汝队有人组织会党，胡若罔闻？”潘答以程度稍优之士兵，常集合研究学术，实无会党情形。黎叱曰：“革命党作法，现尽如此，汝不严禁，反从而护庇之耶？”潘曰：“统领既不许，以后当遵示严禁。”黎怒吼如故。潘退，黎即撤职，而委施化龙代潘。化龙，极龌龊之官僚也。到差后，对杨王鹏外示谦和，阴结行间最服从者，充彼密探。不及三月，凑集多少事证，告密于黎曰：“杨王鹏实有秘密结社，图谋不轨情事。”并为风影之谈以张大之。黎谓此事万不可声张，恐大帅闻之，更难办理。于是撤杨王鹏、郑士杰（四十一标二营营部司书）两司书差，重责李抱良（四十一标一营前队正目）、钟倬宾（一营营代表）后，一并开除。十月，杨王鹏、钟倬宾返湘，李抱良赴粤。社务则交蒋翊武维持，邹毓琳则接管庶务，等于无形停顿而已。幸十一月詹大悲筹三千元创刊《大江报》，与何海鸣、查光佛等专以鼓吹革命为职志。居正、田桐、黄侃、胡瑛等均撰文协助，声势极大。党务飘摇时，忽得此生力军之宣传，革命空气，仍非常浓厚也。

社员名录

杨王鹏	传见后。
王玄一	
蔡大辅	云舫，京山。
蒋翊武	传见文学社篇。
郭抚宸	
廖湘芸	
宛思演	
彭楚藩	传见武昌首义篇。
刘尧澂	传见武昌首义篇。
查光佛	兢生，蕲春。
詹大悲	传见文学社篇。
黄申芗	大冶。
何海鸣	湖南衡阳。

吴基培	后名醒汉，黄陂人。
潘康时	贻如，黄陂，四十一标一营左队队官，事泄撤差。
李　鑫	
罗良骏	
丁人杰	景梁，房县。
唐牺支	以祀，湖南慈利。
杨选青	襄阳。
章裕昆	德藩，湖南宁乡。
胡　瑛	传见科学补习所篇。
邱文彬	质如。
祝制六	荆门。
杜武库	廉卿，黄冈。
黄家麟	事略见下篇。
黄驾白	
黄元吉	略历见军队同盟篇。
胡玉珍	传见下篇。
李抱良	六如，湖南平江。本社庶务，四十一标一营前队正目，事泄，重责开除。赴粤。
王文锦	
陆国琪	
郑士杰	四十一标二营营部司书，因施化龙告密，开除。
高尚志	字固群，巴东。
江国光	
萧国宝	品三，监利。起义后充十三旅旅长。
钟倬宾	四十一标营代表，为施化龙告密，重责开除，反湘。
邹毓琳	

孙复昌	
莫定国	
向海潜	
张文选	
黄依僧	名景贤，湖南平江。
李慕尧	
单道康	
陈元吉	
邹润猷	
江炳灵	庆林，沔阳。
夏一鸣	
曹华丞	
万　畸	
陈子龙	襄阳。
李建中	
方　兴	原名绳修，长阳。
陈孝芬	铁侯，黄安。
刘化欧	
饶升甫	
席正铭	
徐万年	
侯源英	湖南。
陈国桢	鄂城。
雷　洪	湖南。
李乃斌	
谢　莱	

余兆龙

陈复元

黄镇中

冯中兴

徐达明

王国华

冯扶青

李成牧

朱黄强

杨王鹏传

李翊东

君讳鹏，复姓杨王，字子鬯，湖南湘乡人也。生而歧嶷，善属文，每有所怀，辄托之诗歌。弱冠，入伍湖南陆军第五十标，即以种族大义灌输同曹。久之，为管带某侦知，革除之。戊申，走武昌，又入陆军四十一标三营为兵卒。适任重远将组织军队同盟，以谋匡复，君力助其成。其年秋，沿长江各省新军，会操于太湖。适清帝崩，南北空虚，人心思动，君谓章裕昆、钟畸诸同志曰："此革命好机会也，惜吾辈无组织，不能大举。然自今日始，力图之，犹未晚也。"遂与黄申芗等组织群治学社。庚戌夏，湖南饥民暴动，鄂党人谋起应，事泄，群治学社败露，同志中微怀怯志。君曰："失败为成功之母，请毋自馁。"闻者为之感奋。乃改群治学社为振武学社，推君为社长，精心擘画，声势益振。时君已任四十一标一营某队司书。其队官施化龙侦知其事，密言于协统黎元洪，撤去其职。辛亥，武昌倡义，君佐焦达峰起应长沙，任都督府秘书，草檄万言，立就。未几，焦都督遇害，君乃走武昌，任军令部人事局长。至南北和议成始辞去，任汉口《民心报》经理。旋又兼国民党汉口交通部主任。民国元年，政府以君革命有功，补授陆军少将。明年春，袁世凯使贼杀故农林总长宋教仁于上海，君檄于义愤，愿与袁氏争一夕之命。遂与詹大悲、钟畸等，在鄂谋集义故，举兵武昌，出武胜关，直捣燕京。所志未伸，而湘、赣、皖、粤四都督罢。黄兴以江宁讨袁，君返湘，与湘督谭延闿谋起应。未一月，江宁败，君乃亡走日本。时孙总理改国民党为中华革命党，遂加入焉。五年正月，袁僭帝号。二月，奉孙公命，于役于湘。将行，同志载酒及诗，追饯之江轮上，君慨然曰："吾此行不能灭袁，终不返矣。"既抵湘，与廖湘芸组护国军，期于十九日大举，未果。二十四日君被执，湘督汤芗铭鞫讯，君历数袁氏叛国罪状，触芗铭怒，断其舌。君瞠目举手，口喃喃骂不休。芗铭益怒，割其阳道，复剖其心，而支解之，呜呼惨矣！时年二十九，妻周氏，女一，无子，以其兄之子嗣之。

李翊东曰：子imgs革命，素志坚决。身虽短小，骨侠而烈。既倒满清，复摈袁贼。虽罹极刑，骂贼不绝。衡岳钟灵，孕兹人杰。千秋万岁，照耀史册。

文学社始末

振武因社长杨王鹏之故，社务停顿两月，季冬，风潮略平，各社员俱有从速恢复之表示。詹大悲、刘尧澂、王守愚、蒋翊武、蔡大辅、章裕昆等会议于武昌阅马厂之集贤酒馆，讨论进行方法，同志多主张复振武之旧观。詹大悲以“振武社已为官厅侦知，而振武二字，尤易注目，不如另改名称，从新组织为愈。吾辈革命，所重者在精神，不在名称惊耸耳”。众韪之，乃决议改组为文学社，推詹大悲起草简章。辛亥元旦，假新军团拜名义，开成立大会于黄鹤楼之风度楼，到蒋翊武、章裕昆、詹大悲、刘尧澂、王守愚、邹毓琳、蔡大辅及各标代表等，推蒋翊武主席，报告改名文学社之意义及简章，均无异议。旋提议选举职员。章裕昆动议：“此时暂不设副社长，俟范围扩充至相当程度时增设。再各标代表无须改选。”众赞成。当推蒋翊武为正社长，詹大悲为文书部长，蔡大辅、王守愚为文书员，刘尧澂为评议部长，邹毓琳为会计兼庶务，胡瑛则在狱策画。改组后，加入本社者，计有三十标之王宪章、张鹏程、钟仲衡、张廷辅等，二十九标有蔡济民、张喆夫、李达五、李济臣等，四十一标有阙龙、李必胜、杨再雄、柳涤凡、梁栋、顾鸿、胡培才、王世龙、萧国斌、邹栋等，第八镇工程第八营马云、马骥云等，二十一混成协炮队十一营晏柏青、符玉龙等，辎重十一营余凤斋，宪兵营彭楚藩等。旋推张喆夫、张鹏程为本标代表，余凤斋为本协炮工辎总代表，阙龙为四十一标三营代表，晏柏青、马荣、彭楚藩均为各本营营代表。此一月中，加入本社者极踊跃。二月十五日，蒋翊武复于黄土坡招鹤酒楼召开代表会议，翊武主席，报告社务太繁，非一人精力所能任，提议推王宪章为副社长，众赞成，宪章隶三十标，其标多旗人，宪章才具开展，足资肆应，推为副长，不仅内部关系已也。主席又提议湖北各军，皆有本社同志，维马队阙如，应推同志投马队运动，决议推章裕昆前往，裕昆去后，不久即得社员四十余人。社务正突飞猛进中，忽值三月二十九广州失败，各省疆吏，群成恐怖时代，防范极严。本社常会，亦难召集，刘尧澂恐社员咸失联络，即请假出营，蛰居阅马厂之文昌阁，每日往各营通问，借谂内外消息。四月风潮略平，十二日，复在黄土坡同兴酒楼召开代表会议，除原有代表外，复增加马队代表黄维汉，刘尧澂主席，报告本社近状，并提议觅一适当地点迁设机关部，王宪章报告与张廷辅洽商情形，决议赁小朝街八十五号张廷辅寓楼上作总机关，刘尧澂、王守愚、蔡大辅住社办公，并增设总务部，推张廷辅为部长。尧澂复谓时局逐渐紧张，吾人宜与共进会结合，以厚势力，众赞成。翌日，刘尧澂即与王守愚同共进会协商，经数次及多人之斡旋，后始联合。端节，在本部开代表会议，决议在阳夏设立支部，以胡玉珍为四十二标总代表兼支部长，以郑兆兰任交通，即就汉口郑寓为支部交通处。汉口集会则在范明山寓，汉阳集会则在陈德元寓。自两派联合后，皆能本中部同盟会事权统一，责任分担之主旨，同心协力。所以八月十九日，虽遭清吏之惨戮，然下午即将瑞澂、张彪驱逐，光复武汉，洵非偶然也。其详具武昌首义篇中，社章列后。

文学社简章

一、名称

本社以联合同志研究文学，故名曰文学社。

二、组织

本社设社长一人，副社长一人，文书部长一人，评议部长一人，均由社员推举之。

（甲）文书部
- 一、文书四人
- 二、会计一人
- 三、财务一人

（乙）评议部
- 一、评议员若干人
- 二、纠察员若干人

三、职责

社长管理本社一切事项，督同社员，发展本社社务。副社长协助社长发展社务，如社长有事他往时，副社长得代行社长职权。文书部长管理本社一切文件、册籍保管事项，会计、庶务等属之。评议部长专司指导本社社员，研究学识，纠正错误。文书协助文书部长，办理本社一切文件，保管册籍等事项。会计专司本社员捐款收入、支出保管事项。庶务专司关于本社一切事务事项。评议员协助评议部长，专司指导本社社员研究学识之责。纠察员专司联络本社社员感情，及纠正社员错误。标代表管全标一切进行事宜，营代表亦如之。

四、经济

本社社员缴入社金一元，每月按月薪缴纳月捐十分之一。各队代表收集，于放饷二日内，送交营代表。营代表于放饷三日内收集送交标代表。标代表五日内，集全标捐款送本社会计点收，存放银行。开会时，会计须将簿折交会审查。

五、入社

凡愿为本社社员者，须得本社社员三人以上之介绍，经本社派员调查，认为与本社宗旨相合者，方得为本社社员。

六、附则

本简章如有未尽之处，得临时更改之。

社员名录

蒋翊武　　传见后。

彭楚藩　　传见武昌首义篇。亦加入共进会。

詹大悲　　传见后。

刘复基	传见武昌首义篇。
王守愚	玄一，京山。任文书。
杨宏胜	传见武昌首义篇。
张廷辅	字清臣，直隶人。三十九标排长，在社任总务部部长，即其家为机关。后起义，任谋略及第二师师长，民元遇害。
蔡大辅	字云舫，京山人。任文书。秘密时，推为总司令参谋，民四讨袁为襄阳镇守使黎天才捕，解武昌遇害。
胡　瑛	传见科学补习所篇。
张鹏程	字翼洲，恩施人。三十标代表。攻督署守藩库，随讨袁。民八护法残废。
龚霞初	湖南人，八月十八日，同三烈士被逮，首义出狱，后办《震旦报》。
章裕昆	字德藩，湖南宁乡人。自军队同盟会至首义，努力革命，不争权利。
王宪章	传见后。
查光佛	字兢生，蕲春人。事前被推为副都督，起义后，任教育部副部长。
何海鸣	湖南衡阳人。起义，任汉口军政分府副主任，兼参谋长。
唐牺支	字以祀，湖南慈利人，在荆宜反正。
廖香芸	四十一标代表，攻督署最出力。
阙　龙	传见后。
罗良骏	三十标共同起义者。
李长龄	传见日知会篇。
王赞丞	字连三，汉川人。起义时，任宋锡全参谋。
郑兆南	钟祥人，阳夏支部长，即其寓为汉口交通处。起义时，任兵工厂厂长。

祝制六	荆门人，四十二标代表。秘密时推为总司令部参谋。八月首义，光复汉阳、汉口，民元遇害。
邱文彬	质如，四十二标副总代表，恢复汉阳，炮击瑞澂兵舰。
胡玉珍	事略见后。
鄢树藩	天门人，四十二标二营代表，起义后，在京山为巡防统领刘韫玉枪毙。
曹振武	世杰，京山人。努力革命，数十年如一日。
林翼支	随州人，光复汉口时，任标统兼代指挥官。
李济臣	传见后。
熊　伟	传见后。
宛思演	黄梅人。斥资办报，鼓吹革命。
郑桂芳	为刘英营长，同李济臣遇害。
蔡济民	亦隶共进会，传见共进会篇中。
金寿芳	民四讨袁，在襄阳同蔡大辅被捕，解省遇害。
黄　兢	在天门刘英部下，为钱明汉谋害。
尤洪胜	刘英部下，为钱明汉诱杀。
李凤鸣	刘英部下，为钱明汉诱杀。
李青莲	刘英部下，为钱明汉诱杀。
罗群英	四十二标二营副代表。
杨梓青	民七护宪，为王占元枪毙。
赵承武	四十二标二营正代表,后任标统,九月四日攻汉口阵亡。
李擎甫	起义前，派往岳州，召蒋翊武从速回鄂者。
李文元	起义前，送信各标营者。
杨选青	襄阳人。攻督署最努力，擢标统。汉口战争紧急，因结婚未上前线，枪毙，人多惜之。
刘化欧	四十二标三营正代表。

张喆夫	二十九标代表，挟其营长何锡藩反正。
胡培才	攻督署最努力。
余凤斋	二十一混成协炮工辎总代表，掩护第十一营炮兵，占据凤凰山，攻督署。
宋锡全	湘人。起义时，四十二标举为协统。后以冤狱死于湘。
王世龙	传见武昌首义篇。
秦洛民	秘密时，预定为总司令蒋翊武参谋。
李达五	湖南龙山人。起义后，任钢药厂总办。靖国之役，在施南遇害。
陈建章	一营代表，光复汉阳，任宋锡全营长。
戈承元	一营代表。首义，充宋锡全营长。
刘九穗	应城人，二次革命为冯国璋杀于宁。
张步瀛	恢复汉口，带队迎詹大悲出狱。
邹毓琳	任会计。
孙昌复	陆军学生。戊申主张发动最力，运炸弹进城，因湘事定而止。辛亥攻督署最勇。
邱庸坤	光复汉阳，任营副。
李忠义	咸宁人。三十一标二营营代表，民二遇害。
黄振中	首义任宋锡全部团长。
王绍斌	三十一标二营前队代表。
石占奎	四十二标二营副代表。在汉口刘家庙阵亡。
梁炎昌	光复汉阳，为宋锡全协司令部副参谋长。
张文彬	字仲缄，首义充宋锡全部营副。
江采萍	原名有纪，汉川人。三十一标二营左队代表。
陆国琪	自军队同盟会起努力至起义，未尝间断。
黄驾白	带炮进城，攻督署者。

顾　鸿	沔阳人。攻督署最努力，后任季雨霖参谋。
胡玉山	起义后，隶季雨霖部，攻钟祥最勇敢。
仇国华	恢复汉阳，复同张大鹏带队迎李亚东出狱。
黄依僧	二营代表。自军队同盟会努力起至首义，未尝间断。
梁谋如	民四讨袁，与尹华杨三人在武昌就义。
华裕隆	民四讨袁，为黎天才逮捕，解省枪毙。
李慕尧	炮队八标代表。
邹润猷	自军队同盟会起努力至辛亥起义，未尝间断。
张大鹏	一营代表。恢复汉阳，带队迎李亚东出狱。
李　鑫	起义后，汉口军政分府派为粮台总理。
汤启发	在汉阳首义，包抄清兵。
李金山	二十日带队占领汉口者。
朱璧珍	秘密时，任一营代表，负传达命令之责。
江国光	三十一标代表。最勇敢。民二为改进团案被害。
单道康	字刺夷，湖南平江人。三十二标代表。攻督署最猛，首义后，任禁卫军团长。
胡冠南	与唐牺支光复宜昌。又有名胡冠六者，工作亦同，不知是否写误。
尹逵元	民四讨袁，为黎天才逮捕，解省枪毙。
陈德元	秘密时任联络，其寓即汉阳集会处，首义任宋锡全部营副 。
杨梓侠	民四讨袁，为黎天才逮捕，解省枪毙。
莫定国	自军队同盟会努力起至起义，来尝间断。
范明山	四十二标兵士。任联络，其寓即汉口集会处。
梁　栋	攻督署最出力。
王文锦	自军队同盟会起努力至首义，未尝间断。

柳涤凡	攻督署最猛。
沈　岳	字嵩生，湖南宁乡人。
姚　斌	传见武昌首义篇。
萧尚志	汉川。起义，转战阳夏，最勇敢。
黄维汉	马队士兵。与章裕昆负联络襄郧同志之责。
李德山	与张鹏程同攻督署，民四讨袁，在襄河上奔走极力。
滕亚光	参加首义，民元遇害。
万　畸	自军队同盟会起努力至起义，未尝间断。
李文灿	攻督署最出力。
叶正中	随端方入川，与唐牺支联络发动者。
李必胜	攻督署最出力。
马云卿	攻督署受伤。
杨载雄	一曰再雄，字璘轩，湖南澧县人。首义后任协统。
姚　钧	攻督署最努力。
徐继庶	潜江人，共同恢复汉阳，佐汉阳府知事李亚东治事。
马　荣	传见武昌首义篇。
李岳松	一名若松，湖南湘乡人。起义后，任经理局某兵站支部长。
陈朗如	同张鹏程攻督署，保护藩库，及接胡瑛出狱，又赴天门佐刘英者。
黄孝霖	秘密时，运动最努力。戊申，主张发动极力者。
黄柱国	首义，任宋锡全部标统。
任质存	起义后，詹大悲派赴湖南响应者。
邓汉卿	京山。首义时见兵力单薄，倡议四县起兵以援武汉。
宋玉廷	首义任宋锡全部营副。
王家麟	首义任宋锡全部营副。
张文选	自军队同盟会起，努力至辛亥起义，未尝间断。

陈复元	三十标共同起义者。
彭纪麟	
曹子清	随端方入川，与唐牺支联络发动者。
周拓疆	四十二标在汉阳反正者。
胡冠六	随端方入川，与唐牺支联络发动者。
朱澄宇	任参议。
郑继周	攻督署最努力。
朱澄寰	二营代表。
冯中兴	三十标共同起义者。
杨振华	二营代表。
邹　栋	攻督署最出力。
钟仲衡	首义同攻督署，后任刘英营长。
万逢霖	光复汉阳，为宋锡全标统。
马骥云	马队首先响应者。
王殿一	首义任宋锡全部标统。
符玉龙	混成协炮队十一营士兵。
蒲志斌	任宋锡全部营长。
韩超骥	马队士兵。
黄家麟	事略见后。
萧志和	马队士兵。
朱旭东	首义，任宋锡全部营副。
黎瀛洲	马队士兵。
袁金声	任联络，首义时在汉口枪毙排长瞿焕明反正者。后任宋锡全部营副。
范天印	马队士兵。
沈翼世	马队士兵。

温楚珩	任汉口军政分府秘书。
廖化东	马队士兵。
张明阳	汉川人。
文东明	马队士兵。
徐绍儒	
陈励志	马队士兵。
杨洪涛	任参议。
王瑞兰	马队士兵。
孙业章	任参议。
张　威	马队士兵。
陈振亚	二营代表。
晏柏青	混成协炮队十一营代表。
彭学俊	三营代表。
熊楚斌	马队士兵，十九同张廷辅被逮，起义后出狱。
萧国斌	四十一标士兵。
刘治一	马队士兵。
刘建一	马队士兵。
黄冠群	马队士兵首先响应者。
张奇烈	马队士兵。
华斌恺	马队士兵。
晏国彬	马队士兵。
顾忠伟	马队士兵。
邱瑞超	马队士兵。
杨国勋	马队士兵。

按：文学社、共进会，在辛亥联合之声甚盛。两派党员，即有互相加入者，如彭楚藩、杨宏胜、蔡济民等即其一例，故名录间有互见者。

社员列传

蒋翊武事略

王建中

蒋翊武，湖南澧州人。少倜傥有大志。庚子义和团之变，联军陷北京，国势岌岌，哭泣累日，谓中国欲图自强，首当倾覆清廷，建设新政府。闻者靡不骇走。年十八，入澧州高等小学，十九，入常德师范，该校为湖西先河志士所萃集，颇为当道侧目。会宋教仁谋革命，来自湖北，事泄，逸去。清吏将兴大狱，董校者乃除蒋及梅景鸿名。蒋自是与刘尧澂奔走于沅、湘间，招纳会党，晓以复汉大义，皆感泣，得死士数百，为立机关于城内之祇园寺。逾岁，欲赴日本，与同盟会商。抵沪，病，不果。时中国公学新成，就肄业焉。善杨卓林，兴创《竞业旬报》，以通俗体鼓吹民族主义。为端方摧残，卓林遇害。蒋潜归澧，杜门不出，日以诗酒自遣，时或仗剑高吟，旁若无人，人亦不测其为何也。如是者岁余。值清廷以立宪荧天下，寡识者方喁喁喜，蒋忧之，走谓刘尧澂曰："吾辈所事，又添障碍矣，及今不图，迟益艰难。闻鄂中新军多志士，余久志从戎，今且赴鄂实行矣。君能与俱否？"刘欣诺。遂于己酉秋九月抵鄂。先是鄂军志士，密于军中结一群治社，谋革命，旋因其机关《商务报》反对粤、汉路借款被封，团体几殆。至是得蒋与尧澂，相见恨晚，乃以蒋主社事。庚戌春，湖南饥民变起，与共进会刘、黄等合谋响应，以泄败，改组振武社，旋被管带施某破坏，社员星散。未几复集同志计议，以讲学为名，组织文学社，举蒋为社长，王宪章副之，刘尧澂等分部任职，更得《大江报》推助之，影响弥漫军界，即辛亥八月十九日武、汉首义之一原动机关也。是年三月，黄兴等起义广州，蒋拟炸鄂督响应，粤事败，乃止。洎四川铁道风潮起，人心激昂，蒋曰："时机至矣。"密开军事会议，被举为总司令，设枢部于武、汉三镇。公推代表赴沪，与同志等接洽，期九月朔各处大举。会有令檄四十一标三营防岳州，蒋籍隶当随，请假，不许。抵防后，屈指期迫，乃冒险宵遁。八月十八日，抵武昌枢部谈准备事，忽报汉口枢部谋泄，蒋曰："事急矣，宁我薄人，毋人薄我，其死生以之。"急令各营于夜半听城外炮声举事。讵以戒严故，扃城早，炮队营令不得达，而传令工程营之杨宏胜，复为逻者所获，闻变出视，则缇骑及门。遂同刘尧澂、彭楚藩、邢伯谦、牟鸿勋、龚霞初等被逮。至警局，蒋故作乡愚状，佯问："拘我何为？"监守者以其裒衣大袖，且垂辫，与所捕诸人异，释之，走匿蔡大辅、王守愚寓。移时，闻刘尧澂、杨宏胜、彭楚藩遇害，清吏按所获名册穷治，人人自危。蒋谓事已至此，岂可束手待毙，十九破晓，派胡培才等，往各营令即晚照原令程序，争死生于须臾。布置既妥，有悬赏令大索首领，蒋乃偕蔡大辅，乔装出平湖门，雇小舟暂逃以待。届时号炮发，各营汉帜齐张，争夺要地。清吏瑞澂，闻变失措，弃城遁，武、汉三镇遂光复。举黎元洪为都督，黎任蒋为军事顾问，建议兵贵神速，请令张廷辅率师出武胜关，遏清军南下，未决，清军旋长驱薄汉口。蒋曰："兵法先发制人，吾计不行，今为敌制，宜速迎战。"黎以蒋为防御使，任战守，反对者忌其能，请任张景良为总指挥牵制之。张固刚愎，凡蒋所计划悉不容，遂拱手奉汉口于冯国璋，火其市，虽经黄兴力战，已成焦土矣。汉阳败，黄兴去鄂，黎元洪退驻葛店，武昌岌岌不保。蒋以军界引重，继黄兴为战时总司令，区沿江为四部，以张廷辅、杜锡钧等分驻扼守，清军不得逞。旋停战，改驻汉招抚使，开诚布公，清军多被感化，释甲来归者踵相接。和议成，长湖北军务部，旋引疾去。临时政府北徙，袁世凯特召武、汉首义诸杰，蒋与焉。至京，授高等军事顾问，竣拒不获，姑置之，亦绝不涉足政府，隐示不受羁縻之意。旋授勋二位陆军中将，加上将衔，辞勿受。国民党成立，被举参议，居京数月，愤袁世凯蹂躏民权，违背约法，日陷国家于危亡，慨然思有以匡救之。正式国会选举竣，游沪、汉，与新选议员商救国大计，以大局不堪再事破坏，力主从政治上和平解决。值宋案发生，情势一变，袁世凯复日增师南下，咄咄逼人，莫望和平。归辞父母，誓志杀贼，保障共和，否则不生还也。湖口首义，湘政府备响应，速蒋至省，宣告独立，任鄂、豫招抚使，以取荆、襄，捣武、汉，进窥河、洛自任。顾有阴忌之者，凡所需故靳不予，至未能克期出师，独立取消。蒋方自岳州行营部署回，大惊，将往阻止，则文告已遍贴通衢矣。痛斥湘人畏葸偾事，以权不属，无如何也。其部下某，旅桂久，称与该省军界某要人习，且深悉其非袁党，以公名望，往说必有效，乃资以行。抵全州之唐家市，为阍者所诇，遂被捕，槛送桂林。知不免，遗书同志，勉以后图。民国二年十月九日，袁世凯杀蒋翊武于广西，卒年二十九。夫人某氏，早卒，遗一女。继夫人刘氏，子二，长继武，次幼武，遗腹生。

詹大悲传

李翊东

君讳大悲，詹姓，字质存，湖北蕲春人也。颖悟过人，博闻强记，言语文章，犀利隽妙，有识皆以大器目之。清季废科举，君肄业黄州府中学，鄂东应试者近二万人，君年最少，获置第一。监督吴兆泰奇其才，而君亦雅自负，卒以争坐位，忤监学赵隽华，除学籍。时同学有黄梅宛思演者，创立证人学会，谋匡复，款君于其家，君因是入盟，始言革命矣。思演走武昌，斥资办汉口《商务报》，以君任总主笔。适鄂军第四十一标有怀匡复者，组织群治学社，出防天门、潜江等县。君闻之，亟思联络，乃与蒋翊武、刘尧澂走天、潜，抵张截口，识京山蔡大辅，大辅故在武昌群治学社，自是互通声气。未几，群治学社败露，而《商务报》亦遭封闭。君乃筹资创刊《大江报》，与蒋翊武等组织文学社，被推任文书部部长，章程皆出其手，而《大江报》遂为文学社机关报。辛亥夏四月，清廷谕将铁道收归国有，君力持反抗，湖北咨议局议长汤化龙曰："明达如君，不应反对铁路国有。"君曰："国有固当，清有则否。"化龙闻之咋舌。复为文，题曰"大乱者救中国之药石也"，何海鸣亦倡言"亡中国者和平也"，皆刊之《大江报》。湖广总督瑞澂闻之大震怒，捕君入狱。海鸣避匿，清吏追捕急，君曰："《大江报》乃余负全责，应独坐余罪。”不许，海鸣遂投案，武汉报界共声援营解。瑞澂令处徒刑十八月。君名噪国内外。八月十九日，武昌革命军起，阳夏同时光复，公推温楚珩迎君出狱。时武昌立都督府，拥黎元洪为都督。元洪非革命党，初无固志。汉口特建军政分府，以君主之。十月六日，临时总指挥张景良通敌，君执而杀之，不以予元洪，人服其英断。汉口将陷，君遽走九江，说江西军援鄂，而军政分府遂消灭。未几，胡瑛以山东都督由宁赴烟台谋北伐，君往助之。二年春，民党内定君为湖北省议会议长，故先选为省议员。无何，宋案起，遂与王宪章、杨王鹏、温楚珩、夏述唐、钟仲衡等谋讨袁，事泄，仲衡死焉。七月，江宁讨袁军起。赣督李烈钧以江西独立，君驰赴，事败，走日本。适孙公在东京改组中华革命党，遂加入。旋奉命与王宪章等返上海，运动江南军队，冯国璋设计诱捕，语在王宪章事中。君幸免，复走日本，及袁氏叛国，君又自日本返鄂，谋讨袁。甫抵上海，与温楚珩同就逮，系租界狱。世凯死，上海各团体共迎君出狱。时国会重开，各省会亦恢复，君当选为湖北省议会议长。王占元以北洋凶猘督鄂，忌君，不许到会。君复组政团，主持清议。未几，曹锟等叛变，黎大总统出走。孙公率海军南下护法，命君赴川，说诸将领。九年，任广州大本营宣传员。十年五月，重入川。及还粤复命，适陈炯明叛，孙公蒙难于永丰兵舰，君急趣侍。后奉命赴泉州，与何成濬商讨伐。十二年，任中国国民党第一次全国代表大会代表，国民政府参事。十五年，任国民政府驻沪代表。北伐军下武、汉，任武、汉政治分会委员，兼湖北省政务委员会委员等职。倡议设水利局，规定湖北堤工经常费，人民称便。十六年春，任湖北财政厅长，是冬，中央西征军胡宗铎统军汉上，其部将林某执君杀之，时年四十。婿魏以新收殓其骨。明年，弟俊存葬之原籍。妻查氏，子诗华，女芝芳。君殁后，十有六年，以名败，世莫有追念其功者。翊东少识大悲于黄州，目击其事稍详，乃刺其荦荦大者为之传。

李翊东曰：世固有求全之毁，然潜移默化之功，则有不可毁者。大悲少卓绝，其才不可一世。年及冠，即明夷夏大防。武昌首义，功亦高。天门胡石庵称其在武、汉鼓吹与筹策之功，与江流不朽，非阿好也。顾大悲好自负，不拘拘于进退小节，致以异党嫌疑被害。生未竟其才，死不得其所，惜哉。

王烈士宪章事略

章裕昆

公讳宪章，贵州新义县人也。魁梧英敏。弱冠，睹时事日非，欲得权借以自效。入粟捐知县，旋悟其非。闻鄂军多怀匡复者，乃于戊申春入湖北陆军三十标为士兵，识张廷辅、王文锦、罗良骏等，共组将校团，联络同志。被推为团长。辛亥春，与文学社合并，任副社长，日与社长蒋翊武策进行。八月十八日动员令下，以发炮为号，公虑曰："炮队命令，关系重大，万一延误，其事败矣。"遂运炸弹入营，分给张廷辅、徐达明诸同志，准备发动。不料晚十时总机关破，刘复基、彭楚藩、蒋翊武等十余人被捕。公伏蛇山，至五鼓犹无所闻，知有变，亟由忠孝门越城出，潜往汉口交通处探听消息。次日，四十二标之代表胡玉珍及同志袁金声至，告以武昌光复状。公与胡决定于今晚九时夺取阳夏。又潜赴汉阳隆登堤，由同志黄家麟导入营，率部众占领汉阳。复派李金山带队至汉口居仁门鸣枪举义，亦占领焉。即集会汉阳铁厂，推宋锡全为协司令，公任总指挥兼标统，募集新兵，从事训练。九月八日，汉口失利，阳夏将领集宋司令部商战守。宋遵议移兵岳州，公与胡玉珍、祝制六随，都督不知也，以临阵潜逃罪，电湘督杀宋，下公等长沙狱，浃旬始释。返鄂，充鄂军都督府参议。民元春，张廷辅被刺，以公任第二师师长，旋以裁兵遣散。二年讨袁军兴，公与何海鸣、王守愚、曹振武、韩恢等赴南京，指挥第八师，攻冯国璋，作殊死战。支持月余，弹尽粮竭去，东渡日本。嗣奉总理命返国，偕韩恢等谋再举。初有高华廷者，犯刑章系狱，公因他人之请释出，并授军职。甲寅公返沪，不知高已与耿华堂、张秀全等充冯国璋侦探，诳称运动南京军队，公不疑，资遣之。四日，高至沪，与耿华堂请公往宁举事，公允诺，当质洋一千六百元与之。高宴公于上海一品香酒店，席终，从高等赴宁，抵车站，被逮解南京。越五日遇害，年三十，其旧部冯某瘗其尸于王府园之老鸦山侧。墓久失修，夷为平陆。国民政府定都南京。争建馆舍，而孤冢已变为渠渠夏屋，不可复识矣。妻陈氏，妾任氏，子二，长东林，任氏出，次元林。孤孀以劳作营生，亦云惨矣。

蔡大辅事略

张难先

大辅蔡姓，字云舫，一曰芸舫，湖北京山人。以诸生考入南湖师范学校，不久弃去。投四十一标充列兵。时黄申芗、梁维亚等组织群治学社以谋革命。大辅参加，社务日有起色。己酉，鄂中大水。四十一标奉命往天门、潜江一带镇压饥民。大辅营扎张截港。时詹大悲主《商务报》笔政。刘尧澂、蒋翊武佐之。闻群治学社多图匡复者，乃邀翊武以访事名义，赴襄河访大辅于张截港。大辅为道学社内容。翊武感动，即投入四十一标充兵士，与大辅作实际运动。群治改组振武，振武改组文学社，大辅努力为多。文学社之总机关部，推大辅及王守愚任文书。驻社办公，劳怨不辞。后与共进会联合，公推发动之职务，举大辅为第一镇统制。力辞，乃改推宋镇华。光复后，复推之，俱径谢。只奔走各军，相机赞助，不居任何名义。和议告成，大辅以前途暗礁尚多，居恒深念，日谋讨袁。及湖口战事失败，大辅与刘英、张鹏程、金寿方等回襄河一带，运动驻军，设机关于襄阳。不料民国四年二月，镇守使黎天才侦悉，捕大辅、金寿方解省，同就义于武昌，惨矣。大辅缄默寡言，勇于赴义，不伐善，不揽权，实同志之矜式也。其家属现状何若，后进鲜忆往事，无人存问，良可慨也。

阙龙传

欧阳瑞骅

辛亥八月十九，武昌首义。是夕率陆军第四十一标第三营，经三佛阁，向湖广总督署猛攻，遭伪保安队敌抗，弹洞喉管，舁医院，治半月始痊者，为兵士沔阳阙龙也。龙字云波。精拳术，有游侠风。少家贫，读书习艺，俱不成。以清光绪丙午岁，在四十一标三营入伍。闻说洪杨故事，意气兴奋，响其所为，至是竟成实践。伤愈，都督黎元洪委充团长，赴汉口作战。未几季雨霖为荆襄郧招讨使，约与偕。抵仙桃镇，而汉阳陷，亟主西进。任标统，升协统，兼北伐右路司令。由襄阳攻克唐县，复攻南阳。和议成，班师，季雨霖任第八镇统制，为第十五协协统。嗣改镇为师，任旅长。见大局定，陈请黎都督辞职，派之日本留学。民国二年，赣宁事起，返国有所图，未遂，还家读书。四年，洪宪帝制，与田桐在武汉从事讨袁。袁死，黎任大总统，委为陆军部咨议。六年护法，莅广州，任大元帅府咨议。奉命归鄂，起兵助北伐。季雨霖称联军司令于沙洋，邀之。十二月，即由仙桃镇纠众往合。襄阳镇守使黎天才擒杀于钟祥。年三十三。季雨霖、卿定福等，同遇害。吁，可哀已。龙志行坚强，敢任事。黎元洪之初出为都督也，曾辗转踪迹，趣以正义。季雨霖招讨使任内，与唐牺支关衅，亦赖其力和解。龙无子，一女筱云，妻江氏。今遗骸尚瘗钟祥兰台书院云。

论曰：阙君尝僦寓余宗祠前某氏宅。余民国六年夏，因事还里，获觏一次。八年，余送母归，聆人谈其起兵仙桃镇，赴沙洋应季雨霖，本末甚悉，然究不知其首义之功。卓卓如此，安可令其淹晦，而置笔不书哉。

李济臣传

张难先

烈士姓李，名济臣，湖北恩施人也。幼聪颖，乡人咸异之。年十四，赴省肄业日新学堂，旋考入东路高等小学。尝阅革命书报，慨然发恢复祖国之愿，遂投笔从戎，充陆军第八镇二十九标一营前队上士。岁己酉，由党人张喆夫、张鹏程两氏，介绍入群治学社，始得革命之途径矣。烈士自入社后，异常努力，暗中宣传，同营被感动者甚夥。并节衣缩食，捐助党费。其年考入湖北陆军讲武堂。辛亥毕业，潜往江阴，运动炮台官兵。嗣因武昌胭脂巷事务所办事需人，乃函召烈士归，命与胡玉斋连合各党志士，并任制造炸弹之责。八月十七日，汉口总机关部，因孙武装制炸弹失慎，秘密全泄。武汉同时戒严，大事搜索。烈士遂将事务所之火药炸弹，饰为赠人礼品，潜移向启桂家，即启桂亦不知中藏何物也。及晚，复运至同志杨洪胜家，往返数次。教杨以装制玻璃管法，戒其心勿躁，力勿猛。而别。讵甫出门，而杨竟以疏忽爆发，当被军警捕去。烈士匿墙隅，旋转入整容店，伪为剃发者以免。至十九日，彭、刘、杨三烈士遇害，各同志人人自危，遂决即夜举事。烈士奉命偕各同志攻总督署，奋不顾身，不数时，竟将督署攻下。总督瑞澂、统制张标逃，武汉遂势如破竹矣。翌日，同张鹏程等守藩库。后又攻开各监，迎同志胡瑛等出狱。旋任都督府监察。时同志刘英在京山起义师，称副都督。军务部长孙武虑刘军势孤，禀派都督府参谋张鹏程、烈士及艾良臣等数十人，赴天门，赞襄军务。烈士任副都督府参谋长，府中一切计画，多由烈士手定。师行所至，晓人民以种族大义。其初怀疑义军者，至此如梦初觉，无不欢欣鼓舞，箪食壶浆以迎。间有不逞之徒，啸聚为地方患者，即亲往剿抚，远近帖然。后汉口失守，副都督率精锐往援，令烈士留守。先是副都督在天门时，有沙洋商人陈致大，控潜江巨匪钱明洪等，抢劫盐商庆茂和等数家，并杀伤事主。副都督命烈士往剿，洪集众抗拒，烈士督兵擒斩，地方以安。洪弟明汉，在辛亥前入伍，起义时升充连长，命守黑山。失汉口时，明汉由黑山溃退，沿途截编散兵，连械计千余，势甚张。与副都督第杰军合，同奔天门。闻其兄为烈士所杀，乃设宴邀府中数十人会饮，烈士与焉。烈士以明汉既与本军连合，等于袍泽，且诛洪系迫大义，毫无私嫌，不之疑也。酒数行，枪声猝起，数力士即席缚烈士致汉前，狂叱之。烈士知事殆，亦叱汉。汉命拔其舌，力士承旨，以刺刀剸之，直贯喉中，旋刃如雨下。烈士气将绝，复命曳西门外枪杀，呜呼惨矣。同时遇害者，有营长郑桂芳、连长李凤鸣、冷映奎、尤洪胜、李青莲、书记黄竞等七人。烈士死时，年才二十二。仲冬，安襄郧荆招讨使季雨霖会刘师北伐，道经郢，讨钟祥贼张楚材。时明汉已叛附楚材，僭号旅长，张败，生擒明汉，招讨命枭首以祭烈士等七人。稽勋局上其事于都督，都督痛惜，追赠烈士中校，抚恤二千金，命烈士家属护柩回籍，饬祀烈士祠。

熊伟传

张难先

熊伟，字小香，湖北麻城人。少勤学。弱冠投鄂军马队充兵士，入文学社为社员。辛亥秋，奉命移防襄阳。闻武昌光复，与章裕昆等谋响应，事泄，奔武昌。十月，安襄郧荆招讨使季雨霖委为参谋。收复荆、襄、唐、邓，伟与有力。和议成后，知袁氏终必叛国，常与蒋翊武等为未雨之绸缪。湖口讨袁师败，伟愤甚，在汉与蔡济民、向岩等谋再举。四年冬，运动南湖陆军中学起兵，事败，江竟飞避军警沉湖中，致病死。伟益愤，与向岩约，赴襄河一带运动军队，誓雪此耻。至仙桃镇，为驻军团长朱兆熊逮捕。酷刑逼供，伟庭叱之，奔前覆几案击朱，朱绕席走，挥左右殴之。伟既废，骂不绝口，遂遇害，时丙辰二月。

论曰：伟死后数月，吾以事过仙，知旧以伟义烈事告余，令人兴起。伟与余共事于季招讨处半年，南湖之役，复与渠警戒白沙洲一带。伟身材矮小，平居少语言，谦谨士也。一旦激发，雄强类荆、聂，人之不易知也如是夫。

胡玉珍事略

王缵承

君胡姓，名玉珍，号聘三，河南邓县人。幼岐嶷，喜与群儿作战斗戏。稍长，常从屠沽饮，饮后辄角力，乡里咸鄙视之。十六岁走鄂，投新军四十二标一营为列兵，在营除操课外，致力于书报，不出营门一步。同营绩学之士，折节下之。喜看《三国演义》及《水浒传》等书。闻人谈《扬州十日记》，即义愤填膺，同列均器重之。商组益智社以增进智识，隐寓革命意义。复联合武昌军人，组织振武社，谋革命之扩充。振武社破坏，复组文学社，开会时，君多所建议。公推君为四十二标代表。前代表为祝制六，愿让之，而己居副。君复以本标一营驻汉阳之兵工、钢药两厂，二营驻汉口居仁门，三营驻铁路之信阳，均为将来军事重要地。君建议总部，以本标改为文学社第四支部，俾易策动。众韪其议，许之。君于是计画全局。一营以邱文彬、黄振中、张步瀛、陈建章、戈承元、郑兆兰、梁炎昌、张大鹏、朱璧珍、邱坤镛、王子卿、杨洪涛、陈得元、朱承堃、胡正学、黄家麟、朱炳南、王缵承等各负职责。二营以赵承武、黄依僧、鄢树藩、杨震华等为代表。三营以刘化欧、罗群英、彭学俊等为代表。均照总部所定方略，积极进行。并将各营所得月捐，除开销外，即以其余款亲送在狱同志胡瑛、李亚东等零用。时到各营考察成绩，因此出外时多，常遭长官之呵斥，不顾也。辛亥八月十八武昌文学社总部破坏，管带汪炳山下令各连除采办员，限上午十时归营，否则以逃兵论罪，并不准官兵请假外出及会客，极其森严。十九日，君负采买之责，往汉口交通处范明山家，探听消息。适总社副社长王宪章至，告以总社破坏详情，君为之购便衣，制假辫，筹资以为出走预备。至下午六时，始归营，同志均为之震恐。值日官绳之以法，全营下士环请，减为禁足一月，幸免杖责。君于午夜十二时到王缵承棚，将承推醒，约往操场，告以总社及王宪章各情。并流涕以银币五十元，衣料一袭，女鞋一双交承手曰："此余为起义前，邮寄回家，聊报母亲者。若明日余被捕，望以此寄吾老母。"并嘱我准备一切，有命令即遵行。从此风声益紧，营连均无一人外出。君受禁足之罚，更不敢越雷池一步。二十日下午，突有武昌辎重营官兵百余人到汉阳，管带汪炳山令官长带兵送帐棚以供该官兵露营之需。君揣武昌有变，何以无命令到，极为焦灼。二十一日下午二时，营部派袁金声同志递送公文于汉口标本部。君嘱金声急足投递，再坐人力车至集稼嘴，乘民船渡江至武昌，探听情形。金声回报，武昌城门紧闭，有荷枪兵守城，左臂缠白布，始知武昌同志起义，乃决定晚八时半发动。一面通知驻守黑山钢药厂之前队戈承元等及驻守兵工厂之后队邱文彬等，届时举义。将兵工厂之炮，拖三尊置龟山。一面换便衣，出水营门，往汉口二营，告赵承武同志，准备举义。并往告王宪章来汉阳。是日系黄家麟同志充卫舍长，君得以私出也。并送信至信阳之三营刘化欧等，占领武胜关。汉阳光复后，君于二十二日三时渡江，报告武昌总部及都督。旋反汉阳，布置军事，各同志举君负领导责任，君以宋锡全队官系日知会老党人，让宋统制军务，副以王宪章。一面招兵扩充四标，君愿做参谋，负武、阳、夏联络战事责任。出李亚东同志于汉阳县监，詹大悲同志于礼智司狱，此君光复汉阳之经过。使君不决然举义，占领龟山，二十二日六时，瑞澂、张彪乘兵舰至汉阳登陆，而兵工、钢药两厂必为彼辈占领，武昌孤城即难自保，尚能望各省之响应乎？君后以汉阳失败，随安襄郧荆招讨使季雨霖北伐。在沙洋审理汉奸巨案，在钟祥生擒钱明汉，在襄阳调解张国荃同志与季招讨意见，招讨甚得力焉。和议告成，君返武昌，办春秋报社。同志有告黎元洪密令捉君者，君乃离武昌，潜渡日本。筹安会发生，君返国往山东芙蓉刘庄，与刘君幹臣谋，在山东起事，扼北平之左，事泄转沪。复派熊君某往汉联络驻军，事又破坏，熊君就义于武昌。君在沪，与各省同志谋实力之进行，以袁氏侦探满布，出必携手枪自卫，侦探知其情，促英捕房搜君身畔，果得枪，乃下君于西牢。袁氏交涉引渡，君愤极，病死狱中。

黄家麟事略

王缵承

君姓黄，名家麟，号笃前，湖北汉川人。幼聪颖，秉庭训。喜读黄梨洲、王船山两先生书。毕业于本县高等小学。参加日知会。阅《申报》徐锡麟杀恩铭论文，恨满人之专制。不欲从学校进取，乃投四十二标一营后队充当兵士，旋升下士，送考湖北讲武堂毕业。君忻然曰："从此可多识军队友朋，好作革命运动耳。"初为振武社社员，嗣改组文学社，任联络员。逮辛亥八月二十一日，宋锡全队为营值日兼卫戍长，君任卫舍长。时风声紧急，营令森严，不准官兵一人外出及会客。君开后面水营门放胡玉珍同志往汉，六时许，纳副社长王宪章入营，皆置军令于度外。晚八时，队官宋锡全同君坐于大营口，标代表胡玉珍鸣枪举义。时宋欲以高压手段震慑之。君乃将预制白布，扼宋左腕系之，曰：“你不要糊涂。”宋悟，抽刀作我军指挥状。胡君玉珍宣布举义宗旨，仍推锡全为指挥官，皆君预为之谋。两队士兵，完整未星散，君之力也。锡全组司令部，以君为参谋。民元，文学社归并于同盟会，君任武昌同盟会干事。赣宁之役，任君为湖北军事联络代表。以事泄，在汉口俄租界被捕入狱。赖其叔养营多方营救，判徒刑三年。出狱后，匿居家乡。适筹安会发生，王缵承由沪回汉，谋军事之进行，回家晤君，君较昔时尤激烈。嘱进行需彼时，得信即来。别后，君以筹安会为推翻共和之表现，寝馈不安，弗待招即至。商急进，亲往天门永隆河运动胡廷佐旅长，不得要领而返。复与胡石庵、熊子贞等谋联络驻蒲圻之北军入手。甲寅春，往蒲圻商发难，在途即被侦探捕获，搜出手枪文件等。鄂督王占元捕君下狱，当军法审讯时，君绝口不吐一词，不供一人，但昂头呼曰，天祸中国，生此袁贼。乃就义于武昌。

鄢树藩事略

张难先

树藩，姓鄢，湖北天门人。幼颖异，读书过目不忘。尤喜阅兵书，常以其法部勒侪辈以为戏。丙午投笔入二十一混成协马队充士兵，旋考入陆军小学。次年挑充楚同兵舰正打旗官。戊申以故辞去。十一月，投陆军四十二标二营充正目，与祝制六、胡玉珍等组织益智社，图匡复。并联合武昌杨王鹏等所组之振武学社，以谋革命势力之扩充。振武社破坏，复组文学社。树藩与赵承武、黄裔孙、杨震华均为二营代表。辛亥八月二十一日，树藩与四十二标同志光复阳、夏，充汉口第一混成协一标二营督队官，旋升第三营管带。九月十二日汉口失守，乃带队布防蔡甸至汉川一带，同志举为标统。时汉川梁钟汉已奉命为游击总司令，闻襄阳巡防统领刘韫玉倾巢来犯。汉阳知府李亚东亦在汉川。商调树藩为临时指挥官，率队阵于仙桃镇以御之，大败刘军。刘军溯汉西窜，树藩蹑之，抵潜江，刘军遣人投诚，树藩不疑其有诈也，带卫队数名纳降。刘军纵兵胁之，迫令附己。树藩怒，拔刀砍贼，骂不绝口，遂遇害。时辛亥十月一日，年二十四。妻某氏，子汉元，女一。

江光国事略

张难先

光国江姓，号九成，湖北汉川人也。父石录，前清茂才，授徒于乡，光国侍读。资敏慧，过目成诵，喜读《三国演义》及《饮冰室文集》，尤酷嗜清代禁书。书法宗率更，秀健一如其人。喜兵法，常集村中群儿列阵以演战剧。家固巨富，太平天国之役，清军驻其家年余，征发备至，临行火其庐，家即中落。其祖母常为光国述其惨状，光国排满之心，即萌于是。乙巳父故，光国乃入县立高等小学，刻苦自励，每试冠其曹，以第一名毕业。戊申，清光绪帝殂，溥仪立，醇王摄政。光国慨然曰："内忧外患，不立长君，拥此乳臭儿，以便少数人弄权，国亡无日矣。"遂投笔从戎，入湖北陆军第八镇三十一标二营左队充兵士，旋升班长。结纳军中革命同志蒋翊武、王宪章、邓玉麟、蔡济民、江采萍之伦，入群治学社，潜谋革命。尤与蒋翊武、王宪章情逾骨肉。湖北设立讲武堂，选各部队班长集中训练，光国与王宪章与焉。二人向同学尽力运动，全堂学生，除满人外，鲜有不加入群治学社者。至此各部队皆有本党同志。庚戌群治学社败，改组为振武学社，振武复败，辛亥春改组，其名称有主仍旧及更名为文学社者，光国与詹大悲力主文学名称。文学社成立，推光国为三十一标标代表。六月，三十一标奉派护送端方入川，光国以计得留守，谋于八月十八日在省城发动。不料十七日汉口总机关破，十八日小朝街临时总司令部亦破。同志彭楚藩、刘尧澂、杨宏胜三烈士就义。彼时各部队人人自危，急不暇择，乃于十九日夜不谋而合，相率发难。光国率同志夺四十一标子弹库，占领蛇山。旋炮队进城，光国率队掩护炮队于蛇山，以击督署，瑞澂、张彪逃，武昌光复。先是秘密组织时，标代表即光复后之标统也。光国以革命基础，全在党务。武汉反正后，谢去军职，仍以整理文学社为职志。民元，见袁氏窃位，总理下野，积不能平，进行社务益力。都督黎元洪忌之。竟于其年四月，捕光国与祝制六、滕亚刚三人于武昌，同时遇害，惨矣！光国生于光绪戊子，殉国年二十四。

共进会始末

共进会发起于日本东京。先是中国同盟会于丁未新设十部，中有联络部，专以联络各省秘密会党为职志，焦达峰被推为调查部长。未几，达峰及川人张伯祥、余晋城、吴祥慈，赣人邓文辉，鄂人刘仲文，以长江各省会党头目，皆脑筋简单，非另设小团体，并委用熟悉会党情形者分途招纳，不易收效。又以同盟会誓约内之"平均地权"四字意义高深，非知识幼稚之会党所能了解；故另约一部同盟会会员，组织共进会，专司此项联络任务；且将"平均地权"改作"平均人权"，以免收揽会党多费口舌。此事进行异常秘密，其编制三等九级，一如同盟会；并以同盟会之总理为总理，直同盟会之外府也。(达峰于立会前，尝举以告黄克强。克强以为不可，曾与驳论数次。及闻其已经成立，而孙总理方在越南筹划军事，未便商讨，遂亦置之。）鄂人居正、孙武、杨时杰、彭汉遗、刘英、刘铁、向寿荫等皆与焉。刘仲文曾先后任副会长、会长。戊申九月，推举主要会员回国，分途进行。十二月，达峰抵汉口，与孙武协商两湖入手方法。己酉三月，乃设总机关于汉口法租界长清里。武昌就吴肖韩家设分机关。惟绌于经费，支持不易，适有浏阳布商刘肯堂、周海文贩布至汉口，达峰以乡谊关系，说之入会，二人以卖布所得，捐充党费，而两机关赖以维持。长江各会党名目分歧，特改为中华山以统一之，俾泯封畛。会党自焦住汉整理后，日有起色。孙武复与群治学社深相结纳，黄申芗等加入，于是共进会与群治学社发生密切关系矣。庚戌十月，日京同志集经世学社，商讨回国起兵地点，多主西南边省，杨时杰力持非武汉不可，历举优点以证。或指为理想，或斥为梦说，时杰忿甚，密约共进会会长刘公回鄂图之。抵汉，公抱病回襄阳，时杰乃访《雄风报》记者杨玉如共策进行。时居正已奉统筹部命，主持鄂事；正亦共进会会员。自正回鄂，声势益大。辛亥正月，谭人凤复奉中央统筹部命布置长江军事，携款抵汉，依共进会与居正、孙武等密计鄂事，并因胡瑛访问文学社各同志，全鄂党人，异常兴奋，几有一日千里之势。谭去后，会务进展极速。总机关复觉武昌会员渡江接洽颇感困难。因于三月租会城胭脂巷十一号作分机关，派胡祖舜主持，而武昌军学界同志接谈集会，非常便利，愈见活跃。复有同兴学社、同兴酒楼等等辅助机关，以肆应事机，故一切规画，措置裕如。文学社更和衷共济，等于仲昆，乃于八月初三日，在胭脂巷机关开联合大会，出席者有孙武、刘尧澂、胡祖舜、蔡大辅、邓玉麟、李济臣、蔡汉卿、彭楚藩、熊秉坤、马荣、杨宏胜、蔡济民、杜武库、林翼支等，时蒋翊武赴岳未返，公推孙武主席，主席报告共进会、文学社联合经过后，即讨论首义方略及日期，决议乘八月十五中秋节日起事，方略具武昌首义篇中。散会后，各同志即按照议决方案，积极准备。不料因风声外泄，环境极恶改期，复遭十七、十八之变，负责同志，逃亡尽净。赖基层巩固，万众一心，至十九日下午，党员仍本预定计划，人自为战，不惜任何牺牲，全体动员，占会城，攻督署，费十句钟之晷刻，竟将义旗高插于黄鹤楼头，而收复二百六十八年之失地矣。

会员名录

居　正	字觉生，广济人。主持大计，港沪奔驰，光复旧物。
刘　公	事略具后。
刘　英	聃述，京山。辛亥起兵荆郢，号称副都督。后为王占元枪毙于武昌。
孙　武	原名葆仁，字尧卿，亦曰摇清，夏口人。主持会务，制造炸弹。起义后，任军务部长。
杨时杰	舒武，沔阳。主持会务。起义后，任内务部长。

彭楚藩	传见武昌起义篇。
邓玉麟	炳三，巴东。努力会务，起义后，任谋略及第四师师长。
焦逢峰	传见中部同盟会篇。
杨玉如	沔阳。努力会务，起义后，任都督府秘书长。
刘　铁	字璧如，京山。在京、钟与其兄英起兵，任团长，后与英俱殉国。
黄申芗	原名绍香，大冶人。努力甚久。起义前，拟定为第二镇统制，后任标统。
刘　杰	字楚翘，京山人。与英起兵京山。
蔡济民	事略见后。
宋镇华	京山人。起义前，拟定为第一镇统制，后佐刘英起兵。
熊秉坤	字载乾，江夏人。工程第八营总代表，起义后任协统。
李作栋	春萱，沔阳。起义后，任财政部长。
赵师梅	名学魁，巴东人。工业学堂代表，主持同兴学社。十九日被捕，起义得释。
彭汉遗	述先，广济。后选为国会议员。
杨宏胜	传具武昌首义篇。
张振武	春山，房县。起义，任军务部副部长。民元，为袁世凯诱杀。
胡祖舜	原名恢汉，字玉斋，嘉鱼人。主持胭脂巷十一号分机关，起义后，任都督府参议。
吴醒汉	事略见后。
蔡汉卿	希圣，沔阳。起义，攻督署最出力，后任某师师长。
李翊东	西屏，黄冈。测绘学堂代表，后任叙赏长、参谋、参议等职。
甘绩熙	穆卿，利川。阳夏二役，战功甚伟。后任参谋、参议、各部总稽核等职。
牟鸿勋	猷宣，利川。十八日，同三烈士被捕。后任各总稽查员及实业部副部长。

方　兴	原名绳修，长阳人。陆军测绘学堂代表，起义后，当敢死队队长，极勇。
曾省三	楚香，应城。起义时，组织敢死部，辛亥后，革命无役不与。
陈　磊	树三，黄冈。照料同兴学社，于文学、共进两派之联合，最为努力。
胡干城	字剑侯，鄂城人。参加首义。
纪鸿钧	传见武昌首义篇。
江炳灵	字庆林，沔阳人。参加首义，任都督府参议。
向寿荫	后名岩，字少倩，汉川人。辛亥，在四川同梁瀛洲努力，民元回鄂，任八师参谋长。
黄元吉	字监宇，应城人。参加首义，任都督府参议。
陈　滔	传见后。
金兆龙	黄冈人，工程营代表，有谓渠即放头一枪者。后充敢死队队长。
周荣发	传载武昌首义篇。
邹玉溪	传载武昌首义篇。
谢石钦	办理总机关重要文告，起义后，任谋略处谋略。
陈孝芬	字铁侯，黄安人。马队营代表。
李基鸿	子宽，应城。首义后办报、办财政有声。
汤行健	字舜钦，沔阳。以文字宣传最力。讨袁失败，为鄂督王占元枪毙。
梁维亚	字民希，麻城人。首义后，任第一师参谋长。
李青莲	起义后，充刘英部营长。在天门，为钱明汉诱杀。
丁立中	字笏堂，后曰佛藏，江西。起义任秘书，后充兴业银行总办。
陈宏诰	字达武。起义后，任谋略处谋略。
潘公复	字善伯，襄阳人。起义，任制造炸弹诸事。

冷映奎	刘英部营长，为钱明汉诱杀。
陈献斌	河南人。在三十一标一营前队管理军装，忠实热心，常以军装房作密会之所。
郑桂芳	后为刘英部营长，在天门，为钱明汉诱杀。
余鸿勋	芳圃，孝感。起义后，任战时总司令部参谋，以勇敢称。
丁仁杰	景良，房县。起义，运动九江军队。反正回鄂，任各部总稽查员。
胡效骞	攻督署最力，后充步队第二协第四标标统。
尤洪胜	起义后，任刘英部营长，为钱明汉诱杀。
杜武库	廉卿，黄冈。挟其营长何锡藩反正。起义后，任第五协标统。
李凤鸣	任刘英部营长，为钱明汉诱杀。
陈光楚	起义前，在宝善里制造炸弹。孙武受伤，扶之就医。
高建瓴	醒吾，监利。陆军中学代表，起义任战时总司令部参谋。骁勇善战。民十二年见杀于长沙。
耿　丹	仲钊，安陆。陆军中学代表。
苏成章	斐然，亦号恢元，利川人。起义时，任军政府政事部长及教育部长，后在鸡公山，为匪所害。
钟仲衡	攻督署最力，后充刘英部营长，
马　荣	传见汉口战事篇。
徐少斌	传见汉口战事篇。
郭楚屏	华封，在工程营首义。
梅宝玑	秘密时，任总机关重要文告。
马明熙	攻督署及迎炮队进城。
费　榘	孟骞，巴东。秘密时，置星旗印信。
张富国	河南人。炮队营代表，攻督署最力。

孙　绳	华甫，亦曰华佛，黄冈。
王鸿猷	恩施人。陆军特别学生，毕业充四十一标一营司务长，辛亥八月驻防施南反正。
徐达明	字维汉，前三十标排长。起义后，充谋略处谋略。
方旭明	铁路学堂代表。
孙长福	攻督署最出力。
李国梁	首义时，运动汉口清军，为营长萧安国枪毙。
卢雅卿	迎炮队攻督署，同张鹏程攻部翔宸，保护藩库。
赵学诗	幻生，巴东。学魁之弟。帮办同兴学社。起义时，制星旗。十九日，同兄被逮，起义得释。
朱次璋	伯平，宣恩。后任测量局局长。
刘鄂生	铁路学堂代表。
张育万	方言学堂代表。
熊世藩	传见汉口战事篇。
潘锡九	字用九，石首人。运动沙防营反正。护法之役，为上海镇守使郑汝成捕杀。
陈洪九	省方，黄冈。法官养成所代表。
牛廷臣	铁路学堂代表。
邢伯谦	两湖师范学堂代表。
李子林	应城人，讨袁时，为朱兆熊所害。
雷　洪	陆军中学代表。
张　英	襄阳人。首义任都督府参议，辛亥冬，随季招讨雨霖赴襄，途遇先锋队长耿世全，以私恨被杀于宜城。
李鹏昇	字选皋，黄陂人。辎重营总代表。八月十九夜，举火起义，攻督署最力。后任辎重营管带。
余福堂	云梦人。为人忠实耿直，讨袁，在鄂遇害。

沙金梅	马队第八标代表。
王鹤年	河南南阳人。炮队营代表，带队进城。在楚王台攻督署。
孙　镜	铁人，京山。
李建中	孝感人。前三十一标一营前队什长。为人计划周，魄力大。辛亥和议成后，厌世，不知所终。
陈随福	营代表。
江亚兰	恕之，江夏。步兵三十一标正代表。
高仲和	重源，枣阳。首义后任安襄郧荆招讨使季雨霖秘书长。
王天佑	陆军中学代表。起义时，手刃满籍学生二人起事。
周楚材	三十标副代表。
雷振声	宜昌人。工程营代表。以介绍同志潘定祥等六人加盟事泄，开除军籍。
祁占元	豫人。三十一标二营后队队代表。
孟发成	南阳人。炮队第八标标副代表，攻督署最力，九月在汉口阵亡。
艾良臣	营代表，攻督署最勇。民四讨袁，在襄阳被捕，解省遇害。
罗一庵	一名万象，字卓如，号焕章，嘉鱼人。辎重营代表。十九夜举火起义，攻督署最勇。
徐万年	字寿亭，河南南阳人。炮队第八标正代表。起义带队进城攻督署。
熊楚斌	八月十九，同张廷辅被逮，起义得出。
郭抚宸	三十一标营代表。
汪性堂	汉阳人。孙武被炸，同陈光楚密侍就医。
谢超武	楚珩，枣阳。首义后任安襄郧荆招讨使参谋长。
容景芳	工程营共同起义者。
符玉龙	在炮队举火起义。

萧国宝	品三，监利。三十标营代表。起义时在前线运动清军，身受数枪，佯死得脱。后任十三旅旅长。
曾尚武	字子敦，江陵人。后任标统。
曾国章	黄冈人。起义后，在军务部任职。
刘国桢	字南轩，沔阳人。首义时，为学生军排长。后习航空，任队长。机损坠地毙命。
方殿甲	三十标副代表。
耿毓英	默容，枣阳。首义后任参议。
周定原	瑞庭，沔阳。起义后，任都督府参谋。
殷占魁	步兵三十一标副代表。
沈平均	起义后，充湖北讲武堂分队长。民六荆沙独立之时，同胡廷佐攻宜昌，在北山中弹阵亡。
王子英	端夫，嘉鱼。首义后任各属总稽查部副部长。
晏伯青	炮队，十九夜举火起义者。
陈子龙	襄阳人。三十二标标代表。八月十九日外出，军警逮其妻以去，已亡奔襄阳。
马骥云	马队，首先起义者。
夏一鸣	鄂城人。二十九标挟何营长反正。护法之役，充靖国第一军总司令部参谋，阵亡于恩施。
王子华	营代表。
谢　复	陆军中学代表。
席正铭	陆军中学代表。
李　达	马队，共同起义者。
刘　同	登众，襄阳。公弟。八月十八日，在宝善里被捕，起义得释。
方定国	工程营排长，起义后，任都督府司令官，后因事枪毙。
蒋秉忠	兰谱，江夏。首义后任集贤馆馆长。

李南星	原名荫寰，襄阳人。起义后，在黑山阵亡。
胡祖寅	嘉鱼，祖舜弟。运送汉口炸弹于武昌胭脂巷分机关。
袁国纪	字汉南，恩施人。两湖师范学生。
胡联乔	测绘学生，共同起义者。
李树芬	在辎重举火起义。
高振霄	起义后任总稽查。
朱树烈	舜钦，沔阳。十月初六，同甘绩熙等夺回磨子山后，任参议及审计厅厅长等职。
闵夔卿	测绘学生，共同起义者。
何　谳	字亚新，蕲水人。起义时，在总司令部粮台任职。(谳或有作宪者)
赵振民	俊卿，沔阳。辛亥在蜀，杀端方反正，回鄂，任教导团队长，后入京住国民报社。癸丑讨袁，为陆建章捕杀于北京彰仪门。
钱芸生	字露仙，河南人。即炮队之变发动者。
胡维世	江夏。
钱守范	起义后任总稽查。
陈国桢	鄂城人。带炮队进城攻督署者。
周之瀚	鹏程，宣恩。起义后，任内务部副部长。
张达筏	二十九标挟何营长反正。
涂耀枢	涤清，湖南临乡。协助刘英起兵京山。
方　维	三十标共同起义者。民元为袁世凯枪毙于北京。
余万卿	麻成人。
张笃伦	伯常，安陆。陆军中学生，共同起义者。
张若舟	首义，在南湖拖炮进城攻督署。
谢流芳	沔阳人。首义后任标统。

向　炯	明斋，恩施。方言学堂学生，起义后，任内务部参事。
王绳武	测绘学堂学生，共同起义者。
霍殿臣	山西人。炮队，共同起义者，攻督署最力。
黄允斌	字礼堂，荆门人。营代表，首义，任都督府秘书。
黄冠群	马队，首先起义者。
陈　伟	三十标共同起义者。
徐邦俊	楚珩，沔阳。参加首义。后讨袁。其父为驻仙桃镇旅长朱兆熊枪毙。忧郁成疾，殁于汉口。
冯昌言	禹弼，阳新。起义后，长文书。
杨毓林	杰丞，沔阳。辛亥在川，杀端方反正。回鄂任全省禁烟局副局长。
汪秉乾	竹谿。陆军中学代表。
谢远达	起义前，派赴宜、襄、郧，令各军如期响应者。
张宗海	陆军中学代表。
程凤林	黄冈人。工程营党员，起义时程正瀛枪击排长陶启胜，误伤凤林臂，越数日殁于医院。
王殿甲	同张鹏程保护藩库，而与部翔宸所领旗兵大战者。
徐朝桐	字凤梧，黄陂人。军医。代孙武经纪炸伤者。
李华模	仪甫。测绘学生，共同起义者。
程定国	字正瀛，江夏人。工程营首义，以枪击排长陶启胜，以解金兆龙危者。
范义侠	字汉民，沔阳人。测绘学生，共同起义者。
宋珍珊	测绘学生，共同起义者。
徐国钧	马队，首先起义者。
胡捷三	起义后，长汉阳粮台。
方孝正	广济人。同熊海春光复黄州。

蔡鹏来	仰之，钟祥。混成协炮队总代表。民元任人事局局长。
田智亮	辛亥随端方入川之后，闻武昌首义，联合川军入资中举义，杀端反正者。
夏洪胜	炮队，进城攻督署者。
徐友蕃	应城人。马队共同起义者。民七护法之役，充湖北靖国第一军马队团长，在恩施遇害。
徐国桢	马队共同起义者。
聂　豫	晴晖，当阳。首义，当军务部参议。
陈子惠	荆门人，与季雨霖共事。
熊持中	海春，起义后，持都督招抚令收复黄州。
祝秉奎	应城人。起义后，任旅长，讨袁遇害。
向讦谟	原名夷清，枣阳人。长会计，为孙武所杀，时人冤之。
陈献斌	孝感人。管三十一标军械弹药。在起义前，私给子弹予同志。
赵士龙	一名又云，字赓云，汉川人。首义时任学生军第二营管带，及都督府参议等职。讨袁积劳，病故汉皋。
章盛恺	安徽庐江人。工程营党员，同于郁文窃其排长方定国子弹五排以发难。
尹奎元	应城人。三十一标豪俊之士。后讨袁遇害。
王经武	陆军测绘学堂参加首义者。
陈开基	
向炳焜	字子南，来凤人。文普通学生。
萧良宝	
赵昌蕃	锡侯，利川。首义后，充都督府书记。
丁洪升	

任振纲	工程营士兵，十九日排长曹飞龙见振纲有异状，即看管之，首义始复自由。
陈天寅	南湖炮队共同起义者。
余奇化	
胡培德	同黄兴在汉督战，极勇敢。
邝汉卿	参加工程营首义者。
张　统	润三，黄冈。事见前。
李健中	
刘燮卿	同孙武最初组织共进会，辛亥八月十八被逮者。
谢荻南	八标炮队共同起义者。
吴肖韩	亦曰小韩。共进会初组织时，武昌分机关即设于其家。
王寿卿	
袁济安	巨骧，沔阳。
高尚志	字固群，巴东人。起义任谋略。
丁敬敏	在南湖炮队参加首义者。
李继广	沔阳人。特别学校毕业，起义任团长。在汉口阵亡。
余鹤翔	凤池，襄阳。
范鸿江	南湖炮队，参加首义者。
黄继超	鄂城人。起义时任汉口军政分府团长。民六荆州独立，任营长。在宜昌东山阵亡。
魏安晋	仙洲，黄陂。
史定邦	在南湖炮队参加首义者。
陈　龙	
胡志民	名宗佐。起义时，任都督府参议。
罗炳顺	首义时守军械局响应者。
张济安	字原卿，黄冈人。黄州光复，任旅长。

黄世杰	
金华衮	崇阳人。民十驺王之役，充湘鄂挺进司令，遇害。
杜长林	沔阳人。辎重队兵士，十九日由城中传达命令于塘角辎重队总代表李鹏升等纵火起义。
李泽乾	十九日午后二时同熊秉坤至二十九、三十标访同志商发难者。
吕功超	工程营党员，觅其兄家子弹两盒发难。
汪锡九	河南人。炮队。
聂　某	陆军中学起义者。
林振邦	工程营首义者。
罗定维	字谷生，湖南平江人。
陈连魁	工程营首义者。
闵少斌	在南湖炮队共同首义者。
张　斌	
胡宗良	
吕中秋	工程营首义以枪击代营长阮荣发者。
汤启发	工程营首义者，后由彼觅得黎元洪推为都督。
阎鸿飞	参加首义，武汉危时奉命同向海潜赴湘请援。
于郁文	工程营党员，同章盛恺窃取排长方定国子弹五排发难。
何见龙	
刘天元	南湖炮队共同起义者。
谢涌泉	三十标三营士兵，十九日首义者。
阮藩侪	
杜长林	沔阳。塘角辎重队士兵。
林楚翘	十五协士兵，守张彪司令部窃下其机关枪撞针弃去者。

金明山	竹山人。有胆略，在南湖炮队参加首义者。
罗人俊	士希，沔阳。
李镜明	
朱炳南	
邹国勋	在南湖炮队参加起义者。
李绍白	
孙　斌	西川，汉川。
向海潜	参加首义，武汉危急时奉命赴湘请援。
萧鸿飞	理斋，孝感。
饶春棠	工程营首义者。

会员传状碑志

孙武传

张难先

孙武，原名葆仁，字尧卿，光复后间署摇清，号梦飞，湖北夏口柏泉人。太平天国处州王永忠之孙也。少好武，读书但观大略。年十五，父故，徙居省垣，肆力弓马技击。越三年，肄业武备学堂，与吴禄贞、傅慈祥友善，每相与论天下事，辄仰天长吁，意气激昂。明年，吴、傅游学日本。武请与偕，母泣留止。毕业，充威武营哨长，旋调湖南新军教练官，不久，擢岳州威武营管带。庚子义和团之变，傅、吴潜归国，与唐才常谋起兵，设总机关于汉口，举武为岳州司令。大通、汉口、新堤相继败，乃变姓金，亡两粤。癸卯，奔母丧潜归乡里，养晦年余。甲辰，吕大森、曹亚伯等组织科学补习所，谋革命。武加盟，负责运动军队会党。事泄，亡日本，入成城学校习海军。未三月，日本政府下取缔中国留学生令，留学生大哗，开会抵制。举胡瑛为会长，宋教仁为外交长，武为纠察长，力争无效，乃相与归国办学。武返鄂，适刘静庵组织日知会，武加入，佐静庵办江汉公学及党务。丙午冬，日知会因响应萍醴事被封，逮静庵等下狱。巡警道冯启钧派兵赴柏泉捕武，大索不得，遂籍其家。武乃亡辽阳依禄贞。时禄贞在奉天，方愤清廷间岛之外交失策，与武联络关外马侠，于丁未奉命赴延吉查勘边务。武则乘机周历间岛、珲春、海参崴、凤凰城等处，考查北满形势，濒危者屡矣。戊申夏，闻黄兴起兵云南，遵海赴香港，欲往助之，至，则滇事已覆。复往日京，与喻培伦、焦达峰等进大森军事讲习会，研究野外战术及新式炸弹。并与达峰等组织共进会，被推为军务部长，编军制，定旗式，举各省都督，与同盟会军事滴血会联为声气。九月，推同志回国分途进行。武被推为湖北主盟，当返鄂。十二月，达峰亦至汉，与武协商两湖办法。己酉三月，乃设武汉两机关，语具共进会篇中。先是武昌有黄申芗、曾省三等所组织之群治学社，武极力联络，申芗首先加入，势甚张。至秋，复为冯道侦知，索之急，走广州。粤人聂经者（或有谓聂乃熊越山之托名）乃共进会秘密推举之广东都督，方图取岭南为根据地，武助之，因失机谋败。乃退居港，改名武。由洪承点介绍，冯自由主盟，在港入同盟会。庚戌五月归，重振旗鼓，除以现役军队编成七军外，复编会党为三镇，推刘权（玉山）为第一镇统制，刘英（聃述）为第二镇统制，袁麟阁（孔逸）为第三镇统制。与各省都督约（秘密推定者），凡有一省发动，各省应之。至冬，居正、刘公、杨时杰等归，声势更大。辛亥正月，谭人凤奉统筹部命至鄂，告以广州将大举，约广州动，两湖即响应。武乃积极进行。会三月二十九日广州失败，武与居正、杨时杰等谋，决定由武汉发动。五月，谭人凤复至汉，谓粤虽受挫，尚可图，较之武昌四面受敌易为力。武曰："武汉据有兵工、钢药各厂，武器充足，其利一。铁路国有，全国同愤，乘此时机，可得人心，其利二。军队、会党均已运动成熟，发动，治安无虑，各省响应必速，其利三。有此三利，大功可成也。"谭唯唯而去。武本拟俟北洋大操毕，乘将士倦归大举，因同志群主急进，决定八月中旬举事。武赶制炸弹，竟于十七日正午，在宝善里失慎爆发，伤头部及两手，同志护送就医，得无恙。而机关之文告册籍，则被俄捕搜去，秘密全泄。同志咸惊愕，求策于武。武曰，吾不慎，无所逃罪，惟名册搜去，军学界同志如何幸免，坐以待毙当非计。同志咸感愤，愿急发难与虏拼命。武亦愤慨，若忘其为负伤者，决十八日夜大举。惟隔江及戒严令难达，不果。十九日，忽闻三烈士就义，益愤慨。武口演命令：一、夜间城内外举火为号。二、工程营首先占领楚望台军械库。三、混成协工、辎各营，自通湘门入，集合楚望台会攻督署。四、炮队自中和门入，架炮蛇山，轰击督署及其他要地。是日各同志分途传命，届时果如令举义。瑞澂、张彪逃，武昌光复。同志以群龙无首商武，武曰："吾负伤，难任事，无已，可请黎元洪出任都督。"于是众觅黎而推戴之，以武为军务部长。武辞以伤，不获，乃于九月初五日力疾到部视事。时满军已据刘家庙，武前本计画武汉得手时，即分兵守武胜关、田家镇，以炸伤失事机，致阳夏相继沦陷，损失生命财产无算，武每于悼惜之余，常自引疚。满军得汉阳，架炮于大别山以击武昌，都督府被毁，各部职员及市民俱惊徙，都督亦出城，秩序紊乱。武躬巡各要地，安慰外人，稽核镇抚，人心以安。旋南北代表议和沪上，武与议，欲乘此延揽人才，荐于黎公，共谋建设，间或失之冒滥，为同志所反对，暴动以倒军部，即时所传之"二次革命"也。善武者欲与抗拒，武曰："同室操戈，吾不忍为也。"遂引咎去。旋组织民社，复为同志所不谅，武自此消极，徜徉于京、津、汉、沪间，至民国二十九年春病故。三十年一月十日，国民政府明令褒扬武与刘公曰："先烈刘公、孙武，早岁著籍同盟，效忠革命，奔走联络，备历艰险。辛亥武昌首义，共谋发动，得力尤多。嗣或赞翊护法，积劳致疾，或息影沪汉，忧国弥殷，先后赍志以殁。追怀遗绩，良深轸悼，应予明令褒扬，以阐幽潜而昭矜式。此令。"

论曰：以武之才具资望，非甘无为者。然自与同志抵牾后，即抑制其事业心，匿迹销声者达三十年，意气之平，已可想见。庚子以来，鄂事无役不与，辛亥尤卓著勋劳，身后之邀褒扬以垂不朽也，有以哉。

襄阳刘仲文先生事略

胡汉民

刘君公，字仲文，湖北襄阳县人。素有远志，见清廷内政日非，外患日迫，慨然起革命之思。壬寅东渡日本留学，肄业东亚同文书院。暇则联络同志，鼓吹民族革命。其关于革命之宣传品，如《警世钟》、《猛回头》等书，留东人士莫不人手一编，国内则罕见。君乃出资各翻刊数万册，输入内地，申警国人。同文毕业，入东斌学堂，攻军事学。乙巳，遇孙总理于东京，组织同盟会，所收会员，皆一时之隽。旋又与总理议设民报社，鼓吹革命，君慨出巨资，始得成立。《民报》出版，风行一时，自是总理之三民主义，遂普印国人脑海。丙午，萍醴兵起，总理命君返国，与鄂中同志谋响应。败报至，适同志刘家运、朱子龙等俱被捕，大吏索之急，逃而免。复东走，入明治大学，习政治经济专科。时日政府受清廷嗾使，封闭《民报》社，言论机关破裂，党人涣散，君乃与川烈士张百祥、湘故都督焦达峰，以及赣、粤、苏、浙诸同志，组织共进会，舍鼓吹而重实行，革命事业于是复振。各省同志闻君名，无不慕义向风。后君被举为第三任总理。庚戌，毕业明治大学，以奔走国事，积劳成疾，遂以返里调摄为名，潜从内地鼓吹。君回国后，东京会务渐衰，同志屡促出外谋光复。辛亥五月，君家筹得巨资，潜携南下，至武昌，招集同志，积极进行，设立秘密机关多处，分途部署，运动军队，及制造炸弹、旗帜等件，并议定十月起义。时清湖广总督瑞澂，鉴于三月广州之役，防制綦严。会有同志偶不慎，致漏隐机，武汉侦骑，四出踪迹，稍涉嫌疑，即惨遭诛戮，同志人人自危，有以暂去武昌，再图他举为言者。君愤然曰："欲举大事，而无冒险精神，事何由济？诸君欲行则行耳，某将独任其难，无所惧也！"议者乃止。八月十八日，君在汉俄租界宝善里机关部，点验党人名册及宣言书等，同志孙武，试验炸弹爆裂，君亦受微伤，旋被俄警发觉，猝至，君诳以他辞得免，而党人名册及军器等项，尽被搜去，献诸瑞澂。于是瑞加紧搜索，革命机关大半败露，同志被捕者凡三十余人。而彭、刘、杨三烈士，即于是日遇害。斯时危急存亡，间不容发，君于仓卒中，意气闲逸，密为布置。乃定于十九日晚七时举义，派人逾城入武昌，密告曾受运动之工程、炮队各营起义时间及颁发口号。是日（即夏历八月十九日）下午七句钟，君派孟华丞烈士等至城内工程营，鸣枪为号，城外炮队应之，猛攻督署，瑞澂大惊逃去，一夕之间，省城克复。同志多举君为都督，君以素不统军，恐难胜任，辞，众乃以新军混成协统领黎元洪为都督，阳夏以次克复。部署略定，君为军政府总监察，焦达峰同志首复湖南以应，君与诸同志议，拨枪千枝，运至岳州以助之。未几而东南毕起，西北动摇，君本受命于总理，事发，即以孙大总统名义相号召，故中外咸钦。方清兵之进攻阳夏也，黄公克强适至，湖南援兵亦集，汉口虽陷，汉阳赖以稍支。及汉阳陷，克强走下游，图再举，都督黎亦移节城外洪山。时阳夏新为清军统冯国璋所屠烧，武昌皇皇。君誓死守，以总监察布告城内，人心始固，并组织奋勇军以共保。未几，南京恢复，遂开会议。君以北伐促统一，率北伐左军，以总司令驻襄阳，襄乱大定。和议成，民国元年冬，君亦解兵柄，副总统黎保授君勋二位，任总统府高等顾问。湖口事发，密出京赴沪。袁氏称帝，君适电全国反对，密赴汉谋鄂。五年六月，袁氏死，黎元洪继为总统，乃入京，黎任君为高等顾问，未就，旋丁内忧回籍。护法军兴，君亦受密令，促湖北襄郧镇守使黎天才率所部宣告自主，全鄂震动。旋以荆州不支，与黎君退守归、施间。君扶病收拾残余，辗转川鄂之交，山僻阻塞，困阨万状，而咯血之症复发。同志群促其赴沪养病，卧病经年，医药罔效，竟于中华民国九年四月十二日赍志以殁，年仅四十。时南北和议开于沪渎，几经破裂，延及两载，君殁未久，而北方直皖战作，万恶之安福党及安福国会乃倒，惜不及见，未得偿其护法之志。君元配庄夫人，早卒，继配周夫人，卒于民国五年，有子而夭，继室夫人无出。胞侄发权，于民国十七年四月，呈请湖北省政府，准予公葬，同年十月二十一日遵省政府指定先烈公葬地，葬君于武昌宾阳门外卓刀泉玉泉寺后山之阴。墓表耸矗，松柏夹列，是亦可以百世流芳矣。

按：本文乃其侄发煊先生腹记，自恩施抄寄余者，原稿藏家中，恐稍有出入也。

张振武传

仇　亮

张振武，湖北罗田人。原名尧鑫，字春山，更名竹山。寄籍郧阳之竹山县。幼岐嶷，性颖慧，过目能成诵。及长，卓荦不群，不事帖括。好战术，寝馈孙吴学者有年。入省师范校，受业于革命巨子时先生象晋。先生讲授时，每痛陈满洲专制，外人欺侮状，振武辄感愤不已，革命思想实孕育于此。甲午、庚子之役，引为奇耻，仰啸俯泣，益痛覆亡无日，毅然曰："大丈夫忍为奴隶国民耶！"因变罗田产，东渡日本，入早稻田大学，研究法律政治。且入体育会，练习战阵攻守诸法。时国势阽危，而朝野上下，犹歌舞太平，满廷益专横无忌。总理倡同盟会于日本，振武由湖南人刘彦介绍入联络部，担任湖北方面组织机关。丁未徐锡麟举义安徽，据武阴为之助，几遭缧绁，因走长崎。继又返鄂，思以口舌之力，警醒同胞，则开演说会，鼓吹革命，每一登坛，言论丰采倾动一时。赣人朱锡麟慨捐巨金助之，乃拨入学务公所，以谋普通教育之发达。苦心孤诣，历三年如一日，鄂人革命思想，至今一发而不可遏止者，振武提倡灌输之力为多也。清陈夔龙时督鄂，忌之甚。侦骑四出，大索数日不得。振武匿迹养晦，追捕网稍懈，即出倡办体育会及公立学堂，藉教授生徒之名，以联络志士。旋孙武、高尚志约振武组织机关部，并与刘公、谭人凤、蒋翊武、蔡济民、邓玉麟、刘长庚、李作栋、杨玉如诸人，分任事务。振武司理财部，首由刘公输数千金，备购运军火之资，不足，振武则旋里卖竹山县产继之。当道见振武所为，颇属意侦察。而里人信振武甚笃，乃举为孝廉方正，以释其疑，始得阴从事革命计画。布置既毕，以一子寄崇阳鲁家，而嘱之曰："果事败垂成，幸善教此子，令继我志也。"盖破釜沉舟之志，早已决然矣。辛亥八月，振武图大举，以黄丝夹炸弹，盛衣箱十余口进武昌城，戍守环观之，坚欲查。是时风声急，鄂垣戒严，振武度不可免，以拳碎箱锁，手血淋漓，令开视。戍兵感动，让之入，振武临机应变，成事于垂败，虽曰天幸，不可谓非机智也。设机关部于武昌小朝街及汉口汉兴里，原拟秋后举义，乃八月十八日，孙武、杨宏胜因演试炸弹失慎，机关相继破坏，被拘者三十余人，搜去印信、旗帜、告示、名册无算，振武仅以身免。彭楚藩、杨宏胜、刘复基同时遇害，振武悲痛几不欲生。清督瑞澂严捕同党，并收各营子弹以防之。时机关部员未被捕者，均潜逃他处，振武极力支持。与朱次璋、李华模等磋商，定乘时大举之计，通知军学各界代表，约于十九日午后七点钟起事：首发难者，为工程营熊炳坤、方维、王光国、邓玉麟、蔡济民诸人，占领楚望台枪炮库，分发子弹。蔡济民、明安炯、马明熙、周成勋、谢涌泉、周青林、胡捷三、雷永泰诸人，带队出起义门，迎炮队入。先是瑞澂闻革命消息，密布宪兵、警察、巡防机关队旗兵于督署周围，以防不测，兵力极雄厚。我军连攻五次未下，杜芳、余守本死之。且被瑞兵夺去大炮二尊。我军抵死力战，人数渐集，仍未得手。乃聚集大炮十尊于蛇山顶，归邓玉麟、吴兆麟指挥，以为攻击督署之主力。李忠义占领凤凰山炮台并武胜、大东、小东各门。马明禧、马少卿、周青林、雷永泰诸人占领保安、平湖、望山、文昌各门。方维、王光国、阮宝山率兵由长街直捣督署。无不以一当百，卒破督署。清水师统领陈得龙带领兵士，拥护瑞澂避舰中，清统制张彪亦遁，我军遂占有武昌。二十日辰刻，布告安民，城内平静如故。蔡鹏来、朱次璋、李华模、刘长庚、胡捷三、王忠烈等，以振武胆识过人，欲推为武汉总代表。振武力辞不受，并谓黎元洪得军心，可共谋大事，特与蔡济民率同志请黎出，举为总司令而自副之，以咨议局为事务所。适清管带郜翊宸领兵二百余人攻咨议局，黎元洪避，振武乃以卫队同甘绩熙、朱次璋力敌郜军。敌亦趦趄不进，恐中伏。振武指挥同志，抵死不肯让，郜军始退。而陆军中学耿丹、任重、雷洪、陈修、刘瑞章、荣希盛等，率领学生军七百余人来援，力乃厚，则以四十人毁模范及各监狱，出张廷辅、顾庆云、牟鸿勋、胡瑛等三十余人，军心大振。时各营代表齐集，振武乃痛哭誓师，并极力推戴黎元洪，而自任总参谋。调朱次璋至所护元洪，杀汉奸数人以示警戒，军心大振。派学生军守藩署及官钱、铜币各局。约刘公、胡瑛、李作栋、蔡济民、邓玉麟、吴兆麟等至事务所办事。编军队为四协，令吴兆麟统领第一协，何锡藩统领第二协，杨开甲统领第三协，杜锡钧统领第四协。复招募新军，以补不足，自是军队编制，始稍就绪。二十二日，满清官吏纷纷投效，振武皆妥为安置，并勉以同心协力，共造新国，对旗人尤持人道主义，外人生命财产，力为保护，城内赖以安堵如平时。二十四日，振武令各军整列，请元洪登坛，举为都督。二十五日，因军务繁冗，非一人能肩任，乃分为四部，一、参谋部，杨开甲任之。二、军令部，杜锡钧任之。三、民政部，汤化龙任之。四、军务部，振武自任之。参议四人，刘度成、聂豫、邓玉麟、李翊东任之。更分军务部为七科，李作栋任总务，冯昌言任军事，胡瑛任外交，李华模任军需，那伯谦任经理，陈汉卿任军法，纪光汉任军械，蔡鹏来任军事，各司所职，秩序井然。振武又派人赴各省运动响应，而以何锡藩为指挥，林翼支为协统，黄桢祥为敢死队队长。派朱镇汉、方维等领军队至汉口御清军，诸人作殊死战，颇有斩获。旋因何锡藩负重伤，元洪派张景良代其职。而汉贼罗家炎、刘锡祺等，与张景良蓄异志，私运子弹助敌，致我军失利，汉口遂不能守。九月六日，孙武炸伤愈，出而视事，振武即以军务部正长让之，退居次长。是时清军王汝甲之叔殿庵投降武昌，佥以为诈，将杀之。振武独力保，亲为释缚，察殿庵言论，娓娓动听，爰官以秘书。殿庵感激涕零，函告汝甲勿为满洲用，汝甲为之动，遂无战志，清军之战斗力以减。七月八日，黄兴至，推为总指挥。胡培德、孟华臣、蔡济民等统率奋勇军，激战于汉口获胜。初九日又大胜。孟华臣阵亡，蔡鹏来、黄桢祥受伤。北军闻黄兴至，大惊，乃大增援兵，乘虚占领汉口，掳掠烧杀，无所不至，且进攻汉阳。时宋锡全守汉阳，闻汉口失，即率所属军队走湖南。振武闻警，派将校敢死团团长金鸿钧领二百人守汉阳。北军因不得渡汉而南。并急举黄兴为总司令，镇汉阳。适湖南援军亦至，黄兴督战，自琴断口渡河，断其桥，誓与敌军死战，果获利。由灰面厂战至龙王庙，敌军败走二十余里。我军无炮队援助，未能持久，仍守汉阳。振武至青山，派胡捷三、蔡鹏来劝降敌营巡防管带夏占奎所带兵队，又遣侦探往北营运动。敌军派代表来谒，振武招待甚优，与共寝食，敌军感之，约次日率所部投诚，自是敌军效顺者日多。降兵登舟，猝被敌兵轰击，淹毙九十余人，振武厚恤其家，生还者咸犒以酒肉。敌军闻之，降者如归市。九月二十六日，敌军将至新沟，搭浮桥过河，至蔡家甸，攻汉后路，仙女、美娘两山失守，锅底、扁担、磨子诸山亦相继陷，振武带军务部部员及卫队学生军千五百余人渡江，至十里埠，受黄兴命令，率同夏道南、胡捷三、李华模，右翼谢流芳、甘绢熙，左翼邓玉麟、孙洪炳、明安炯、刘高升，攻破磨子、扁担二山，声势复振，鏖战约七小时之久。翌日，北军侦知我无炮队，乃集三山炮火于一山，攻击我军。湖南刘统领阵亡，甘绢熙、孙洪炳等均受伤，振武亦被弹伤右膀甚剧，溺水中，幸卫兵救护得不死，而所率军队死伤大半。振武独负重伤，经十里埠，面晤黄兴，报告北军已至，请速行预防，始由卫生队舁振武至武昌疗养。是夕，北军轰毙我军参谋长梁喜章（恐为杨玺章之误），汉阳所驻军队溃散，遂失守。翌午，振武闻汉阳失，负伤跃起，举刀骑马，沿街呼号曰："汉阳失守，是我军疑兵之计，实无是事。"军心大定。未几，黄兴至都督府，开军事大会，筹战守之策，有主张退守南京者，振武抗声曰："汉口与汉阳仅隔襄河，大敌临前，尚能支持月余，武昌为兵事重地，据此一隅，足制全国，倘不死守，则东南摇动，望风而靡，此不可弃武昌者一。长江天堑，北军仅四千人，岂能飞渡，武昌饷械充足，能战之士数万，背城借一，未必即败，此不可弃武昌者二。各省援兵，陆续来集，若退守南京，援兵将不战自溃，则武昌既失，敌据荆、襄上游，以制湘、桂死命，且分攻九江、安庆，南京虽为我有，亦不过如洪秀全之苟延时日而已，此不可弃武昌者三。有此三不可弃，敢言弃武昌者斩。"计乃定。复开会议，激劝各协、标、营军士，为死守计。军士闻振武言，咸感愤，声如雷动，愿效死与城共存亡。由是令协统邓玉麟、何锡藩守武昌，敢死队队长陈龙守磁基山，协统罗洪升守大军山，标统刘佐龙守小军山，管带王锡麟守京口，标统张廷辅、谢流芳、张杰夫守白沙洲，管带李忠义、标统刘廷璧守青山。部署既定，遣人往各街演说，以安人心。时敌军大炮向城中射击不绝，各部人员有避去者，爰推李作栋任理财部长，徐声金任编制部长，时功璧任铜元局长。令吴兆麟、方维守洪山，协统熊炳坤、杨载雄等守武胜门外新河一带。翌日，敌军炮如雨集，城内居民震惊，振武请元洪避洪山卓刀泉，元洪泣谓振武曰："天下大事，尽付君手，好自为之。"振武亦泣誓死守，复宣令百姓出城暂避。诘旦，敌军炮击军务部，卫队死伤三十余人。俄弹落几案，坐中均骇，颜无人色，振武夷然笑谓曰：“可移至楼下，照常办公，勿惊恐。”其沉毅坚定有如此者。是时江西统领冯嗣鸿率兵来援，令同鄂军进发黄陂，与敌数战以挠其后。复有楚同兵舰王光国、楚谦兵舰王光熊、黄宗贵等，力持青山防务，作掎角势，军事稍振。振武每当日暮，必亲带兵士，沿街巡视，彻夜戒严，如是者三日，秩序渐定，迎元洪入城。而媾和议起，宣告停战。振武恐和议无效，赴沪购枪械备急需。及议和成，则约孙武、孙发绪、张伯烈、刘成禺、时功玖等组织民社本部于沪。还鄂，又与孙武设立民社武汉支部。正月二十七日之变，与四镇统制蔡汉卿竭力维持，事得速解。袁世凯以其才猷卓著，电促来京，畀以总统顾问，不就，又委蒙古调查员，亦不就，遂归。先是振武及蒋翊武、孙武于鄂省起义为首功，三人互不相能，而振武与孙武为尤甚。党孙者毁振武，党振武者毁孙，黠者互以危词，媒孽浸润，积久益水火。振武又慷直无城府，好以气凌人，贾祸之渐，所由来矣。当振武之自京还鄂也，元洪以不慊于振武，而振武又得鄂军士心，恐其留鄂鼓乱，召参议员刘成禺、郑万瞻旋鄂，为孙武及振武解释旧怨，杯酒握谈，亦既言归于好矣。成禺、万瞻还京，元洪复遣人劝振武就总统府顾问。振武乃于八月某日复来京，而孙武亦于八月十一日相继至。十五夕，振武宴客于六国饭店，归经正阳门，为步军统领逮赴军警执法处。此次与振武同来之鄂军将校团团长方维，亦自金台旅馆逮至。振武不知所为，询其故，则以黎元洪电示之，振武斥其妄，复示以世凯命令，振武始慨然曰：“死耳，夫复何言，竖子无良，乃一至此耶！”为致元洪书一通，继拟作家书，复叹曰：“死耳，夫复何言！”促速行刑，遂于一钟与方维同枪毙。方维长伟躯干，骁勇善战，以积功任将校团长，因善振武，遂同及难。

仇亮曰：振武以诸生崛起行间，号召侪辈，据有武、汉、东南数省，云集响应，不数月满清以亡，此其智力勇武，有足尚矣。惟豪纵骄恣，陵轹等夷，则不学无术所由致死也。向使元洪诸人，能弃其短而奖其长，使中于绳墨，未始非宏济才也，而元洪诸人不能容振武，则又岂足专为振武罪哉。当振武既死之翌晨，步军统领揭其罪于国门。越四日，元洪有振武十罪之电。

又三日，元洪有十四罪之通告。中外震骇，为振武悼痛。呜呼！振武已矣，后之览者，其兴感又当何如。

刘英传略

君姓刘，名光铭，字丹书，亦曰聃述，后改名英，湖北京山人。其父大美公以货殖致巨富，为县望族。君性警敏，十岁能属文。大美公以乡僻鲜良师，令就学郡邑，历受业于何道南、刘克家、县继善诸先生之门，学业日进。甲辰应县试，论文畅谈时事曰："美、日皆以海军立国，美较日为先进，已执太平洋海军之霸权。日虽突飞猛进，终逊于美。日既不能与美角长争雄，势必侵凌我国以逞其野心。我国自甲午战败以后，不图振奋，顿受日人之侮辱。今日扩充海军，多派学生赴美学习，并须师远交近攻之古训，联美制日，此乃我国图强之根本计画。"知县侯昉阅卷，称为国士，证以近事，俨同谶纬，因于乙巳补博士弟子员。其年冬，携族弟杰与铁留学日本。君入明治大学习政治经济。杰、铁肄业东斌陆军学校。丙午，由吴昆、宋开先介绍，偕两弟入同盟会。复于丁未与湘、鄂、赣、蜀等省同志另组共进会。嘱两弟联络其同学加入之。戊申，偕宋镇华返国，与孙武、邓玉麟、刘公、潘善伯、张自新、居正、彭汉遗、杨玉如等筹设机关于武昌、汉口，与焦达峰、方伟、王天纵等往还甚密。旋归里，运动襄河流域有志者入会。君既擅时誉，拥巨赀，又折节下士，故附之者众。请于大美公斥数十万金，设全盛美商店于永隆河，藉作秘密机关。同志往来集议，遂不为人所瞩目。又于店内附设邮政信柜，派同志曾济宽掌理，所有海外鼓吹革命之书报及函件，胥无败露之虞。一切经费取给商店，每年结算，有绌无赢，君恐受大美公之诘责，托词请于其母张太夫人出私蓄弥补，其经营革命之苦心，外间鲜有能知者。己酉冬，鄂总督署派一密探入襄河流域，侦察革命情形，冒称同志，抵永隆河晤君，畅谈排满运动。君以其无因而至，注意及之。旋悉其诈伪，与宋镇华密商，派谢宝银夜扼其吭而毙之，掩埋于野。谢沔阳人，操灯笼业，精拳术，孔武有力，常随君负保护之责者也。庚戌，京山举办自治，君为南乡主办人，乘机进行革命益甚，同志增加三万余人。辛亥夏，孙武、邓玉麟函商起义方略。君复函略云："原拟亲身同宋君到省，力图进行。许子崇兄来，始悉事在顷刻，万难再事拖延。敝处所有职事，业已分配妥当，不能抽动。湖南动手，湖北急宜接应。法当先占省城。湖北军队虽在省城，而兵工厂在汉阳。若省城与汉阳得手，则精华已为我有。敝处势居建瓴，下以保障省城，上以抵制襄樊。"（此书为湖北起义以前仅有之革命文献，曾于民国十年刊于上海《晨报》国庆纪念号副刊"黎明"内，惜全书遗失第二页。）书交许带去。七月（阴历），君到汉口，参加武汉共进会、文学社之联合会议，有主持重之说者。君力辟其非曰："武昌襟带江汉，绾毂南北，形势为天下最。义师一起，东南各省，必争先响应，据武胜关以窥河、洛，对峙之局成矣。惟楚有材，何甘居人后。且他省如动，鄂当北兵南下之冲，恐事未集而重兵已压境矣。吾党尚有孑遗乎？君等倘毅然发难，英虽不敏，必树一帜于上游以拒襄、郧之敌。成则同为幸民，败则同为齑粉。愿君等毋自馁也。"众为所动，议乃决。君遂回里，同宋镇华及两弟日夜计议，部署一切。迨八月十八日，武汉各机关同时破坏，杨玉如至永隆河转告武汉情况。君遂召集同志，开紧急会议，即于八月二十一日夜间，袭击驻防永隆河之襄阳巡防营，获得枪械数十支，并擒其队官而歼焉。翌日，依照本部所定计画，以中华民国军政府湖北副都督名义，举兵于永隆河，初不知武汉已于十九日光复矣。京山知县陈中孚（号古愚，江西人）首先附义。君由永隆河径攻天门，其知县荣浚，满人也，君叱而斩之。抽选精锐数千人，令弟杰带往武汉增援。君则督率大军，次第收复潜江、监利、江陵、公安各县。驻兵潜江时，闻襄阳巡防统领刘韫玉由钟祥东下，君躬率艾良臣、钟仲衡、朱春山等要击于张截港，大败之。刘韫玉恨君刺骨，越金花滩窜至君之故里刘家榨，滥肆焚杀，君之庐舍财产，化为灰烬，凡亲族故旧，均遭牵累，牺牲性命、损失财产者不可数计。时汉口、汉阳不幸相继陷落。君击溃刘韫玉后，武汉得纾西顾之忧。君以巡防军虽溃败，非急攻襄阳，不足以固西北屏藩。电请黎元洪接济枪支，黎不知君之副都督名义所自来，疑其贰于已也，抑之。延至十月（阴历）始任君为攻襄代表。适遇安襄郧荆招讨使季雨霖于仙桃镇。尔时君军容尚盛，季虑不能相容。托张难先、阙龙、章裕昆讲之。君慨然曰："苟利于国，当竭力相佐。"即以所部交招讨改编一标，使弟铁统之，附于招讨军。季喜甚，请君任军政处处长。招讨军高级将领，如阙龙、李荣陛等，夙钦君之声誉，对于君之掌理军政，皆沆瀣一气，了无间言。季启节西行之际，有全明汉者，黑山之溃卒也，曾在天门残杀君之参谋长李济臣等七人。此时投钟祥、张楚材部盘踞抗义，为招讨之梗。君肄业刘克家门下时，居钟祥颇久，熟悉其道路险阻，且急思为李济臣等复仇。与招讨计画，命弟铁围攻西、北两门，派敢死队队长张仲吉、副队长朱树鸿，袭击南门张楚材住宅。君则跃马于街衢间，鏖战一昼夜，楚材遁走。全明汉被生擒，乃枭首以祭李济臣等七人之灵。钟祥定，招讨率军抵襄阳，君提议北伐。或谓招讨使命已毕，须待后命，方可进行。君力争之曰："谢洪胜镇守南阳，我不北进，彼必南侵，岂可坐失事机乎？"卒从其议。光复新野、唐县、邓州。迄南北和议告成，政府授君陆军少将。同盟会湖北支部成立，君被举为支部长（君任支部长时，适总理至鄂，君率全省同志欢迎，照片现存中央党部党史委员会）。国会选举，君当选为众议院议员。癸丑讨袁失败，君渡日本，加入中华革命党，研究军事学，孜孜不怠。曾译《统帅学》、《作战纲要》、《夜行军》三种，读者宝之。甲寅，奉孙总理命，任湖北第三军区司令，秘密返国，分设机关于襄阳、德安等处。奈弟铁及倚为心膂之同志如蔡大辅、金振汉、张大鹏、梁年如、华玉龙等先后遇害，君忧愤填胸，进行益力。会袁死，国会恢复，君再入北京，出席会议。鉴于各国扩张海军，不遗余力，君提"分年筹备海军案"，绘图列表，精详绝伦。同院者谓君书生，何以具此卓识，不知君之注意海军，在幼年应试时已然，不自今日始也。丁巳，国会被非法解散，君赴粤参加护法运动。孙总理任君为大元帅府参议。是年冬，大美公捐馆，君奔丧回籍。值荆襄起护法之师，宣布自主，君之旧部，环请出总师干。君墨绖从戎，任靖国第四军司令，旋改为湖北靖国第三梯团司令。庚申，滇川两军构衅，君联合王天纵之豫军，将驻夔门之川军击走。复与鄂旅长李化民联合击溃黎天才在利川之滇军。旋受总司令蓝天蔚委任为襄河招讨使。数年之间，领导饥军，转战于夔、巫、施、鹤硗瘠之地，艰险备尝，亦良苦矣。辛酉，卸军职，间关走岭南，出席于广州国会非常会议。忽遭其母张太夫人之丧，乞假回籍营葬，微服至汉口，鄂人方以驱逐王占元之请，见拒于北庭，群情忿激，决计诉诸武力，请君兴师讨王。君婉词再三，终以地方自治，为生平所主张，勉允招集旧部，树义军之先声。王占元闻之大惧，贿通法国驻汉领事，设计捕君，即日引渡，系武昌狱中，各方同志奔走营救，函电交驰，不料君竟于八月四日，就义于武昌矣。距被捕之时，仅三十六小时耳。君临刑，从容作书二封，一致友人孙镜。一致其夫人熊芝瑛。民国十一年，其灵柩始运回原籍安葬，悲夫。君有子五人，明权、明夏、明济、明沛、明武。明权因病逝世。有女三人，明淑、明琬、明夔。

论曰：汉二疏谓："贤而多财，则损其志。"有时不尽然。烈士以科发少年，富家公子，不以安享自足，起而革满清数百年之命，至摩顶放踵而不辞，以视二疏之言，何其爽也。当其斥家财数十万以结纳豪俊，其与孟尝君何异。及闻武汉机关悉破，毫不气馁，径起孤军于上游，致襄阳之兵备道，荆州之驻防军，俱蜷伏而不敢动，释军府西顾之忧，而大局以定，是何心雄而功伟也。讨袁护法，屡起义师，国之元良，不幸而贼于鹰犬，军阀之罪，真擢发难数也，噫。

刘铁事略

孙　镜

君姓刘，原名光锡，改名铁，号碧如，湖北京山人。幼入乡塾，强识冠群儿。乙巳，君年十六，随其堂兄英、杰留学日本。由宋开先、吴昆介绍入同盟会，与杰、宋镇华进东斌学校习陆军，淬精厉神，致力于学。每试冠全校。赋性沉毅，寡交游，惟与江西曾小严、四川张伯祥、湖南焦达峰称莫逆。共进会成立，君与宋镇华加入，同学慕风参加者多。己酉，毕业返国。携带其会所拟制之旗式，印信等件，盖预备起兵者。辛亥八月二十一日，其兄英以湖北副都督名义起兵于京山永隆河，关于军事上一切部署，悉君主持之。嗣后随安襄郧荆招讨使季雨霖西征，君于钟祥之役，立功最多。季使擢为第十八标统带。招讨军由襄阳北伐，季使初任君为右路总指挥，偕旅长阙龙向唐县进发。行抵龙坑，季使改任君为中路总指挥，克复新店浦、红林埠、吕堰驿等镇，直捣新野城。其城异常坚固，城外以壕环之，壕甚宽，时值阴历腊月，壕水平堤，壕外所筑土城，较石城高二三尺，城内驻军，约骑兵、步兵各一营，乃南阳镇谢洪胜派来之劲旅。君属沈翼世、张鹏程、朱春山等围攻。腊月二十七日深夜，君亲至最前线，开炮轰击，鸡鸣时，敌开北门遁走。次日晚，负中路先锋责任之李荣陞标统，始随季使到达，君了无矜伐之色。季使再三慰勉，犒赏甚厚。南北和议告成，招讨军改编为鄂军第八师，季使改任君为三十团团长。黎元洪令君守蔡甸，未几，又令君移驻荆门之沙洋，实远之也。黎先后派遣下级军官三十余名至沙洋，名为见习，意在侦察君之举动。诸见习官见君年少，颇轻蔑之。君创办士兵训练所，自任所长，且兼授主要课程，请诸见习轮流担任教官。每晨六时开始上课，君所教授列为第一课，未及旬日，诸见习纷纷托词委职而去，其中始终随君者，仅阳珍等二三人而已。癸丑，上海宋案发生，东南赣、皖等省起兵讨袁，黎元洪惧君响应，电袁世凯晋君陆军少将，并派参谋李振铎到沙阳劳军，君笑语人曰："不讨袁何以泄普天之愤，黎元洪可谓心劳日绌，轻量天下士也。"爰扩充所辖队伍为三个梯团，任沈翼世等为梯团长。于五月二十六日宣布独立，称鄂西讨袁军总司令。黎元洪命旅长徐镇坤由仙桃镇西上，君派朱春山、任远山等由多宝湾进驻张截港迎头痛击，徐锐气大挫，受黎元洪斥责。徐恼羞成怒，师刘韫玉故技，往刘家榨焚烧君之故里，数里之内，又成焦土。黎元洪见徐不能取胜，派兵增援，并电令驻守襄河上游之旅长游犹龙直下荆门。君遭遇游军，鏖战于当阳境内。团长沈翼世中炮阵亡。适河溶一带山洪暴涨，致各部队消息隔绝。君知势难再振，令宋国珍通知各将领撤退。当起兵之初，原以取荆州为根据地，驻守荆门沙市之军队，暗中联络已久。不意战局突变，垂成而败，深可惜也。君与宋镇华等微服至沪，黎元洪悬重金捕君甚急，君乃重渡日本，晋谒孙总理报告经过情形，加入中华革命党。时总理方召集党员施以军事训练，创设浩然庐于大森，乃一纯粹党军将校学堂也。所聘教习，皆同情于本党之日籍中下级军官，君擅长日语，又系东斌陆军学校出身，总理令君负翻译之责。君寓居九段上坂麴町区，距离大森颇远，每日拂晓即往，入夜方归，君之任事不苟如此。甲寅春，总理令君返国，集合旧部，再起讨袁之师。君鉴于国内情势紧迫，不稍逗留，将其夫人袁氏及公子寄居于长崎，孑身回沪，住法租界南阳桥友人寓内。有张鹏程之炸药盒置于棹上，襄阳刘同与潮州卢佛眼，适在寓谈话，卢倚窗吃纸烟，窗外风至，将烟屑吹入药盒，猛炸一声，震动邻舍，君右臂受伤，与刘、卢分途走避，知同志方孝正所办《正义报》馆在附近，入馆避之。君仓皇间，右臂麻木，其伤处之血，滴于报馆门口，未及知也。法国巡捕，闻炸弹声，挨户探索，观血迹，入馆搜寻，君感臂痛，伏几而卧，遂被捕。袁世凯电上海护军使郑汝成，向法国驻沪领事要求引渡。法领初不允许。袁复派专员到沪，会同汝成向法领交涉。法领以推广租界为交换条件，并指定须将陆家观音堂至卢家湾纵横十余里之地，划为租界。袁允之，即贝勒、吕班各路是也。鄂同志彭临九等闻讯，电总理请求挽救，总理即电法国政府，请饬沪领不准引渡。奈法领奉到电令之前一日，已引渡矣。法领知君尚押护军使署，据电咨请解回，汝成置不理，枪杀君于西炮台。时中华民国三年六月二十四日也。子明纬，七七事变后，领游击队抗日，于三十二年遇害。

论曰：吾邑刘氏之族姓姻娅，可谓得天独厚矣。铁、兄英、子明纬、侄明哲、壻常子纯，皆为国捐躯，义烈炳然，求诸史册中实少概见，何其盛其惨哉。铁一子，继志殉国，无子矣。然此实可谓之有子也，悲夫。

勋二位陆军上将蔡君墓志铭

余杭章炳麟造

呜呼！中国民国之起，岂容易哉？始以十数烈士，裸股肱，决肝脰以争，而亡小效。回泬七八年，乃有武昌倡义之事。其军中能者，则以黄陂蔡君为枭，然起于什伯之长，非有连营巨屯为之藉也。奋其虓阚，而虏帅辟易，江汉以清，于是民国始有营垗。君之功，汉二十八将侪也。宜充将帅，填安封畿，而业又不续。转徙江海几四五年，卒以利川小县，支柱寇憝之间，为川东援师方化南掩击以死。贼不得，国人之所以酬庸勋者，何其爽哉！武昌倡义之士，大小数十人，其逢迎凶蜂而死者，殆什伍。菰芦特起，气往往不驯，以召贼猜，盖遇祸亦有道焉。顾君天性禁忌，当武昌建军府时，诸将谒都督，或横刀抵书台而诟。而君事上独不失纪，黎公于是亲任之不衰。民国二年，讨袁军起，君颇与应和，外持重，不妄动，江南既大崩，同志并命入罔罗，而袁世凯亦未尝深求君，君固无死地也。其后有事黄梅、武穴间，为敌所窥，秉栓重擦，卒以无事。比至利川，非有曩日之亟，而竟不戒，以覆其躯。由是观之，祸福之来，诚不可以智虑校也。始与君同起者，有襄阳刘公。君在利川，公亦保建始，与邻道军长黎天才、唐克明交恶。克明诱其部曲杀之，不果。建始败，公奔恩施，克明又使杀之。余以忾慑克明，与要誓，公得无死。逾二年，竟以寿客死上海。量君之危，视公则杀矣，然卒为怨家所乘者，君也。君之死，武昌元功益零落矣！君讳济民，字幼襄，行事详别传。生亡清光绪十二年，卒民国八年，年三十四岁也。

铭曰：权首之不终兮，自生民而固然。岂君子之穷穷兮，遭髇寇以丧元。师子天禄失其广幕兮，鲸鱼漂而脱于渊。呜呼！夏首之为丘兮，荆楚之无鸠兮，与中华民国而弃旃！

附：事略

查光佛

公讳济民，原名国桢，字幼香，湖北黄陂人。世业农，父香浦先生始读书，教授乡里。公幼趋庭，聪颖逾常儿。体素弱，稍长，则日耕夜读，所业日进。清光绪乙巳，公年十九，入湖北常备军左协一旗某营为兵。是年改军制，创办陆军特别小学，考各军兵士之能书者，选为学兵。公获选，益自奋励，以课最提充班长。丁未，拔为二十九标司务长。己酉秋，擢为排长。鄂中自丙午日知会一案，革命运动虽遭挫折，而暗中酝酿特甚。公与军中同人，组织将校研究团。继而黄申芗、蒋翊武、梁维亚、曾省三等组织群治学社于四十一标，公与闻其事。庚戌，加入林兆栋等组织之共进会，联合三十一标兵士之有志者密谋进行。就中与彭楚藩交尤密，常以诗歌唱和。季夏，军界同志秘密会议于蛇山抱冰堂，公亦暗通声气。辛亥五月，同盟会鄂支部成立。公被推为参议部部长。与彭楚藩及张廷辅、王宪章等力图扩张。同时蒋翊武、蔡大辅等创立文学社，与共进会宗旨同而名称异，颇有抵牾。公与刘尧澂斡旋其间，始契合无间。是年八月十九夜，起义之役，公率本标兵士由王府口进攻督署，久之未下。乃搜火油焚附近居民住宅，一冀延烧督署，一俾炮队明了目标，连攻数次，遂下督署。复联合其他部队攻藩署及电报局，均克之。天明，同高尚志等十余人觅得二十一混成协统领黎元洪所在，延入咨议局，推为都督。布告已出，而黎犹豫不决，公慷慨陈词，黎乃允就职。二十五日阅马厂誓师，公登演说，声泪俱下。二十六日，公率师渡江，败敌于刘家庙。战时总司令黄兴守汉阳，任公为经理部副部长。汉阳失败，武昌城中无主，刘公、蒋翊武、孙武等主张各异，公居间周旋，多所调护。初，武昌起义，都督以下，各自称部，名目繁多。冬十一月，依南京临时政府通令，改部为司。忽有群英会之变，所谓武昌第二次革命也。时公抱病，为乱兵传至都督府，经黎及各将校力保始释。公忿极，自是以后，退居汉上，不问时事。袁世凯电召起义有功者赴北京，公累被召不往。政府任公为陆军中将，授勋二位。公以积劳赴杭州养疴。癸丑讨袁失败，公游日本。孙总理密授公为湖北讨袁军司令。丙辰春，公潜赴汉，召集旧部，命江元吉、李铁民等入南湖炮队举事。酣战终日，以众寡不敌，江、李等死焉。丁巳，孙总理建军政府于广州，任公为鄂军总司令。公返武汉，以十一月晦举兵龙坪，克复武穴，旋失败，杨春龙、谢吟秋、侯千屏等二十余人遇害。公与李某二人匿庙内匾额上，一日两夜，迨防卫稍疏，始于夜半易僧衣逃九江，嗣赴广州。适牟鸿勋、苏成章起兵利川，推公为总司令。公间道前往，滇川黔联军总司令唐继尧召集会议于重庆，公往与会，条陈军事计划，未见实行，乃长叹而返。值鄂军残杀之风大炽，公竟为川军旅长方化南所杀。悲夫。公生于光绪丙戌年腊月二十八日，卒于民国八年，即旧历七年腊月二十七日，享年三十有三。子大经，孙礼贤。

吴醒汉事略

家属来稿

吴醒汉，字厚斋，湖北黄陂人。前清湖北陆军特别学校毕业，将校讲习参谋班肄业，历充下级军官。彰德、太湖两大操均参加。光绪三十二年，由彭楚藩、蔡济民、季雨霖介绍入同盟会。复与同志组织将校研究团，进行秘密工作，旋加入共进会。辛亥武昌起义，攻督署，头部受伤。清军南下，在汉口刘家庙指挥作战，受重伤一次。汉阳之役，任战时总司令部作战主任参谋。后历任湖北军务司长、军备司长、都督府参谋长兼护军司令，后补授陆军中将，勋四位。同盟会改组国民党，任党部评议。民国二年，因反对北兵入赣，辞去本兼各职。袁氏电调入京，不应。宋案发生，袁氏逆迹昭著。前赣督李协和派参谋长林虎在湖口起兵讨袁。汉与蔡济民等密谋响应，旋赣、宁相继失败，汉与蔡济民等同被通缉，亡走日本。时总理组织中华革命党，汉加入。民四袁氏预备称帝，奉总理命，与田桐、蔡济民潜赴武汉谋起兵，蔡任总司令，汉任参谋长。会袁死，国会恢复，黎元洪出任总统，奉召入京，任总统府顾问。民六督军团叛变，张勋复辟，国会二次解散，总理率海军入粤护法。汉离京赴粤，被任为大元帅府参军。是年冬，与蔡济民等奉命由粤回鄂，运动荆、襄各部队独立。后退据施、鹤一带。汉历充靖国军第一军第三师长、第一军副司令、第一军总司令、右翼指挥官，与王占元对抗达三年。民九，因滇黔失和，退兵鄂西，陷于重围。湖南谭督军来电，约本军速攻荆、宜，湘以全力援鄂。甫动员，湘省发生政变，谭出走，不得已，以孤军与敌鏖战月余。因王占元勾结川匪，扰乱后方，汉受重伤六次，右手削去大半，仅余大食两指，死而复生。蔡济民亦遇害，遂败退。汉入医院诊治，将愈，武昌兵变，汉承居正先生之命，与张石侯、张华辅诸同志会商驱王占元事，并约湘政府出兵攻鄂，未几失败。汉即赴粤，任总统府参议。总理提师北伐，汉被任为鄂军总司令，旋即秘密回鄂布置，讵陈炯明叛变，北伐中止。十一年，任国民党中央军事委员。北伐军许、黄两部退闽时，奉总理命，赴闽襄赞军事。是年，黎二次任总统，补授将军府将军。十二年，曹锟贿选，与各省同志联合西南各省，出师讨伐。奉唐继尧召，任为建国军第九军总司令兼湖北宣抚使。十三年夏，师行至黔边，唐氏变计，中止北伐，汉即辞去本兼各职返沪。十四年信阳之役，应孔庚及河南同志邀，赴豫赞助军事。旋因国民二军失败，中途反沪。十五年，国民革命军北伐至鄂，应鄂西将领邀，帮同解决鄂西北兵。旋因共产党之变，南京组织政府，戴季陶同志介绍，任国民政府参事。是冬，又奉中央党部命，为整理湖北党务委员会委员。后因党务停止，仍回京供国府参事原职。十七年，奉国府任为视察西康专员。十九年，奉中央派为党史编纂委员会编纂。二十一年，感于辽沈日寇之祸，神经刺激甚深，由此致疾，卧病至民国二十七年寿终原籍，年五十五。

陈淊传

张难先

陈淊，字洪度，河南南阳人。戊申投鄂军，入群治学社，后隶共进会。沉毅有胆略。庚、辛之际，梁维亚等欲为大规模之运动，派淊与潘锡九赴沙市，投巡防营运动防军。辛亥武昌首义，淊以防军助唐牺支司令光复沙市，复带队来省增援。黄总司令至鄂，见我军转战十余日，气馁，虑不可用。巡防营告奋勇，淊与焉，请以沙防营任前驱。军政府许之。居正令易新枪，会食，随总司令渡江，果破敌至刘家庙，惟淊身受重伤而已。伤愈，都督以武汉战局，宜起异军扼清廷之亢以捣其虚，则阳夏之厄可解矣。因命淊北上，说兰天蔚，联合滦州之军，直捣幽燕。淊慨然往，乃战败而见杀于清军，并剖其腹以泄愤。和议成后，国会议员荆州胡鄂公回念淊在荆、沙之勋劳，运其柩回鄂。丧至，吊者甚夥。旋葬荆州城南门河畔，建洪度楼，作永远之纪念焉。

论曰：洪度以巡防之籍，卒伍之资，何其令人倾倒至此哉。毫无凭借，仗剑入森严之禁阙，说其以犯万乘之威，事虽不成，是何意态之雄且杰也。黎公之藻鉴亦过人远矣。

同盟会中部总会与武昌首义

同盟会自乙巳成立以后，即主张由南部起兵，取得海岸交通线，以便输入武器，占领边省，再谋会师中原。乃屡次失败，同志多依南洋为巢窟。时居正亦在仰光主《光华日报》笔政，倡言革命，值光绪死，论文更为激烈。清领事萧永熙诬以提倡无政府主义，与殖民地政府谋逮解粤督而致之死。由同志延律师起诉，得判自由出境。居乃脱险赴倭，时在庚戌四月。居正之至日本也，见总会全力俱集中于南部，而本部精神惰懈不堪，实足使大多数省分同志日趋消极。乃时与谭人凤、宋教仁、林时爽、张兰亭等讨论此事。谭、宋亦以为忧，会赵声自南洋来，力图振作。教仁谓在中央革命为上策，然运动不易，其次为长江流域，边地实下策也。佥以为然，因共推人凤定期邀集十一省区同盟会分会会长，开会于小石区左仲远（即陈犹龙化名）寓。教仁主张组织中部同盟会以谋长江革命，并提出分步办法，从长江着手，推进至河北，严密组织，以三年为期。赵声谓太迟缓，同志咸主急进。人凤提出事权统一，责任分担，以不限时期为原则之意见，众赞成。即由人凤赴港，以此事商黄兴。兴正谋攻广州，未遑也。惟同志之视线，已集中于此。居正并于冬间自动往长江各部调查。辛亥正月，即赴武昌与各同志积极进行。忽三月二十九日，广州事败，同志乃益信长江革命之重要。于是人凤、教仁与陈其美、潘祖彝等会商，定名为同盟会中部总会。发表宣言曰：

现政府之不足以救国，除中国丧心病狂之宪政党外，贩夫牧竖，皆能洞知，何况忧时之志士。故自同盟会提倡种族主义以来，革命之思想，统政界、学界、军界以及工商界，皆大有人在。顾思想如是之发达，人才如是之众多，而势力犹然孱弱，不能战胜政府者，其故何哉？有共同之宗旨，而无共同之计划，有切实之人才，而无切实之组织也。何以言之？如章太炎、陶成章、刘光汉等，已入党者也，或主分离，或主攻击，或为客犬，非无共同之计划以致之乎？而外此之入主出奴，与夫分援树党，各抱野心，更不知凡几耳。如徐锡麟、温生才、熊成基等未入党者也，一死安庆，一死广州，一死东三省，非无切实之组织有以致之乎？而前此之朝秦暮楚，与夫轻举妄动，抛弃生命者，更不知凡几耳。前之缺点，病不合。推其弊，必将酿历史之纷争。后之缺点，病不通。推其弊，必致叹党员之寥落。前一缺点伏而未发，后一缺点则不自今日摧残过半人才始。前精卫陷北京，《南洋保皇报》曾载有曰："跳来跳去，只此数人。"呜呼，有此二病，不从根本上解决，惟挟金钱之义，临时召募乌合之众，杂于党中，冀微幸以成事，岂可必之数哉。此吾党义师，所以屡起屡蹶，而至演最后之惨剧也。同人等激发于死者之义烈，各有奋心，留港月余，冀与主事诸公婉商善后补救之策。乃一则以气郁身死，一则以事败心灰，一则燕处深居，不能谋一面，于是群鸟兽散，满腔热血，悉付之汪洋泡影中矣。虽然，党事者，党人之公责任也。有倚赖性，无责任心，何以对死友于地下。返沪诸同志，迫于情之不能自已，于是乎有同盟会中部总会之组织。定名同盟会中部总会者，奉东京本会为主体，认南部分会为友邦，而以中部别之，名义上自可无冲突也。总机关设于上海，取交通便利，可以联络各省，统筹办法也。各省设分部，总缆人才，分担责任，庶无顾此失彼之虞也。机关制取合议，救偏僻，防专制也。总理暂不虚设，留以待贤豪，收物望。有大人物出，当适如其分，不致鄙夷不屑就也。举义必由总部召集，各分会提议。不得怀抱野心，轻于发难，培元气，养实力也。总部对于各团体相系相维，一秉信义，而笼络诱骗之手段，不得施也。各团体对于总部同心同德，共造时机，而省界感情之故见，不可现也。组织之内容大概如

> 是。海内同志，其以为不谬，首表同情赞助欤。党人幸甚，中国幸甚。宋教仁、陈其美、徐潜、邓道藩、关咏南、陈勒生、史家麟、王鬻庐、张仁谥、潘祖彝、林琛、李洽、林鍪、李光德、倪韩汉、范光启、姚志强、杨兆岑、吕志伊、江镜清、胡朝阳、章梓、张卓身、周日宣、曾杰、沈琨、谭人凤、谭毅君、陈道。

宣言发表后，加入者多，始着手组织。闰六月成立机关于上海，名曰“同盟会中部总机关”。设五总务干事，宋教仁、陈其美、谭人凤、杨谱笙、潘祖彝任之。各省分会，南京则郑赞丞、章木良主持，安徽则范鸿仙主持，湖北则居正主持，湖南则曾杰、焦达峰主持。其时湖北革命，已至成熟时期。然得总会之策动，武昌振臂一呼，长江各省，即陆续响应，数月之间，满清倒而民国成，则中部总会之成就，何其伟哉！总会至南京政府成立，东京本部内迁上海，即告结束也。

会员名录

谭人凤	墓志铭列后	宋教仁	传具科举补习所篇
居　正		赵　声	事略具后
陈犹龙	即左仲远	林时爽	
张简亭		陈其美	传具后
李燮和		柏文蔚	
井勿幕		徐　潜	
邓道藩		关咏南	
陈勒生		史家麟	
王鬻庐		张仁谥	
潘祖彝		林　琛	
李　洽		梁　鍪	
李光德		倪韩汉	

范光启	姚志强
杨兆岑	吕志伊
江镜清	胡朝阳
淡宅旸　（春谷，四川）	熊克武　（锦帆，四川）
但懋辛　（怒刚，四川）	章　梓
张卓身	周日宣
郑赞成	曾　杰　（伯兴，湖南）
焦达峰　传见后	沈　琨
谭毅君	陈　道
李肇甫	张懋隆
杨谱笙	范鸿仙
吴永珊	邹永成
张斗枢	

会员传状碑志

前长江巡阅使谭君墓志铭

章炳麟

君讳人凤，自号石屏，湖南新化人也。少病喘，即梦游天际，失足踢地，已乃大汗，病有瘳，如是者数矣。稍长能文。不屑意生产。尝以事赴讼，为吏所侮，发愤欲摧折之。值义和团乱，清主逃西安，言光复者始起。君闻之曰，锄去非类，斯吾志也。始设福田村学，渐就县治设小学，招学子俊悍者教之，欲以集事。后知其道迂，改与会党耆帅游，数作小册散之。

自宝庆达辰沅、常德，和者甚众。隆回耆帅刘纲领以数百人来属，皆伉健有精采。君分遣赴永、郴、桂阳，北及衡山，皆乐听命。自是会党言光复者，遍于湖南矣。始善化黄兴居会城，谋光复，未尝识君，所部多学子，及是，渐与君并力，势浸寻及江西，其随营学兵皆附焉。已又率两部入广西，亦随营学。广西故多洪、杨旧部，闻有言种族革命者，皆踊跃乐为用，故岭左右耆帅、秀民多宗君。尝沿江下上海，到旅舍，失箧中银币二千版，方搏髀詈骂，须臾，窃者自归，其德信及人如此。后任新化驻省中学堂监督，适宝庆部众起麻塘，不利，吏名捕正亟，皆奔就君舍，事泄，乃东渡日本避之。时黄兴先在，君因是入同盟会，识香山孙公。同盟会得君以为重，部众复起浏阳、醴陵间，亦不利。君风操骨骾，好任侠，不甚喜海外学人，尤厌清谈，与孙、黄好尚异。独重桃源宋教仁，以为隽才。自同盟会起，声气甚盛，清廷惧，要日本政府禁勒。孙、黄相次走交趾。其后拔镇南关，袭河口，君皆奔赴，欲与规画，不能得要领。往来极南岛、陆间，凡二岁，无所就，返至日本。孙武自湖北，焦达峰自湖南，张伯祥自四川皆来会。闻孙公设南部同盟会，专力广东，经略不远，皆不悦。以君楚士，欲与规长江上游，君与兴力解之，卒不应。归相延设共进会，与孙公分，其后君与教仁亦分，设中部同盟会云。会丹徒赵声以标统处广州。赵声者，军中言光复有显名者也。君潜往为计事，事觉，声已抵香港。居一岁所，与兴谋集敢死士发难广州，以新军防营应之，事即成，兴率一军入广西，声率一军入江西，以湖南属君。议既定，君潜入长沙，部署稍就，复赴香港。兴遽起袭两广督部，败走。诸兴、声所为，广东人胡汉民及弟衍鸾辄挠之，以至于败，声发病死。君始知广东人不足与，北归到夏口，遇焦达峰及子二式，中部同盟会始成。初焦达峰及胡瑛、蒋翊武、第八镇所隶蔡济民、吴醒汉等，皆有部曲，聚于武昌，不相摄。君年长，能断大事，修髯精悍，行止有威重，声伉阆如急遽弦，诸豪杰皆严惮君。君遍走诸部调之，得相应，复下说九江、江宁诸军，令奉约束，于是有武昌倡义之事。事起，孙、黄在海外，皆出不意。君方以病卧上海，亟抵武昌，达峰亦已定长沙，君亲往湖南镇抚，湖南将吏有异言。达峰死，君愤甚，遽返武昌。

是时黄兴来守汉阳，汉阳陷，兴与都督黎公谋东行，且移军械九江。君诘兴曰："公不留武昌待援，将何之？"兴谬曰："仆赴广东，以机关铳来御寇耳。"君曰："广东水陆军李准、龙济光主之，安得机关铳与公？无已，则往上海，谋速取江宁为根本，军械当以半数授我。"兴曰："持械安往？"君曰："持以守岳州。"兴笑曰："人皆向外走，公独向内走耶？"君怒，骂兴曰："洪杨之役，武昌尝三陷三复，非湖南谁为援者？今江宁、成都皆未下，湖北失，不守岳州，湖南相继失，两广、云贵亦不支，九江尚足恃乎？公往广东，且为虏矣。"兴卒去，黎公亦趣葛店，以君为武昌防御使，兼北面招讨使。当是时，微君武昌几殆。事稍定，黎公返，君亦以议和代表东下矣。民国元年，任川粤汉铁路督办，已又任长江巡阅使，予陆军上将衔。明年，宋教仁被杀，江苏、安徽、江西、广东、湖南皆起兵讨袁氏，旋悉败退。君里居，吏踪迹至君家，君已去。初，清安徽巡抚朱家宝，云南人也。武昌兵起，下江清吏皆慑伏，独家宝拒命。云南系其家属，君驰书释之，故家宝德君，及是家宝为言于袁世凯，令吏士缓追君，君得逸去，复走日本。时孙公、黄兴及诸失兵都督俱在。孙公厚怒兴独自矜伐，置中华革命党以摈异己，同亡者皆大恨。兴走美洲，君数谏孙公，无所向背，故孙公不甚恶君。世凯败，得归。六年，张勋以故清主复辟，君闻不胜愤，上气几死。而孙公就广州建军政府，君以人材乏寡，方镇又素骄，事不易就，亦不与其议。寄居上海，督诸孙读书。时应人亟，亦他往，率不过二三月归。九年四月卒于正寝，年六十一。子男四，长德甲，次即二式，二式以七年死难安化，次德揖，次德遗，君殁一月生。孙五人。君素刚。民党独君最长老，在武昌功尤高。自黎公及兴、教仁名位已显，君面数其过，皆吟默不敢校。晚节诸义故多废死，移枢西南，莫有知君功者，君愤世亦益甚，时或谓君过。然以公刚果成就，而世莫用其策，捐忘旧勋，以兵多寡为雄雌，君之发愤，宜有不能已者。抚循将校，不如黄兴，然信于人民过之。若夫见利思义，见危授命，久要不忘平生之言者，唯君一人而已矣。君始尝斥余狂，余亦以君泰戆，其后更相下。复辟之变，余自广东走滇蜀间，遗弱妇稚子，屏处上海，知友或不相闻，君时时来问燥湿。既归，宅舍相去才百步，常相过道公私事，语尤顾挚，虽稚子亦知君可亲也。君未殁时，余适病黄疸，君入视，叹曰："君不当先我死，我平生事，君职当叙次之。"余曰："以年，君宜先，精力吾不逮君远甚，然今病黄，未死也。"未七日，君病遽作，又十日而君殁矣。君死吾惧不得久长，亟承君志而志其墓。以交深，故言不文。铭曰：

江汉之兴，郁何坌坌，收合遗烬，非德孰绥。
大哉元功，赫若云雷，既缮以贞，无有曲隈。
恺易字人，又如柔韦，体备坤乾，龙德而摧。
黄河有涸，昆仑或隤，众雌无雄，直道其衰。

陈其美传

"中央"党史史料编纂委员会藏稿

一、少年异行

陈其美，字英士，浙江吴兴人。生于民国纪元前三十六年（清光绪三年，西历一八七七年）十二月十五日。他的曾祖父和祖父都是有卓行的人。祖父尤好义任侠，为乡里经营公益事业，不遗余力，地方官曾题"圣门狷者之流"的匾赠给他。父春仓先生，以商业起家。母吴太夫人。

他年少的时候，聪明便已显露，做事的机警，引起了乡人的注意。八岁时，他同一班小孩到野外去玩，用火柴燃烧枯草来取乐。其中有一小孩，忽然被火烧着衣服，焦急得大哭起来。其他的小孩都吓跑了，只有他一个人一点没慌张，赶紧跑上去把那个小孩推倒在地上，自己紧紧地伏在他身上，衣上的火便马上熄了。那个小孩一点也没有受伤。

十岁时，有一次，他同一班小孩在海岛旷地上驱马为戏，突有一马在他的后面追来，势甚凶猛，他的游伴都为之惊惶不置。他独从容步行数十步，等到将被追及时，陡然伏在地上不动，马顿时失掉目标，停止前进。正欲转身奔回群中去，他忽站起来，使力痛击，马跑得越快，大家越觉到快乐。他对于刚才所遭受的危险，毫不为意。

十一岁的一年，他在县属的石门镇。旧历十月二十三日为石门城隍诞日，夜间，当地的愚夫愚妇，盈千累万地到城隍庙里来祷拜，南无阿弥陀佛之声不绝于耳。他同友人步游其间，深深感到乡人的愚昧可笑。行到地狱殿，看见土偶状极狰狞，他指着说："百姓已受你愚弄，你还装得这样可恶。"乘人不备，挟着面貌最狰狞的一个回来，自己坐在高堂上，把土偶用鞭子笞挞之后，又把它放在小便的地方，对着它说："你无端受百姓的香烟已久，现在罚你守看便所，你须忠于职守。"第二天，为别人发觉，把土偶送回庙里。他大怒，仍然把它拿回来，毁坏之后，复投入溺中。

又一次，他看见乡人问卜求签以治病，知道入迷已深，不可以理喻，便暗中把城隍庙的仙方签和观音殿的灵方签互相调换。乡人许久才发现，非常骇异，而不知道是他弄的恶作剧！

他的反抗习俗，可说是一种天性。

二、弃商就学

其美兄弟共三人，兄其业，弟其采，他居次。他的父亲的意思，是要他的哥哥和弟弟读书，他则学习商业，以维家计。所以在乡间读几年书，到了十五岁，便到石门的当铺里去做学徒。他暇时很喜欢阅读书报，渐渐知道国家大事。甲午战败，清廷对日割地赔款，他非常愤慨，写信给他的弟弟其采，劝他学习西学以求实用。其后外侮愈急，他的愤慨愈多。到二十六岁那一年，其采从日本学成回国，和他谈到日本所以富强，全在变法维新，振兴实业。他大受感触。觉得内地见闻狭窄，不能发展，次年便辞去当铺职务，跑到上海去习丝业。上海在那时是新学运动的中心，也是救国运动的中心，他一到那里，便立刻投入这伟大的时代潮流里。乘学商的余暇，一方面锐意研究科学，增进新智识；一方面又广求同志，开始革命活动。热烈的向上追求，渐渐使他对于当前的职业又不满意，曾叹道："商贾征逐末利，何补于国家的危亡！”想出国留学，以求深造，苦于学费无着。时其采正在湖南任新军统带，他便到湖南去和其采商量，其采欣然许诺，愿以私蓄助他完成志愿。那时正值美国苛待华侨，上海志士发起抵制美货，以为报复，他在湖南听见这个消息，非常愤恨，立刻在浙江会馆召集同志，讨论响应沪上抵货运动。那天正是礼拜日，有一位信教的同志对他说，他要去做礼拜，不能到会，他问他说："如果看见什么地方着火，基督教徒是否不去救火，而去做礼拜呢？”那位同志答说："当然去救火！”他便说："这次檀香山等地华侨，被烧的被烧，被杀的被杀，其危急甚于平常的着火万倍，他难道还要去做礼拜吗？”他的满腔热诚，到底把那些同志克复了。他又嘱其采留意，联络国中志士，作为反满革命准备，然后启程到日本去。

三、投身革命

其美到了日本东京，先入警监学校，学习警察法律。当时留日学界是排满革命运动的重心，各省志士云集，他以志同道合，结交同志很多。纪元前七年（清光绪三十一年，西历一九〇五年）七月，国父孙中山先生在东京创立中国同盟会，他就毅然加入，对革命工作愈加努力。因为感到实行革命需要军事智识，便改入东斌学校学习军事学。

自从中国同盟会成立后，中国革命有了统一的组织，有了统一的进行步骤，革命运动显然走入了一个新阶段，革命思潮弥漫全国，革命起义也不断地在各省发生。仅仅纪元前五年（清光绪三十三年，西历一九〇七年）的一年内，便有许雪秋等的潮州之役、余既成等的黄岗之役、邓子瑜等的惠州之役、徐锡麟的安庆之役、秋瑾的绍兴之役、王和顺等的钦州之役、黄明堂等的镇南关之役，人心振奋，达于极点。他认为实行的时机已经来到，便于次年春由日回国，在上海设立一个机关，借以联络东南各省志士和计划起义军事，谋在浙江大举。不料一切秘密计划，竟为党人刘光汉密漏于两江总督端方，机关被破，革命进行大大受了一个打击。但他一点也不灰心，仍然再接再厉。其后又和谭人凤、宋教仁等组织中部同盟会干部，作为规划长江党务的中枢。在这个总发动之下，长江各省革命势力便迅速地生长起来。当时清廷对待革命党手段至严厉，一切革命工作，都要在极端秘密之下进行。他的总机关设在马霍路德福里，阳为纵情声色，以掩人耳目，所以外面只知道这是个娱乐场所，而不觉其为革命机关。

除了革命运动外，他又深深感到宣传工作的重要，一点也不放松。他曾和一班同志到汉口英租界去筹备办个《大陆日报》，一切都已妥当，正准备出版。忽为湖北清吏侦知，向租界当局要求逮捕。他不得不忍痛放弃，事败垂成，损失甚大。回到上海，又创办《中国公报》和《民声丛报》，为鼓吹革命的言论机关。此外对于各同志所办的刊物，也无分彼此，尽力协助。宣传书报像雨后春笋般产生，大大激动人心，收到了很满意的效果。

在交接的人中，他认识了一位拳术家霍元甲，颇富于爱国思想。他因此计划创办一间精武学校，从同志中挑选志向坚定体格健者数十人，由元甲教授拳术和军事学。六个月毕业后，再把这几个同志分派到各地方去组织同一性质的学校，每人再担任教授五十人，若干年后，便可练成千万体力强健、富于军事学识的革命干部，对于革命运动必有伟大贡献。可惜元甲未久被人毒毙，此项伟大计划就无从实现。

纪元前一年（清宣统三年，西历一九一一年），黄兴、胡汉民、赵声等谋在广州做大规模的起义，他也被邀到香港来参与计划。三月二十九日广州起义失败，同志死者七十二人。清吏大索革命党，满城风声鹤唳。他这时竟无声无息地独自跑到广州，暗中设法救护同志脱险。后为清吏侦悉，严行缉拿，香港的同志，都以为已遭不幸，可是他却能巧计脱险，悄然到港。

四、响应武汉起义

其美由香港回到上海，仍然主持长江革命运动，时机一天一天地成熟。纪元前一年八月十九日，湖北党人起义，驱逐清吏，连克武昌、汉口、汉阳三镇。可是仓卒起事，力量究竟薄弱，等到满清政府调重兵南下，汉口复陷敌手。革命军形势非常危急，急电各省同志，催促发难响应。他在上海接得这个讯息，立刻赶到南京和当地同志商量，谋由南京首先发动。可是南京的同志，因清吏铁良、张勋拥有重兵，猝发恐不容易，都主张稍缓。他于是又跑回杭州，建议由杭州先发，杭州同志又以为沪杭交通太便，如果上海尚未入革命军手中，杭州先动，极为危险，都主张上海先发，杭州随后响应。他便立刻跑回上海来，积极准备起事。到了九月十三日，一切都已妥当，他组织了一部分同志，交给高子白、杨谱笙共同督率去进攻制造局。制造局中驻守的军队，一部分已表示赞成革命，一部分还表示反对。到了革命军进攻时，局中军队仍旧抵抗，相持未下，影响了一切进行。他看见这种情形，便请各同志停止进攻，自己徒手入制造局向驻军开导，冀得和平解决。大家都认为这是最冒险不过的事，力阻其行。他不顾一切，竟只身前往。到了制造局，果被驻军扣留，用铁索将他锁在椅上。外边的同志都以为他已被难，非常悲愤，进攻愈急。到了第二天制造局被攻破时，才把他救出来，他一点也没有悲喜之情，只含笑道："大家都来了！"

占领制造局后，继着又收复邮政总局及上海电报局，淞沪完全入革命军之手。各同志齐集会议，讨论善后办法，都认为非举出适当的人出来统率，才能应付大局，讨论结果，他便在大家一致拥护之下，担任上海都督了。时驻淞沪海军舰队尚未表示态度，他力促其宣布独立。等到海军独立通电发出，局面更为安定。淞沪光复后的几天内，杭州、苏州、镇江各地同志闻风也相继宣告独立。东南半壁展开了新局势，而武汉革命得到了声援，奋斗的勇气也增加了百倍。

这个时候，张勋仍然盘踞南京，和革命为敌。他便和各地同志共同组织苏、浙、镇、沪联军，推徐绍桢为总司令，会攻南京，而一切军需接济，都仰给于上海。他一身独任其劳，未稍放松，二十余日后才把南京攻下，东南形势大定。这时湖北方面，汉阳虽又已失守，情形相当严重，但南京克服消息一传到，清军感到大势已去，攻势也无形缓和。时国父适从欧洲回到上海，各独立省分代表也先后到上海齐集。会议结果，决定在南京设立临时政府，国父被举为临时大总统，中华民国便昂然地出现了。

沪宁的克复，稳定了辛亥革命成功的基础，功劳最大。国父后来追述此事，曾说："时响应之最有力而影响于全国最大者，厥为上海。陈其美在此积极进行，故汉口一失，其美则能取上海以抵之，由上海乃能窥取南京；后汉阳一失，吾党又得南京以抵之。革命之大局因以益振，则上海其美一木之支者，较他着尤多也。”这是一点也不过誉的。

五、怀抱建设理想

南京临时政府成立后，革命声势大振。清廷见大势已去，乃由其内阁总理大臣袁世凯派代表南下议和。国父对议和本不赞成，其美反对尤烈，他认为革命须求彻底成功，决不宜与反革命势力中途妥协，否则必贻后患。无如当时许多党员都只顾目前之利益，以为推倒满清，革命目的已达到，于是议和声浪压倒了一切。结果满清退位，国父向参议院辞临时大总统职，荐袁世凯以自代。辛亥革命就以南北议和而结束。

国父之让总统于袁氏，是有附带条件的，就是要他南下宣誓就职，首都永远设在南京。这里寓着深刻的用意，就是使他离开了数百年来封建的巢窟，不要再做皇帝的迷梦。这些条件，经袁氏一一答应。哪里料到他是别具野心的？等到欢迎代表北上时，他便制造兵变，借口不能南下，要求在北京就职。北上代表和南京参议院都中了诡计，竟许可了他的请求。他便一步一步地进行他的野心计划。但他自己也很明了一手决不能掩尽天下人耳目，对于真革命势力非早为之计不可。其美在上海，隐然为东南革命重心，袁氏尤视他为眼中钉，千方百计造做谣言，一定要逼他辞去上海都督职务。他也早已洞察袁氏的野心，偏偏不辞。民元三月曾作书表示态度说：“沪督去留，应观事实：事实当去，挽我不留；事实当留，推之不去。始之担任，及后之告辞，全属事实问题，或挽或推，均非我知。现在代表北上，警变又闻，遥企北方，尚多隔膜，且国都既未解决，项城尚未南来，全局统筹，势未大定，不得不以其美之躯壳，再延沪都督之灵魂，非敢将顺舆情！藉此见好。”直到了八月，觉得已没有再留必要，始行辞去。

民元局面的演变，和党人不服从指挥，使国父感到失望。自从辞去了临时大总统，他便立意暂时摆脱政治，专心从事生产建设，以求民生主义的实现。在这一点上，其美和国父是抱着同样心情的，他曾对都督府同人说："国家之弱，弱于贫，贫与弱，固相因者也。但欲求富，必先从实业上入手。经济充足，而后练兵、教育各问题皆可迎刃而解，国自富且强矣。"又寄人书说："其美以冒险为天职，此后共和巩固，已无冒险者可为之事，不得已而求其次，则管见所及，无过于实边之谋，满、蒙、回、藏，僻处边陲，地广人稀，利源未开，欲将我国跻于强大，先应筹集巨款，实力经营，利用已集之军人，振植未辟之边境，则富强之基，实立于此。"又说："革命者，尽我天职之事，今破坏已终，建设方始，建设之道不可无学，吾将往外洋求学，归而襄助建设，亦所以尽我天职也。"所以交卸了都督职务后，同时当选为参议院议员，袁世凯把工商总长的位置来笼络他，他一面暂就，一面准备出洋考察政治实业，无如政治风云日急，革命大业又把他的出国计划打消了。

六、协助国父组织中华革命党

民元八月，宋教仁等联合统一共和党、国民共进会、共和实进会及国民公会合组国民党，谋实现议会政治的理想。国会大选结果，国民党果然大获胜利。袁世凯大惊，决计用卑鄙手段来对付。二年三月二十日，教仁由上海乘沪宁车赴京，袁氏派人暗杀之于车站，反诬说是民党中人互相残杀，以作嫁祸之计。幸其美素来熟悉上海社会情形，于是协助租界捕房搜查凶犯，仅仅两天工夫，便将凶手拿到，又搜获许多确实证据，真相大白，全国哗然。这时 国父适从日本回到上海，认为袁氏背叛民国的罪恶已不可掩，应当乘着人心愤激的时候，声罪致讨，以除后患。黄兴等却以为袁氏既以行政首领主谋杀人，自宜依据法律以求解决，其美也赞成黄兴的主张，国父的计划未得实现。结果国会提出弹劾，袁氏果然置诸不理，反向列强大举借款，添购军械，收买议员，运动军队。时机一成熟，便下令将江西都督李烈钧、广东都督胡汉民、安徽都督柏文蔚免职。到了这一步，党人才深悔没有听从国父的主张，致有此失着。既而袁氏又派李纯、段祺瑞的军队陆续南下，一步一步地逼紧。党人认为如尚不起兵讨伐，便有被消灭的危险。因推李烈钧回江西湖口首先发难，南京、广东、湖南、安徽、福建、四川陆续响应。其美则被推为上海讨袁军总司令。江西发难以后，他正在准备响应，不料袁氏已先派郑汝成到上海，竭力收买海陆军。海陆军既倾向助袁，而袁氏大军南下未已，上海讨袁军形成孤立，几次攻击制造局都未得手，遂致溃散，吴淞方面的讨袁军也因失援而败。九月间，各省讨袁军完全失败，这便是“二次革命”。其后党人多亡命日本，只有他一个人独留上海，再接再厉，为袁党侦悉，请上海领事团加以逮捕。他乃致函领事团，提出严重抗议，义正词严，领事团深为感动，袁党毒计卒不得售。

讨袁军事失败后，国父也避居日本，他深深感到这次的失败，完全是由于党的组织不严密，党的精神涣散之所致。于是号召同志，组织中华革命党，重振革命阵容，继续为讨袁而奋斗，便打电去上海召其美来日襄助。其美从这次失败中，也发生了和国父同样的感想，他曾说：“辛亥革命，手持寸铁，集众数百，武昌一呼，全国振荡者，革命党之精神有以致之也。癸丑一役，拥地数省，拥兵十万，北兵负嵎而全局失败者，革命党中锐气消沉之所致也。”所以一接到国父的电报，便立刻东渡，担任了中华革命党的总务部长，一切计划多出其美手，给国父的帮助很大。

当国父提议组织中华革命党，重振讨袁旗鼓时，许多亡命同志都说袁氏拥有精兵数十万，其势方盛，我党欲与之抗，非有相当时间休养，以待元气恢复不可，否则无异以卵击石，徒牺牲无益，所以对于国父的主张多表示异议。这种情形，使国父非常痛心。像其美这样能够了解和服从他的，特别在那革命势力消沉的时候，实在是难能可贵的。他曾对胡汉民说：“总理领导我们，我们都追随不上。总理如在山顶，我们只在半山，我们这两年才算认识总理的伟大，却已是太迟了，而许多同志还未觉悟，说我们服从太过，岂不可叹！”又对人说：“我所以服从中山先生的缘故，决不是盲从，是因为我现今已经实在认清楚此刻中国有世界眼光、有建设计划、有坚忍不拔精神的，除了中山先生以外，再没有第二人，所以我诚心地服从他。”当时黄兴也是不赞成国父主义的。其美写了一封很沉痛的长信给他，列举种种事实，说明大家过去不服从国父主张，有负于国父，有负于中国革命。最后他说：“美以为此后欲达革命目的，当重视中山先生主张，必如众星之拱北辰，而后星才不乱其度数；必如江河之宗东海，而后流派不致于纷歧；悬目的以为之赴，而视力乃不分；有指针以示之方，而航程乃得其向。不然，苟有党员，如吾人昔日之反对中山先生者，以反对于将来，则中山先生之政见，又将误于毫厘千里之差，一国三公之手。故遵守誓约，服从命令，美认为当然天职，而绝无疑义者。”读了他这封信，使我们不禁想起“疾风知劲草，乱世识忠臣”这两句古语来！

七、主持讨袁军事

中华革命党成立后，国内革命努力又渐渐地恢复起来。其美向国父建议，以为第一第二两次革命，失败原因虽多，但党人不在首都革命，以动摇敌人的基础，使其仍有所凭藉，以压制革命势力，实为最大原因。所以我党此后讨袁，应注意东北党务，以作首都革命的准备。三年春，他便亲自回到大连，经营东三省革命。住在大连约五十日，成立奉天革命党机关部，三月间归东京。同时又请国父经营长江方面，派出同志分任江苏、浙江、安徽各省军事，但都因准备未充足，陆续失败。

四年春，国内变化渐急，迭接长江方面同志电催速回国主持，他乃于二月间由日抵沪，主持长江方面进行事宜。当时因种种障碍，一时未甚得手，他非常愤激，曾电告国父说：“如事不成，决不再赴日亡命。”意志非常坚决。国父接电，怕他轻牺牲，函电交驰，促其东渡，但他仍不肯行。到了夏间，袁世凯为欲换得日本承认帝制，不惜承认日公使日置益所提出的“二十一条”的要求，又命杨度等组织筹安会，以资劝进。帝制运动日剧，而人心也愈愤慨。国父急召他到东京去商议，他不得已乃于八月间东渡。商议结果，以为当前袁氏兵力集中东南一隅，西南方面比较空虚，不如先从西南发动。他被派回广东去主持。

十月，他离开日本到广东，途经上海。上海方面负责的同志向他报告，说海陆军运动已相当成熟，人心也大可用，机不可失，坚留他在沪主持大计。他经过详细审察，也认为事确有可为，就电国父请示，得复许可，乃将赴粤之意打消，设总机关于法租界渔阳里五号，由今国民党总裁蒋介石先生和吴忠信、周淡游、杨沧白、邵元冲、丁人杰、余健光等分别担任军事、财政、总务、文牍诸事。同时仍辅助卢师谛等进窥西南以资呼应。

当时上海镇守使郑汝成是袁氏悍将，袁氏赖之以保障东南。其美和同志筹议结果，认为欲控制长江，必先取得上海，欲取得上海，又必先除去郑氏，其后探悉十一月十日日本领事馆将举行日皇登极典礼，郑氏必往贺，正可乘机暗杀。适有东三省同志王晓峰、王朋山自告奋勇，愿担任杀郑。又探得郑氏要到日本领馆，必须经过外白渡桥，于是就派二王在外白渡桥边预伏等候，临行，其美特勖以大义说："我将静候你们成功与成仁的消息！希勿负此行！"二王大为感奋。当日正午，郑氏果然乘汽车从桥上经过，朋山因向汽车先掷一炸弹，汽车立刻停止前进，晓峰急即跳上汽车，向郑氏开枪连续射击，头部中十余枪，立刻毙命。事发后，中西巡捕赶至，都不敢前，二王笑对他们说："公事已毕，愿受缚！"被捕后，押解镇守使署，从容就义。数年来全国的沉闷空气，毕竟被这场枪声打破了！

郑汝成死后，袁世凯大起恐慌，补派杨善德为淞沪护军使。杨氏老朽庸懦，向着严重的时局，毫无办法。于是其美乃加紧进行，欲乘其未备，大举发难。会长江及江浙各方面同志也报告时机已成熟，催促上海首先发难，各省必可陆续响应。正在紧急准备中，而北京政府的海军总司令部忽于十二月三日下令驻沪的肇和军舰开往广东。大家听见这个消息，非常着急，因为肇和军舰的联络工作已完全成熟，如果任其离开，则以后发动必倍增困难，因此都要求他提早起事。他看见情形迫急，也认为非立即发动不可，经征得肇和舰长黄鸣球及舰上海军练习生陈可钧等同意，就定五日起事。当时的计划：是由杨虎率领一部分部队去占领肇和舰，占领后即开炮猛击制造局；另由孙祥夫率领一部分部队去占领应瑞、通济两舰，作肇和的辅助；制造局及城内各方面已联络成熟的军警，一闻军舰炮声，即立起响应。此外，又派夏次岩担任在城门举火应援；薄子明等率领山东部分同志攻击警察总局，关钧、沈侠民等担任攻击电话局及电灯厂；陆学文等担任攻击警察第一区及工程总局；余建光、杨靖波等担任联络闸北方面军警响应；杨沧白、邵元冲等留守总机关部，并办理后方勤务；他本人则担任淞沪司令长官，以吴忠信为参谋长。部署既定，到了五日下午，杨虎便率海军陆战队同志三十余人乘小汽船去袭取肇和，陈可钧等在舰上立起响应。占领肇和后，就打破库门，取出炮弹装好，向陆上轰击。可惜孙祥夫所率领的一部分同志，因小汽船没有照会，被租界巡捕干涉，不能发船，因此不能占领应瑞、通济两舰，使肇和陷于孤立。陆上的同志听肇和的炮声，便立刻依着原定计划，分别向电报局、电话局、巡警总局、工程总局等机关进攻，都很得手。他自己也亲率几位干部同志向城中出发督战。不料这时袁军忽蜂拥而至，藉着优势的炮火，向革命军猛攻，同志艰苦支持多时，以伤亡太重，不得不退却。而一部分陆军又未起响应，后援无继，各方面就完全失败。他只得退回渔阳里总机关部，图谋续进。讵料此时捕房忽派巡捕前来搜查，捕去同志数人，他和蒋介石先生等登屋避开，仅以身免。总机关被破，联络枢纽断绝，续进的计划也失败。

杨虎等在舰上向制造局开炮后，未见制造局有什么动静，以为陆上已经得手，便不再发炮。又见应瑞、通济两舰发出信号，表示赞同，请勿攻击，以为孙祥夫等也已成功，因此不加准备。不料两舰竟受袁军巨金收买，趁着六日黎明，发炮向肇和猛攻，肇和仓卒应战，还炮多未能命中，而舰上汽炉已中炮炸裂，同志死伤惨重。杨虎等知道已经不能支持，不得已改装泅水退走，陈可钧等被捕牺牲，轰轰烈烈的肇和之役，就这样失败了！

八、为再接再厉讨袁而牺牲

肇和起事虽然失败，但他所给予人心的影响，收效却是很大的。过后未久，蔡锷和唐继尧等便在云南揭起讨袁的义旗了。广东、山东、四川各省党人纷起响应。消息传到上海，其美非常感奋，这时他已经积劳成病，身子很不好，但仍勉强支持，苦心经营，谋在上海应援。经过几个月的准备，时机渐熟，因定四月十二日半夜起事，约定以号炮发难，海陆军同时响应。不料那天晚上，适值大雨，不能燃炮，直到早晨三时才放一炮，海陆军都未响应。乃改定第二天晚上，由海军担任开炮，陆军随后响应。但海军临时仍不发炮，又不能动。十四晚，又由担任运动海军的同志宋振率领一部分同志亲到舰上去指挥，因舰长不在，兵士开枪抵抗，宋振愤极，投江自杀。这三次起事都未成，上海暂时已不易再发难。时党人萧光礼在江阴宣布独立，他便派杨虎前往协助。义军已把长江要塞的江阴炮台占领，卒因孤立无援而退。同时他又派夏次岩入浙江举事，谋泄被害，浙江事也陷于停顿。

屡次起事的失败，增加了他的许多困难，但这并不足使他灰心，只有更给他鼓励，更使他坚决进行。这时袁世凯对他异常害怕，要用重金来使他离沪，全未发生效力，便悬重赏募人暗杀。上海的袁探查知他的经济情形非常拮据，想募款起事，正苦无办法，于是便由许国霖、程子安出面组设一个鸿丰煤矿公司，勾结了革命叛徒李海秋，由李去对他说：鸿丰公司有一块矿地预备向日本人抵押大款，如他能从中介绍签约，将来借款成功，可以十分之四帮助他作革命军费。他听后大喜，立刻答应，并和李约定五月十八日下午带合同底稿来签字。到了那一天，李及许国霖等五人来到萨坡赛路十四号他的寓所，他在客厅中招待，大家刚刚坐定，李忽然推说忘记把合同底稿带来，起身出门去取。李刚刚出门，外边忽然闯进来两个凶徒，拔出手枪来向他射击，头部连中数枪，便顿时气绝了！年仅四十岁。他生前常对同志说："挽近以来，贤者自爱其死，以故众人效之，相率而趋于偷，今吾将以身殉国，一矫苟且之习，且以刷党人重死之辱！"这种光荣的牺牲，在他个人是求仁得仁；但不幸的是中国革命的阵线上又损失了一位英勇的战士兼领导者了！噩耗传出，国父、海内外同志都为之同声痛哭！他死后仅半个多月，袁世凯因义军四起，愤而暴毙，元凶已除，民国再造，他也可以含笑于九泉了！

九、性格及思想

综观其美一生的事迹，我们可以说他是一个最纯洁最勇猛的革命家，他对革命抱着绝大的信仰心，在实行中，丝毫不计及成败。他常说："机会必须由创造而来，决不是由等候而来，我们若能努力创造机会，则虽本身不能坐收成功，也可以造一大潮流，以促社会的进步。"肇和起义失败后，同志颇有懊丧者，他安慰说：“事业失败，不足畏也，改过再图，必有成功之一日。惟志不可颓，志颓则永无成，吾辈今后仍当积极进行，成功不过时间问题耳。”他生时曾自拟一联，书之作座右铭，原文是：“扶颠持危，事业争光日月。成仁取义，俯仰无愧天人。”可见他的素志！

因为对革命抱着这样的信仰心和热诚，所以任何外物都未能使他动摇。四年，他由日返沪主持讨袁军事，有一天，他的一个同乡兼亲戚某君奉袁氏之命来告诉他说：“袁大总统汇洋七十万元在交通银行，给你出洋游历，此款随时可提取。”他说：“现在我们党里很穷，供给党里用很好。”某君说：“这笔款系给你出洋用的，不能作别用。如果你不要，便将这笔钱对付你。总之，这笔钱是为你而用的。”他听了后，声色俱厉地说：“我干我的事，他听他的便。”某君当然是不欢而去。那个时候，时局既急不可待，而经济却窘逼异常，筹款的事，使他感到束手无策。他觉得这笔巨款总应该设法弄到手里来用用。他查知袁氏出重赏来求他，生擒若干，杀死若干。上海镇守使郑汝成尤欲生擒他来邀大赏，于是心生一计：他邀请一位姓吴的同志来商量，拟托吴觅一外人，到郑处去报告他的住址，并和郑订明生擒重赏，于捕到之日付足。一面再由吴和外人约，于赏格之中，提出若干酬其劳，余则尽移作党的活动费。然后指定一天，由吴引外人和巡捕来捕他，至捕去之后，租界引渡与否不可知，而党中得了这一笔巨款，便可图大举。吴疑虑捕房会把他引渡给郑，他说：“租界官吏对于我，于二次革命失败后已有定议，如捕得，即送出洋，尽可放心！”吴又疑虑久居狱中，万一狱卒得贿，以毒药加害。他说：“这虽然难防，但如果择定有出口轮船之日指捕，想当无碍。果能牺牲此身以换得巨款，而有补于救国，即被毒死，也毫无反悔。现在财政奇绌，向人借钞，唇焦舌烂，始得若干，而为数不多，只可作平日维持之用，不能大有作为。况且我此次归来，早抱定牺牲决心，不愿再做亡命，若因此致死，正合素志。二次革命失败以来，党人均恨不能以一死拼，我也当时不死之一人。我死之后，或能挽救党人为主义牺牲的旧名誉，把辛亥三月二十九之役的真精神恢复过来！”说毕就催促吴同志决定去办，吴觉得办法虽好，但终恐罹于不幸，自己又将居卖友之名。他又说："毒死一层，若能做事迅速，想必无事。你怕居卖友之名，我可给你一证，同志有质问，你可公布出来。"吴沉思良久，终不敢办，他为之怏怏不乐者竟日。古人说："富贵不能淫，威武不能屈。"又说："造次必于是，颠沛必于是。"这几句话，他是当之无愧的。

他富于自信力，同时又勇于改过。当辛亥革命后及二次革命前，他因为不十分信从国父的主张，所以常有和国父意见不同的地方。自从二次革命失败后，他从失败的痛苦教训中，深自忏悔已往的错误，以后便死心塌地服从国父的领导，他寄黄兴信中所说的话，正是他对于国父的新认识。像这样勇于改过的毫无固执成见的伟大精神，也是常人所不可及的。

人人都知道他是一个热烈革命实行家，而不知道他对于学问智识的追求也同样热烈。他由商而学，正是这种精神的表现。辛亥革命后，他认为中国必须赶紧建设，前途方有希望。他寄人书说："现今我国百不如人，将来欲谋发达，须各方面、各科学皆求进步。"又说："欲救中国，非急起直追不可。今观各国之进步，犹赛跑然。反观我国，则且行且止，一若不见人之在我前者。彼跑百步，我当跑百步以上，则若干年之后，或可追及，否则即行百步，亦望尘莫及矣。何况一步不前耶？吾辈之心，满拟驾中国于世界各国之上，苟不急进，将何以达我之目的？"所以解上海都督职后，他便准备出洋游学，寻求高深学问。借以负起建设新中国的重任。他对于教育子弟也谆谆以注重学问告诫，其寄侄果夫书说："为一身，为国家，皆非学问不成。"又说："为人须立志远大，不可务其小者近者。你当教你弟妹好好求学，立志救国，不可教其为将来饭碗计而勤学，普通人教子弟，常作如此想，吾辈当切戒之。凡存心谋个人者，即不足与谋。谋国须比谋一身为重，对于自己一身，但须勉其成为一有能力可以救国之人足矣。"这虽是家庭琐事，但也可反映出他的怀抱来。

他一生努力于中国国民革命，但却抱负世界革命的大志。他常对人说："我生平最恨强权，并喜打不平，凡是见到有以强凌弱的事，必为愤愤不平。现在的世界仍旧是一个不平的世界，所以我愿意作世界革命的工作。

不过现在中国，尤其要从速革命，我又是中国人，因此我先着手于中国的革命。俟中国革命成功以后，我当尽力助各弱国及亡国之民革命，获得独立自由，我的志愿才算完全达到。”以中国国民革命为中心，来扶植各弱小民族革命，以求全世界民族之自由平等，这是中国国民党世界革命的最高任务，也是每个党员应负的责任，这一点，他是认识最为清楚的。他在努力中国国民革命中，常慨然以扶植东亚弱小民族为己任，尤欲结交各弱小民族中的志士。民国纪元前二年（清宣统二年，西历一九一〇年）延吉边境发生纠纷，他屡函东三省翼长张锡銮和吉林巡抚陈昭常，请他们设法保护朝鲜侨民。又某年，他曾和朝鲜志士在上海组织一秘密结社，名新亚同济社，专为谋朝鲜独立，他任该社的监督，且常作物资上精神上的援助。这件事很秘密，少有人知道。民国元年辞职后，袁世凯给他汇洋四万元，促他早点出洋。此款收到后，两个月内即用罄，除大部分为帮助同志之外，其中五分之一约计八千圆，却是完全用于资助朝鲜、安南、印度的革命党人，朝鲜在中国留学生的学费也是统统由他负担。

赵伯先事略

章士钊

壬寅冬，愚年二十一，挈弟勤士游学金陵。时山阴俞明震，以儒吏长江南陆师学堂，号得士，遇英年能文者厚。愚一小时，草“无敌国外患者国恒亡论”数千言，辞趣敏妙，为俞君激赏。既至校，知有赵声伯先其人，文章风义冠绝于堂，则大喜，引而亲之，相许备至。愚性和易，而伯先豪纵，情反而爱至，有莫之为而为者，此为余交伯先之始。

伯先，丹徒大港人。而魁梧多力，相貌不类苏产。又激于意气，跅弛不羁，被酒大言，无所避就，尤与寻常苏人异撰。伯先年十九为秀才，文名噪甚。顾抑塞不安于乡，浪游江淮间，复无所遇，尝僦居南京僧寺。寺近陆师学堂，伯先偶代某生执笔，为俞君研诘得实，则亟延至伯先，特要入校。此伯先治兵学之所由也。

愚在校未久，辞赴上海，主《苏报》，言革命。伯先循资完业，曾一渡日本，考询军政，归，两江师范学堂为教员，非其好也。时排满之论，起于江湖，愚喜昌言。而伯先则谋济事，尝秘草《七字唱本》，激劝士卒，号保国歌，文辞肫至，读者莫不感泣。余为印布数十万份，湖北曹工丞且为麻鞋负橐，走数千里散之。一时长江上下游之兵若匪，人手一纸，习其词若流，而不审为伯先手笔也。

癸卯秋，愚潜反宁，为会于北极阁，假借俄事，极论革命，南京学生咸集，为内地公开演说之嚆矢，声势甚盛。顾伯先少之，以为徒招吏忌，无裨于实。是夕，果为宁绅缪荃孙举发，牒地方吏捕余。愚既宵遁，伯先亦坐是不安于校，则走长沙，同人羁为实业学堂监督，尤非其好也。又起北行，入观禁城，潸焉出涕。更出榆关，放歌无侣。适保定有秋操事，伯先投某镇充队官，冀有所图，亦无大验。久之，返宁，任江宁督练公所参谋官，旋教练江阴新军。

时道员郭人漳好与革命党往还，党人亦欲倚以集事。伯先则随人漳入邕，年余，而志不逞。适本省拟行征兵制，伯先趋归，成之，以功管带三十二标第二营，旋升标统。恒为兵士阴述种族大义，满人端方为江督，忌伯先甚。伯先部兵习闻湘乡曾氏扶清灭太平军不道状，因火后湖神座，毁曾遗像，一军尽欢。讦者指伯先为乱，端方将假是兴大狱。统制徐绍桢隐右伯先，得以身免。往就粤督张人骏于广州，任督练公所提调，旋统带新军第二标。

时郭人漳为防军统领，势张甚。廉州人士刘恩裕以抗税起兵，志士有从之者，人骏檄伯先率步兵一营、炮兵一队剿之。伯先以其机可用，大喜，则密遣人与恩裕计事，而约人漳为应。人漳告密，说浸传于外。伯先审事坏，而恩裕亦下材不足言大计，乃驰告同志，快散去，并于阵中单骑往讽恩裕他窜。恩裕卒不之省，遮伯先击之。伯先不得已，挥兵进，廉事一战而定。伯先设宴廉之南郊海角亭，与将士痛饮，席间赋诗，有“八百健儿齐踊跃，自惭不是岳家军”之句。顾伯先隐痛益深，而人漳妒嫉益甚，日讦伯先、人骏所。适端方亦有电来，称赵声才大，而志不测，不可用，人骏惑焉。伯先不自安，弃职归，而终不能忘情于粤也。

复走香港，为倪映典密筹攻粤策，事败，映典殉。伯先乃往顺德，谋再起，卒以会党志异，省中又名捕急，因返港，躬耕以乐其意。时从者数十人，易散难集，又贫无所得食，留戍至艰，略师汉赵充国遗意，相约租田而耕，伯先朝执锄夕执笔，自食其力，并以食同人，若旷然有遗世独立之思也。

扬州熊成基者，伯先江南所部卒也。清西后母子死，成基骤起兵安庆，事败，走海外，复谋刺载涛于哈尔滨，事泄，死之。伯先固不以国士期成基，至是乃太息曰：“昔在南京，俊士如云，若成基者，殊碌碌，今所成已如是，吾辈何面目见天下士！”闻者泣下。

番禺汪兆铭刺载沣于京师，未中，下狱。伯先益愤励，起往南洋群岛，稍备军实，还香港，设同盟会，伯先被推为总部部长。议以广东为发难地，分东西两军，取道北伐，西军经广东，入湖南，会师武汉，黄兴主之；东军贯江西，出湖口，直下江南，则伯先为帅也。顷之，伯先所养士邓明德，密布机关，陷于粤捕，死焉。夙计不得不变，则谋以一队劫杀水师提督李准，一队攻取督署，一队堵塞满营，一队占火药库、军械局，一队接应各路，一队进攻兵工厂。队员皆同人自充之，新军一二两标届时策应。即各部署定，期以辛亥四月一日一举而取广州。黄兴为总司令，先率同人入粤，伯先与胡汉民留守香港，至期会合。于是吴、楚、闽、粤、滇、桂、洛、蜀、越、皖、赣十一省之才士乐赴国难，无所图利者，相继来集。临发前一夕置酒高会，仰天而歌，群有死之之心焉。革命党人，于斯极盛。

会粤人温生才自南洋袖弹归，击将军孚琦，毙之，粤垣大索。十一省之士者，大抵不习广州方言，又归自东京，服态殊异，易为逻者所得。三月二十八日，均奉兴暂退令，纷纷旋港。伯先大惊，拟次日自行入粤规画，夜接兴电，谓事尚可为，促军更进，则又大喜。明日，全部以早晚轮渡分赴战地。伯先取晚轮，以晦日晨达广州，而事已前败，七十二烈士俱殉，世所传黄花岗之役者也。伯先乡人宋建侯、石经武、华逐电、阮德山、徐胜西、封冠卿等六人均死之。

伯先痛甚，扶病赴顺德，谋再举。不就，擎枪自裁，遇阻未遂，乃奄奄经澳门归港寓，而伯先大病矣。四月八日，腹痛不可止，医者认是盲肠炎，非割不治。十七日割之，血黑色，肠有腐者。十八日晨，口吐紫血，势已莫救。十九日午后，神志忽爽，勉侍疾诸君甚切至，并吟“出师未捷身先死，长使英雄泪满襟”之句，泪随声下，同人亦各复流涕，张目曰：“吾负死难诸友矣，雪耻唯君等。”言讫，目闭而泪出不已，自不复能言。翌日下午一时，遂逝，时辛亥四月二十四日也，年三十有二。初葬于香港茄菲公园附近山巅，碑曰“天香阁主人之墓”。民国元年，移葬镇江南郊竹林寺。

自伯先为将，以至死事，中更十年。愚由上海而日本，而英吉利，以学目遮，不省国事。兹篇所纪，盖无一役身与，耻何如也。伯先死耗，愚与长沙杨守仁居泥北淀，共闻之。守仁至狂愤自沉其身，独愚逡巡返国。逢民国纪元，事去伯先之死已半岁，自尔以来，××××，几无一不负先烈。而愚之自暴自弃，深愧死友尤不胜言，追念曩事，怀惭何已。谨状。

焦达峰传

章炳麟

焦达峰初名大鹏，字鞠荪，湖南浏阳人。在长沙，或称焦煜，而之日本，自署焦达峰，故世称达峰云。少豪健，每读书塾中散归，辄集儿童为两部，决战，己不胜，必复之，敌溃然后已。年十五，入浏阳学堂。浏阳先有谭嗣同、唐才常，以牾贵幸起兵死。达峰闻人道其事，必怒目抵案而立。持论刚断，不苟言。竟走蹴鞠皆兼人，校中戏呼之曰谭唐。或拟以俾斯麦克、纳尔逊，亦不让也。年十九，东游日本，与乡人禹之谟善，缘是入中国同盟会，首领黄兴等未之奇也。欲习陆军，格于例，乃入东斌学校，讲戎事，几二年。同盟会成立已三岁，集才多，然未有所用。时转掠边徼，不能为利害。及徐锡麟杀恩铭，天下震动，锡麟又非同盟会人也。达峰则与四川张百祥、江西邓文恢、湖北孙武等集共进会，和者数十人，多山泽豪帅与手臂技击之士，期就腹地以勇气振之。而达峰游学未返，占名同盟尚如故。时兴自交趾来，问达峰何故立异，答言同盟会举趾舒缓，故以是赴急，非敢异也。兴曰："如是，革命有二统，二统将谁为正？"达峰笑曰："兵未起，何急也？异日公功盛，我则附公，我功盛，公亦当附我。"兴爽然无以难也。兴就大森起体育会，达峰亦赴之。会清新主立，袁世凯罢归，达峰知势可乘，遂返。明年三月，抵夏口，始立共进会总部，分在武昌江汉间，附者甚众。七月，返至湘东，更名左耀国，集浏阳、醴陵、萍乡诸豪，内设部长沙。明年三月，以军法部勒其众，所统已千数百人矣。九月，复与杨任、余华禄等编通常德、辰沅宗帅，众益盛。明年春，至夏口，汉上诸子期以秋操起兵。患北军自武胜关径下，欲长沙先发，武昌应之，咨于达峰。达峰曰："长沙发难易耳，然十日武昌不应，我必击武昌。"皆诺，亦以武昌先长沙应要达峰，达峰亦诺。自是湖北军官蔡济民等多赴共进会立盟誓矣。五月，达峰与陈作新说长沙新军及巡防营倡义，皆受约，其秋八月十九日，武昌以谋泄先发，檄到，达峰欲如十日期，众犹豫。时清军已骆驿度武胜关，湖南巡防统领黄忠浩谋以师北上应之。达峰愤急曰："中国废兴在今日矣。尚观望耶？"九月朔，自统新军攻小吴门，令陈作新攻北门，遇巡防军，即探白布绾其臂，皆笑受之，遂入据军械局。巡抚余诚格走，忠浩不降，杀之。明日，就咨议局举帅，以达峰充都督，作新副。达峰集党才四岁，上溯湘，下沿汉，义从如墙，清吏不能擒制。微达峰坚诺，武昌固不敢动，湘军起，又与夏口结言相应，于发难功最高。视事数日，议出师援武昌，以第四十标为前列，以第五十标与巡防营番上，而急练民军承其乏。计定，请辞职北征，众未听。初，衡湘间多贵族子，达峰以寒微起为帅，参佐大抵椎结少文，搢绅间独龙璋与善，它多嫉之。知达峰誉闻狭，可动，则以术挠其庆赏，而扬言武昌济饷数十万，达峰持不下，又新军有功不迁官，将尽黜，用激怒其众。标统梅馨忿，九日，密谋于求忠学堂。明日，市中小骚，作新单骑行视，即马上击杀之，断其头。遂引兵攻督府，达峰困，请拜军旗而死。许之，拜起，杀焉。乃推故咨议局长谭延闿为督，众始定。竟不执梅馨，故湖南北颇有异论。后十余岁，馨失兵居上海，患痈，将死，达峰义故邓玉麟往视，曰："得无焦公为厉耶？"馨叹曰，当时直为人作猎狗耳。达峰死时，年二十五六岁矣。延闿葬之岳麓山。民国五午，刘人熙督湖南，始立石冢上，曰"浏水堕泪之碑"，诸述达峰事者，率承变乱时所录，后起势盛，故人多雷同，其语绝谩。余以身在日本所见，及孙武、邓玉麟、李根源所述，谭人凤所记，兼摭吴慰祖、李某所作事略，校其同异，为之传。

赞曰：达峰年少蹶起，义屈元耆，而其言卒中，智勇仁疆，实出侪辈上。故能平行湘汉，制其輨毂，桀然为义师树枢，盛哉，斯陈项之亚矣。夫首义者固多强死，衔辔不振，陈王且有庄贾之祸，又说于余子。重以民党日偷，恶直上谀，扬浮名，没实功。达峰已死，而后来者掩其为上勋，众口皤皤，又曷足校哉。

武昌首义之发动

湖北为四战之地，一旦有变，虏骑瞬息压境，似无发动之可能，然历来志士，即在此环境下造成一特殊风气，即不竞声华，埋头苦干是也。庚子以后，士人多投笔从戎，不以苍头为耻。甚或累年不迁，亦安之若素。遇有风潮，则易名再入他营。极少以从军为终南捷径，借党势谋飞腾者。所以无营不有知识分子、革命党人，意态冷静沉默，匿儒冠，而讳新民，犹之西药以糖衣封其猛剂，食者甘之。而官厅遂毫不注意，士兵亦以彼辈可亲，等于手足。不数年间竟将政府之军队，于不知不觉中，尽变为吾党之势力，职是之故，此湖北革命之妙用，非外人所得而知也。辛亥武昌首义，其主力则在共进会、文学社两团体。继之以香港"同盟会统筹部"（时东京中国同盟会本部，将以全力经营南部，于是在香港设统筹部，以黄兴为部长，赵声副之，内分调度、交通、储备、编制、秘书、出纳、总务七课，部址在跑马地第三十五号）及上海"同盟会中部总会"之主持策动，所以虽最难发动之地区，仍于八月十九日一举成功。先是庚戌冬，居正与谭人凤、宋教仁等，俱主张长江革命，居由东京自动赴长江各省调查，道经广济，广济为正故乡，复值年节，因便道回家省亲。上元日，一湘人持函自汉口来，启视，则刘绍襄促赴汉筹商要事。正即辞亲西上。抵汉，晤绍襄于俄租界宝善里广惠公司。广惠公司者，教仁推邹永成、张斗枢组织之秘密通讯机关，借矿商名义以运动两湖革命者也。绍襄见正至，出观黄克强函，大意谓："吾党举事，须先取得河岸交通线，以便输入武器。现钦廉虽失败，而广州大有可为，不久发动。望兄在武汉主持，结合新军，速起响应。”居阅毕，绍襄复告以此次由香港来，克强再三嘱咐，并派谭石屏至南京、九江联络，不久将到汉与君面商。正离鄂久，初至武汉，极形生疏，无从着手，乃访杨时杰询问鄂中情形。先是东京有共进会，为同盟会之外府。刘公继任会长，时杰为之运筹。庚戌冬，公、时杰由日回鄂。时杰函促正归，谓武汉组织略有头绪。至是告以近状，介晤孙武、杨玉如等。正乃得悉武汉内容。辛亥正月二十五日，谭人凤果抵汉，与居正、孙武、杨时杰、刘英、查光佛等聚商于旅舍。人凤曰：“余奉黄先生命，督率长江革命进行。南京、九江已有联络。两湖尤关重要。因黄先生与胡展堂、赵伯先诸兄均在香港，各省同志毕集，决在广州起事。谋既定，款亦有着。最短期间，当能实现，两湖宜急起响应。”并出八百元交居正为运动费。复谓中部同盟会将发宣言，现在结合力渐次弥漫，南京主任为郑赞丞、章木良等。九江新军自南京开来五十三标，亦由南京主任通声气。各视其时机而定响应之先后，武汉宜加紧努力。均韪其言。谭去后，居正以既受统筹部黄兴之委托及资金，自应积极进行，乃与杨时杰、孙武诸人共商进行之法。于是租汉口法租界长清里九十八号设总机关，居正负责主持。设分机关于武昌胭脂巷十一号，胡祖舜主持。粮道街九号，设同兴学社，为同志往来勾留之所。时法，无眷属者，房主例不得以屋出赁。邓玉麟计约扬州佘某同妇谢氏住社中，司中馈。陈磊、赵师梅、费孟谦、赵学诗等常驻焉。并效梁山泊朱贵故事，于左旗、右旗、工程营附近之黄土坡，设同兴酒楼，由邓玉麟经理，沟通军人声气，相机运动介绍入会。部署略定，乃召集会议，推共进会会长刘公为鄂军都督，刘英副之。预定成陆军四镇，以宋镇华为第一镇统制，黄申芗为第二镇统制，余二镇人选在拟议中。蔡济民、高尚志为陆军二十九标标代表，黄礼堂、张鹏程、萧国宝为各营营代表，杨宏胜、方殿甲、周楚材为步兵三十标正副标代表，江亚兰、殷占魁为步兵三十一标正副标代表，郭抚宸、祁占元、陈随福为各营营代表，陈子龙为三十二标标代表，徐万年、孟华臣为炮队第八标正副标代表，王鹤年、艾良臣、梅青福、张富国为各营营代表，沙金海为马队第八标标代表，熊秉坤为工程第八营总代表，雷振声、方兴、金兆龙、徐兆宾等为代表，陈孝芬、王子华、李鹏昇、罗一安等为混成协马、工、辎各营营代表，彭楚藩为宪兵营代表，李翊东为陆军测绘学堂代表，陈磊、赵师梅为工业学堂代表，陈洪九为法官养成所代表，张育万为方言学堂代表，刘鄂生、牛廷臣、方旭明为铁路学堂代表。职务既定，孙武治都督、统制五印，交居正保管，正曰："苟举事，讵虞治印不及？奚留此自累！"趣销毁。当时有最艰巨之事二：一、筹措款项，二、统一团体。各同志以广州举事伊迩，异常努力，进步极速；惟八百元之经费有限，不久告罄；而同兴酒楼已于三月十五日无法维持。居正谓孙武曰："闻蕲春洗马坡达城庙有金菩萨者，乡人谓其灵验，每年必有人为之饰金，所值应不赀，若设法取来，可以济用。"众赞成，推居与焦达峰往探。三月二十八日抵达城庙，市香烛，伪为礼神状。金菩萨供正殿左之玻璃龛中，经烟熏，不能辨真象。居焚香秉烛，达峰伏地拜叩，默祝菩萨舍身救世。拜罢，奉香资一元于住持僧，请启玻璃门一瞻神像，僧许诺，达峰以手搬像，屹不为动，僧意若怫然，恐见疑，辞出。达峰谓此非一二人所能为役，决回再计。抵汉口，闻广州失败，俱悲愤，在武汉发难之心愈决，而经费奇窘，甚形焦急。达峰乃招同志邹永成、杨任、黎先诚、谢介僧征湘绿林大力士任其事。时查光佛、刘文锦等自运动各军归，咸以成绩甚佳，可在武汉发动。继议筹款，居谓达峰已征湘力士，容俟行达城庙计划。光佛曰："事急矣，难待。吾闻距达城庙十里，有三角山，为蕲州名胜，山有小溪，产绿毛龟，小者如金钱，富家多购以重金，吾人入山取以出售，亦一法也。"众以此事琐细，仍主张达城庙原议。光佛曰："既不为此，三角山有寺观，距达城庙近。吾辈多无辫，试充僧，先匿寺中，再下山至达城庙，一夜往返，尽可于夜间移菩萨上山镕化，似甚便。"众然之。居正、查光佛、刘文锦偕往，至山，抵三角寺，税居一室，与僧交欢。住旬日，或探赴达城庙路径；或准备设炉镕金。摒挡略就，即于端节晚间赴庙，讵天气酷热，乡人、寺僧，均露坐闲谈，庙内灯火辉煌，无从下手；旅费亦告罄，又怏怏返汉。时孙武与达峰及达峰所招同志邹永成、杨任、黎先诚、谢介僧等皆苦闷。邹永成曰："我伯母孀居，首饰值数千金，可用麻醉迷渠抄箱，定可成功。"孙武喜，乃请军医同志江亚兰制就交永成曰："此药宜和酒服之。”永成即购葡萄酒一瓶和药其中。复问武曰：“饮伯母酒我须陪饮乃不着迹，饮后以何法醒迷。”武曰：“多吃咖啡便解。”永成照办。武与约斯时达峰饰官人，玉麟饰长随来取。武去。永成即搬行李于伯母家，诡称自湖南家中来，今日即附轮往日本。伯母谓：“汝远行，须在此小憩几日再走。”永成曰：“尚有同伴，不便独异，今晚一定下轮。”渠伯母乃饯之。肴具，永成曰：“顷友人送我葡萄酒一瓶，此酒日本多，携带不便，今日与大家饮之。”渠伯母连饮五杯，永成及其小妹、佣人皆痛饮。然药未配好，只是头部晕痛而未昏迷。达峰、玉麟至，见渠伯母犹清醒，即称拜会永成者。渠伯母已怀疑，作不豫之色走了。此计既败，达峰等仍谋取达城庙金。六月初，推邹永成购锥斧、电器等应用工具，居正等质衣物充旅费，由达峰率会党中有膂力之黎大汉七人，于十五日抵达城庙，大雨如注，达峰曰：“此天助吾辈成功也。”令分两路前进，达峰等四人循后山坡逼近庙墙，以大锥凿壁成洞，依次蛇行入，至神龛前启门。力士恐，达峰以刀劈神像，挥之，力士乃敢搬像，坚不可动，继以锥锥其空处，始摇之而倒。前分路之四人，因失道未至，即以三人曳出后殿，尽力凿之，许久断一手，达峰命速扛逸出洞。天将晓，农人已有巡田者，达峰曰：“败矣！”命投池中。行时，始遇失道之四人，斥为误事。行数里，闻乡人惊相告，谓昨晚有大盗劫去庙中金菩萨，寺僧鸣锣告警，已四处追寻矣。焦等于是分途急走。大汉于路上一茶店中，为粮差四人指为盗，执禁土室。奔告达城庙索赏，大汉乘间逸。粮差大愤，遣人戒漕河镇各旅店，勿纳生人。后悉达峰等驻宿某店，将逮捕，达峰队中有邓二者，湖南哥老会头目也，以粮差多属会党，乃用会中海底（哥老会秘密记号谓之海底）与谈，渐昵，达峰沽酒饮粮差，粮差知邓二为伙颐，遂举中途弄大汉事相告，并出所获锥斧等物包裹，曰：“此非君等所有乎？君等走江湖，须谙当地规则，敝处与湖南大同小异。此时风声急，行动不易，我为君等筹。”其速购草纸二捆，束成包袱式，并教以手提、担负、落店安放各种暗号，曰：“能如此，走尽蕲州无事矣。”更为焦等雇一小舟，珍重告别而去。晚抵州城，适大汉等四人亦至，各相慰问，且述经过。达峰曰：“君等贪食贪眠，致有此失，若值革命军打仗时，则不免军法从事矣。”众唯唯。次日抵汉口，报告机关部，而此案遂告结束。秋七月，共进会会长刘公自襄阳至，微露其衔父命入京捐纳道员意，诸同志说公曰："君革命党，捐官当非本意，现军队已运动成熟，在最近期间即可发动，惟经费奇窘耳！君如以其赀移作革命用，事成，岂区区一观察所能比拟耶？"仲文素沉默，无表示，彭楚藩曰："此事我当其任，吾为宪兵，若暴其手写之《革命方略》，公之头可立断也。彼之头且悬人手，顾吝金乎？"杨玉如曰："太暴，非所以处同志，且徐图之。"适公纳妾李氏，李名贞清，从夫姓曰刘一，慧而美，住胭脂山，肄业女子职业学校。李初侨居沔阳，玉如固识之，因丐李以说公。孙武、李作栋复为言；楚藩亦以前意谑仲文，仲文曰："吾立志革命，足下顾不知耶？纳官非余意，已为各同志陈说，足下何虑深而不见谅也？"乃尽出所怀金交楚藩，楚藩曰："五千圆足矣，余留君家用。"于是总机关始不为经济所窘矣。金菩萨、绿毛龟、伯母首饰、李贞清四事，乃世俗付诸笑谈者，特举之以明湖北革命，实自千辛万苦中来也。再统一团体一事，实极费周章。溯湖北革命团体，自科学补习所、日知会递演而至文学社，可谓一系相承，自己酉共进会由日京入鄂，几有形成两大之势。物莫能两大，此人类天然之性格，其间之磨擦，当然不少也。总机关本中央事权统一之原则，当然认此项工作为最重要。故先将各小团体，若将校团、益智社、共和会、兰友社、数学研究会、振武尊心会、武学研究社、将校下士班等归并于文学、共进两团体。复由詹大悲、刘尧澂、王守愚、蒋翊武、杨时杰、杨玉如、李作栋等假武昌长湖堤龚霞初寓，商讨共进会、文学社联合办法，以主帅问题，各不相下而止。嗣蒋翊武、刘尧澂、高尚志、邓玉麟等复集汉口孙武寓，谋联合，意见仍难一致。七月，查光佛、王宪章、陈孝芬、陈磊等出为斡旋，复开联合会，始融洽一致，毫无芥蒂。当议决推蒋翊武为革命军临时总司令，孙武为参谋长，刘尧澂、蔡济民、吴醒汉、杜武库、蔡大辅、祝制六、王文锦、徐达明为参谋，杨时杰、杨玉如等任内政，丁立中、潘公复、查光佛、牟鸿勋等任秘书，杨宏胜任交通，李作栋任财政，邓玉麟任传达命令。其前推各军代表，复增加文学社社员廖湘芸、江国光、张喆夫、祝制六、单道康、余凤斋、李慕尧等数人。并议定以二十人为一排，以五排为一队。中设有排长、队长以管领之。决定后，即就武昌小朝街八十五号张廷辅寓，组织临时总司令部，王守愚、陈磊为常驻军事筹备员。就汉口总机关部设政治筹备处，孙武、潘公复、李作栋为常驻政治筹备员。赵师梅、赵学诗、费孟谦等绘制星旗于雄楚楼杨玉如寓中。复赁汉口宝善里十四号制造炸弹，以孙武、潘公复、陈光楚主其事。由牟鸿勋、谢石钦、梅宝玑办理起义时一切文告。并限七月二十日以前筹备完全。内部布置讫，即推居正、杨玉如于七月二十四日赴上海购置手枪，并促黄兴、宋教仁、谭人凤莅鄂主持。先是四月，清政府宣布铁路国有政策，凡从前批准各案，一律取销，川、鄂、湘人民群起反对。六月，湖北旅省绅耆，亦集会于涵三宫，詹大悲、密昌墀、张伯烈等演说，至为激烈。咨议局议长汤化龙私谓大悲曰："明达如君，不应反对铁路国有。"大悲曰："国有固当，清有则否。"复为文发表于《大江报》，题曰："大乱者，救中国之药石也。"总督瑞澂即逮捕詹大悲、何海鸣下狱，而封其报馆。于是人心愈愤，刊布传单，召集在咨议局开会，至者数千人。公推密昌墀、张伯烈、刘心源、夏道南等赴京请愿，要求收回成命。密昌墀等坐守邮传部大门，不饮食者三日夜。四川风潮，较鄂更大。闰六月，清廷命端方为铁路大臣，自湖北带兵入川查办。端以前督鄂时协统邓承拔、标统曾广大，皆其所赏擢，即调曾所带之三十一标及四十二标两营并邓以行。其标内多党人，出发时李绍白、赵振民等即谋于荆宜间杀端独立。居正以此举无益，并妨害武汉根本大计，与杨玉如、胡祖舜等分别谕止之。蒋翊武既被推为总司令，计画军事，除驻省军队就近指挥及三十一标入川外，驻宜昌之四十一标一营，驻襄阳之马队第八标，驻郧阳之二十九标三营，驻岳州之四十一标三营，俱下令各标营代表准备至武昌发难时，各就原地响应；并令驻宜之唐牺支负责与入川同志曹子青、林兆栋、叶正中、田智亮、胡冠六等取联络，章裕昆、刘建一、黄维汉、谢远达等负责联络襄郧各军。兹将当日清军编制将领姓名及驻扎地点，分列于下，以明当日概况。

一、陆军第八镇统制　张彪（司令部设于武昌城内大都司巷）

（甲）步兵第十五协协统 王得胜（司令部设于武昌城内）

步兵第二十九标标统 张景良

步兵二十九标第一营管带 何锡藩

前队队官 吴长怀

左队队官 胡家宾

右队队官 张文著

后队队官 徐国瑞

驻武昌中和门内

步兵二十九标第二营管带 戴钧南

前队队官 景福祥

左队队官 刘炳福

右队队官 李廷福

后队队官 宾士礼

驻武昌中和门内

步兵二十九标第三营管带 张楚材

前队队官 庞成功

左队队官 刘风同

右队队官 张胜祥

后队队官 胡效骞

开往襄阳郧阳

步兵第三十标标统 杨开甲（先为满人宝英，其兵皆八旗。）

步兵三十标第一营管带 郜翔宸

前队队官 重 光

左队队官 张正祥

右队队官 德 煊

后队队官 罗家炎

驻武昌中和门内

步兵三十标第二营管带 任光耀

前队队官 杜锡魁

左队队官 殷增胜

右队队官 金　善

后队队官 杨子文

驻汉口

步兵三十标第三营管带 杜锡钧

前队队官 德　培

左队队官 谢元恺

右队队官 王少甫

后队队官 萨炳图

驻武昌中和门内

（乙）步兵第十六协协统 邓承拔（随端方赴四川）

步兵第三十一标标统 曾广大（随端方赴四川）

步兵三十一标第一营管带 李锦标

前队队官 曹德全

左队队官 杨永斌

右队队官 李鸿陞

后队队官 罗锡炎

开往四川

步兵三十一标第二营管带 陈荣钟

前队队官

左队队官

右队队官

后队队官

开往四川

步兵三十一标第三营管带 萧国斌

前队队官 安永年

左队队官

右队队官

后队队官

开往四川

步兵第三十二标标统 孙安国

步兵三十二标第一营管带 黄鸾鸣

前队队官

左队队官

右队队官

后队队官

开往四川

步兵三十二标第二营管带 杨正坤

前队队官

左队队官

右队队官

后队队官

开往四川

步兵三十二标第三营管带 李玉魁

前队队官

左队队官

右队队官

后队队官

开往宜昌

（丙）马队第八标标统 喻化龙 驻武昌中和门外

第一营管带 吴连庆 驻南湖

第二营管带 马德才 开往襄阳

第三营管带 孙长林 驻南湖

（丁）炮队第八标标统 龚光明 驻武昌中和门外

第一营管带 卓占标 驻南湖

第二营管带 姜明经 驻南湖

第三营管带 杨起凤 驻南湖

（戊）工程第八营 管带 王永泉（时赴永平秋操，督队官阮荣发代。）

前队队官 李占魁

左队队官 吴兆麟

右队队官 黄坤荣

后队队官 罗子清

驻武昌黄土坡

（己）辎重第八营 管带 萧安国

驻武昌平湖门外辎重营

（庚）宪兵第八营（多旗人） 驻武昌中和门内楚望台附近

（辛）教练队一营 驻武昌督署内

二、陆军第二十一混成协协统 黎元洪（司令部驻宾阳门内）

（甲）步兵第四十一标标统 易甲鹇

第一营管带 戴寿山 开往宜昌

第二营管带 罗洪升 开往岳州

第三营管带 谢国超 驻武昌宾阳门内

（乙）步兵第四十二标标统 张永汉

第一营管带 陈钟林 驻汉口居仁门（一云驻汉阳枪炮厂）

第二营管带 樊毓英 驻京汉铁路（一云驻汉口）

第三营管带 汪炳山 驻汉阳兵工厂（一云驻京汉铁路）

（丙）马队第二十一营管带 王发祥 驻南湖

（丁）炮队第二十一营管带 张正基 驻武胜门外塘角

（戊）工程第二十一队队官 刘佐龙 驻武胜门外凯字营

（己）辎重第二十一队队官 张子襄 驻武胜门外凯字营

三、巡防营分五路，每路五营，每营共三百余名，每路设统领一人率之。

（甲）第一路 驻武汉

（乙）第二路　驻黄州府

（丙）第三路　驻襄阳府　统领刘韫玉

（丁）第四路　驻宜昌府

（戊）第五路　驻德安府

四、水师亦分五路，设水师统领一人率之，统领陈得龙。每路设帮统一人。

（甲）第一路　驻汉阳

（乙）第二路　驻黄州

（丙）第三路　驻宜昌

（丁）第四路　驻襄阳

（戊）第五路　驻安陆

以上所列新旧军外，另有警察兵在武昌城内者，约二千名，在各府州县者倍之。全省警察，设一巡警道率之，时巡道为王履康。此当日官方之力量也。居正、杨玉如之赴沪也，时中部同盟会已于闰六月成立，遂往会晤谭人凤、宋教仁、陈其美等，报告鄂军进行概况，并云有一触即发之势。托陈其美代购手枪应用，且商策动沪、宁响应，促谭、宋赴汉，共同运筹。时黄克强尚在香港，居正为书请吕志伊持去面交，由吕详告一切。克强得书，当函驻美国旧金山筹饷之冯自由，请据情转电美洲，陈达总理，乞速汇巨款。书曰：

鄂代表居正，由沪派人来，云新军自广州之役，预备起事，其运动之进步甚速。（广州之役，本请居君在鄂部总理其事，以备响应者。）办法以二十人为一排，以五排为一队，中设有排长队长以管领之。平时以感情团结，互相救助，使其爱若兄弟，非他人所能间隔，成一最有集合力之机体，现人数已得二千左右。此种人数，多系官长下士，而兵卒审其程度高者始收之，以官长下士能发起，兵卒未有不从者，不必于平时使其习知；况其中又有最好之兵卒，为之操纵，似较粤为善。近以蜀路风潮激烈，各主动人主张急进办法，现殆有弦满欲发之势。又胡经武君，亦派有人来，胡虽在狱，以军界关系未断，其部下亦约千余人。去年弟曾通函胡君，请其组织预备，以备响应。胡已扩张其范围，其进步亦速。胡君之人，在居君部下者，有之。拟于最近发动，期两部合而为一 。据此，则人数已多。乘此路潮鼓涌之时，尤易推广。盖鄂省军界久受压制，以表面观之，似无主动之资格；然其中实蓄有反抗之潜势力；而各同志尤愤外界之讥评，必欲一申素志。似此人心奋发，倚为举动，实确有把握，诚为不可多得之机会。若强为遏抑，或听其内部自发，吾人不为之指挥，恐有鱼烂之势，事诚可惜。即以武汉之形势论，虽为四战之地，未足言守；然亦视其治兵之人何如！贼吏胡林翼于破败之秋，收合余烬，犹能卓然自立者，亦有道以处之。今汉阳之兵器厂，既归我有，则弹药不虞缺乏，武力自足与北部之兵力敌；长江下游，亦驰檄可定。沿京汉铁路以北伐，势极利便。以言地利，亦足优为。吾人之纯然注重于两粤，而不注意于此者，以长江一带，吾人不易飞入；后来输运，亦不便，且无确有可靠之军队，故不欲令为主动耳！今既有如此之实力，则以武昌为中枢，湘粤为后劲，宁、皖、陕（前本有陕西人井勿幕君在此运动，今已得有多款，势亦足自动，熊克武君已驰赴该处，为之协助)、蜀亦同时响应以牵制之，大事不难一举而定也。急宜乘此机会，猛勇精进，较之徒在粤谋发起者，事半功倍；且于经济问题，尤易解决。兹约计各处，大略有二十万左右，即足为完全之预备；至少四五万，亦可发起鄂事。总之此次据居君所云，事在必行。即无外款接济，鄂部同志不论如何竭绌，亦必担任筹措，是势成骑虎，欲罢不得。吾人当体验内地同志经营之艰苦，急为设法筹集巨款以助之，使得有以宽裕筹备，不致艰困从事，归于失败，徒伤元气。不胜切祷之至！弟本欲躬行荆、聂之事，不愿再为多死同志之举，其结果等于自杀而已。今以鄂部又为破釜之计，是同一死也，故许与效驰驱。不日将赴长江上游，期与会合，故特由尊处转电中山，想我兄接阅，必为竭力援助。前加属于广州之役，最为出力，此纯系我兄血诚所感，故能有此，今更望有以救我，拟得兄等复电后，即行。或南洋之款，须弟一亲往，亦未可知。余俟续告，手此复颂文安。

弟兴顿首，八月十四日

不料汇款未至，居正未回，而各同志之热情，已成跃跃欲动之势。孙武知势不可遏，乃于八月初三日，在武昌胭脂巷分机关开大会，商讨发难事宜。出席者有孙武、刘尧澂、胡祖舜、蔡大辅、邓玉麟、李济臣、蔡汉卿、王守愚、彭楚藩、熊秉坤、马荣、杨宏胜、蔡济民、杜武库、林翼支、方维、马骥云、李鹏昇、胡玉珍、张斌、黄世杰、陈孝芬、方兴、雷洪、席正铭、黄元吉、赵士龙、阎鸿飞、钱芸生、徐万年、李树芬、罗一庵、蔡鹏来等。时蒋翊武赴岳州未返，共推孙武主席。孙武报告各同志之热情，实可钦佩，可谓时机已至。惟首义之计划及日期，须预为决定，始人人胸有成竹。今特请诸同志到会商决，万望精密讨论，以不负千载一时之良机。各代表极兴奋，当议决利用中秋休假，以八月十五日为首义日期。并决定首义计划如下：

一、混成协工程、辎重两队总代表李鹏昇首先纵火为号（以其营房位于草湖门外塘角旧恺字营，地临江岸，南北两岸及城内皆可望见）。同营混成炮队总代表蔡鹏来率队响应。即以一支队由草湖门占领凤凰山炮台，以一支队占领青山，迎击海军，由工、辎两队分别派队掩护之。

二、八镇工程第八营总代表熊秉坤担任占领中和门内楚望台军械所(因其营房位于楚望台附近)。右旗八镇步队第二十九标、三十标总代表蔡济民、杨宏胜等，测绘学堂总代表方兴等，率队响应，以与工程营会合于楚望台，协同进攻总督署。

三、南湖八镇炮队第八标代表徐万年率炮队由中和门进城，攻击总督署。由附近八镇步队第三十二标代表陈子龙掩护之。

四、南湖八镇马队第八标代表沙金海，及混成协马队代表陈孝芬则警戒于城外。

五、八镇步队第三十一标代表江亚兰及第四十一标留守步队代表廖湘芸会同占领蛇山，掩护炮队（因此两部同驻左旗营房与蛇山相接也)。

六、汉口驻军混成协步队四十二标之一部，由代表林翼支等，率队响应，进占武胜关。

七、汉阳兵工厂驻军混成协步队第四十二标之一部，由代表祝制

六、胡玉珍等率队响应，占领龟山炮台。

八、宪兵队代表彭楚藩担任侦察官方，及各军队情报，随时报告于临时总司令部。邓玉麟、杨宏胜担任各部队之联络交通事宜。

是日开会，自上午十时起，至下午一时止，平安散会。讵意越一时许，而南湖炮队即暴动。先是炮标三营最努力之同志梅青夫为其长官所忌，请长假。其同营士兵霍殿臣、孟华臣、张若舟、钱芝生等饯别（有谓系徐万年退伍者，十九起义，徐万年还在营指挥，带炮进城，故不主此说），行令欢酒，慷慨悲歌，喧嚣达户外。排长刘步云喝止之，不听，报队官，队官怒欲笞之，霍殿臣等夺炮出，顾无弹，趋子弹库，门键不得入，孟华臣夺炮[illegible]劝止，伤指血如注。管带姜明经闻变，调附近马队弹压，钱、孟等即弃[illegible]以席裹枪逸。马兵追蹑，钱等顾谓曰："吾侪兄弟，何相煎之急耶？"[illegible]止，孟氏即飞奔入同兴学舍及胭脂山分机关报告。时孙武、邓玉麟、[illegible]东、高尚志、赵师梅、赵学诗等俱在舍，师梅为孟氏裹伤，孙武起[illegible]"即过江布置举事，请君等分告各营弟兄准备。"邓、高、孟三人以[illegible]期，弟兄或多出营，又系白昼，均踌躇有难色。嗣刘尧澂至，众具以[illegible]曰："余意欲请孟同志即回南湖，察看全营弟兄，是否俱已发动。[illegible]，当立刻响应，不致令炮标牺牲。若反抗者仅一二栅［棚］弟兄，[illegible]等易装潜逃，免牵动全局，俟预备齐全后举事。瑞澂懦夫，决不[illegible]大狱也。"众然之，发臣即承其旨归。陈磊亦奔告李长龄，长龄嘱磊[illegible]部慎勿动，致误大局。汉卿开会归，亦极力止之。故当时冲突者只送[illegible]一棚，未致扩大。殿臣等即易装潜逃。其中下级官长惧祸，力为弥[illegible]除一二人军籍寝事，此即当时所传之南湖兵变也。瑞澂初易视党人，[illegible]其多年少士兵，类皆知识缺乏，脑筋简单，必怯弱寡大志。自闻炮队事变，始不自安，乃置行辕于楚同兵舰，间夜宿其中。下令检查行人，禁学生出校，军队兵器多收置楚望台军械局，令工程营戍守；并向汉口德领事切商，请多调兵船来汉，苟革命党暴动，即开炮轰击之。是时孙武、刘公、王守愚、刘尧澂等亦以情形恶劣，恐及期举事，即遭失败，因开会改期为八月十八日夜，依照原定计划进行。当派李肇甫赴岳州，促蒋翊武速归主持军事。谢远达等赴荆、宜、襄、郧，令各军如期响应；电居正促谭、宋同来。先是胡瑛以湖北不能发难，派岑楼赴沪尼其行，宋即称病，与谭、居俱留沪，杨玉如在沪闻南湖之变，则于八月初七日返鄂。时风声已外播，瑞澂乃于八月十二日召集文武官自首县、管带以上会议，决定调水师统领陈得龙所部巡防队入守督署及各要道，并令张彪、黎元洪严督所部日夜巡城；督署加派特别巡警队守卫；复令楚威、楚同等兵舰升火待发；并以电船游弋江面，戒备极严。而武汉总机关即于十七、十八两日先后破坏，于是十八首义之期，又成泡影矣。十七日正午孙武在汉口俄租界宝善里机关部赶造炸弹，旁一人吃纸烟不慎，火屑飘入药内，突浓烟四起，幸未装制成弹，火起无声。武头手尽烂，血流满面。邻人群呼火警。李作栋脱其外衣覆武面，由汪性堂、陈光楚扶武至其戚李姓家暂避，旋送日人河野所办之同仁医院，由徐朝桐译告，允留医并负保护之责。潘公复、邓玉麟移其炸药弹壳于武昌胭脂山分机关，余走匿。适刘公出，而俄捕至，问此屋异状，公诡称煤油爆发。俄捕登楼查勘，获其手枪、旗帜、册籍、文告，公乘间逸。俄捕出，见门前之住户有异，夺门入，获公弟同。旋公妾李贞清与刘协卿归寓取物，亦被拘。是宅，即刘公寓也。当逮同、贞清、协卿及册籍、文告等至巡捕房，将同引渡于江汉道，解总督署。贞清、协卿下夏口狱，秘密全泄。其移置武昌分机关之弹药，由潘公复等赶造，胡祖舜派李济臣、胡祖寅输送各处。李饰为赠人礼品，潜移向启桂家，晚复运至杨宏胜寓。甫出门，而杨竟以疏忽爆发，被军警捕走。济臣闯入整容店，伪为薙发以免。(或谓宏胜以筠篮盛炸弹，外饰青菜，送入工程营。守卫查诘，胜奔走，卫兵追之，胜掷弹抵御，弹片反射负伤，归寓，卫兵迹至，搜出炸弹甚夥，遂被执。杨寓在工程营附近，或因此讹传。前说系济臣密友张鹏程告我者，故吾主之。）武昌风声更急，侦骑满街。蒋翊武由岳州赴宜昌，于八月十八日晨返省，抵机关部，询尧澂以进行状况及居正、杨玉如赴沪有无回音。尧澂曰："玉如已返汉，居正尚留沪，已晤宋教仁、谭人凤，电告鄂事于黄兴，兴复电云，须俟九月初，十一省同时举事。"本社同志，以为过迟，恐误事机，翊武沉吟者久之。有顷，王宪章、彭楚藩、江国光、张鹏程等至，正讨论间，忽邢伯谦以孙武炸弹失慎事来告。刘尧澂曰："时势至此，设再悠忽，恐为清吏所乘。"翊武惊愕失色曰："将若何？"尧澂曰："事急矣，革命当流血，予辈本牺牲精神应付之，奚迟疑为也？"翊武指炸弹箱问曰："制就否？"又问方略已拟就，地图已制好否？尧澂曰："炸弹制就者已分发各营，其存者尚未装底管。"乃以匣内拟就之方略及地图示翊武。翊武称善。即以临时总司令名义草命令一通，指派专人分送各标，约于是晚大举。命令如下：

命令（八月十八日下午五句钟发于小朝街八十五号机关部）

（一）本军于今夜十二时举义，兴复汉族，驱除满奴。

（二）本军无论战守，均宜确守纪律，不准扰害同胞及外人。

（三）凡马、步、炮、工、辎等军，闻中和门外炮声，即由原驻地拔队，依左列（重印注：原为竖写，故后文在左，现改为横排，后文实在下。以后同此，不改原文）命令进攻。

（甲）工程第八营以占领楚望台军械库为目的。

（乙）二十九标二营，由保安门向伪督署分前后进攻。一营前队出中和门迎接炮队。左队防守中和门。右队防守通湘门。后队助工程营占领楚望台。（三营出防郧阳，故不列）

（丙）三十标扑灭旗兵后，即向各要地分兵驻守。

（丁）三十一标留守兵分驻各城门防守。

（戊）四十一标留守兵进攻伪藩署，及保守官钱、善后、电报各局。

（己）三十二标留守兵由保安门进城，援助二十九标二营进攻伪督署。

（庚）马队八标一营进城后，分配各处搜索。二营向各城门外搜索，以四十里为止。（三营及混成协马队十一营因出发襄阳一带，故略）

（辛）塘角辎重十一营于本夜十二时在原驻地放火助威，藉寒敌胆。

（壬）塘角工程十一营掩护炮队十一营由武胜门进城，占领凤凰山。

（癸）卫生队于天明时，往各处收检阵亡尸首，汽球队于十二句钟时，在咨议局前听遣（辎重第八营现在伪督署守卫，谅不可靠）。

（四）炮队第八标于十一句半钟，即拔队由中和门进城，以一营占楚望台，向伪督署及第八镇司令部猛烈射击，以二营左右队占蛇山，向伪藩署猛烈射击，中队留守原驻地。三营占领黄鹤楼及青山一带，防守江中兵舰。（我军占领时均即射）

（五）四十二标一营左队进攻汉阳城，前右后之队占领大别山及兵工厂，以中队为援队。

（六）四十二标二营占领汉口大智门硚口一带。

（七）四十二标三营右后两队，堵塞武胜关，前左两队，防守花园、祁家湾一带。

（八）武昌弹药枪支，暂由楚望台军械库接济，阳夏暂由兵工厂接济。

（九）凡各军于十九日上午七句钟，均至咨议局前集合。但须留少数军队防守已占领地点。（阳夏驻军不在此例）

（十）予十二时前在机关部，十二时后在咨议局。

临时总司令蒋翊武

注意：本军均以白布系左膀为标帜。

命令下后，蒋翊武、彭楚藩、刘尧澂、梅宝玑、龚侠初、陈宏诰等群聚楼上，守候动作。楚藩取囊中私蓄，尽数分给各同志，每人七元，以备发动后之急需。并于楼下雇留声机以掩饰之。九时司机去，牟鸿勋奔告曰：“外面风声甚恶，”语未毕，闻叩门声，旋厉，尧澂知有变，持弹起，军警已破门入，抵楼梯，尧澂持弹掷之，误中梯身，弹反射，伤面，仆地。军警亦少却。翊武、楚藩等越后墙，登邻居警察高等学堂宿舍，椽塌，群坠楼中，军警围捕。尧澂、楚藩、翊武、鸿勋、宏诰、侠初、宝玑俱被逮。并逮张廷辅妻、婢、岳父及警校学生二十余人以去。翊武有发辫，衣枣红马褂，满面村气。军警因人多，只注意洋服无辫者，翊武乘间逸，宏诰父为巡署科长，逻者谂知宏诰，中途故纵之。解尧澂、楚藩等至督署。当夜总督瑞澂命武昌知府陈树屏，督练公所总办铁忠及司道双寿等在督署提讯。见彭楚藩为宪兵，恐寮采受重谴，故意开脱曰："汝非宪兵耶，是否奉命侦察革命党而误会者？"楚藩叱之，索笔立供，词旨甚壮，详见本传。次讯刘尧澂，不待问，骂不绝口。再讯杨宏胜，任何拷掠，不吐同志一人。即将此三人枭首署前，时在十九日黎明也。刘同、龚侠初等，均略问下狱。蒋翊武既脱走，乃与蔡大辅赴李长龄处暂避，长龄谓翊武曰："此地焉能免君，君有辫，可速同大辅亡天门、京山间。"从之（有谓亡岳州者非事实）。十九日，瑞澂闭城大索，张廷辅、熊楚斌等二十余人复被执。市民以偶语被逮者无数，满城风雨，人人自危。临时总司令蒋翊武十八日所发之命令，因武汉戒严，军警学校禁人出入，邓玉麟无从投递。党人坐候火举炮鸣发动者，至天明寂然，始知命令未达。再莅总司令部，则已军警罗列，三烈士已就义矣。胭脂巷分机关、巡道岭同兴学社亦先后被围。党人悲愤万状，佥同情三烈士，愿与俱死。蔡济民、吴醒汉等决于当夜第一次点名集合时，在本营发难，熊秉坤、金兆龙等亦有是谋。同兴学社之赵师梅往陆军中小学，赵学诗往二十九标，陈磊往测绘学堂，分途约同时并举。迨师梅、学诗回学社，则警士已在社搜索，又将彼二人及佘氏夫妇逮禁警所。测绘学堂之方兴、甘绩熙、李华模、李南星、朱次璋等集议，绩熙请华模、次璋往张振武处探明情形再计，李、朱欣然往，归报振武云，今夜必动，能白昼动更佳。众喜，分途通报。绩熙往右旗蔡济民处、高尚志处，前后门不得入，并遍体搜索，呵逐去。方兴往工程营，守哨为同志，消息得达。再军中例，由各队目兵轮出购菜，平湖、武胜两门，限时开放汲水，亦得由此略通消息。但党人以名册搜去，人不自保，已群具死里求活之决心，此当日最普遍之心理也。其实当日入党手续极简，宣誓填愿书后，总部即用商业簿记挂名，愿书烧去，以防不测，事极秘密，会员少有知者。邓玉麟十八日晚宿炮队，待至平旦，不闻城内有何举动，乃偕徐万年入城，知事已偾，趋汉口视孙武，武曰："余伤虽重，无性命虞。"叩以外间情势，玉麟为具言，武颇兴奋，嘱玉麟努力。玉麟遂与李作栋各怀星旗一面，拟回武昌至炮队布置，遇陈子龙自武昌来曰："城门启闭不时，索党人急，余妻已捕去，余将亡，君等可勿去。"作栋解手表及银币五版赠子龙行。改乘小舟，绕汉阳趋白沙洲。约作栋饰陆军中学教员，玉麟饰从者，以应途中盘诘。日暮抵南湖炮营，不得入。未几，孟华臣出，询何之，孟曰："吾辈今晚必动，生死难卜，归家与老母诀耳。"示邓从南营门入，因守卫者为王鹤年同志，李衣便衣不能入，由邓介宿某同志家，邓入，已六时矣。时犹有三十标同志周荣发者，日夕奉命送讯二十一混成协，见门扃，越营墙入，为某军官所执，斩数段置阴沟中。是晚工程营总代表熊秉坤依照日间计画，分给事前所觅得之子弹于同志（此子弹来源：一、十八日杨宏胜送来两排。二、同志于郁文、章盛恺窃排长方定国子弹五排。三、吕功超窃其兄之子弹两盒），整装准备。其时值日官为后队排长陶启胜，反对革命最力者也。吹熄灯号时，启胜闻本队楼上略有嘈杂，乃带护兵姚洪胜、李传福上楼稽查，见金兆龙、程正瀛执枪仰卧，叱曰："汝等何为，欲造反耶？"命护兵绑之，护兵不敢动。启胜即走扼兆龙腕，正瀛见势急，在陶后以枪柄猛击其脑，脑几裂，陶负伤逃，正瀛开枪击之，洞其胸部，未诛，仍奔楼下。同志林振邦、饶春棠、陈连魁等起而助之，一时哗然。秉坤知事发，乃自营舍出，以枪要击启胜，未中。其代理管带阮荣发（营长王永泉奉命赴永平秋操，以督队官阮荣发代理）闻变，同右队队官黄坤荣、司务长张文涛出而弹压，以手枪轰击。适启胜负伤过其前，始中枪倒地，越三日毙。同志吕中秋乃以枪击荣发，荣发逸。同志徐少斌要击毙之，并毙坤荣、文涛。秉坤乃纠集同志启子弹库，得指挥刀九柄，分发各支队长佩用。而陆军测绘学堂总代表方兴，原隶工程学兵，亦取得两柄，回校响应。秉坤乃率同志四十余人，急趋楚望台，夺取军械库。是夜守军械库者为本营左队队官吴兆麟，兆麟曾隶日知会党籍，然自日知会失败后，即再不敢问革命事。其队同志罗炳顺、马荣等闻本营枪声，知已发动，即鸣枪响应，兆麟骇而逃。时督练公所工兵课员李克果与军械所总办纪某同负军械所监守之责，克果为工程营前管带，自以与士兵有旧，枪响时，克果召士兵训话，无应者。纪、李乃相率逃。炳顺等迎秉坤入，而占领军械库，工程营士兵均纷纷来归。秉坤以总代表名义，执行临时指挥任务。当派金兆龙率一支队，出中和门（后改起义门），迎南湖第八标炮队。时步兵三十二标队官楚英率兵两队，驻守长虹桥，兆龙等击溃之。复派汪长林率一支队，巡查楚望台及通湘门一带。汤启发率一支队，巡查中和门前后街一带。林振邦率一支队，占领千家街要道，向右旗十五协铁佛寺、伏龙庵方面警戒。并向十五协放枪一排，促其响应。徐少斌率一支队占领楚望台高地，向津水闸方面警戒。正部署间，而十五协测绘学堂俱已响应。旋三十标方维、谢涌泉等率百余人，测绘学堂方兴、李翊东、向许谟、王经武、甘绩熙、朱次璋、李华模、李南星、闵夔卿、范义侠、胡联香、宋珍姗等共百余人先后至。右多旗人，不易动。二十九标标代表蔡济民乃诡称奉命出巡，率所部数十人诣楚望台。三十标排长马明熙率全排四十余人来会。四十一标同志邹玉溪闻各处发动，欲夺门出，为其协统所手刃。阙龙、郑继周、王世龙等情急，越营垣来会。其余杜武库、吴醒汉、高尚志、徐达明、胡效骞、彭纪麟、徐绍孺、杨选青等亦各带一部集楚望台。城外辎、工两队，亦由代表李鹏昇带来七十余人，声势浩大。时三十标代表张鹏程奉命率士兵二十余人守通湘门，见塘角火起，亦整队至。见军队麇集于此，各逞议论。其派出者，只负楚望台左近巡查任务，一如平时点缀。乃狂呼曰："长守楚望台，至天明，吾侪无噍类矣。宜速攻督署，驱瑞澂。"众韪其议。以一部守楚望台，蔡济民、张鹏程、阙龙等率所部攻督署，其时督署原调有陈得龙所部巡防队三营、督练队二营、机关枪一队、武装消防队一队、宪兵一队、水机关四挺，以前二十九标统带李襄邻及曾充统带之白寿铭为两路指挥，分防各要道，严阵以待。蔡济民、方维、王光国、阮宝山等奋不顾身，直冲督辕前门。戈士列机关枪扫射，我军稍却。惟机枪作辍不定，蔡等辍则进，作则退，相持许久，终不下。阙龙、郑继周等从东辕门左侧进攻，龙身先士卒，为保安队袭击，一弹洞喉管，晕倒于地，舁入医院。王世龙、杨选青纵火烧门前钟鼓楼，墙高，火不及，世龙死焉。胡效骞、李鹏昇、罗一安、单道康、孙长福等，亦各率队来援。是时危甚，蔡济民乃使马明熙等赴南湖迎炮队进城。先是张鹏程自楚望台出发攻督署，经津水闸，为防守保安门之消防队负险横击，死伤数人，不得前，复返楚望台。得悉攻督署不得手，乃与吴醒汉、钟仲衡、卢雅卿等商，续率百余同志，出中和门，往请炮队。十九日午，邓玉麟、李作栋自汉口绕汉阳至南湖炮队，即集徐万年、王鹤年、蔡汉卿、张富国、孟华臣、艾良臣、霍殿臣、陈国桢、黄驾白等计议，起应城内，以枪声为号，发枪处即集合地点。及观塘角火起，邓玉麟在南营门开枪，蔡汉卿乃赤膊椎胸起，奔呼同志集合，队官柳百顺出而阻止，汉卿腿击之，辟易丈许。其他官佐皆望风靡。乃与王鹤年、孟华臣、陈天寅、刘天元、谢荻南、闵少斌、邹国勋、丁敬敏、金明山、史定邦等二十余人破军械库取弹攻标本署，向天发炮，应者仅范鸿江等数十人，玉麟曰："殆矣。"蔡汉卿、王鹤年乃炮击右队，右队同志始脱官长之压迫而出，复击一营三炮，一营亦来会。于是邓玉麟、李作栋、徐万年、蔡汉卿、孟华臣、陈国桢等率全标同志，炮十二尊，整队向中和门出发。路经马标，见马标无动态，亦击三炮。马标同志马骥云、徐国钧、黄冠群等随起应。迎炮队之马明熙、金兆龙、邝汉卿、张鹏程等适至。徐万年指挥全标入城，据中和门城楼及蛇山阵地架大炮射击。李作栋则协助蔡济民攻督署。张鹏程闻马云卿攻督署身受重伤，急驰督署增援。其时部队愈集愈多，方面愈扩愈大。同志多起自卒伍，不娴指挥，忽汪长林以其营之左队队官吴兆麟至，先是长林巡查楚望台西南城下，见一人影，索之，为吴。请其至楚望台与秉坤晤，吴不可，强之行。吴为参谋班学员，沉毅有声誉，士兵颇信仰之，至，则多欲举为临时总指挥者。秉坤亦感调度困难，力为赞成，乃公推兆麟为临时总指挥官。兆麟谓从予言则允负责，众请言，兆麟曰："须服从命令，如违令者，当以军法从事。"众曰可。兆麟乃就职，以马麟为参谋。当令其营排长伍正林率前队一二两排，经津水闸向保安门正街搜索前进，攻总督署前门。令右队排长邝汉卿率右队一二两排，经紫阳桥向王府口搜索前进，攻总督署后院。时敌我情形混乱，后路邝汉卿竟畏缩不前，撤回本营休息。前路伍正林所部，复被阻于保安门正街东头。兆麟得报，复令熊秉坤率工程后队一队，担任前路正面。马明熙、徐明达、彭纪麟等各率队跟进应援。调伍正林率其前队一队沿保安门城墙，向望山门前进，以为侧击。令工程左队司务长黄楚楠率左队一队，经王府口小都司巷，担任后路正面。令二十九标三营督队官姚金镛率其右队一队，跟进应援。并令陈国桢率山炮二尊，置于保安门城墙上放列。令工程左队排长曹飞龙率兵一排，掩护之。令方兴、李翊东率测绘学生，李鹏昇率辎重一部，协同固守楚望台军械库及通湘门一带防务。前路熊秉坤区分所部为三支队，由徐少斌等分领，向恤孤巷、崔家院及望山门正街进攻。而望山门城下之敌，置伏恤孤巷。熊秉坤、伍正林、黄楚楠各部均少进展，加之炮兵于黑夜瞄准，目标难明，极鲜效力。时蔡济民急甚，令督署附近居民迁出，一概浇煤油焚之。张鹏程亦烧王府口一带民房。吴兆麟亦令周定原、黄楚楠、杨金龙等于水陆街、保安门、王府口三路放火，瞬息火光烛天，等于白昼。于是蔡汉卿、孟华臣在楚望台、蛇山两处炮队，瞄准向督署轰射，无不命中。蔡济民等乘势冲锋。而熊秉坤、马荣、纪鸿钧、徐少斌、杨选青、杜武库、伍正林、彭纪麟、胡效骞、马明熙、徐绍孺、陈振武、饶春棠、林振邦、陈连升、杨正全、张得发、孙松轩、赵道兴、宋厚德、张斗熙、李自新、夏一青等所组之敢死队，复冲至东辕门，敌向西辕门退。复迫至西辕门。署内大堂敌以机关枪扫射。马明熙等十余人陷入西辕门内，势甚急。纪鸿钧携火油一箱，冲入门房纵火，俄而延烧大堂。纪鸿钧以身殉。时瑞澂心惊胆落，不能自主。统领陈得龙曰："得龙保护大帅。"瑞澂曰："炮弹利害得很，设一颗落下，可不得了。"左右均无言可答。忽一弹果落门前，复见大堂火光熊熊。瑞澂曰："往那里避？"得龙曰："往城外兵船上去。"瑞澂不敢冲大门出，遂命差役等将署后围墙打穿，带巡防守卫兵一排，由吴家巷潜逃，出文昌门而上楚豫兵舰。遂下督署。计前后则连攻五次矣。当时第八镇统制张彪在文昌门公馆内，闻城外工、辎两队，及城内工程第八营齐变，忧心如焚。急趋大都司巷司令部，用电话传谕各营，竭力维持。并架机关枪于门首，放以示威。连放而火不发，细检，则撞针失去矣。先是十五协同志林楚翘轮守司令部时，将撞针撤去，故放而不发也。张彪愤甚，自批其颊。乃出司令部上保安门城上，一面指挥军队，一面以白布揭布告于其上，自咎治军无法，致遭叛变，谕令各归原营，不咎既往，然无应者。复令消防队两次冲锋，亦不得逞。乃急返文昌门公馆。忽闻炮队全体响应，顿起恐惶，不知所措。其左右复谓："各营均有革命党，既然发动，如何挽回？"要求张彪暂避，甚至其亲信职员求见，亦疑其与革命党通，令门役马弁拒绝。少选，电话亦不通，何营未变，均属茫然，而马弁复报全体已响应革命军。于是张彪绕室急走，又不敢出，惟紧闭大门，以待末路而已。督署下后，而守卫督署之骑兵队长朱明超，带马兵二十骑，逃至张彪公馆，报告云："督署已被革命军占领，守兵皆弃枪逃窜，炮火又猛，请统制暂避。"张彪知大势已去，拟赴汉口日本租界，觅大昌经理菊三郎设法避匿。正准备时，又有平湖门外辎重第八营督队官安禄华亦来报告，谓其营无一革命党，请统制先到辎重营，再想办法。彪喜，命安禄华、朱明超二人带马队全体兵士，护送己及其眷属出城。眷属即渡江，彪赴辎重营。其营管带萧安国请示办法，彪莫知所措，萧、朱、安三人进言，谓："目下制军已走，闻上楚豫兵轮，现其轮不知开往何处，全城失主，革命党势甚盛，本营非其敌，且人心难测，设此营兵士亦受革命军威胁，危险实甚！不若将本营全体带至清静地方集合，再从长计议。"彪以为然，命辎重营整队开至汉口刘家庙集合，此张彪出亡之情形也。至混成协协统黎元洪，闻其协辎、工两队齐变，恐惶异常。彼协之兵多驻城外，城内仅有四十一标第三营，当嘱管带谢国超严为防备。黎氏亲在营内镇压，紧闭营门，同志邹玉溪欲夺门出，黎手刃之。倏三十标留守兵枪声大作，势将及四十一标，黎指挥标兵乘墙防之，口演命令曰："如人来攻我，则发枪击之。"旋见革命军势盛，叹曰："不还枪，好言劝之。"嗣乃云："如来攻我，退守营房。"此时亦知革命军无可抗也。蛇山炮声复震动如雷，黎焦灼万分，左右见势急，请黎走避。黎偕其参谋刘文吉赴黄土坡渠寓，并托刘以后事。时执事官王安澜亦在侧，同声安慰，黎并派护兵更换便衣，出外侦刺各情，是时清军城内外之兵力，实属不薄，列表于下：

城内

步兵第二十九标	第一营
	第二营
步兵第三十标	
工程第八营	（旗人）
宪兵第八营	（旗人）

测绘学堂学生	八十名　通湘门内
步兵四十一标	第三营　宾阳门内
瑞澂卫队	望山门内
教练队一营	望山门内
巡防队内卫一营	望山门内
马队一队	望山门内
机关枪一队	望山门内

城外

步兵第三十二标	第二营　（将开四川）
马队第八标	
炮队第八标	
辎重第八营	
马队第二十一营	
炮队第二十一营	
工程第二十一营	
辎重第二十一营	

再将城内外党军十九日首义之兵力，列表于下：

城内

工程第八营	首义
步队四十一标	第三营　黎明响应
步队二十九标	第二营　蔡济民一排响应
测绘学生八十名	夜间约十二时响应

城外

混成协工程一队	首义
混成协辎重一队	首义
炮队第八标	全体响应

比对上列两表，是清军有二十二营强，除五营已变为党军外，尚有十七营之多，即一与三之比也。岂料党人一呼，而瑞澂、张彪等即弃城逃。世之论者，每谓若瑞、张不走，略事镇静，彼赤手空拳之党人，必又如八月初三日炮队故事也。不知首义时，彼二人者，实在城内，戒严搜索，逮捕杀戮，已尽高压之能事，苟能坐镇了事，则当日已了之矣。事至土崩瓦解，虽殷之三仁，亦不能救商祀之斩；而况愚蠢若瑞、张者耶？众怒难犯，决非一偶像之总督、统制所能为力。端方、赵尔丰以坐镇见杀，孙宝琦、程德全以坐镇投降，世之以瑞、张逃为满清惜者，实昧于当日情势者也。时文昌门临江，防瑞澂卷土重来，李作栋率数百人守之。瑞澂既逃入兵舰，驶汉阳，请汉口德国领事如约炮击党军，德领事以《庚子条约》，一国不能自由行动，开领事团会议，初意得多数表决，即开炮轰击。各国领事对此事都无成见；而法国领事罗氏为总理旧友，深悉革命内容，武昌起义之第一日，即楬橥总理之名，称奉总理命发难者。罗氏力言孙逸仙之革命党，乃以改良政治为目的，决非无意识之暴举，不能以“义和团”一例看待，而加干涉也。时领袖领事为俄国敖康夫，亦与法领事取一致态度，乃决定不加干涉。至藩署由蔡济民、吴醒汉及四十一标胡廷佐等夹攻，藩司联甲早逃，预令消防队抵抗于南楼者，不战而遁。廷佐入署，检点库藏，士兵有窃银一锭者，廷佐立斩以徇。时二十九、三十两标之旗兵，犹坚持不下，楚望台炮队轰击其标本部，标统张景良、杨开甲遁。营长郜翔宸偕旗兵逃，步队三十二标标统孙国安、马队第八标标统喻化龙，各带队逃至离城三十里之李家桥。炮队二十一营管带张正基带队逃青山，二十九标第一营管带何锡藩带队窜至宾阳门内，潜伏一菜园中。其时旗兵残部，尚潜匿宾阳门内附近及蛇山东部各处，时思蠢动。黎明张鹏程等率队至凤凰山守护炮台，行经横街头，闻居民有掠夺藩库银者，与张喆夫、王殿甲往探，遇郜翔宸率在逃旗兵图掠藩库，鹏程计势不敌，退汉阳门街，飞报凤凰山、黄鹤楼炮队轰走。鹏程邀击，逆队长重光以刀伤鹏程右腿，鹏程还枪毙之。于是各军合围旗兵，击毙多名，其余逃宾阳门外。自十九日晚起义，至二十日正午，武昌全城光复。义旗高插于黄鹤楼头矣。

首义遇害阵亡烈士名录

彭楚藩	传见后	刘尧澂	传见后
杨宏胜	传见后	周荣发	传见后
邹玉溪	传见后	王世龙	传见后
纪鸿钧	传见后	赵道兴	攻督署阵亡
宋厚德	攻督署阵亡	张斗熙	攻督署阵亡
李自新	攻督署阵亡	杜　芳	攻督署阵亡
余守本	攻督署阵亡	（以上共十三人）	

首义阵亡无姓名之同志数目估计说

查武昌首义之夕，其军队在清吏手中者，尚有十余营之多。剧战一夜，谓阵亡者仅如上数之十三人，谁能信之？不过当时事起仓卒，人自为战，无编制作稽考耳。曾记卫生队长陈雨苍告编者曰："是晚余随工程营出发（陈氏原为工程营医官，起义之夕即住宿本营）组织卫生队，设医院三所，疗治受伤同志。派担架队收检各街道遗尸，运往通湘门外梅家山掩埋，紫阳桥一处，即有尸身数百具。"由陈氏之言观之，紫阳桥一处，即有数百。督署剧战一夜，伤亡岂在少数。所收者非尽党人，亦属事实。兹假定各半，或三分之一，亦多少倍于十三人也。特郑重说之，以哀纪无名英雄。

首义遇害阵亡先烈列传

彭楚藩传

张难先

公讳楚藩，彭姓，原名潭藩，字青云，湖北鄂城人。少时致力经史，尝以诗文发抒其奇气。性和易，方正自持，无敢以非义相干者。间涉船山、梨洲遗书，慨然明夷夏之义。治东瀛史，慕西乡隆盛之为人。年十八，弃咕哔，投混成协炮队一营左队充兵士。时潜江刘静庵图匡复，日奔走各部队以灌输革命意义，公闻其治宋明理学，师事焉。静庵又办有日知会革命机关，公因缘为会员，推为评议，此公发愿革命之始也。未几，日知会败，公亦以静庵弟子嫌疑，出炮队，常候静庵于狱，交游危之，不顾也。旋变名楚藩，入宪兵学校。毕业充宪兵，甚警敏，一面执行宪兵职务，一面刺得官厅秘计，以告诫党人。自日知会挠败后，极少意外风波，故历来革命团体，均倚重之。辛亥加入文学社为社员，鄂部方受中央命，图大举。湖北党务，以共进会、文学社两团体为最有力，然联合不易，公忧之，复参加共进会以谋调协。至夏得一致，预备秋节举义，窘于资。适刘公由襄阳至省，公闻其衔父命，携五千金，入京捐道员，说之曰："君革命党，捐官当非本意，现军队已运动成熟，最近即可发动，惟经费支绌，君何如以其资移作党费，事成，岂区区一观察所可及耶。"公素沉默，无所表示。公急，愤然曰："君为党人，犹徘徊于两者之间，是不可令宪兵闻也。"公亦作色曰："汝真急遽哉，倾囊与之。"公笑曰："五千元足矣，余留君作家用。"总部既得此金，即部署一切，预备八月十五日首义。因故障改十八。讵十七日，孙武在汉口制炸弹失慎，机关破，秘密全泄。武汉风声鹤唳。十八日下午，公走小朝街机关部，与临时总司令蒋翊武商急发。突军警夺门入，逮公与刘尧澂等二十余人，解总督署。总督瑞澂命督练公所总办铁忠会司道审讯。首鞫公，忠见公为宪兵，宪兵管长梁清阿，忠戚也，虑受谴，故开脱曰："汝宪兵捕革命党者，谁竟误逮若？"公笑曰："吾革命党耳，谁为人捕革命党？"忠叱曰："汝非奉命逮匪徒者耶？"公怒曰："吾黄帝子孙，奉虏命耶？"时公气愤舌结，作手式索纸笔书曰："自鞑虏入关，扬州十日，嘉定三屠，文字兴狱，蓄发罹罪，残暴数百年，实我汉族不共戴天之仇。最近亲贵用事，卖官鬻爵，失地丧权，犹持宁赠友邦勿与家奴之呓语，断送我大汉民族于万劫不复之地。我黄帝子孙，不忍见民族之沦亡，胥伸革命大义，恢复中华，建立民国，尔辈若非冥顽不灵，亦当从而反正，共享共和之幸福。余当在革命军前，为尔等请命。否则噬脐无及，唯尔等图之。余既从事革命，个人生死，早置度外，请速余死。”忠等阅之，相顾失色。忠曰：“若何许人也？”三问，公曰：“我宪兵也。”忠曰：“若为宪兵，应知法律，得大清一份饷，应爱护大清，乃竟谋叛，当何罪乎？”公曰：“饷者，乃吾汉族同胞之膏血。食同胞之饷，为同胞复仇，此即吾之法律，他非所闻也。”再问，噤不答。瑞澂即命缚出，斩于署前，尸直立不仆。

论曰：刘静庵尝为吾道青云有异秉，果然。履行宪兵职务，而策动革命，出入于二者矛盾之间，数年无疑者，其敏活如彼。及祸蒙不测，遇可转之机，毫不萌苟生意念，甘鼎镬如饴，其坚定又如此。虽古之文信国、史阁部，何以加焉！殉国时，龄才二十五。脱天假年，其成就又当何若？静庵得此传人，俱千古不朽矣。

刘尧澂传

章裕昆

公讳复基，字尧澂，从军易名汝夔，湖南常德人。性慷慨，果敢有大志。儿时崭然露头角，咸以大器目之。弱冠与胡烈士有华，得黄梨洲、顾亭林、王船山诸先生遗书读之，富有种族思想。癸卯，入武陵县立高等小学。甲辰，黄兴等谋起义长沙，公与宋教仁负经营湘西之责。九月事泄，清吏捕之急，宋教仁出亡，公匿邑之柳叶湖以免。乙巳，马福益等返湘西，谋再举，公赴之，已而失败，福益死，公走日本。总理孙先生方莅日京，成立中国同盟会，公加盟。丙午春，衔命归国，与胡有华、贾振、杨熙绩等设中外各报代派所于长沙抚署后之五堆口，运销《民报》，往返湘鄂间，联络同志。四月，与禹之谟等谋葬陈天华、姚宏业于岳麓山，鼓动学潮。湘护抚庞鸿书令提学使提前放假，并捕禹之谟，公走常德，设湘西革命机关于祇园寺，清吏廖世英侦知之，大捕党人，公赴沪。由是奔走长江上下游，结纳同志，迄无宁日。己酉春，偕蒋翊武之沪，与杨卓林创办《竞业旬报》，宣传革命。嗣应汉口《商务报》之招，襄佐报事，复约蒋翊武为助。时杨王鹏、钟畸、章裕昆等结合同志，组群治学社于湖北陆军四十一标，谋革命。公来与接纳，多方擘画。遂以《商务报》为鼓吹革命之中心，各同志受其熏陶者，无不益自淬励。湘人杨度建议清廷，主借债收铁路为国有，全国哗然。庚戌春，四川争路风潮起，度过汉，公闻之，立集旅鄂湘人数百于湖南会馆会议，推公代表渡江，赴度寓，将要击之。英捕探知，系公于狱者八小时。群治学社被搜，而《商务报》亦停刊。杨王鹏复集同志商议改群治学社为振武学社，以杨王鹏为社长。公知革命非由军界发动不为功，乃决与蒋翊武投入四十一标三营左队，并加入振武学社，作实际运动。时新军初创，训练綦严，公体弱，不胜其楚，继自誓曰："吾为复兴祖国而奋斗，虽汤镬且不惧，遑恤苦为？"于是于操演功课之暇，即策画推进社务，俾革命势力，日益发展。队官施化龙侦知杨王鹏行为，密报协统黎元洪，黎假他事撤杨等职。振武学社之名，复为清吏所嫉视，公又商之蒋翊武、詹大悲等改振武学社为文学社，推公为评议部长。日夜筹度，不遗余力，加入者几遍全军。会三月二十九黄花岗事起，全国震惊，公以时机已至，乃离军伍，潜居武昌阅马厂一庙中，专事联络，策动进行。旋又迁至小朝街八十五号文学社机关部，力主与孙武等所组之共进会联合以厚势力。众推蒋翊武为临时总司令，孙武为参谋长，公为参议，凡关于用兵方略，调查地形，及举义先后一切大计，皆公一手任之。鄂督瑞澂闻其事，令将各营调防宜昌、岳州等地，以分散其势。公闻之，急召各标营代表会议分配出发及留省各同志职务，并约定八月二十日，由武昌举义，各地驻军，一律响应。部署甫定，蒋翊武于十八日，由宜昌兼程回汉。适杨玉如由沪回，谓黄兴约至九月与十一省同时举义，公虑此间计画已定，迁延日久，必有泄漏，时机一失，不可再至。适汉口俄租界孙武机关部因制炸弹不慎，先事破坏，人心惶惶，众议益决。由蒋翊武下令，于是夜十二时举事。布置既竣，外间风声益紧，公与蒋翊武等守候于文学社机关部楼上。因召卖曲者至社，使歌声达于户外，以饰逻者耳目。夜十时许，忽闻叩门声甚急，公知有异，立怀炸弹于楼口伺之。捕者破扉入，公乃掷炸弹，捕者拥至，遂被执，械系伪督署。鞫讯时，神色自若，骂贼不绝口。遂于辛亥八月十九日清晨，就义于武昌伪督署前。临刑犹连呼“同胞速起”、“还我河山”等口号不止。年二十八。公未婚，以兄淑澂子亚鹏嗣。遗尸未获。身后萧条，遗族无以为生，呜呼惨矣！

论曰：尧澂，湘产也。矢志光复，屡起于常德、长沙间。不济，乃周历长江上下游，独认武昌为倡义之地，竭两年之心力，竟复祖国，何其目光如炬哉。惜殉国于前一日，不能目睹汉帜，为遗恨耳。成功成仁，一身兼之，亦可瞑目也。

杨宏胜传

张难先

烈士姓杨，名宏胜，襄阳农家子弟也。服先畴畎亩，以勤俭闻。一日慨然曰：“终岁惟衣食之是务，手胼足胝，老死田间，岂大丈夫之所为耶？”弃去。顺流下武昌，投绿营充兵士。久之，见绿营殊腐败，以犷悍为能事，复慨然曰：“农田固苦闷，然良心实较安舒，此何为者？”弃去。投新军三十标，不久升副目、正目。时新军多革命志士，烈士闻其绪论，以为得未曾有，发愿革命。遂结纳当时豪俊，若刘公、孙武、彭楚藩、刘尧澂之伦。烈士性任侠，喜交游，新军禁令多，局促如辕下驹，非所屑，又弃去。择右旗后营门外，结茅舍，辟小店自给。同志有怜其清苦者，烈士曰：“吾所需有限，然在此言论行动，比较自由，所得不已多乎。”以后营内外同志，皆以烈士小店为集合处。辛亥，文学社成立，烈士加盟。凡社中艰剧之事，多属烈士任之。烈士胆大心细，任劳任怨，凡有付托，贻误极少。社长蒋翊武甚重之。会组临时总司令部，推烈士担任交通，负运输军火之责。八月十七日，汉口总机关破，潘善伯等移炸弹于武昌胭脂巷分机关，李济臣饰为礼品，运交烈士，由烈士转送各营。时风潮奇紧，收付频繁，精神体力，不易调协，忽失慎而一弹爆发，声震屋瓦，烈士伤面。岗警鸣笛蜂涌至，见炸弹甚夥，遂被执，解总督署。同时小朝街总机关部亦破，彭楚藩、刘尧澂等均逮至。鞫彭、刘已，提讯烈士，穷诘党羽，烈士骂曰："老子革命党，杀便杀，胡问为？党羽除汝满奴外悉是也。"铁忠怒，使鞭之。烈士笑曰："吾死且不惧，箠楚安足辞？"挺身直受之，体无完肤，终未供出一人。忠以如此而仍无所获也，命缚出斩之。烈士厉声骂曰："贼虏，杀，快杀，恐奴才不久亦随老子来也。"临刑犹口呼："孙中山及未死同志万岁！"年二十六。

论曰：孟轲谓人有不为也，而后可以有为。烈士薄农夫、兵士而去之，独甘心于小贸易，进图恢复祖国，其意志之纯洁勇敢为何如也。烈士未尝学问，乃其志事，悉合乎古之大贤奇杰，洵足以愧世之有学无行者哉。

邹玉溪传

张难先

邹玉溪者，四十一标兵士，共进会党员也。辛亥八月十九日夜分，武昌首义，玉溪跃跃欲试，奈营门受上官命严扃。玉溪彷徨门左右，欲夺门出，为协统所觉，手刃之。时友人聂国青隶其营，为所亲见而告余者。

周荣发传

张难先

周荣发者，三十一标士兵。辛亥八月十九日武昌首义，荣发奉命传令于二十一混成协。时门扃，逾墙入，为某军官所执，斩数段置于阴沟中。曹亚伯以其事告余，谓某军官出示杀周之刀，其血痕犹斑斑可识也。

王世龙传

张难先

王世龙者，四十标兵士，文学社社员也。辛亥八月十九日，工程营已首义。枪声大作。世龙与营代表阙龙等欲举事，制于长官，不能动，即逾营垣而奔楚望台。时诸军云集，佥主先攻总督署。阙龙约世龙率一部往攻。督署已命李襄邻、白寿铭为两路指挥，各要道均严阵以待。龙及世龙一路与李、白军格，李、白军皆披靡，竟达督署。世龙同阙龙、郑继周等，从东辕门左侧进攻。阙龙负伤。世龙急，与杨选青纵火烧门前钟鼓楼，冀燎全署。署墙高，火不能入。世龙乃舍火攻，持步枪向敌猛射，竟中敌弹以殉，烈矣。

纪鸿钧传

张难先

纪鸿钧者，乃辛亥八月十九日夜，同马荣、金兆龙等所组织之敢死队中之一员也。时蔡济民等攻督署，数进不利，熊秉坤挑敢死队四十名，向保安门冲击，冀会合蔡军以攻督署。徐少斌、胡效骞、杨选青、纪鸿钧等为前锋。冲至东辕门，敌不支，向西辕门退。徐少斌等十余人直迫西门。时督署置机关枪于中堂，穿大门扫射，火力成直线，分敢死队为二。前后不相救。陷西辕门者，已成绝地。鸿钧忙取煤油，冒火线冲入署内，纵火烧门屋，以延大堂。于是枪手溃，而十余人之危以解。至鸿钧则于纵火时，为机关枪集射成齑粉矣。

赞曰：当徐少斌等陷西辕门时，鸿钧尚在东偏安全地。苟稍计利害，鸿钧尽可不死，乃奋不顾身，冒万死以救同志。真所谓智勇仁疆者也。督署攻下，或即关键于此欤。

都督府之组织设施及人选

八月二十日上午党人以全城光复，乃集阅马厂咨议局，商组军政府及推举都督。时预定之都督刘公隔绝在汉（汉口尚未收复），孙武炸伤，总司令蒋翊武出亡，副都督刘英远在京山，詹大悲、胡瑛在狱，居正、黄兴、谭人凤、宋教仁俱在港、沪，杨时杰在京，各军领袖，佥以资望浅，谦让未遑，仓卒不得人选。省议员刘赓藻（字孝臣，保康人）曰："统领黎元洪现在城内，若合选，当导觅之。"众赞成，蔡济民率少数同志偕刘往。先是马荣、汤启发巡街至黎宅，见夫役担三皮箱出，疑为匪，诘之，称奉黎统领命来取，问统领何在，不敢答，迫询，始允导至黄土坡刘宅，指黎所在。黎闻嘈杂声，避入房中，马、汤力恳出见，黎叱而出曰："余带兵十余年，自问待汝等不薄，何与余为难也？"众曰："吾等无恶意，请统领出，主持大计。"黎曰："汝革命党人人才济济，要余何用？"冯荣曰："时急矣，模棱恐不便，惟统领思之。"黎曰："汝等欲余何为？"众曰："楚望台乃吾辈集合处，请统领往商之。"黎曰："楚望台有何人主持？"众以暂推吴兆麟对。黎曰："渠一人足矣，无需乎吾。"众不听，阙龙亦至，拥之至楚望台。兆麟闻黎统领至，命士兵站队，举枪致敬。黎衣灰呢夹袍，愁容满面，兆麟趋谒，黎曰："汝等事情太闹大了！如何得了？"当时一炮兵高呼曰："请统领下令作战。"旁一人请黎勿允，炮兵拔刀斫之，黎以身翼蔽曰："此吾执事官王安澜也。"李翊东为之解曰："此地下命令不便，请统领到咨议局。"众韪之。适蔡济民、刘赓藻觅黎者至，于是同拥黎至咨议局，众高呼举为都督，时午后一时四十分也。当拥黎登楼。咨议局议长汤化龙亦由赵师梅、陈磊觅得，即召集咨议局议长汤化龙、副议长张国溶、夏寿康、议员阮毓崧、刘赓藻、胡瑞霖等及同志开会，推举都督，众一致举黎。黎坚不承认，胡瑞霖、李国镛、吴兆麟等劝之，张振武、李翊东、蔡济民等迫之，朱树烈并举刀自杀，血溅满座以感之，黎屹不为动。翊东乃持一预写之安民布告，进黎曰："请于都督衔下，署一黎字。"黎拒之，翊东援笔目黎曰："余代为书，岂能否认乎？"众鼓掌称善，翊东即书一黎字，余由书记缮写，遍贴全城，黎亦无可如何也。布告如下：

中华民国军政府鄂军都督黎布告

今奉军政府命，告我国民知之：凡我义师到处，尔等无用猜疑。我为救民而起，并非贪功自私。拔尔等于水火，补尔等之疮痍。尔等前此受虐，甚于苦海沉迷。只因异族专制，故此弃尔如遗。须知今满政府，并非我汉家儿。纵有冲天义愤，报复竟无所施。我今为此不忍，赫然首举义旗。第一为民除害，与民戮力驰驱。所有汉奸民贼，不许残孽久支。贼昔食我之肉，我今寝贼之皮。有人激于大义，宜速执鞭来归。共图光复事业，汉家中兴立期。建立中华民国，同胞其毋差池。士农工商尔众，定必同逐胡儿。军行素有纪律，公平相待不欺。愿我亲爱同胞，一一敬听我词。

黄帝纪元四千六百零九年八月二十日示

众见黎态度如此，恐误事机。蔡济民提议：一面派人向黎劝驾，一面组织谋略处，以为处理当时急要机关，众同意。当推蔡济民、吴醒汉、张廷辅、邓玉麟、高尚志、徐达民、王宪章、王文锦、陈鸿诰、谢石钦等十五人，任谋略。下设秘书、参议两厅，以张景良为参谋长，杨开甲、吴兆麟副之。大事皆决于谋略处。冯禹粥长文书，向讦谟长会计，方定国为司令官，并推李翊东为叙赏长，司赏罚，张振武副之。当由谋略处议定事项如下：

一、以咨议局为军政府及都督府。

二、称中国为中华民国。

三、阙

四、阙

五、称中华年号为黄帝纪元四千六百零九年。

六、都督暂用黎元洪名义，布告地方及通电全国。

七、军政府暂设四部：

（甲）参谋部。

（乙）军务部。

（丙）政务部。

（丁）外交部。

八、设立招贤馆。（后改为集贤馆）

此时因都督尚未决心，诸事由谋略处负责处理，分别进行。下午八时，蔡济民、高固群商同张鹏程、李济臣等十余人，往武昌府监迎胡瑛出狱。是晚各同志在咨议局计划军事、治安各事宜，及拟各种通电。突部翊宸啸聚多人，袭都督府，府中人员多惊避，李作栋、刘度成、邓玉麟奉都督避蛇山麓，势殆甚！甘绩熙任府警卫司令官，卫士皆陆军中小学各生担任，绩熙指挥藉围墙掩护，奋勇还击，李翊东助之，部败走四散。翊东迎都督回府，与邓玉麟请都督巡府一周，以安人心。并派陆军中学学生守官钱局、造币厂、电报、话局各重要机关。明日，调绩熙为参谋官，以高尚志司警卫。二十一日早六时，电线俱恢复，即用黎元洪名义，通电全国，告以光复武昌，推黎元洪为都督，及电上海，促居正、黄兴、宋教仁等来鄂；并请转电总理从速回国，主持大计。布告全国电如下：

粤维我祖轩辕，肇开疆土，奄有中夏，经历代圣哲贤豪之缔造，成兹文明古国。凡吾族今日所依止之河山，所被服之礼教，所享受之文物，何一非我先人心血颈血之所遗留？故睹城邑宫室，则思古人开土殖民之惠；观干戈戎马，则思古人保种敌忾之勤；观典章法制，则思古人贻谋教诫之殷。骏誉华声，世世相承，如一家然，父传之子，祖衍之孙，断不容他族干其职姓。何物胡清，敢乱天纪，挽弓介马，竟履神皋。夫胡清者，非他，黑水之旧部，女真之鞑种，犬羊成性，罔通人理。始则寇边抄虏，盗我财物，继则羡我膏腴，眈我文绣，利我国土，遂窥神器。惟野蛮之不能统文明，戎狄之不能统华夏，少数之不能统多数，故入关之初，极肆凶威，以为恐吓之计。我十八省之父老兄弟，诸姑姊妹，莫不遭逢淫杀，靡有孑遗。若扬州，若江阴，若嘉定，屠戮之惨，纪载可稽。又复变法易服，使神明衣冠，沦于禽兽，而历代相传之文教礼俗，扫地尽矣！乃又焚毁书籍，改窜典册，兴文字狱，罗致无辜。秽词妖言，尊曰圣谕，戴仇养贼，谬曰正经。务使人人数典而忘其祖，是其害乃中于人心风俗，不但诛杀已也！呜呼同胞，谁无心肝，即不忆父老之遗闻，且请观夫各省驻防之谁属？重要职权之谁掌？其用心可揣知矣！二百六十年奸淫苛忍之术，言之已不胜言，至今日，则发之愈迟，而出之愈刻也。今日者，海陆交通，外侮日急，我有室家，无以图存，彼以利害相反，不惜倒行逆施。故开智识，则谓破其法律，尚术技，则谓扰其治安。于是百术欺愚，一意压制。假立宪之美名，行中央集权之势。借举行新政之虚说，以为搜刮聚敛之端。而乃日修园陵，治宫寝，赍嬖佞，赏民贼，何一非吾民之膏血？饥民遍野，呼吁不灵，哀鸿嗷嗷，是谁夺其生产而置之死地？且矜其宁送友邦弗与汉族之谬见，今日献一地，明日割一城，今日卖矿，明日卖路，吾民或争持，则曰干与政权，曰格杀勿论；甚且将吾民自办之路，自集之款，一网而归之官。呜呼！谁无生命？谁无财产？而日托诸危疑之地，其谁堪之？夫政府本以保民，而反得其害，则奚用此政府为？况乃淫德丑类，有玷声华者耶？本军政府用是首举义旗，万众一心，天人共愤，白麾所指，瓦裂山颓，故一二日间，湘、鄂、赣、粤，同时并举，皖、宁、豫、陕，亦一律响应。而西则巴蜀，已先克复，东南半壁，指顾告成。是所深望于十八省父老兄弟，戮力共进，相与同仇，还我邦基，雪我国耻，永久建立共和政体，与世界列强并峙于太平洋之上，而共享万国和平之福。又非但宏我汉京而已，将推此赤心，振扶同病，凡文明之族，降在水火，皆为我同胞之所必怜而救之者。呜呼！机不可失！时不再来！想我神明贵族，不乏英杰挺生之士，曷勿执干起义，共建鸿勋，期于直抵黄龙，叙勋痛饮，则我汉族万万世世之光荣矣。我十八省父老兄弟，其共勉之。

午复驰檄宣布满清八罪，其文如下：

宣布满清罪状檄

为吊民伐罪，誓众出师，昭告于天下曰：呜呼！皇天不造，降乱中邦。满清以塞外胡种，溷据神皋，越二百六十有七年，覆我宗社，乱我陵寝，杀戮我父母，臣妾我兄妹，丧昧人道，罔有天日。九万里宗邦，久沦伤心惨目之境，五百兆臣庶，不共戴天履地之仇。阅及近兹，益逞凶悍，毒屠诛杀，不遗余力。举天下之膏血，尽贶四邻，割神州之要区，归之万国。淫凶酷虐，炽于其前，刀锯鼎镬，随于其后。立足无地，偷生何从？罪恶滔天，奇仇不赦。普天同愤，草木皆兴问罪之师，动地兴悲，鱼龙亦感风云之会。况复黄炎神胄，忍堕狱城！爰举国民义兵，歼除大盗，择日出师，当天誓众，铙歌初唱，汉帜齐张。河南既克，两粤旋恢，义师已据武昌，南军直来湖上。戈矛十万，同挥贱虏之头，子弟八千，共啖胡王之血！山河依旧，先人之庐墓可亲，冠带奚存，九世之仇雠宜复。凡我同志，努力前躯。挥日扬鞭，一荡中原之腥秽，擒王克敌，重瞻上国之衣冠。驱胡群于关外，定霸图于亚洲。内洗三百年灭国之辱，外当六十国逐鹿之冲。义戈所指，天地廓清，民命堪怜，秋毫无犯。须知为国复仇，并非许民作乱，守万国公同之约，勿害邦交，值六雄并峙之秋，各尽天职。呜乎！黄冠草履之民，谁无尊亲之血气！四海九洲之内，何非故国之山河！秉尔白矛，报尔先德，重新九鼎，再奠神京，灭此朝食，与诸君同为黄龙之饮，建兹民国，俾万邦共睹赤日之光。一念血诚，千秋伟业，传檄天下，用布皇言：

昔拓跋氏窃号于洛，代北群胡，犹不敢陵轹汉族。满清入关以来，恐吾汉人心存光复也，凡属要害，悉置驻防，监视我汉人之耳目，使汉人永远降为满清之奴隶而后快，心如蛇蝎，行同虎狼，其罪一。

清廷昔创一条鞭之法，谓以后永不加赋，乃未几而厘金之制起，杂税之制兴。近更变本加厉，割吾民之膏，吮吾民之血，使吾民死于囹圄；葬于沟壑者，盖不知几千万。外窃仁声，内存饕餮，其罪二。

流寇肆虐，遗黎凋丧，东南一隅，犹自完具。清廷谓汉人死不尽，满人不得安，于是下江南，所过城邑，肆意屠杀，读《扬州十日记》、《嘉定三屠录》，凡属汉人，当无不沉沉泪下也。汉人无罪，尽膏清兵之刃，其罪三。

前世史书之毁，多由直笔，书其虐政，若在旧朝，一无所闻。清廷恐人心思汉，焚毁书籍八千余通，自明季诸臣奏议外，上及宋末之遗书，靡不焚烧，令汉人忘祖，永习为奴，其罪四。

世奴之制，普天所无。胡清窃据中国，视汉人如猪羊，汉人小有过失，即发八旗，永与满人为奴，有潜逃者，罪及九族。雍乾时。东南名士如庄廷鑨、戴名世、吕留良、查嗣庭、陆生楠、汪景祺之家族，发往胡域者，几千万家，背逆人道，苛暴齐民，其罪五。

满清为灭绝汉人计，严其刑罚，苛其条例。吾民一触其网罗，则有死无生。历观数年来，寻常私罪，多不复按，府电朝下，囚人夕诛。好恶因于郡县，生杀成于墨吏。私刑毒杀，暗无天日。刑部不知，按察不问，遂令刑章罔挠，呼天无所，其罪六。

犬羊之性，父子无别，胡酋以盗嫂为美谈，以淫妹为法制。其他淫烝，史不绝书。使华夏清严之地，一变而为狐狸之乡。遗臭中原，传笑万国。其罪七。

垂狗尾以为饰，穿马蹄以为服，衣冠禽兽，其满清之谓。入关之初，强汉族蓄尾，不从死者遍天下，至今受其束缚，贻九洲万国羞，使吾衣冠礼乐，夷为牛马，其罪八。

是日公推胡瑛同夏维松携带照会，送至汉口各国领事馆，其文如下：

照会各国领事

中华民国军政府鄂省都督为照会事：我军政府自广州之役，团体溃后，乃转而向西，遂得志于四川。在昔各友邦，未遽认我为与国者，以惟有人民主权而无土地故耳。今既取得四川属之土地，国家之三要，于是乎备矣。军政府复祖国之情切，愤满清之无状，复命本都督起兵武昌，共图讨贼，推倒专制政府，建立民国。同时对于各友邦，益敦睦谊，以期维持世界之和平，增进人类之幸福。所有国民军对外之行动，特先知照，免致误会：

一、所有清国前此与各国缔结之条约，皆继续有效。

二、赔款外债照旧担任，仍由各省按期如数摊还。

三、居留军政府占领地区域内之各国人民财产，均一律保护。

四、所有各国之既得权利，亦一体保护。

五、清政府与各国所立条约所许之权利，所借之国债，其事件成立于此次知照后者，军政府概不承认。

六、各国如有助清政府以妨害军政府者，概以敌人视之。

七、各国如有接济清政府以可为战事用之物品者，搜获，一概没收。

以上七条，特行通告各友邦，俾知师以义动，并无丝毫排外之性质参杂其间也。相应照会贵领事，转呈贵国政府查照，须至照会者。

黄帝四千六百零九年八月二十一日即一千九百一十一年十月十二日

是日晨，四十二标标代表胡玉珍，副代表祝制六、邱文彬及诸同志等在汉阳发动全军反正，文彬占领龟山炮台，指导炮队，轰击瑞澂所乘之楚豫兵舰，多命中，舰逃青山，汉阳光复。惟当时排长翟焕明持异议，同志袁金声枪杀之。公举宋锡全为统制（后军政府任命为第一标统，旋升第一协统），王宪章为第一统领，林翼支为第二统领，梁炎昌、邱文彬为正副参谋长，黄振中、万逢霖、王殿一、黄柱国为标统，陈建章、戈承元、蒲志斌、宋玉廷、赵承武为管带，胡玉珍任交通，王缵承、黄家麟为参谋，并举马队同志陈孝芬为襄河一带水师统领，郑兆兰为临时兵工厂厂长，复派张大鹏等带队至汉阳县监，迎李亚东出狱，推知汉阳府事。正午，胡玉珍等带兵一排在汉口居仁门营外开枪发动，同志赵承武等群起响应，汉口光复。张步瀛带队偕温楚珩至礼智司，迎詹大悲、何海鸣出狱。嗣各同志见都督态度不明，议组汉口军政分府，大悲被推为主任，何海鸣副之，并兼参谋长。吴昆、温楚珩任秘书。分府设四官殿，以胡廷佐为协司令，林翼支为支队司令，李鑫为粮台总理，黄继超为团长，约胡瑛渡江办理外交。派任质存赴湘，吴春旸赴皖，密谋响应。分府成立，各同志之心情始定。清廷闻民军起义，据有武昌，大震。谕河南巡抚宝芬就近派兵一协，赴汉口，会同张彪残部，暂取守势。协统应龙翔，鄂人也。芬虑内应，即看管之，派标统张锡元带队南下，清乃谕军咨府、陆军部，迅派近畿陆军两镇赴鄂；一面由海军部加派兵轮，饬萨镇冰督率前往；并饬程允和率长江水师，即日赴援。以陆军大臣荫昌督师，所有湖北各军，及赴援各军队，均归节制。革瑞澂、张彪职，仍令瑞澂署总督，带罪图功。此时武汉各部队，俱赴指定地点努力。各处秩序如常，秋毫无犯。三镇商店，自安民布告出后，知都督为黎元洪。黎素忠厚，有名于时，商民均欢忻鼓舞，启门照常营业，外国人亦赞美不已。其一种庄严悲壮之气象，实非笔墨所能形容。午后六时，各同志再集咨议局开会，觉各部人员，俱未规定，办事极感不便，议定暂编现有军队为四协，每协成立后，各招补充兵一团。先将参谋、军务、政务、外交各正副部长、协统四人举定，并设军法、侦探、稽察、间谍各处，规定徽章，以稽出入。所定四部、四协长官名列后：

四部长

一、参谋部正部长　张景良

　　　　副部长　杨开甲

吴兆麟（出为第一协协统，副部长名义仍保留，以杨玺章代之。）

二、军务部正部长 孙 武（八月十八日炸伤后，尚在汉口长清里刘燮卿家医治，由张振武代。）

副部长 蒋翊武（十九日被捕逃脱后，亡京山未返。）

张振武（兼代部长职）

蔡绍忠（负责办事）

三、政务部正部长 汤化龙（不到）

副部长 张知本

四、外交部正部长 胡 瑛

副部长 王正廷（尚在上海，由胡瑛派梁炳农至沪邀正廷。）

四协统

一、步队第一协统 吴兆麟

二、步队第二协统 杜锡钧 何锡藩（杜旋任军令部长，以何继任协统。）

三、步队第三协统 陈炳荣

四、步队第四协统 张廷辅

以上人员举定后，各部即按当时情形组织之，军队则仍照前清新军制度编制，均由都督任命，并布告之。是日蔡济民、李作栋、徐达明等同往藩库铜币局、官钱局点验储款数目，计藩库实存银一百二十余万两，铜币局实存洋七十万元，银八十万两，铜元四十万串，官钱局实存铜元二百万串，铜元一串官票八百万张，未盖印一串官票二千万张，银币一元官票二百四十万张，库银二十万两，银元三十万元，以上总计湖北财政存款，约四千万元。一面点清，一面令胡廷佐担任藩库责任，令刘绳武统带学生军担任官钱局责任，令夏维善担任铜币局责任，又派刘度成负集贤馆责任，不久以蒋秉忠为馆长，任立年副之。是时热心之士，闻武昌首义来集贤馆报名者，门庭若市；而饶汉祥及皖抚朱家宝之秘探孙发绪亦初至而入集贤馆，凡与黎元洪有因缘者，亦络绎不绝，麇集于是。但黎尚未决心，若辈亦无从活动。自此以后，军政府人品渐杂，惟电文、布告及往来信件，每发交集贤馆投效人士拟妥后，再由各同志选择用之。饶汉祥、孙发绪之伦，即由此脱颖。不久杨玉如为秘书厅正主任，饶副之，孙发绪且浸浸用事矣。时参议厅接一电，参议陈雨苍承办，文曰：

> 探交二十一混成协统黎协统宋卿鉴：芬昔与张文襄论湖北将才，首推我公，不料今竟附逆。倘能率队来归，芬愿以全家担保，向朝廷为公洗刷也。敬候速复。梁鼎芬。

雨苍持商秘书厅，秘书厅以黎志未定，岂能呈阅，立毁之。二十二日，蒋翊武归自新沟，入都督府，见都督态度乃尔，极为忧虑，余亦由汉川至，翊武一见痛哭曰："都督如此情形，将奈之何？"余曰："姑俟之，吾辈需办之事，但急急自办耳！"因与翊武、胡瑛促詹大悲速成立军政分府，以防不测。时李亚东已被推知汉阳府事，汉阳重镇，余翌日即渡江佐之。翊武往各军视察，并计划一切。是日刘英与刘铁、杨玉如等起兵于永隆河，称副都督，从起义前汉口总部之决议也。有众万人，当占领京山、天门，以天门为司令部。后都督闻其名号惊曰："此副都督何自来？"蒋翊武、邓玉麟、李长龄、李国镛等具以告，且陈说利害，心始释然。孙武等以武汉上游，重关大局，请都督发给弹械，派员协助刘英。当允派中参谋张鹏程、监察李济臣等数十人，携快枪三百枝，子弹二十万发，前往赞助。鹏程等至，英委济臣为参谋长，鹏程为参谋。编京山子弟五千人为两标，英自兼第一标标统，刘铁为第二标标统，以郑桂芳、李凤鸣、钟仲衡、冷英奎、李青莲、尤洪胜等为营长，其余约分任参谋副官，及下级干部等职。编定后，派李济臣留守天门，训练军队，亲率刘铁、张鹏程攻潜江，县令汪元秉闻襄阳巡防营统领刘蕴玉东下，阳迎阴拒。命艾良臣、张鹏程等要击于张截港，大败之。潜江收复，进取监利，县令孙星煜挟荆州兵以抗，亦击破之。二十二日早八时，豫军张锡元带新军二营、巡防一营抵汉口，锡元派人讲和，谓同是汉人，自当赞成革命，拟归顺民军。军政府派李国镛、毕钟等携洋数千元，到豫军犒师接洽。其巡防营多湘人，闻归顺民军，即一哄而各自来归。后侦悉锡元系伪降，我军始着着注意。旋电告汉人之为清军将士者，文曰：

电告汉族同胞之为清军将士者（此电乃同盟会预制者）

天运辛亥年，中华国民军都督奉军政府命，布告于我国民之为满清政府逼迫，以为其军之将校及兵士者：我辈皆中国人也，今则一为中华国民军之将士，一为满洲政府之将士。论情谊则为兄弟，论心事则同是受满洲政府之压制。特是一则奋激而起，一则隐忍未发，是我辈虽立于反对地位，然情谊俱在，心事又未尝不合也。然则今日以后，或断兄弟之情谊而变为仇雠；或离仇雠之地位而复为兄弟，亦惟我国民之为满洲将士者自择之而已。自国民军起，移檄天下，国民主义，炳如日月，凡我国民，无不激昂慷慨敌忾同仇。诚以国民军者，以国民组织而成，发表国民之心理，肩荷国民之责任，以主义集合，非以私相号召，故民归之，如水就下。我国民之为满洲将士者，非其本欲，特为满洲所迫，不得已而为之。此时满洲政府方又出其以汉人杀汉人之手段，驱之与国民军为敌，愿我国民深思之。本中国人，而当满清兵，以杀同胞为职，抚心自问，宁能不愧乎？我国民无谓为满清尽力，乃所以报国也。中国亡于满洲已二百六十余年，我国民而有爱国心者，必当扑灭满清，以恢复祖国！倘反为满洲尽力，是甘为仇雠，而与祖国为敌也。其身分为奴隶，其用心为枭獍，岂有心人所忍为乎？我国民又无谓既食满清之禄，当忠于所事也，须知中国者，中国人之中国。及为满洲所夺，收中国人之财富，以买中国人之死力。中国效力满洲而食其禄者，譬如家财既为盗贼所夺，复为盗贼服役，以求得佣值，境遇既惨，行为又贱矣！是故我国民为清政府将士者，须以大义自持，知托身满洲政府之下，乃由一时之束缚，当怀脱离独立之志。际此国民军大起之日，正宜倒戈以向满清，而与我国民军合为一体，方不失国民之本分也。彼满洲以五百万民族，陵制我四万万汉人，而能安坐至二百六十余年者，岂彼之能力足以致之？徒以中国人不知大义，为之效力，自残同种，彼满人得以肆志耳！试观满洲入关以来，每遇汉人起义，辄用汉人剿平，杀人盈野，流血成河，皆汉人自相屠戮，而于满人无所损。举其大者，如嘉庆年间，汉人王三槐等举义四川、湖南、湖北、陕西诸省，相继响应，满清政府势垂危矣！八旗之兵，望风奔溃，禁旅驻防，皆不可用，乃重用绿营，招募兵勇，于是汉人杨遇春、杨芳等为之效力，屠戮同胞，死者亿万。川、湖、陕诸省，遂复归于满清政府之下。又如咸丰年间，太平天国起义广西，东南诸省指日而定。西北张乐行等风驰云卷，天下已非满清所有，其督师大臣赛尚阿、和春一败涂地，事无可为。及汉人曾国藩、左宗棠、胡林翼、李鸿章等练湘军、淮军，以与太平天国相杀，前后十二年，汉人相屠殆尽，满人复安坐以有中国。凡此皆百年来事，我父老兄弟，想皆熟知者也。汉人不起义则已，苟其起义，必非满人所能敌，亦至明矣。所最可恨者，同是汉人，同处鞑虏政府之下，同为亡国之民，乃不念国耻，为人爪牙，自残骨肉，彼杨、曾、胡、李、左诸人，是何心肝？必欲使其祖国，既将存而复亡，使其同胞，已将自由而复奴隶乎？自经诸役以后，满人习知以汉人杀汉人为上策，故近来怵于革命之祸，日谋收天下之兵权，以满人任统御，以汉人供驰驱。一旦有事，彼披坚执锐，冒矢石，当前敌，断头流血者，皆汉人，而策殊勋，受上赏者，则满人也。我国民之为满人将士者，苟一念及身为中国之人，当知助满洲杀同胞，为天下所不容，可无待踌躇而断然决心者。且我国民，苟助满洲，岂止国家之罪人而已，即为一身计，亦无所利。盖满洲之待汉人，不过视同奴隶，即为尽力，亦毫不爱惜。嘉庆年间川湖之役，绿营乡勇，立功最多，事后八旗受上赏，绿营诸将仅沾余唾。至于乡勇解散之后，穷困无聊，半世当兵，战功尽为八旗所冒，口粮复为上官克扣。出营之后，工商诸业，久已荒疏，无以谋衣食，穷而为盗，则被杀戮。于是蒲大芳怨望作乱，杨芳、杨遇春念其战功，诱以甘言，使之降服，而满州政府震怒，黜杨芳，使率蒲大芳等远戍伊犁，其后密使人尽杀蒲大芳等数百人，无一留者。咸丰、同治间，湘军遍于十八行省，所至努力破敌，敌军既尽，湘军解散，克扣粮饷，饥寒不免，其至丰者，不过给三月口粮，不敷归家盘费，因此流离者，父母妻子终身不能相见，而他省之人，以其当兵杀人，畏之如蛇蝎，视之若寇仇，见其落魄，反斥为流氓，穷无所归，则相聚结会，以相依赖。而满洲政府恶其结党，捕拿杀戮，不可数计。是故川、湖、陕之氛告尽，而乡勇失所。太平天国既覆，而湘军无归。乃知满洲政府之用汉人也，犹农夫之用牛也。既尽其力，则杀而烹之，无一毫人心相待，此其故何也？盖以同胞杀同胞，实为天下至贱之事，不惟为万国所鄙弃，同胞所切齿，即满人亦未尝不轻贱之，以为汉人相杀，乃其种性若此，宜其甘为奴隶，万劫不复。既存轻贱之心，故对待之手段，刻薄如此，即使身居重镇，屡立战功，而偶迕廷旨，缇骑立至。其他将校受文官呵叱驱使，甚于仆隶，而于兵士所发口粮，尤朝不保夕。而一有战事，即责其死敌，直视之如虫蚁耳。世人见清廷刻薄寡恩，不重军人，皆知叹恨痛惜。岂知欧美日本各国所以尊重军人者，以其为国努力，倚若长城，故军人之名誉，军人之身分，皆为社会所矜式。至于满人使汉人当兵，非以为国家之干城，不过专防家贼。故其军人，以拥护国仇为天职，以诛戮同种为立功，禽兽之行，宜为世界所不齿。我国民之为满洲将士者，若犹有人心，当不待劝告，而决然反戈归顺，惟恐其不速也，何用迟徊审顾为？意者或误会国民军之旨，以为国民军既与满洲政府为仇，则凡为满洲政府之将士者，皆所不容，虽欲反正，而无路可投乎？然同是汉人，地位虽殊，情谊固在，且国民军当未起义以前，处于满洲政府之下，与我国民之为满洲将士者，固无所差别也。嗟乎！宗国之亡久矣！举我同胞悉隶于满洲政府之下，不能互相庇翼，而使寄食于仇雠，又不能速拯之出于水火，斯已大负国民矣！何忍复较量前眚，自相携贰乎？为此布告天下，凡我国民之为满洲将士者，若能顾念大义，翻然来归，军政府必推诚相与，视为一体。其以城镇乡村或军旅反正者，及剪除敌军心腹将校来归者，暨以器械粮食来归者，皆为国立功之人，当受上赏；其军至即降者，亦予优待。此皆赏典、恤典、略地规则等所一一规定者。其各激发忠义，以涤旧污，以建新猷。若犹有包藏祸心，怙恶不悛，甘为国民军之蠡贼者，则是自绝于中国，其罪不赦。方今民族主义，国民主义，磅礴人心，举国之人皆知，明理仗义，固非若昔日人心否塞之时，军政府提携义师，肃将天讨，期与四百兆人平等，以尽国民之责，亦与昔之英雄割据有别，固将使禹域之内，无复汉奸之迹。其满洲将士，有敢奋其螳背，以相抗抗者，必尽剪除，毋俾漏网。特虑其中容者心怀反正，而迟疑未决者，亦有身拥兵权，心怀助顺，而观望取巧，思徐觇国民军之强弱以为进退者，凡此皆不胜其祸福之见，故就义不勇。今开诚布公，明示是非顺逆之辨，其各自择，毋得徘徊，如律令布。

是日梁恢汉、宋振东、黄景亚等在系马口起兵，有众千余人，直捣汉川，县知事逃。适王守愚先由武昌至，就狱中与梁钟汉商响应，于是同恢汉等迎钟汉出狱，被推为总司令，王守愚为参谋长，司令部设汉川。当由王守愚星夜返武昌，向军政府请领弹械，饬交军务部核办。蒋翊武发快枪五百枝，子弹二十万发，运回编练队伍。而巡防营统领刘韫玉率兵五营，沿汉水南下攻我，钟汉御于沔阳之仙桃镇，战数小时，刘军败绩，缴快枪数百支，水师舢板船三十四只，军心大振。嗣黄兴至武昌，任命为游击总司令，以当我军右翼之敌，清军始终不敢犯汉川。黎元洪自到咨议局后，两日未食，亦不与人交言。经蔡济民、甘绩熙、陈磊等连日劝慰，意稍活动。陈磊以黎尚蓄发辫讽之，黎作色曰："你们年轻人，再不要如此激烈，我决心与你们帮忙就是，你们说要剪去辫子，我前在营中，并下过传单，令士兵愿剪者听，明日我剪去就是。"众鼓掌称快。群知都督之心已决矣。午前八时，蔡德懋奉命率炮队一营及胡廷翼步队一队，到武胜门外两望占领阵地，向楚豫、楚材、江清各兵轮射击，各兵轮亦还射，炮战约两时之久，射击极猛烈，将楚豫、江清击伤，败走下游，中外观者，皆鼓掌称快。瑞澂兵轮既败，于是都督为函，遣张彪之亲信前辎重八营管带齐宝堂持去以劝张彪，书曰：

虎臣仁兄如握：同寅有年，相知以心。相知既久，而忽相仇，余心甚为歉然。惟是种族之界，严如君父，大义之行，可灭亲友。弟秉大义，别种界，万众一心，军民同愤。满奴气尽，昭人耳目，近日之战，可概见矣。仁兄素明事体，顺逆之理，胜败之数，谅计之已熟！何事以虎口余生，东逃西窜，辅不足以有为之满奴，以残我同胞？仁兄犹是黄帝之子孙，独不欲雪祖宗二百六十余年亡国之耻乎？清夜以思，当亦废然自返矣。用敢遣贵亲信齐君宝堂邀迎仁兄，助我同胞，救出水火。大业告成，虚位以待，铭勋于册，铸像于铜，将见地球各国，呼仁兄为黄帝之肖子，复汉之伟人，与法拿破仑、美华盛顿争烈矣。如欲以逃窜小丑，乌合流氓，与大汉百战百胜之雄师，相见以戎衣，是以卵投石也。生为鼠子，死作妖魔，不亦悲乎？弟赤心待人，决不妄言，谨属同胞，欢迎江上，仁兄当有以教我也。军事匆匆，不尽欲言，草此敬请公安。黎元洪顿首。

黄帝四千六百零九年八月二十二日

齐宝堂携函渡江，面陈张彪，见信大怒，遂无结果。是日萧国宝、姚斌、熊世藩、李国梁等到刘家庙辎重营，运动该营兵士，被营长萧安国查觉，将国宝等四人拿获，讯知为军政府所派，当将国宝、斌、世藩三人，押至刘家庙江岸枪毙。国宝身受三枪，随即倒地；然未致命，夜深复苏，潜回武昌医院。国梁因有辫开释。军政府所扩充之四协军队，就近在武汉招募兵士，极形踊跃，五日即足额。其干部均已组织就绪。军政府划定四区，各任防御责任，兹将所划区域列下：

一、步队第一协为第一区　防御汉阳。

二、步队第二协为第二区　防御汉口。

三、步队第三协为第三区　防御武胜门外至青山附近。

四、步队第四协为第四区　防御武昌省城。

以上四区划定外，又扩充炮队为两标，以蔡德懋、尚安邦为标统；更扩充马队为两标，以刘国佐、周福堂为标统。是时军械子弹被服甚充足，除四协配备齐全外，楚望台军械局储存尤多。长江水师巡防营，由张振武派胡捷三、蔡鹏来运动。于是其营长夏占奎、王朝银、马祖藩等均相率归顺，统领陈得龙逃走。下午，在都督府召开军事会议，都督黎元洪主席，当对众宣布曰："我对于革命，自二十日至今日上午，犹未决心，此际心已决矣。"众鼓掌。又曰："自此以后，我即为军政府之一人，不计成败利钝，与诸君共生死。"掌声如雷，与会者群欣喜若狂。因黎公至府后，绝无表示，并一度欲自杀，以防护严，不遂。黎待士兵厚，此次首义，强半为军人，故拥戴者多且诚。惟黎服官久，雅不愿问革命事；加之事体重大，当然不敢轻诺，故数日坚拒不受。今竟决心，始解决一最大问题矣。会议时，众论纷纭，莫衷一是。有谓宜速派兵守武胜关、田家镇者；有谓宜速集散兵，招募市民者。时省城原有队伍不过数千人，十九、二十两日，死者死，逃者逃，所剩无几，又多升为官长，隶属亦不明，故此时所急者，在建制与增兵。当决议：一、从速广招新兵，加紧训练；二、成新军五协，以熊秉坤、张廷辅、杨载雄、窦秉钧、夏占奎分任协统，杜武库、阙龙、胡廷佐、杨选青、王华国、单道康、黄继超等分任标统，高尚志司警卫，王文锦司宪兵，姜明经为炮兵协统，胡祖舜司运输，蒋翊武则负联络各军之责，至是军队又改进矣。时省垣常有散兵骚扰，居民请司令官方定国派兵肃清，定国非诿以无兵可派，即派非其他。李翊东疑，而阴伺其举动，至夕，一大汉持一纸帖交定国而去，定国视毕，咽入口中。翊东诘其故，莫能对，喝令执大汉还，并执定国，讯知定国谋反动，并供出府中江振魁、蔡登高等多人。江、蔡乃张彪之马弁，大汉为旗人，负传递消息之责者。当将四人处死，余无问。二十三日，清廷起用袁世凯为湖广总督，谕所有该省军队暨各路援军，均归其节制调遣。荫昌、萨镇冰所带水陆各军，袁世凯亦得会同调遣。以全国军务总枢之陆军大臣，当军务倥偬之时，忽外遣督师，未及三日，又代以他人，清廷仓卒周章之态，实非言语所能形容。先是李作栋闻汤化龙谓八省烟膏局总办柯逢时有与清廷军机处往来密电，作栋以此电码此时大可利用，于是向柯交涉，一面理喻，一面威胁，遂得该密电码，即张大武汉、湘、赣革命军声势，托外国领事馆拍出，清廷慌乱之情多原于此也。袁世凯前被摄政载沣免职回籍，杜门不出者三年，岂能招之即来？遂以疾辞。是日，居正、谭人凤到汉，晚十时渡江谒都督，人凤陈今后之具体计划，黎喉痛不能出声，颔首示采纳。居正与谋略处商击汉口张彪之残部，李作栋等通知各机关同志，于晚十一时，齐集农务学堂，欢迎居正，并商讨一切。是日都督任命詹大悲为汉口军政分府主任，何海鸣为副主任（前二人系公推未任命），吕丹书为参谋（前何海鸣兼任），胡瑛任外交，复任命熊秉坤为协统，伍正林、杜武库为标统。蔡济民、方兴、曾省三等商组敢死队四大队，以备非常时期之用，公推方兴、马荣、金兆龙、徐少斌四人分任队长。军政府为书电告满清政府，其文如下：

致满清政府电

满政府诸执事公鉴：迩来军务倥偬，未遑肃启候祉，临风怀想，惶愧莫名！特诸执事视明听聪，谅必洞悉本都督起义之苦衷，不我峻责也。夫兵凶战危，古训昭昭，本都督才虽不敏，曷尝罔知；然所以如此披甲厉兵，枕戈饮血者，非好为首先发难，徒负光复汉家之虚誉，实以祖仇所在，人心所趋，事势有不得不然耳！夫中原之土地，皆我汉族祖若宗暴霜露，斩荆棘，以有此神州大陆也。中原之人民，皆我黄帝之苗裔，万世一系之血统也。中原之政教礼俗，衣冠文物制度，皆我圣哲贤豪之脑力、之心血所组织之，而庄严之者也。历代相承，未之或易。虽中间蒙古以夷猾夏，不百年而朱明即起而攘复之。降及末叶，闯贼篡窃，伪朝假应援之美名，标讨贼之大义，破走闯贼，遂据燕都。于是衣冠文物之邦，沦于胡虏，华夏神明之胄，陷于腥羶矣。本都督每读史至此，未尝不掩卷太息，椎心泣血也。及观多尔衮与史可法一书，犹云我朝抚有燕京，得之于闯贼，非取之于明朝。噫，斯言也，将谁欺？欺天乎？譬之一室之内，有家贼盗窃，主人不能钳制之，同里之人，起而援助，未始非为义勇，及入其室，家贼甫除，旋乘其隙而逐驱其主人，盘踞其家室，攘夺其财产，其为害也，较家贼有十百千万者。而犹曰我得之于盗贼，非取之于汝家，有是说乎？伪朝之盗窃中原，得无类似也耶？呜呼！杀父之仇，不共戴天，春秋之义，有死无二。我汉族痛念祖国沦亡，欲光复旧物，无奈天不祚汉，卒致许多忠臣烈士，流涕顿足，一死以报国，若文天祥、史可法、黄道周辈，不亦大可哀乎？他若顾亭林、黄梨洲、王夫之三先生，皆以明末大儒，怀复仇之大义，转徙流离，一不得遂，卒窜于穷山荒谷间，著书立说，以终其生，盖亦足悲矣！夫《春秋》一书，内中国而外夷狄，所以严夷夏之防也。伪朝以夷乱华，盗窃神器，纵能一视同仁，勿分畛域，而我炎黄帝胄，尚欲复仇雪耻，殄彼胡虏；况乃假袭其政教，更易其衣冠，变乱其礼俗、文物、制度，各省要隘，遍设驻防，文字兴狱，株连无罪。其任官也，内而各部，满奴十居八九，外而督抚，汉族十仅二三。其收赋也，汉族抽捐纳粮，取尽锱铢，满奴坐食公饷，用如泥沙。其定制也，满汉显分畛域，无通婚之典。其颁律也，满杀汉族，罚金二十四两，汉伤满奴，赔抵殃及妻孥。诸如此类之不平等，屈指而计，不可胜数，此仁人志士所以益愤惋而不平也。犹幸洪杨起义，志在恢复，东南半壁，无复贼有，汉家山河，将复我旧，讵料曾、左、李、骆诸巨奸，不辨救民爱国之义，误解食毛践土之言，群为伪朝效走狗，竞先驱，出死力以战胜疆场，自残种族。大江南北，蹂躏何堪设想！湘楚军弁，死亡不胜枚计。血流漂杵，肝脑涂地，戕同胞以媚异族，久为天下讥讪，此凡有血气之伦，每一念及，莫不发指眦裂，引为深恨者也。厥后胡后垂帘，秽乱宫禁，奕劻专权，鬻卖爵位，英明贤哲之士，党锢海外，卑污恶劣之徒，弹冠朝中。犹复标榜维新，大肆搜括，敛民膏而侈修宫苑，借外债而抵卖路矿。虐政密如蛛网，生民坠于涂炭，人神共嫉，天地不容。以致水旱迭臻，彗星示警，福乱无已，盗贼纵横。天人之向背，不待智者而后辨也。是故慷慨激烈之士，仰观天象，俯察人事，咸欲殄灭满族，以雪乃祖乃宗之耻辱，诛戮汉奸，以登亿万生灵于衽席，吴樾、徐锡麟、史坚如、温生才、汪兆铭之暗杀尚已。广州今年三月二十九日，我同胞志士，爰举义旗，轰击奴署，事虽未成，其精忠义气，震烁乎天地，昭耀乎日月。未几川人反对路归国有，乃爱国愚衷，诸执事茫焉不察，一则曰“格杀无论”，再则曰“民气嚣张”。其尤奇者，昏庸贪狠之瑞澂，竟声言鄂军均不足恃，勒缴枪弹，转给旗兵，昼夜防禁，如临大敌。本无事也，而彼故为惊张，以震骇耳目，人心为之大愤。加以网罗无辜，立予极刑。我同胞素怀光复之志，值此残恶不仁之秋，振臂一呼，弹如雨注，义旗一立，而满奴以窜，而汉奸渠魁以潜逃，时八月十九日事也。此固我汉族之义勇奋发有以致之，要亦见伪朝命运之已尽也。当此之时，天地为之开颜，山河为之含笑，野叟老妪，庸人孺子，为之踊跃欢呼，声闻数十里。天心与人事相倚伏，人事与天心相感召，天与人归，千载一时。我祖若宗含垢忍辱，屡欲报复之而不遂者，今乃始得见之矣。本都督既承同胞推举，不能不和衷体国，以坚同仇之志，伸讨贼之义，颠覆恶劣政府，建立共和国家，上为祖宗雪耻，下为生民请命。各省檄文未传，而群率响应，列强通告甫至，即默认战团。我军士气愤风云，义勇撼山岳，天堑不难飞渡，投鞭足以断流，驱逐小丑，人自为战，逐北军前，所向无敌。现在军气奋勇，竭力备战，迭请北渡黄河，直捣燕京。本都督默念伪朝亦属人类，岂忍大加诛戮？无奈众军士深恨胡虏，非我族类，势必殄灭无遗。且已窃据中原几三百年，坐享福禄已十一世。诸执事倘笃念种族，厚爱逆竖，宜劝令削号归藩，称臣纳币，则满洲之老巢犹存，附庸之保护仍旧。诸执事庶可免灭种之惨，本都督亦不居屠杀之名。若其眷念穷城，徘徊栈豆，汽笛一声，大军瞬息云集，天戈所指，丑族必无噍类，胜负之数，无待蓍龟，惟诸执事实利图之。诸执事服政有年，主持至计，必能深维利害，宁忍随俗浮沉？去就从违，应早审定，种族存亡，在此一举。本都督誓师宣志，有进无退，众军士破釜沉舟，前仆后继。愿诸执事急以保种为心，毋贪个人富贵之利，而重种族灭绝之祸，本都督有厚望焉。云天寥阔，延企为劳，书不宣意。

二十四日，接各方报告，谓荫昌确已南下，带兵两镇，即近畿第六镇与第二镇是也。先锋队已到武胜关，有一标之众，标统马继贞。有一标抵信阳，标统贾德耀。又得报告，谓统制吴禄贞、王遇甲及协统李纯、鲍贵卿、王占元、陈光远陆续由京汉铁路南下，以冯国璋为军统，自彭家湾以下各站，均有布告。信阳城内为总粮台。同日海军帮带朱孝先亦效张锡元故技，来咨议局谒都督伪降，军政府复派徐达明、王文锦、李国镛带银元二千犒军，以瞻虚实，亦知其诈。即准备作战，拟先出其不意，驱逐河南队伍，调第一协统领吴兆麟回府执行副参谋长职务，升第一标统宋锡全为第一协统，防御汉阳。是晚都督召集会议，讨论作战计划，经众决定都督下令分兵渡江，开始攻击，命令如下：

湖北军政府都督命令（八月二十四日午后八时于武昌咨议局）

一、综合各方面情报，满清政府派陆军部大臣荫昌率兵，由京汉铁路南下，其先头步队约一标，今日约抵武胜关附近。张彪所率马队一队辎重第八营，仍在汉口刘家庙附近。但河南军之两营，自到汉口占领大智门附近，对于军政府非诚意归顺，似欲掩护荫昌之军队南下。

二、本军政府拟先击攘汉口之敌，逐次向北进攻，以阻止清军南下。

三、步队第二协统何锡藩，率该协马队一营，炮队第一标（欠一营），工程一队，敢死队两大队，于明二十五日，在汉准备击攘刘家庙大智门附近之敌，逐次向北进攻。

四、步队第一协统领宋锡全，率该协及马队一队，炮队第一标之一营，明日防御汉阳兵工厂及汉阳各要地，并派一部保护汉口市面；且须接济汉口战斗部队之弹药。

五、步队第三协统领陈炳荣率该协及马队一队，炮队第二标之一营，工程一队，明日防御青山至两望一带；但须广远搜索武昌省城下游一带之敌情，以防敌兵渡江。

六、步队第四协统领张廷辅率该协及马队之一营（欠一队），炮队一营，明日防御武昌省城。

七、步队第五协统领熊秉坤迅速整顿该协为预备队，准备赴汉口增援。

八、其余防御武昌各机关之部队，明日仍续行任务。

九、各部队粮秣给养，均由各部队自招输送队办理。

十、本都督在武昌咨议局。

都督黎元洪

以上命令发下后，参谋长张景良神经错乱，以头击都督，似欲劫黎俱死，以摇人心，居正喝止不已，李翊东主以军法从事，蔡济民以神经病解，遂下狱。居正因张景良以畏怯下狱，人心摇动，乃与谋略处商，命庶务于阅马厂筑一高台，请都督誓师，以资震慑。谋略处然其言，一面报告都督，一面即下令各军，于二十五日清晨，齐集阅马厂，候都督祭天誓师后阅兵。是日熊持中、张济安、黄楚楠等持都督招抚令，光复黄州，迎吴贡三出狱，其余之绅耆与县长潘诵捷请贡三以全权应付时局。巡防营营长犹持两端，贡三晓以大义，亦归心焉。当推高荷湾知府事，谢琦为县长，复驰谕黄州八属反正。其甥殷子衡于二十二日率同难百余人，出夏口监，赴汉阳佐李亚东治府事，后闻黄州光复，即归助贡三，为订黄州府临时行政章程。嗣蕲春黄侃见省会兵力薄，不足支北军，乃返本县集义故，谋牵制。先是侃游学东瀛时，慨然有光复诸夏之志。尝归集孝义会于蕲春，就深山废社，说种族大义及中国危急状，响者甚众。至是号召，得三千人，以固我军右翼而保黄蕲。二十五日黎明，阅马厂祭台高耸，军队林立，革命士气大振，都督衣军服，由文武百僚拥护出府，御马临台下，各军举枪向都督致敬，大众拥护登台。台中设黄帝神主，旗剑分列，公推谭人凤授旗授剑。都督如仪祭告，祭毕，谭人凤授旗剑。都督慷慨誓师，欢声雷动。全军举枪，三呼“中华民国万岁”，“四万万同胞万岁”，“黎都督万岁”。都督复命居正演讲同盟会革命之精神，及创立民国之意义。居正大声疾呼，听众鼓舞，黎极兴奋。嗣下台阅兵，依次巡视。兵士对都督之爱戴，亦大有加。上下团结一心，实始于此时矣。兹将祭文录后：

维黄帝纪元四千六百零九年八月二十五日，鄂军都督黎元洪，谨以大牢玄酒之仪，昭告于皇天后土，及我祖黄帝之灵而誓于师曰：我祖黄帝，建邦于中土，世世先哲明王，缵衍厥绪。爰迄有明，不康于政，遂丧厥宗主。虺彼满清，辱我二百余年，先祖先宗，礼乐文教，均污以腥膻。钦尔有众，克振义军，丕扬大汉之烈，光复土宇。余小子实有惭德，辱在推戴，敢用玄牡，昭告于皇天后土，与尔军士庶民，戮力协心，殄此寇仇，建立共和政体。尔维克奋英烈，实乃无疆之休，予亦报于汝功。其或不率而有后至者，予亦汝罚。嗟尔有众，尚钦念哉。

时事起仓卒，各种组织殊不完备，行政上尤漫无秩序，前所定之四部，半存空名。二十五日，居正、张知本、汤化龙、胡瑞霖等建议都督，制定各种暂行条例。于是晚在教育会开会，到者数百人，提出都督府组织暂行条例，分为军政、民政两大部，由都督统辖。军政方面，设战时总司令一人，以下设参谋部、军令部、军务部。民政部分设民政部长一人，下设各司，当场宣布通过。并提出鄂州约法草案，不久由居正、张知本、宋教仁、汤化龙等审查通过，军政府即日宣布约法如下：

中华民国鄂州约法

第一章　总纲

第一条　中华鄂州人民，以已取得之鄂州土地为境域，组织鄂州政府统治之。

将来取得之土地，在鄂州域内者，同受鄂州政府之统治；若在他州域内者，亦暂受鄂州政府之统治，俟中华民国成立时，另定区划。

第二条　鄂州政府，以都督及其任命之政务委员与议会、法司构成之；但议会得于本约法施行后三月内开设。

第三条 中华民国完全成立后，此约法即取消，应从中华民国宪法之规定；但鄂州人民关于鄂州统治之域内，从中华民国之承认自定鄂州宪法。

第二章 人民

第四条 凡具有鄂州政府法定之资格者，皆为鄂州人民。

第五条 人民一律平等。

第六条 人民自由言论、著作、刊行并集会、结社。

第七条 人民自由通讯，不得侵其秘密。

第八条 人民自由信教。

第九条 人民自由居住迁徙。

第十条 人民自由保有财产。

第十一条 人民自由营业。

第十二条 人民自由保有身体，非依法律所定，不得逮捕、审问、处罚。

第十三条 人民自由保有家宅，非依法律不得侵入搜索。

第十四条 人民得诉讼于法司，求其审判；其对于行政官所为违法损害权利之行为，则诉讼于行政审判院。

第十五条 人民得陈请于议会。

第十六条 人民得陈诉于行政官署。

第十七条 人民有任官、考试之权。

第十八条 人民有选举投票及被投票选举之权。

第十九条 人民依法律有纳税之义务。

第二十条 人民依法律有当兵之义务。

第二十一条 本章所载人民之权利，于有认为增进公益，维持公安之必要，或非常紧急必要时，得于法律限制之。

第三章 都督

第二十二条 都督由人民公举，任期三年，续举时得连任；但连任以一次为限。

第二十三条　都督代表鄂州政府，总揽政务。其在议会未开设前，暂得制定法律。

第二十四条　都督公布法律；但对于议会议决之法律，有不以为然时，得以政务委员全体之署名，说明理由，付议会再议，以一次为限。

第二十五条　都督于紧急必要时，得以政务委员全体之署名，发布可代法律之制令；但事后仍须提出议会，归其承诺。

第二十六条　都督于法定议会开闭时期外，遇有必要时，得召集临时议会。

第二十七条　都督于议会开会时，得出席，或命政务委员出席发言。

第二十八条　都督于外国宣战、媾和、缔结条约；但缔结条约，须提出议会，经其议定。

第二十九条　都督统率水陆军队。

第三十条　都督除典试院、官吏惩戒院、审计院、行政审判院之官职及考试、惩戒事项外，得制定文武官职、官规。

第三十一条　都督依法律任命文武职员。

第三十二条　都督依法律给与勋章及其他荣典。

第三十三条　都督依法律宣告戒严。

第三十四条　都督宣告大赦、特赦、减刑、复权。

第四章　政务委员

第三十五条　政务委员依都督之任命，执行政务，发布命令，负其责任。

第三十六条　政务委员提出法律案于议会，并得出席发言。

第三十七条　政务委员编制会计预算，募集公债及缔结与国库有负担之契约时，须提出议会，经其议定。

第三十八条　政务委员遇紧急必要时，得为非常财政之处分及预算外之支出；但事后须提出议会经其承诺。

第三十九条　政务委员于都督公布法律及其他有关政务之制令时，就于主管事务，须自署名。

第五章 议会

第四十条 议会由人民于人民中选举议员组织之。

第四十一条 议会议决法律案，再议定条约及会计、预算、募集公债，与国库有负担之契约；但基于法律之支出，议会不得减除。

第四十二条 议会审理决算。

第四十三条 议会得提出条陈于政务委员。

第四十四条 议会得质问政务委员求其答辩。

第四十五条 议会得受理人民之陈请，送于政务委员。

第四十六条 议会以总数员四分三以上之出席，以出席员三分二以上之可决，得弹劾政务委员之失职及法律上之犯罪。

第四十七条 议会得自制定内部诸法规并执行之。

第四十八条 议会于议员中自选举议长。

第四十九条 议会于每年法定时间，自行集合开会、闭会。

第五十条 议会除四十六条所载外，有总员三分二以上之出席，始得开议，有出席员过半之可决，始得决议。可否同数时，议长决定之。

第五十一条 议会议事须公开之；但有政务委员之要求及出席议员过半数之议决，得开秘密会议。

第五十二条 议会议员以十人以上之连署，得提出议案。

第五十三条 议会议员在会内之发言、表决、提议，在会外不负责任。但用他方法表于会外者，不在此限。

第五十四条 议会议员，除关于内乱、外患之犯罪及现行犯外，在会期中，非得议长许诺，不得逮捕。

第六章 法司

第五十五条 法司以都督任命之法官组织之。法司之编制及法官之资格，以法律定之。

第五十六条 法官非依法律受刑罚宣告，或应免职之惩戒宣告，不得免职。

第五十七条 法司以鄂州政府之名，依法律审判民事诉讼及刑事诉讼；但行政诉讼及其他特别诉讼，不在此限例。

第五十八条 法司之审判须公开之。但有认为妨害安宁秩序者，得秘密审判。

第七章 补则

第五十九条 本约法由议会议员三分二以上，或都督之提议，议员过半数之出席，出席过半数之可决，得改正之。

第六十条 本约法自□□日施行之。

二十六日公布都督府组织暂行条例，嗣即照例推举黎元洪兼总司令，由都督正式任命杨开甲为参谋部长，吴兆麟、杨玺章副之。杜锡钧为军令部长，孙武为军务部长，张振武、蔡绍忠（直隶人，日本士官毕业，起义前，任督练公所课员）副之。民政部推汤化龙为部长，化龙以平素主张宪政，至此稍不自安，迄未就职。冯睿（字哲夫，襄阳人）任内务，周之翰（字鹏程，宣恩人）副之。查光佛（字静生，蕲春人）任教育，苏成章副之。胡瑛任外交，王正廷（字儒堂，浙江人）副之。李作栋任理财，潘祖裕（字慎之，东湖人，前度支公所科员）副之。张知本（字怀九，江陵人，前湖北自治研究所所长）任司法，彭汉遗副之。仍俱称部，和议成后，始改司。并设一总监察部，以刘公为部长，曾尚武（字子敦，江陵人）副之。人选定，有提议薪俸者，甘绩熙、蔡济民、蒋翊武、邓玉麟等极表反对。遂决议无论大小员司，一律月支津贴二十元。俟大局底定后实行薪俸。是日上午十时，驻汉英、俄、法、德、日领事，公推英领事葛福持一公函，送至武昌军政府，谒都督，说明各国甚钦佩中国国民军之勇武文明。在武汉之外侨，又承军政府之保护，极为感激。故特承认民国为交战团，各国严守中立云云。都督同汤化龙、李作栋接见，都督答曰："此次武昌首义，对于本地方之外侨，自应尽保护之责。但吾国之革命，亦出于万不得已。庚子之役，满清政府太无知识，很对各国不起。近来对于国内人民，甚为猜忌。今年又派瑞澂来鄂，遇事压迫，所以人民都不愿意，亟谋自立，乃有今日之举。既劳阁下枉驾，又承各国领事严守中立，甚为感激。请阁下回汉口代为致谢。”当时军政府招待葛福去后，备答谢文五份，派汤化龙、胡瑛、夏维松等送至汉口，交各国领事。于是各国领事于次日会函发出布告。照录于后：

驻汉英、俄、法、德、日领事为布告严守中立事

现值中国政府与中国民军互起战争。查国际公法，无论何国政府，与其国民开衅，该国国内法管辖之事，其驻在该国之外国人，无干涉权，并应严守中立，不得藏匿两有关系之职守者，亦不得辅助何方面之状态。据此，领事等自严守中立，并照租界规则，不准携带军械之武装人在租界内发现，及在租界内储匿各式军械及炸药等事。此系本领事等遵守公法，敦结交谊上应尽之天职。为此恺切布告，希望中国无论何项官民，辅助本领事等遵守达其目的，则本领事幸甚。谨此布告。

西历一千九百十一年十月十八日白

汉口各国领事既承认民军为交战团，宣布严守中立，都督喜形于色，即将领事公函原文遍出布告，一面通电上海及各省。革命精神，为之大振。复电本省各府州县及自治公所指示方略。电文录后：

谕湖北各府州县及自治公所电

谕饬遵办事：照得军政府愤满清政府占据中华，政治昏乱，丧失主权，暴敛横征，朘削脂膏，强夺吾民已成之公共财产，钳制吾民之热心义举，斥志士为乱党，目公论为嚣张；逮捕株连，杀人无算。本军奉军政府命，特于八月十九日倡义，征讨民贼，驱逐满清贪污残酷官吏瑞澂、连甲等，克复武昌、汉阳等处地方。元洪不德，谬膺推举为中华民国军政府鄂军都督，勉图报称，光复旧物。查旧日满清流毒之由，在于政体专制太甚，民气不扬，以致利无由兴，弊无由除，亟应将全鄂地方改为共和政体，所有各府州县政务及自治公所，妥筹办法，移请各该

地方官施行。各该地方旧治官吏，应一律呈缴伪印，听候支配录用。不愿者，缴印后听其所之。如官吏有人地相宜，民间倚重者，准该自治公所，具禀详叙情由，连同伪印赍送来辕，经本都督核夺，照给民国新印，即留原任，以从民望。各该公所应办事务，以警政、民团为第一要着，应即日兴办。警察以维持秩序，清查奸宄，惩治痞匪，保卫闾阎为主。团练以驱逐乱民，抵御外侮为主。均不得藉端讹诈，扰累无辜。并于外人生命财产，切实保护。以酬其严守中立之谊。为此谕仰该自治公所各员知悉，迅将警察、团练二项开办方法，及旧日官吏伪印，并愿否投效情形，刻日禀复，勿得延迟贻误。有敢与旧吏结党，勾通满清政府反抗义师，违误新政，或乘机扰害良民，擅作威福，或官吏有志投诚，而该公所各员阻挠挟持者，大兵一到，必以军法惩办。该员等为桑梓造福造祸，皆在今日，幸无观望徘徊，坐失机会也。切切此谕。

时全省人民对革命军起义，毫无疑虑，更无反抗者。自得此电，益增信心。各县士绅俱出而负地方治安之责。所以全省帖然，内顾无忧，军政府得专心致力于战事矣。

附：黎公碑

章炳麟

公讳元洪，字宋卿，湖北黄陂人也。考讳朝相，清世以游击隶北洋练军。公习业水师，勤学为诸生冠。役于海军七年。光绪二十年，清与日本战威海，公以广甲管轮自广州赴之，船脆不任战，遂陷。长官乘小艇逸。公愤甚，赴海，水及额者数矣，卒泅邸大连岸。同行十二人，存四耳。署两江总督事张之洞闻公材，召修江宁、江阴炮台，皆坚精中法程。之洞还督湖广。公从，与德意志人某教练湖北新军。三赴日本考察军务，归充湖北护军马队长，前锋统带，擢第二镇镇统，兼本镇协统。寻以馕诎罢镇。以二十一混成协统领兼管马、炮、工、辎各队，假陆军协都统衔，并提调兵工、钢药两厂，监督武中学堂，会办陆军特别学堂。统楚字兵船六，湖字雷艇四。凡两主大操，指麾中度，声藉甚。治军严仁，不滥费军需一钱，有余，即以逮士卒，故所部军装整振，绝于他军，平居卧起，皆准军号，不妄先后。夜必宿军中，虽遇岁时不移，教士剀至，唯恐不尽其才，尤敬士大夫，一方归心焉。瑞澂督湖广，公被劾，事久不下。瑞澂忌益甚，檄所部四出以披之。时革命已有萌芽，而湖北军故多怀匡复者，期以宣统三年秋操起兵。未及期，瑞澂以事捕杀彭、刘、杨三士。复按所获名册，分道往兵营逮捕，人人自危。八月十九夕，武昌革命军起，瑞澂与镇统张彪挺身走。乃推公为中华民国军政府鄂军大都督。初，自黄花岗之难，中国同盟会衰矣。其在江汉，共进会最盛，次有日知、文学诸会。各有名字与其所交关军士，力均不能相听下。谋帅无适任者，以公善拊御，皆属意公，议定三月矣，阴为文告署检，称大都督黎，未以告也。兵起，促公诣咨议局就选。其日溃兵返，市门启，时瑞澂亡已逾日矣。瑞澂始谓小寇蜂起易定，故走江上兵舰待其变。闻公出，乃去。军府初立，纲纪未具，将校入谒，语人人异端，不合，或抵掌捶书案；然皆以公厚重知兵，无敢轻动摇者，故军政虽纷，纪律未尝乱。南方诸革命军，尝更起迭仆，及是竟以集事，由公镇之也。明日，美利坚领事入谒，问邦交。公言，自今日始，邦交由民国主之，自今日以往，约如故。而先所拟文告，其草稿为俄罗斯领事所得，译其辞，以为有大体，会我师败清陆军大臣荫昌之师于滠口，走之，由是被认为交战团体，去倡义八日耳。鄂府储金多，富兵仗，滨江诸省欲有事者，即赋予之无所吝。至十月，南方十一省与山西、陕西次第反正，皆遣使来，推公为中央大都督海陆军大元帅。俄汉阳陷，守将黄兴走，会下游亦拔江宁，清内阁总理袁世凯使蔡廷幹来，战中止，使唐绍仪来议和。公任伍廷芳为代表，令开议上海。时香山孙公自海外归，议者以武昌危孑，宜置政府江宁，即推孙公为临时大总统，公副之。十一月，改宣统三年为中华民国元年，始颁太阳历也。二月，清帝逊位，临时参议院复举袁公为大总统，公副如故。北都定，以公领参谋总长，授大勋位。当是时，南北瓦合，虽选袁公，非其意。袁公亦介北洋军威重，以南士鑿果，不肯亲。公弥缝其间，卒不效。先是湖北有一镇一混成协，及倡义，稍增至八师。公痛裁之，存其三，及军民分治制，并自公创之。自义师起，督府苛礼尽去，公尤任自然。尝夏日入谒，公短衣，持径尺蒲葵扇，与客语半刻，所侍者进荞麦屑，公手分牛乳，与客尽之，简易如此，海内乡风矣。然诛钼骄悍亦几千数，军人被裁者，颇群聚江湖为乱，率多借黄兴名号，公雅不信。而将佐颇以为疑，交亦渐疏。明年春，袁公使贼杀故农林总长宋教仁于上海，狱不具。南北凶凶，袁公令师长李纯下夏口，受公调遣，实不用其命。其夏，江西、安徽、湖南、广东四都督罢，皆起兵抗袁氏，以兴为主，未一月败。公素善湖南都督谭延闿，及湘上主起兵者谭人凤，又武昌倡义人也，为解说令罢兵，故延闿等得免于难。独蒋翊武不肯听，入广西，捕得，斩之。时议多病公持两端。公以为大总统非犯叛乱，不得与校，卒未尝自明也。其秋，袁公被选为正式大总统，公副如故。时孙、黄已亡命，袁公视天下无与己伉者，独惮公得南方心，以兵胁之入京师，馆于瀛台。公阳与和叶，而内深自为计。袁公改《临时约法》，以参政院代国会，属公长之，亦不拒也。四年，帝制议起，始辞参谋、参政两长。袁公又以武义亲王爵公，公拒其册，却其禄。五年一月，当朝正，胁者数辈至。公誓曰："辛亥倡义，踣军民无算，非为一人求官禄也，诸君如相迫，即立触柱死矣。"袁氏乃不敢逼。会云南、广西起兵讨帝制，师逾岭，江上游皆起。六月，袁世凯卒，依法以公继任，始复约法，还袁氏所夺将吏官勋，录旧功也。时公久失兵，而北洋军势未衰，嫚侮路藉，无所不至。而国务总理段祺瑞，当袁氏称制时，独弗顺，功亦高。其秘书长徐树铮缘傅约法，谓凡事当听国务院裁决，总统画诺耳。每拟令，直入府要公署名。公任丁世峄为府秘书长，与相枝柱，事稍解，未平也。六年，欧洲联军与德意志战已三岁，求中国参战，公始可之。后闻国务院将因是举债日本，亟已其事，两院议皆如公旨。树铮怒，雇恶少年聚击议员。公闻，立罢祺瑞，以伍廷芳代之。命下数日，九省督军皆反，连兵请解散国会。于是两广巡阅使陆荣廷新以讨帝制有功，难将作。公问计荣廷，荣廷者，无知人鉴，称长江巡阅使张勋能已之。难作，问财政总长李经羲，经羲对如荣廷。时勋与北洋将领开徐州会议，有阴规复辟计，勋故漏其事府秘书以示诚。公召勋，勋请解散国会，登经羲为总理。竟因是败，勋以兵二千入都，与陆军总长江朝宗结。朝宗以清遗臣梁鼎芬入谒，鼎芬请归政清废帝，公厉声诃之。鼎芬退，复说守卫司令萧安国毋用公令。安国者，鼎芬门人也。七月，勋以清废帝复辟，经羲降。公密令复祺瑞职，令讨贼。未几，祺瑞起兵击勋，走之，遣使迎公，公谢焉。乃以副总统冯国璋摄，始就参战事。但开和籴许庸赁，不出师也。初，九省督军反，公使海军总长程璧光南下纠义旅。至是，西南护法军起，璧光数请公南行，道梗，不得前。自是南北交兵，绵四五岁。国璋去，北方又拥徐世昌主之。至十一年夏，直隶、关东相持急，长江上游总司令孙传芳腾书请公复位，北洋将领皆响应，旧议员赴天津和之。世昌走。炳麟以书邸公曰："将帅过骄，难为其上，公于段阁，有前鉴矣。必欲复位，请南都武昌，无滞宛平中。"公卒强起，以废督军要疆吏，疆吏阳应之，独废安徽，他未动。公入都，即下直隶关东停战令，复招集旧议员，促制宪法。十二年，改选期薄，直鲁豫巡阅使曹锟疑议员附公，已不得代，则以金购致议员，且遣兵迫公府，水火尽断。公与农商总长李根源谋，令代国务总理，因出道天津浮海至上海。欲即上海置政府，为浙江督军卢永祥所持。是时南北有力者独关东张作霖，以调战令德公。而云南唐继尧雅知大义，然皆远莫能助。乃去，东之日本别府，数月归天津，自是绝口不道国政，日步马郊外，示习劳也。明年，作霖入关，锟废。十七年夏六月，蒋中正以兵攻作霖。时公病已亟，南军薄天津，公薨。诘旦，北畿皆改树青天白日旗矣。公薨时，年六十五。公丰肉舒行身短，望之如千金翁。而自有纯德，不由勉中，爱国恳至，不怵于强大，度越并时数公远甚。始在海军，已习水战。及统陆军十余岁，日讲方略，于行军用兵尤精，山川阨塞，言之若成诵。绝甘分少，与士均劳逸，士无不乐为用者。会倡议诸师旅长皆自排长兵曹起，或杂山泽耆帅，跅弛志满，教令不下行。汉阳败后，公始综百务。未期月，燕吴交捽，日相椎杵，终掩于袁氏。再陟极位，卫士无一人为其素练者。故公于民国为首出，而亦因是不得行其学。使公得位乘权十年，边患必不作，陆海军亦日知方矣。世之推公，徒以其资望，或乃利以纾祸，不为材用发舒地。虽就大名，抱利器无所措，与委裘奚异，悲夫。公不念旧怨，张彪在清时，数诼公。及公贵，彪来谒，公好遇之。湖南人胡瑛以谋革命系汉阳狱，兵起得释，欲撼公他有所立。后瑛附帝制，当捕诛，公以其被胁，卒不问也。季雨霖以督队官隶张彪，入日知会，发觉榜掠，两股尽溃，公力请之，彪不许，又属日本人任教练者请之，乃许，阴资遣赴四川。比倡义归，公令宣抚荆州驻防，任尤亲。后雨霖背公，欲劫焉，事发，逃走。公虽怒，亦不深诛云。性廉，初倡义时，约自都督至录事，皆月取银二十版。事定，将吏皆增俸，身取二十版如故。再起莅政，虽常俸不入，减公府经费三分之二。崇文门税关及烟酒署旧供公府银月六万版，尽却之。尤恶举外债，以为病国。所至节财用慎赐予。然持承平法过严，绌于拨乱，亦公所短也。自民国兴十余年，正僭迭起，大氐出介胄或莫府士，世谓与共和政体应者莫如公。其后北洋军坏散，颇自悔曩日困公，卒无及云。夫人同县吴氏，初适公，家贫甚。及公贵，起居未尝异。公再起，夫人数谏公无行。及遇变，亦无戚容。可谓有德操侔于天地者矣。后公一岁殁。丈夫子二，绍基，绍业。女子子二，绍芬适某，绍芳适某。妾危氏。公薨后五年，绍基等奉柩归葬武昌某山。吴夫人祔。炳麟数尝侍公，识言行，其事或隐，即遍询故参佐，故以实录刻石，不敢诬。铭曰：

于铄黎公，胙承殷周，弱冠方毅，从军习流。

楼船否臧，踊身大湫，万灵翼卫，浮行得洲。

总师汉上，戎士不偷，胡运方斩，轩辕下求。

天棓夕陨，宣光园陬，乃起树翿，胜清遏刘。

大功不蒇，袁承其休，客实憎主，白刃在头。

王章缤绶，不我能绡，否之后喜，乃膺大球。

中立天衢，何党何雠，灵囊广橐，靡物不投。

伏蛊未荡，曰相其矛，胡王耽耽，狙我内忧。

公命苍兕，南总楫舟，三光乍隔，分曹干掫。

再莅法官，去来如浮，虹见龙藏，别风高飈。
岳岳之鹤，为主杀躯，胡斯悖德，植冠而猴。
公之在位，视以赘游，公之下世，蓟辽为丘。
焞焞北军，亦允无鸠，孰令夸咤，召是悔尤。
磐石在兹，下诏万秋。

黄兴传

一、少年时代之革命思想

黄兴，原名轸，号廑午，别字克强。民国纪元前三十八年（清同治十三年，西历一八七四年）九月十六日生于湖南善化县。家本小康。父筱村先生，为湘中名诸生。兴少年英俊，体貌魁伟，沉默寡言，富于胆智。幼从浏阳李永球学乌家拳术，只手能举百钧。当民国纪元前十四年（清光绪二十四年，西历一八九八年）政体维新时，兴年二十四，肄业于鄂垣两湖书院。时从院试经史中阐发时事，文气豪放，有类东坡。院长梁鼎芬最为器重。适日本民党平山周来游中国，遇湖南志士毕永年，约同赴日晤总理后，复同赴湘鄂一带，联络党人。兴与毕素投契，一致进行革命。而秦力山、唐才常均倚重兴，恒资擘画。及庚子汉口事败，兴以计得全。民国纪元前十一年（清光绪二十七年，西历一九〇一年）鄂督张之洞派兴赴日考察学务，研究中外大势，益洞悉满清政府二百余年以来之施政，纯为压抑汉人的毒辣政策。如欲解除汉人的束缚，使中华民族一律平等，非推倒万恶的满清政府不为功。乃锐意深造，充实学力，除就学于东京弘文学院速成师范外，另聘日军官讲授军略。暇日，即参观士兵联队及各地士兵操练。每日晨起，必赴神乐坂术会，演习枪弹骑射。会中条例，凡射能连续中靶之红心六次者，即得银质奖牌，兴射无不中，故得奖累累！

寻又在东京创办湖南《游学译编》刊物，作为宣传革命的源泉。所译著文字，以民族、民权为依归，湘鄂革命的思潮，多渊源于此。

其后留日学生，为反抗帝俄侵占东三省事，痛恨清廷懦弱无能，对于不抵抗主义，莫不愤懑填膺。兴乃纠合蓝天蔚、蔡锷、陈天华、钮永建、汤槱诸同志共组织军国民教育会于东京，一时参加者逾千人，每日操练不怠。以事关国土沦丧，迫不及待，乃先派钮永建、汤槱二人回国谒直督袁世凯，请其出兵拒俄，留学生愿为前驱以效死力。袁不纳，且将不利于二代表。兴与留学生闻之，益觉愤慨。前此希望清廷维新变法者，至是亦多萌革命思想。兴于此时回国发动民族革命，以收起死回生之效。其步骤分为三点：一、组织华兴会，留日归国者及国内知识分子，多纷纷加入。二、组织同仇会，各秘密会社多隶属焉。三、创办明德学堂于湘垣，结纳同志，培植革命青年。组织既有端绪，革命势力日益膨胀。兹将二会所收获之效果及其经过，于下节述之。

二、创立华兴会及同仇会之经过

兴于民国纪元前九年（清光绪二十九年，西历一九〇三年）夏五月由日回国。初抵鄂垣，即在两湖书院讲演，谓清廷政治腐败，力主改革政体以维护国家生命，听者无不叹服。鄂督张之洞闻而震怒，责成首府兼院长梁鼎芬拿办。梁已悬示驱逐出境。兴犹留连八日，秘密活动，将所携带邹容所著之《革命军》、陈天华所著之《猛回头》二书，陆续分赠军学各界至四千余部之多，始登轮返湘。

既抵湘，主讲明德、实业、修业各校。课余则与张继、周震麟诸同志讨论进行革命方略。一面筹款购械，准备一切。是时同志多倾其家财，以助义举，如同志龙璋方令泰兴县，前后捐助巨款，同志柳聘农亦出其家财，以济公用。同年十一月留日学生陆续归国者颇多。兴乃邀约陈天华、杨守仁、刘揆一、陈其殷、柳聘农、柳继忠、秦效鲁、赵幼梅、罗良铎诸同志创立华兴会于湘垣连升街，同志加入者约五百余人，兴被举为会长。首先提议云：

本会皆实行革命之同志，自当讨论发难之地点与方法，以何为适宜。一种为倾覆北京首都，建瓴以临海内。有如法国大革命，发难于巴黎；英国大革命，发难于伦敦。然英法为市民革命，而非国民革命。市民生殖于本市，身受专制痛苦，奋臂可以集事，故能扼其吭而拊其背。若吾党革命，既不能藉北京偷安无识之市民，扑灭虏廷；又非可与异族之禁卫军，同谋合作。则是吾人发难，只宜采取雄据一省，与各省纷起之法。今就湘省而论，军学界革命思想，日见发达，市民亦潜移默化。且同一排满宗旨之洪会党人，久已蔓延团结。惟相顾而莫敢先发，正如炸药既实，待吾辈引火线而后燃。使能联络一体，审势度时，或由会党发难，或由军学界发难，互为声援，不难取湘省为根据地。然使湘省首义，他省无起而应之者，则是以一隅而敌天下，仍难直捣幽燕，驱除鞑虏。故望诸同志，对于本省外省各界与有机缘者，分途运动。俟有成效，再议发难与应援之策。

于是各同志竭尽其职责，积极进行革命工作。

华兴会成立后，会众多属知识分子，兴恐与洪会接洽，或多隔阂，乃别创同仇会，以联络洪会等下层组织，并仿日本将佐尉各级军制，编组为革命军旅，兴自任大将，兼会长职权；刘揆一任中将，掌理陆军事务；马福益任少将，掌理会党事务。湖南浏阳普集市向例于每月某某等日，开牛马交易大会，莅会者凡数万人，为湖南有名之集会。与会群众，大半属哥老会籍，故哥老会亦规定是日为拜盟宣誓之佳节。同仇会即于是日举行马福益之少将授与式。由刘揆一代表会长监誓，并给长枪二十挺，手枪四十支，马四十匹，仪式庄严，观者如堵，自是哥老会员相继入会者不下十万人。是时江西吉安之自强会，乃志士董福开、黎民望、陈策、英漆、邹永成等所组织，公推邹永成来湘，与兴商讨联合倡义办法。

纪元前八年（清光绪三十年，西历一九〇四年）春，兴以一切布置，均已就绪，就和刘揆一、马福益商订趁十月十日清西太后六十生辰之日，全省官吏在皇殿行礼时，预埋弹药以炸毙之，乘机占领长沙，以为革命根据地。省城方面，以武备学堂学生联络新旧各军为主动，洪会健儿副之；省外方面，分浏阳、衡州、常德、岳州、宝庆五路以作响应。洪会健儿充队伍，军学界人任指挥，推兴为主帅，刘揆一、马福益为正副总指挥。不料距起义前十日，有会党何少卿、郭鹤卿二人以事机不密，在湘潭县城被县吏逮捕，而大体计划亦被探悉。湘潭县令即飞报湘抚俞廉三告变。驻湘潭之哥老会行堂有号飞毛腿者，知事已泄，乃走报马福益。马即令飞毛腿驰赴省城告黄、刘迅速戒备。时兴正在东文讲习所与刘揆一等计议大举，闻讯，乃密电湘、鄂、赣各机关预先防备。而清吏捕索急，查缉各党人寓所，全城为之骚动。兴原寓明德学堂对面，此时龙绂瑞留居其家，后乃迁居吉祥巷耶教圣公会黄吉廷同志处以避其锋。后以哥老会会员萧桂生、游得胜相继被擒，城内搜索益急，乃于九月十八日夜间同张继等走沪。

三、协助国父成立同盟会始末

到沪后，乃于十一月一日约邀各同志集会于英租界新闸，新马路余庆里，秘密活动，图再起义鄂、宁等处。以党人章士钊、万福华先后被拘，泄漏余庆里住址，致兴忽遭逮捕，不久出狱，即避往日本。当兴等入狱后，东京派代表邹代藩、周召期营救。到沪时，兴等已由龙璋营救出狱。力主在湘再发动，由邹代藩、周召期、曾广式回湘联络蔡锷、徐自洁、萧立诚、邹永成等，在宝庆会议。蔡锷负责在武冈起义，邹永成赴柳州联络已发动之会党首领陆亚发及黄忠浩之军队。周召期任长沙、宁乡之联络，用费由商家曾子亿担任。民国纪元前七年（清光绪三十一年，西历一九〇五年）二月，马福益又图起义于洪江。兴得讯由日归，助其枪械，舟抵沅陵，被厘卡卡弁泄露。又闻马福益被擒，知事不可为，乃乔装商贾走古丈、石门，出湖北公安而至汉口。此时兴悲愤交集，既悼死友，又恨迭次举事无成。虽屡经挫折，而其志益坚，于苦闷焦灼中，忽得东京同志来函，称国父孙中山先生将自欧美来日本，亟想与兴相晤。兴得此函，即于同年五月重复东渡。七月，国父由美至日本，经日民党宫崎寅藏之介绍，相会于东京凤乐园，畅论革命大计，欲以其苦心经营之华兴会并入兴中会，以厚结革命势力，国父深为嘉许。

国父抵东京后，各省留学生来访者，不绝于途，兴与陈天华、冯自由、张继、宋教仁、宫崎寅藏等更日夕往还，筹策国事，佥以为非联合各省革命党员组织一大团体，决不足以推翻满清。各省学生之有志者，皆赞成之。

由各省学生之热心者，转相号召，遂于七月三十日，假东京赤阪区桧町黑龙会开第一次筹备会，讨论进行方法。是日莅会者，除国父外，有兴、张继、陈天华、冯自由、但焘、时功玖、田桐、曹亚伯、马君武、邓家彦、梁慕光、吴春阳、程家柽、黎勇锡、胡毅生、朱少穆、权道涵、何天炯、康宝忠、谢良牧、刘揆一、蒋尊簋、张伯乔、朱大符、古应芬、金章、杜之秋、姚粟若、柳聘农及日人宫崎寅藏、内田良平等五十余人。仅甘肃省未有代表出席外，各省皆有到会者。首由国父说明开会理由，并提议定名为中国革命同盟会。为免除革命进行障碍计，讨论结果，简称中国同盟会。时有主张称对满同盟会者。国父以为范围太狭，当与废除专制，创造共和并行不悖为原则，众一致赞成。次提议以“驱除鞑虏，恢复中华，创立民国，平均地权”十六字为誓辞。有人于“平均地权”四字疑难者，要求取消，国父起而详细解释，卒以大多数赞成而通过。次由兴提议，请赞成者书立誓约。于是会众由国父执行举手宣誓式，以“驱除鞑虏，恢复中华，创立民国，平均地权，矢信矢忠，有始有卒，如或渝此，任众处罚”为盟书。再由本人书明籍贯，签名盖章。宣誓完毕，国父并授以秘密口号。如问何处人，答为“汉人”，问何物，答为“中国物”，问何事，答为“天下事”。随后与各会员一一行握手礼。继由众公议各会员盟书于干事部未成立前，暂付托国父保管。国父盟书，则由众推兴保管。又推兴、马君武、陈天华等起草会章。八月二十日，同盟会复假赤阪区霞关子爵阪本金弥邸开成立会，加盟者三百余人。通过会章，即行选举。国父被选为总理，兴为庶务，陈天华为书记，程家柽为交际，宋教仁为检事，谢良牧为会计，邓家彦为执法部长，冯自由为评议员，曹亚伯、胡毅生等为各省主盟员。复提议发刊党报事。宋教仁以所办《二十世纪之支那》杂志，适被日政府禁止出版，愿改为党报，一致赞成。议定每会员须捐助出版费五元，于是年十月二十一日出版，即《民报》是也。自同盟会正式成立后，国内革命势力，大有一日千里之势。兴南北奔走，不遗余力，而其壮烈事迹，于下节述之。

四、同盟会成立后之奋斗

同盟会于民国纪元前七年（清光绪三十一年，西历一九〇五年）八月，正式成立于东京。兴于是年冬，由日潜回国内，视察南北各地情形，并变名为张守正，亲赴桂林巡防营统领郭人漳军中活动，说其举兵反正。郭以与随营学堂总办蔡锷不睦难之，兴与锷本属旧交，乃居间调处，并联络学堂教员与郭营之官佐学生多人，加入同盟会。并令陈方度、易本羲、黄牧充郭营学生。嗣因调停郭事无效，在桂林同志力劝兴他往。

次年二月，离桂往新加坡，协助国父在南洋筹款。寻转香港。值梅尉南同志由桂林往，言郭人漳自兴去后，经同人劝勉，已允待兴款至，即举义旗。兴以筹款尚未就绪，嘱其归候时机。兴此时散布同志到各省活动，以图响应两广先举义旗。乃使宋教仁、白逾桓赴关东及间岛运动马侠、韩边外等独立。秋瑾女士自告奋勇，愿与浙江光复会之陶成章、竺绍康、王金发联络武义、永康、东阳、嵊县、仙居之九龙会、双龙会共策进行。派居正、胡瑛、程克与湖北日知会周震麟等会商合作，等待时机，夺取武汉。遣刘道一、彭邦栋、覃振、成邦杰运动湘军，重整会党。命刘揆一驻申江，以图湘、鄂、江、浙之联络。四川方面，嘱李肇甫、谢持等邀约熊克武、但懋辛、余苳臣等协力合作。黄河流域一带，以丁惟汾、于洪起、王用宾、焦易堂负责主持同盟分会，使革命潜伏势力日益滋长。兴自担任联络南京新军军官赵声，并负责筹划两广先举义旗，各省从而响应之。

未几，刘道一在湘赣边境运动发难，以年岁饥馑，工人受荒年减薪之打击，且洪江会党头目李金其、欧阳笃初、萧克昌、姜守旦、龚春台、王胜诸人，久怀揭竿而起之志；马殉难后，进行益力，遂一触即发。此役之初，清军大败，党军集三万余人，声势浩大，兴与国父在东京闻讯，即派宁调元、胡瑛、杨卓林、孙毓筠、段书云、权道涵、廖德藩、李发群、胡国梁诸人，分赴湘、鄂、苏、皖、赣各省联络军队，力图响应。清廷命鄂、赣、江三督抚遣兵合力会战，遂被围攻，而遭溃败。刘道一又往长沙，为抚署游击熊得寿逮捕系狱，清吏用酷刑讯供不得，遂以所佩印章“锄非”二字定狱，旋就义于浏阳门外。兴闻萍、浏、醴事败，寝食俱废，对刘道一之死，尤为哀悼。

萍、浏、醴之役既告失败，清廷于长江流域戒备更加严密。兴乃注重两广之发展。时值钦、廉两府有抗捐风潮，清廷派郭人漳、赵声各带新军三四千人平乱。兴乃乘机赴钦、廉游说郭人漳、赵声使发动革命，彼等慨然允诺，谓有正式革命军起，当然响应。一切布置就绪，党军王和顺乃于七月二十四日举义于钦州之三那，大破清兵，一鼓而占领防城，实兴在钦、廉秘密指挥之力也。卒以联络未周而遭失败。

革命党之经营桂边军事，皆为兴所指挥。钦、廉举义失败后，往河内向国父请示。国父命王和顺、黄明堂、关仁甫分任镇南关、平宜关、水口关等处之军事活动。三关均属桂边要隘，尤以镇南关为天险。党军秘密布置就绪，黄明堂等愿为先锋，遂于民国纪元前六年（光绪三十二年，西历一九〇六年）十月二十七日，率其部众，夜袭镇南关；守兵不敌，竟弃炮台而走。兴与国父在河内得镇南关占领电，翌晨即偕胡汉民、胡毅生、卢仲琳等乘越西铁路前赴战地，在同登站下车，直向那模村进发，下午到达，关上已预派人来接，即于是夜燃火炬登山。兴因体胖量重，由数人扶挟而上，约九时抵关，明堂等奏乐欢迎，全军鼓舞。二十九日，清廷援兵已到，齐向革命军攻击，兴与国父均在镇北调度一切，督战终日。傍晚，兴与国父别明堂等下山，返越南筹款，以备持久战。时清将丁槐、龙济光各路援师大集，数逾四千人，取包围式，向山上环攻。明堂等悉力拒战，迭伤清军多人，卒以枪弹告罄，食粮断绝，不得已于十一月初四日夜弃炮台而退。

镇南关一役即败，兴与国父乃再定合谋滇、粤之策，以钦、廉会党之勇气可用。兴遂统领镇南关及十万大山余众亲入钦州，并函约驻钦州统领郭人漳接济弹药，相机响应。筹备既竣，兴乃率黎仲实、刘梅卿等二百余人于纪元前四年（光绪三十四年，西历一九〇八年）二月二十五日绕道越南，进攻钦州，高举青天白日旗，列队过东兴附近之大路村，四处张贴中华民国军南军总司令黄告示，乡民纷纷燃爆竹迎之。转战四十余日，所向无敌，清军疲于奔命，兴之威名震动滇、粤。因河内、香港之运输不灵，弹尽援绝，又与郭人漳部下发生误会，故不克有终。

民国纪元前四年（光绪三十四年，西历一九〇八年）三月二十九日本党举义于云南河口，擒清督办黄玉藩。先是潜伏河口之军黄明堂、王和顺、关仁甫等集合队伍二百余人，多装苦工，散居附近铁路沿线一带，商通河口巡警中之内应者，故能将黄擒拿，占领河口。血战五六日，革命军所预定方略，多未克实施。国父以为忧，党领导乏人。适兴自钦州返越南，初四日至先安，国父在新加坡得电大喜，即电委兴为云南国民军总司令，节制各军。兴初六日，从海防乘晚车入河内，初八日，即乘早车上老街，赴前敌督师。既至河口，见军事进行多疲玩不振，而屯兵不进，贻误戎机。乃力催黄明堂赶速添兵，沿铁路进攻昆明。明堂恐粮食生问题，犹豫不决。兴守候终日，意极焦灼，欲亲率全军前进，以此意商诸明堂，明堂乃拨兵士百人随之。于是兴纵马前行，未及一里，各兵群向天开枪一排，齐声呼疲倦不已，兴再三抚慰无效；更行半里，则兵士如鸟兽散。不得已，折回河口，派人至前敌约王和顺相会。王至河口，共商进攻之策，亦以兵少弹缺为虑。兴乃欲亲率各军袭取蒙自，而将士多不听号令，乃知本身非有基本军队，不能指挥他军。遂决定回河内，拟征集前在钦州共事之同志一二百人，佐以驳壳枪，组织基本队伍，然后再赴前敌。如是，则不虑他军不听号令。于是遄返越南。

民国纪元前三年（清宣统元年，西历一九〇九年），倪映典奉兴命运动新军反正，进行极顺利，遂向香港支部胡汉民、冯自由等报告，请兴来粤主持。兴得电，赴港与倪等计议，拟于次年正月初六日首义。倪先返广州布置，兴即与赵声等同往发难。无如是年年终，新军第二标营兵，以购图章细故和巡警互殴，巡尉朱绍祥受伤，警察将新军二人拘去，营兵全往诘责，勒令释回。恨巡警有意欺侮，复于次年初一日，集众入城，拆局殴警，粤督袁树勋派官吏劝散。而第一标统刘雨沛将初二、初三两日假期，改为运动会，以免兵士出营滋事；均不从，遂蜂拥出营，旋复折回，扬言巡警派大队攻营，全营震动，皆束装防御。刘雨沛出阻，被目兵枪伤倒地。倪映典初三日早晨由港抵广州，见事机迫切，遂临时举旗发难，以枪缺扳机，炮无子弹，即分一队向北校场横枝岗，进夺讲武堂枪械局；一队走东校场茶亭附近。时袁树勋与水师提督李准等已调动大兵，关闭四面城门，运炮上城，轰击占据官钱局后各山之新军，新军退据燕塘。兴在港，夜间得报，急欲前往督战，以广九路局闻变，火车不通，急莫能济。当两军酣战之际，防营统领吴宗禹率兵二千人，与新军战于茶亭，倪骑马冲锋，不幸中弹被擒，卒殉难焉。新军伤亡枕藉，又遭惨败。回忆同盟会成立以迄倪映典领导新军发难广州，已六年矣。兴无时无刻不在奋斗之中，以“驱除鞑虏，恢复中华，创立民国，平均地权”为唯一之职责。虽屡挫折，而领导同志起义之精神，未尝稍减。诚可谓阻力愈强，奋斗益坚，故卒能达到目的。自斯役以后，即接连辛亥广州三月二十九日之役，及武昌起义，而民国于艰难困苦之中诞生焉。

五、辛亥广州三月二十九日之役

民国纪元前一年三月二十九日（清宣统三年，西历一九一一年），兴率同志举义广州，攻两广督署败，死者不明，得尸葬黄花岗者七十二人。先是国父因日俄协约告成，遂由檀香山经日本至南洋庇能，约兴与胡汉民、赵声、邓泽如等集议于槟榔屿，决在广州首义。

兴等既决议在广州举义，分途向国内外募款，其结果超过拟定数额。计美洲一带七万余元，南洋英属四万七千六百余元，荷属三万二千五百余元（文岛一埠侨商同志黄甲元、温庆武、蓝瑞元、伍连忠计捐七千余元，由李柱中、胡国梁、柳聘农诸同志携港交付）。除当时购械开支及单据难查外，总共约计一十八万七千六百余元。是年冬，兴重返香港，依照军政府之组织，设统筹部总揽一切计划。兴被举为部长；赵声副之，并兼交通科长；胡汉民为秘书科长；李海云为出纳科长；洪承点为总务科长；罗炽扬为调查科长；其他同志，各以其能力分属各科任事。人事既经分工任事，进而谋军事之配合，以姚雨平、林树巍、何进等运动广州新军及防营；以朱执信、胡毅生运动各地民军；以李海云担任海军。又拟攻取广州后，分为三军：一军出湖南趋湖北，兴自统之；一军出江西，趋南京，由赵声统之；一军留粤为后援，俟南京、武昌克复后，即会师北伐。又派熊越山赴日促同志回国，以充实力量。命刘揆一、宋教仁、陈其美、于右任、谭人凤、居正、田桐、孙武等分途担任各省响应工作。兴在广州主持发动，先组织敢死队，破坏各行政机关，夺取军械子弹，开城以延新军；并拣选同志中死士八百人，分为十队：一、攻两广总督署，兴自统之。二、攻水师提督署，赵声统之。三、攻督练公所，莫纪明、徐维扬统之。四、堵截驻防旗营界，兼占大北、归德两城内，胡毅、陈炯明分统之。五、袭击巡警道中广协署，并防守大南门，梁起、黄侠毅分统之。六、攻占飞来庙军械局，兼破小北门以延新军，姚雨平统之。计各统领百人。李文甫入旗界，占石马槽军械局，张六村占龙王庙高地，洪承点破西槐二巷炮队营，罗仲霍破坏电局，则各率领五十人。所用暗号，皆以白毛巾为标识。炸药枪弹，多由女同志运输。在广州各机关，多标名公馆，或假借利华工业研究所，或学员寄宿舍，以为掩护，布置甚为周密。

一切布置就绪，三月二十四日在港同志，大半进省，兴于二十五日晚入城主持。各机关原定二十八日举事，因有一帮军械二十九日始能运到分配，而广州新军又有传闻于四月初旬退伍之说，乃密电香港赵声等，决定三月二十九日举义。竟有奸细向粤督张鸣岐密告，张谋商于水师提督李准，即于二十六日飞调防勇二营来省戒备，以三哨保守龙王庙高地，令旗兵运炮上城，并加发警察枪弹，且拟收缴新军枪械。因此，胡毅生主张延期，兴以三理由坚持不可："一、吾党萃全力而谋此举，稍存畏葸，何以谋事？二、军火既已入城，难再运出，经济部同人若不谅苦衷，谓吾辈欺诈，必致断送革命军饷源。三、党众既奉司令部命令，不战而退，何以示威信于后来？故吾愿已身一死，与李准辈相拼，以谢海内外同胞，而维党人名誉及信用。并欲各部保全枪械，留为后用，乘机退出，以免搜捕之祸。"遂令宋建侯、洪承点先遣声所部返港，余亦相继退出。俄而林文、喻纪云报告："四日前，警局已奉搜索命令，旦夕必发，机关必破，将遭危害。"坚欲集四五十同志，袭攻督署，兴亦具决心。二十八日，陈炯明、姚雨平到兴处报告，谓："李准调来之防营三营，中多同志，现泊天字码头，可乘机响应。"兴即命与林、喻等商议，遂变更原定计划，以陈炯明率八十人攻巡警教练所，教练所所长为湖南同志夏寿华，其学生中亦有多数同志。湖南同志黄一欧、胡国梁、柳聘农先期入该所充学生联络发动。但至期而陈炯明所担任之八十人不至，而学生则有械无弹，不能发动。姚雨平冲破小北门飞来庙，并延接防营与新军。胡毅生率二十人守大南门，兴则自攻督署，约定二十九日晚间十二时出发，而二十七、八两日，张鸣岐加派军警防守军械局，并破获机关数处，捕去同志十余人。二十九日，谢恩里之总粮台亦被破获，粤吏更发紧急命令三道：一、预备开战；二、城外火警，不准开城赴救；三、大索党人。兴闻报，知事益急，即在小东营机关内布置一切，预备进攻。是日兴所部闽、湘两省及华侨同志，俱集合听命，赵声部下，亦有数十人至。午后三时，忽闻邻街之机关，又被清军围搜，捕去八人，余众虑将波及，不待夜间举事之约，环请出发。二十九日下午五时三十分，兴率队百余人，由小东营出，竟吹螺角，一时呜呜声动，风起云涌，直扑而前，途遇警察，即枪杀之，疾趋入督署，猛攻辕门卫队。党人何克夫、林文、谢梅卿、马侣当先击毙其统带金镇邦，攻入二门。二门兵及大堂之卫队，倚柱抵抗，兴还枪，伤其一，余被截击，弃枪投降，愿为向导。于是兴率林文、朱执信、李文甫、严骥等入署搜索，张鸣岐已穴垣遁去，渺无一人，乃置燃料于床，纵火而出。其时出据大南门之一队，与水师先锋及防营战于双门底，其分队往据归德门者，亦与清军战于高第街；因珠光里一部党人先后遣散，前后无援而失败；致使水师先锋冲过，援救督署，与党军遇于东辕门外，党军与战。兴正举枪对准敌人射击，忽一弹径直飞来，中其枪上之铁机柄，击断右手扳机之中、食二指第一节而转落于地，兴即用指之第二节扳机射击。敌军四面合围，兴乃令党军分三路冲出，徐维扬、何克夫、郑昆、周之贞等一路四十余人，欲出小北门延接新军，与敌军剧战，阵亡及被擒者约三十余人。喻纪云、熊克武等一路七十人，进攻督练公所。而兴自索之一路，仅方声洞、罗仲霍，朱执信、何克夫、李子奎，郑坤等十余人，欲出大南门，与巡防营相接，遇于双门底。革命军见其无符号，且举枪相向，方声洞乃发枪击毙其哨弁，敌弹如雨，声洞战死，余则人自为战，且战且却，仅剩兴自身一人。见势危，乃以肩撞开一小店门，入而掩之。从内发枪，击毙敌兵七八人，敌为退却。兴乃带伤易服，出觅其他友军，以图共同杀敌。不果，遂出大南门，至河南机关部中包裹指伤，而谋救济之策。至攻旗界一队，虽得预伏在城内之党人放火接应，以众寡悬殊而溃败。攻东警区一队，闻督署枪声，不俟取齐，即行进攻，为警兵力敌而退。往攻军械局一队，未至飞来庙，即为清兵截击，退守东岳庙侧，遂与攻督署一队会合。清军不知虚实，亦不敢进逼。延至翌晨，清兵集者愈众，革命军乃由庙侧闯入状元桥某米店，叠米包作垒，与清军相持，抛掷炸弹，营兵不敢近。张鸣岐下令烧街，店前又为敌烧。乃越后垣而出。是役除负伤而得脱险者外，其殉难而死者，不知凡几。同盟会成立后，各地时举义旗，而牺牲之巨，究未有甚于此役也。事虽未成，然其轰轰烈烈之概，已震动寰宇，故不数月，而有武汉举义，全国响应也。

六、武昌起义序幕

自广州三月二十九日起义失败后，兴于四月二日出走香港，悲痛同志殉国之惨，牺牲之大，欲俟伤愈，以图再举，藉慰死难诸友。又闻杨守仁悲愤革命军此次失败，在伦敦投海死，兴欲步其后尘，乃为同志所劝阻。后经国父之安慰，谓一身关系全党存亡，若遂轻生，为他党所借口，即华侨筹款之路，亦为断绝，非爱党爱国者所宜出此。兴乃忍辱负重，以待将来。

当广州起义之前，兴已属居正、谭人凤分往两湖结合新军以为响应。在武汉设立机关与共进会、文学社秘密活动。及闻广州失败，各会社更取急进，遂决定以武汉为起义之地，居正在汉口首先结合武昌二十九、三十两标新军。又组织一将校研究团，内附属下士班，专为运动下级干部及士兵，成效甚著。

时清廷将全国铁路收归国有，而四川争路风潮突起，声势汹涌。湖南应之，全国震动。湖北则因同志谋在武汉起义，暗自压抑，以免清廷在意。未几，清廷端方率新军四十二标入川弹压。武汉同志，乃思乘机起义，推居正到沪与各同志接洽，并请兴来武汉主持军务。众意待兴抵鄂后，始为发动。不意鄂督瑞澂侦悉，陆续逮去党人甚多，迫不及待，遂于八月十九日（即阳历十月十日）晚九时，由工程第八营熊秉坤首先发难。

熊既发难，猛攻楚望台，旗兵多被掳杀，即趋火药库，夺取子弹。蔡济民、程国桢等率众开炮轰击督署，瑞澂、张彪弃城逃。于炮火声中推新军协统黎元洪为都督，称中华民国军政府，安抚人民。部署稍定，继续遣师渡江，占领汉口、汉阳。清军调海、陆军来援，血战旬日。九月朔，湖南义兵起，遥为武汉声援，兴偕宋教仁、李书城等于九月初抵汉，十三日至武昌，黎都督在府门外筑坛，拜兴为总司令。兴命李书城为参谋长，居正、宋教仁、胡瑛、杨时杰、田桐、白逾桓、吴昆、马伯援、刘揆一等暂为督战员。十四日，兴率兵渡江，与清军战，清兵闻其威名，乃倾水、陆全军抵抗。兴命青山要塞炮队轰击清军阵地，清军败退大智门火车站。十五日，又下令由凤凰山发炮攻大智门，清军死亡甚众，降者约五百人。十六日，清廷任命湖广总督袁世凯派使言和。十七日，兴与黎督会商，以袁主张君主立宪，拒绝和议。十八日，复开战，武汉三镇，均以大炮互击，清军因受两面剧烈之炮攻，遂又败退，放弃大智门车站。十九日，清军三千携大炮五尊，由马路进至桥口作战，兴令龟山发炮攻之，击散其步队，武汉三镇一时发生剧战，清军所占据之炮台，悉数毁坏。二十日，清军回攻汉阳，兴下令还击，傍晚，清军退去。二十一日，清军在招商局码头趸船上，枪击渡江难民，浮尸满江，惨无人道，乃命发炮猛击趸船上之清军，死伤颇众。嗣两军对敌，互相炮击，均无损伤。二十四日，湖南援军王隆中率四十九标抵鄂，兴因侦知清军闹饷内哄，乃乘势分兵三路，渡江攻击，清军大败，退据歆生路。二十七日，兴命分兵两路攻汉口，一军由黑山潜渡汉水，一军由孝感包围，而清军在招商局趸船者，又被武昌凤凰山之炮击沉。清军不支，午时革命军占守跑马场；六时，清军退至大智门，驻刘家庙大营闻警，复出大队抵抗，革命军乃退回汉阳。是日夺获机关炮数尊，野战炮一尊，子弹无算。二十八日黎明，兴下令分三路进攻，会合于桥口，两军成胶着状态。乃设计以空渡船五六艘，系之以绳，由汉阳沿江而下，流至招商局，清军见有渡船沿岸而来，以为革命军乘夜袭击，遂将桥口之兵调动沿河列阵，用机关炮、野炮向渡船射击，而顺江东下之空渡船，仍出没隐现不稍却，故清军枪炮之声，彻夜不绝。至天将破晓，始将空渡船收回，并先令硚口之军，乘势进攻，即将硚口之清军包围，清军因弹尽援绝，遂下令停战。二十九日，革命军驻后湖一带，包围汉口，成一弧形线。三十日，两军交战，纯用开花炮轰击，革命军据武昌炮台击毁招商局码头趸船一艘，并一面克服灰面厂。十月初一日，清军以大炮攻汉阳兵工厂，兴命还炮回击，夜半三眼桥之战，清军千人，革命军不及半数，为敌所轻视，下令佯为败退。迨清军猛进至三眼桥，乃令伏炮齐发，清军惨败。初二日，革命军攻梅子山。午时，清军携野战炮潜伏三眼桥附近，为梅子山革命军炮击，死伤过半。汉阳清兵亦被追至蔡甸以外。盖是日之战，兴命三路进攻，清军陷于绝境，首尾不能相顾。初三日，汉口清军三千，由孝感对岸之新沟，设置浮桥，私渡汉水，服装如革命军，手持白旗，与蔡甸开来之清军会合，向革命军战于美娘山，各死千余人。初四日，汉口清军一镇，于午前赴雨淋山，将以全力争汉阳。守雨淋山之革命军溃退，清兵遂占领之。午后，兴出军夺回雨淋山，并夺获机关炮二尊，驱逐清军于十里铺。初五日，兴自督师，与清军战于十里铺，清军大败。讵料革命军中有炮队管带张振臣潜通敌，使驻城头上之清军得猛力扑攻，遂占扁担山，兴随率敢死队击退之。初六日，张振臣为敌内应，故龟山、黑山之炮皆不发，地雷火线亦被割断，清军奋力进攻，复占龟山、黑山、四平山、梅子山等地，汉阳遂不能守。兴于即晚一面引咎电辞总司令，一面作城亡与亡之战斗。旋为同志环拥，退出汉阳。当江轮渡至中流时，兴回顾汉阳城，抚膺悲痛，欲纵身投水，幸同志抱持之，得免于难。

十月初七日，清军占领汉阳。而武昌方面，自归黎督主持，有舰队作掩护，清军莫能渡。未几，而安徽、江苏、浙江、福建、广东、贵州、广西、四川、烟台、滦州等处，已次第举义响应。南京亦于十一日克复，清廷知大势已去，乃命内阁总理大臣袁世凯停战议和。

南京克复后，兴被江浙联军连电催赴下游，策划援鄂与北伐事宜。而独立各省之都督府代表至鄂，初拟组织临时政府于武昌，继因武汉军情紧急，乃议定将临时政府设于南京，定组织大纲二十一条，举兴为大元帅，指挥援鄂及北伐各军，俾号令有所统一。兴乃一再推让黎都督，而以北伐自任，且知国父已由美国启程，不日抵沪，请代表会废除元帅名义，举国父为大总统。

七、民国成立后之政治生活

国父由美归抵沪上后，兴前往会商，并与各方接洽选举总统事宜。十七省军政府代表，假南京旧咨议局开会，举国父为中华民国临时政府大总统，黎元洪副之。孙大总统于中华民国元年一月一日（即旧历十一月十三日，以后均改用阳历）就职于南京，以兴为陆军总长。

南方大局奠定，北方仍为虏廷势力。袁世凯派代表唐绍仪与临时政府代表伍廷芳议和于上海南京路市政厅。伍代表提出四条件：一、废除满洲政府；二、建立共和政府；三、优给清帝退位岁俸；四、优恤年老贫苦之满人。唐代表即转告清廷，清廷于共和政体不遽承诺。兴则初因和议，令各处按兵不动。至是，见清无诚意言和，乃复定作战方略，以湘、鄂为第一军，由平汉路前进；宁、皖为第二军，向河南前进，与第一军会合于开封郑州之间；淮阳为第三军；烟台为第四军，向山东前进。第一、二、三、四军既达第一步目的后，再与第五、六军会合共扑虏廷。各军受命，乃秣马厉兵，向前进发。袁世凯见大势无可违抗，且因孙大总统就职时，曾有民国成立南北统一即行辞职宣言，遂亦令北方将领逼清帝退位，欲乘机获得大总统职权。清廷不得已，乃以决大计之权，授之袁世凯，和议遂成。革命各军，乃停止前进。

二月十二日，清帝溥仪宣告退位。十三日，孙大总统遵照宣言，即提出辞职书于参议院，并推袁世凯继任人物。十五日，参议院选举袁世凯为第二任临时大总统，袁以己之力量在北方，不允南来，遂改在北京就职。而南方军队众多，则特任兴为南京留守，总辖南方各军，以资震慑。

民国元年秋八月二十五日，同盟会在北京改组为国民党，举国父为理事长，兴等为理事。而他派之共和党、统一共和党等，表面虽与国民党合作，而袁则暗中利用诸党与国民党相抗衡。兴在沪闻之，以为宜先设法开导袁世凯，俾就政治正轨，乃同国父北上观察大局。时袁世凯已于八月十五日，擅杀参加武汉首义之张振武、方维，中外哗然。京津同志，均电阻国父北上，国父毅然就道，兴亦于九月中旬至北京。袁世凯以组阁人选请国父与兴推荐，以结好于党人。国父当推荐兴，而兴转荐宋教仁及沈秉堃等。袁世凯以沈容易驾御，赞许沈组阁。党中同志对沈之意见不一，会议结果，遂完全推让袁之亲信赵秉钧，以观其后，惟附带条件，全体阁员，须加入国民党。

民国二年三月二十日宋教仁在沪遇刺，袁世凯与赵秉钧为主谋。又不经参议院同意而借债二十五万镑，购军械，扩军队，收买南方无知军人，谋以对付本党。并于六月九日下令免去国民党之江西都督李烈钧、广东都督胡汉民、安徽都督柏文蔚等职，阴谋毕露。任命第六师师长李纯率驻鄂北军开抵九江，第一军段芝贵，第二军冯国璋将兵南下，镇压国民党之反抗。国父早命南方各省预备举兵讨袁。时李烈钧已回赣招集旧部，于七月十二日扼扎湖口要隘，占领炮台，宣布独立。派林虎进攻屯驻沙河镇之李纯军队。国父见南京军界观望不动，乃命党员中之任各军官佐者，举兵应赣。兴于七月十四日亲至南京，召集军界会议于李相府，请苏督程德全通电各省，宣布独立，德全允之，并推兴为总司令。兴即令第一、第八两师由津浦铁路专车趋赴徐州，会同驻徐第九师师长冷遹，防御袁兵南下。一面分兵扼守临淮关，以握南北要塞。十六日徐州讨袁军向赣省攻击，与袁军第五师连战数日，讨袁军失利。兴乃飞调一混成支队，会合第九师反攻制胜，逐敌军至淮河以北。惟防线过长，左右缺兵掩护，袁军乘隙抄袭后路，徐州遂于二十二日失陷。湖口方面，被袁军海陆夹攻，亦于二十五日失守。袁军势力逐渐伸张沪宁一带，兴知一时不能有所作为，令各军保存实力，以待来日再举。

讨袁一役失败后，国父赴日本重组中华革命党。兴则往游美洲，舟抵旧金山，中外人士，鹄立埠头欢迎者达万余人。既抵美，致力于中美邦交之亲善，在美洲各欢迎会上讲演，尝谓美国在民国二年以六国银行团有干涉内政之嫌，而能毅然脱离银行团，其意至善。为抵制日本独霸东亚计，中美实有亲善之必要。美总统威尔逊亦为欣服。后以肝病咯血，避居美东费城之乡村静养，藉习英文以消遣。

民国四年秋，袁世凯称帝之逆谋昭著，蔡锷自北京潜至日本，期与兴合力讨袁。以兴养疴北美，乃独自先往云南。张继、李根源等欲向外国富商借款二百万元，以供云南起义之用，富商所敬仰者惟兴，声明必兴签名，方能如数照借。张继以急电告兴，兴商于国父，计议结果，嘱张孝准代为签名。又电促李烈钧、周震麟、柏文蔚等往南洋筹款，以资接济。故蔡锷能于十二月二十五日在云南首义，西南各省起而响应者，实兴潜筹默运之力也。兴于民国五年六月三日，方由美抵日本，而袁世凯即于六月六日病殁于北京新华宫。兴遂由日归抵沪上，国人闻讯，以函电来商国计者，日加繁多，因积劳故，十月十日突患胃中血管破裂症，吐血数盂，昏绝经时，延至三十一日午后五时三十分，竟溘然长逝，享年四十三岁。一生尽瘁于革命事业，谋中华民族之自由平等，顾天不假年，民国基础未固，竟与国人永别矣。

附：黄兴到鄂日期考证

辛亥九月黄兴到鄂之日，编者亦在汉阳府署，佐府知事李亚东治事。然今实不能确记兴到鄂为何日也。现查口传及纪载有四种异说。兹将各说依据，分列于后，并辨证焉。

一谓初七日到鄂者。此说居正、张知本、甘绩熙、陈雨苍俱来函负责指为初七日。又李长龄《致日知会调查纪录所书》、胡祖舜《六十谈往》、章裕昆《湖北文学社武昌首义纪实》、李翊东《武昌首义纪事》等记载，均记为初七到鄂。再三十一年双十节，《新华日报》五版，载黄克强夫人谈话，谓："十月十日，武昌起义，克强先生一听到消息之后，立刻从上海动身到武汉去……她记得清清楚楚，那个日子，是阴历九月初四日。"

一谓初八日到鄂者。李国镛民元六月所刊之起义日记曰："九月……初八日……：黄君兴由申至鄂。"又党史史料编纂委员会，所藏当时上海《民立报》，载黄氏致长沙一电曰："长沙军政府鉴，黄兴、宋教仁、刘揆一到鄂，敬闻，兴叩，齐。"齐，八日也。

一谓初十日到鄂者。曹亚伯《武昌革命真史》曰："初十日午前九时，黄兴随红十字会救护队人员，同田桐、刘揆一等自沪抵汉。”又载初九日晚，都督府接上海《民立报》来电，谓“黄兴、宋教仁准于初十日到鄂”。

一谓十三日到鄂者。刘揆一所撰《黄兴传记》曰：“公初九日始由海外抵沪，闻汉口军事紧急，乃以沪宁革命方略之陈其美等，即日率宋教仁、李书城与揆一等乘怡和江轮赴鄂，十三日方至武昌。”

编者按上四说，初八、十三两说，力量极薄。因初八之说，只见李氏起义日记，其他再无所闻。至《民立报》之齐电，似为强有力之证据，然又何以解于彼报初九日之晚电。彼报初九日之电如确，则齐电即根本推翻，或为宣传作用，而非事实。如不确，则齐电又何可遽信。退一步言之，或黄氏初七日到，应接纷繁，至次日始拍湘电耳。十三日之说，证以汉口之失为十二日。兴于未失之前，在汉作战数日，全国皆知。十三日之说，不攻自破。所须研究者，则在初七、初十两日。主初十者，为曹氏《革命真史》，查曹氏首义时不在鄂，其书复成于二十年后，闻资料悉据吴兆麟辛壬长参谋时，私人所藏之残余稿件。其《民立报》青电，或即得之于此。博考证据，主初七者较确，事实胜雄辩，青电应让一步说话也。鄂人除曹氏或吴兆麟外，再无有谓黄兴为初十日到者。其证据实属薄弱。其主初七者，皆为当时在鄂首义之人。且李长龄《致日知会调查纪录所书》，系民元事，为时最近，李氏为笃实人，当不致误。黄夫人谓初四日在上海起身，亦与初七日到鄂之说暗合。尤其居正其日在前线受伤，闻兴至，即负创渡江晤兴，此种深刻印相，决难否认。故吾仍主初七之说。三几日之差，似为细事，维兴至，则全局中心，皆集于彼一人之身，何可忽视。故吾不辞琐屑，博采勤求，以期与事实相符也。

汉口战事始末

八月二十一日正午，汉口光复，军政府即成立步队四协，命杜锡钧为第二协协统。旋杜锡钧升任军令部长，命何锡藩继任防御汉口。锡藩奉命，即将部队整理渡江，于二十四日发布宿营命令如下：

军政府第二协命令（八月二十四日午后四时于汉口刘家花园）

一、在大智门、刘家庙一带之敌，约共一标兵力，着灰色服装，似在该处占领铁路，掩护清军南下之势。

二、本协今晚拟在汉口新停车场附近宿营。

三、步队第三标统带姚金镛，率该标在刘家花园附近宿营，派前哨警戒，右翼自法国租界车场，左翼自刘家堤防西端一带，但须派一部占领汉水故道。

四、其余各队之宿营地如下：

协司令部	在刘家花园
步队第四标	歆生路西北端
马队一营	支那竞马厂
炮队一标（欠一营）	支那竞马厂东端附近
工程一队	新停车场南端
敢死队二队	支那竞马厂南端

宿营司令官步队第四标统带谢元恺，警戒集合场各宿营地前端。

五、今晚粮食，由各部队派员，在汉口市街补充。

六、本协统在刘家花园，今晚九时，各队须派员来领命令。

统领何锡藩

命令发布后，旋奉都督同日午后八时作战命令。此时各部队新兵太多，何锡藩自揣责任过大，恐难胜任，向都督辞职。黎坚不许，派蔡济民、吴兆麟、徐达明、吴醒汉、甘绩熙、陈伟、耿丹、高尚志八人，携都督公函，往汉口挽留，并协助锡藩攻敌。兹将第二协是晚所发命令列下：

军政府第二协命令（八月二十四日夜十二时四十分，于刘家花园发）

一、军政府综合各方情报，满清政府，派陆军大臣荫昌，率兵由京汉铁路南下，其先头部队约一标，今日抵武胜关附近，但在汉口之敌情，同前宿营命令。

二、本协明二十五日，拟先攻击在汉口之敌。

三、黄冠群率马队一营，明早九时以前，由宿营地出发，搜索刘家庙、大智门附近一带之敌情。

四、步队第四标统带谢元恺，率该标明早九时以前，在新停车场附近集合，且向北警戒。

五、步队第三标统带姚金镛，率该标（欠一营）明早九时以前，在农务试验场集合，且向北警戒。

六、炮队第一标统带蔡德懋，率该标明早九时以前，在跑马厂东端森林附近，选择阵地，以能射击刘家庙大智门附近为要。

七、李忠孝率工程一队，附属炮队。

八、其余诸队为预备队，明早九时以前，在跑马厂集合。

九、本协统明早九时，在跑马厂东端。

统领何锡藩

命令发后，关于明日进攻事宜，各部队积极准备，每兵士均带子弹六十发。又派人在汉口市面，定做馒头二万件，预备明早九时以后，实行攻击。张彪、张锡元亦探得军政府将对彼军攻击，一面报告后方冯国璋，请其速派队伍到汉援助，一面两部协力，在刘家庙以南，占领阵地，防御民军，且挖有散兵壕。是晚军政府宣布告示两通，遍贴武汉街衢，文如下：

（一）中华民国军政府鄂军都督黎告示

本都督驱逐满清，恢复汉室，凡我同胞，皆宜慎守秩序，勿违军法，所有刑赏各条，开列于后。

一、藏匿敌人者斩。

二、藏匿侦探者斩。

三、买卖不公者斩。

四、伤害外人者斩。

五、扰乱商务者斩。

六、奸掳烧杀者斩。

七、要挟罢市者斩。

八、违抗义师者斩。

九、乐输粮饷者赏。

十、接济军火者赏。

十一、保护租界者赏。

十二、守卫教堂者赏。

十三、率众投降者赏。

十四、劝导乡民者赏。

十五、报告敌情者赏。

十六、维持商务者赏。

黄帝四千六百零九年八月二十四日示

（二）中华民国鄂军都督黎布告

父老苦清苛政久矣，元洪倡义武昌，天下响应，亟应将湖北境内一切恶税先行豁免，以安我父老，而为天下倡，谨开列于下：

一、除盐、烟、酒、糖、土膏各税捐外，所有统捐局卡，一律永远裁撤。

二、除海关外，所有税关，一律永远裁撤。

三、本年下忙丁漕，概行豁免。

四、各属杂捐，除为地方所用者外，概行豁免。

黄帝四千六百零九年八月二十四日

又汉口军政分府布告一通如下：

汉口军政分府告示

照得商团保安，原为保护地方治安而设。且当军事倥偬之时，宵小乘机，肆行抢劫，若无商团保护，尔居民其有噍类乎？但商团之责任在保安，一切经费，除提拨公项外，自应由居民担任。为此告示，晓谕尔商民人等，一体知悉：自后商团筹办经费，必须各尽天职，踊跃输将，勿得故意阻挠，致碍大局。毁家纾难，千古美谈，本分府不能不于尔等商民有厚望也，切切特示。

正主任詹大悲

黄帝四千六百零九年八月二十四日

二十五日，午前九时，第二协遵照都督作战命令，于午前十一时，命令各部队前进。兹将该协攻击命令列下：

军政府第二协命令（八月二十五日午前十一时于法租界西端停车场发）

一、前面之敌步队，共约一标，在刘家庙以南铁路占领阵地，其后方之敌尚未见来到。

二、我马队一营，经汉水故道前进，搜索刘家庙之敌情，本协拟即时攻前面刘家庙以南之敌。

三、步队第四标统带谢元恺，率该标即时出发，沿京汉铁路，向刘家庙以南之敌，前进攻击。

四、步队第三标统带姚金镛，率该标（欠一营）即时出发，与步队第四标左翼。联络前进，攻击刘家庙以南之敌。

五、炮队统带蔡德懋，率该标及工程队，即时在竞马厂附近，布置放列，以能射击刘家庙附近为要，援助我步队进攻。

六、其余诸队为预备队，归胡效骞指挥，随步队第四标后行进。

七、本统领在法界西端车场。

统领何锡藩

各部队受命，即按照指定进攻地段，占领前进。第一次行至竞马厂以北，刘家庙之敌即开始射击。我军步炮队齐向敌还击。正午，敌军由丹水池向刘家庙增兵二百余名，占领阵地。我军知敌援队赶到，即命敢死队开于第四标后面，一展开于第三标后面，督同步队前进，彼此猛烈射击。战至午后四时余，清军派火车一列，步兵约一标，炮队一营南下，向刘家庙前线增加预备。停车时，我军炮队瞄准齐发，将敌车击翻，俱倒于车轨之外。我军民见敌车击倒，齐声喊杀，而车内敌军，向窗外逃命，死伤枕藉。我军炮火益烈，复令预备队增加，吹冲锋号，军政分府詹大悲复命胡廷佐一标加上，我军齐喊杀敌，声震如雷，清军溃退，我军追杀益猛。附近居民各持扁担刀斧助战，敌军大败。我军追蹑至三道桥停止。清军退至滠口。是役也，我军死伤共约三百五十余人，敌军死四百余人，伤数不明。获敌火车一列之武器、被服、粮食，约在一标军需以上。军政府得此捷报，以所获之军用品，尽赏其当时临阵部队，以示鼓励。我军血战一日，至午后六时半，尚未晚餐，汉口商会及市民，购买酒肉及馒头等项，送至战线犒赏。并备红彩鞭炮，全市庆祝，人人欢欣鼓舞，觉有无上之光荣，外国人见者，亦极赞美，当飞电各国政府报告。即晚，特开会议，讨论中立问题，决议次日备文送武昌军政府，承认革命军为交战团体，汉口各领事严守中立。荫昌之南下也，与将帅不相习，维日往来于孝感、信阳间，复经昨日惨败，更无把握。惟盼袁世凯速来，以卸其责。张彪亦胆怯，暗觅齐宝堂，询前黎氏请渠至武昌之真伪。齐曰："真。"彪曰："即真，何不派何锡藩来。锡藩至，我即可同到武昌。"齐具以告何，何曰："昨日与之血战，今往，若予我以不利，将奈之何？"辞不往，张即作罢。由是知敌军之张皇失措也。午前，第二协接得各方报告如下：

一、三道桥北端，清军设有机关枪，其左右翼已挖有堡垒，均有散兵防御。

二、清军自败退后，对于黄陂、孝感及滠口等处，连夜陆续增加队伍。

三、阳逻已停泊兵船五只。

统领何锡藩接此报告，因正面三道桥长里余，系极险之狭路。右翼是湖，左翼是扬子江，海军又在阳逻。正面攻击困难殊多。若由敌之右翼进攻，非行大迂回法不可。遂命各队在造纸厂防御，并一面报告都督。惟当时一般同志谓宜乘昨日大胜之威，猛烈进攻，不宜忽取守势。而敢死队队长徐少斌又告奋勇，愿进击滠口之敌，何许之。即派敢死队二大队，步队一营，炮队一营，以谢元恺为司令，徐少斌为前卫司令，其余部队，均在造纸厂准备。午后一时，徐少斌带队前进，行至第二桥以北，即命队伍开始射击敌军，无还击者。少斌以该处无有敌人，率队猛进。至第三桥中间，敌军即用机关枪堵塞隘路口，向敢死队扫射，少斌阵亡，尸落水中。同时阵亡兵士十余人，伤二十余人。炮队系山炮，射击亦少命中。午后四时，退回造纸厂。都督得此报告，府中有咎何锡藩不于昨日大胜之余，追至三道桥以北，致有此失，谓不胜任，而易将之议以起。同时张景良在狱，抑郁无聊，闻有易将之说，谓何锡藩是彼部下，愿赴汉口杀敌，以赎前愆。蔡济民昔隶景良标下，以景良学问资格俱优于何，究系汉人，当无他异。与多数同志言于都督，请委张景良为汉口指挥官。李翊东持不可，弗听。二十七日，张景良奉命为汉口指挥官，所有军队悉归节制。以萧开桂为参谋，司令部设刘家庙车站。当通知第二协各部队及军政分府并在汉各机关，一面计划攻击汉口之敌。是日军政府接到情报如下：

一、安陆府、宜昌府，均已来电反正。

二、刘英已派刘杰率同志数千人，由京山出发，不日可到武昌。

三、唐牺支率步队四十一标第一营，在沙市独立，响应武昌。

四、清廷已令袁世凯为湖广总督，督师南下，陆海军统归节制。

五、海军仍在阳逻停泊。

六、满军由京汉路南下，陆续向祁家湾、滠口附近集中，但黄孝均派有重兵防守。

七、满军总粮台仍设在信阳，该处城内，储粮秣极多，亦派有重兵防守。

八、冯国璋司令部在彭家湾。

军政府得报，即通知各军队及各机关，一面电各省督抚，促其觉悟反正，电文如下：

檄各省汉人督抚电

黄汉与清贼不两立，吾不杀彼，彼必杀吾。本军政府爰举义旗，铲除胡贼。军兴以来，义声所播，万姓欢迎。贵大臣亦黄帝子孙，虽暂任封疆，未必不见疑于鞑靼，观岑、袁已事，可以明矣。而岑之此次赴川，主和平办理，已不容于清贼。故今日派袁，无非使吾自戕同类，而清贼坐享其成耳。贵大臣深明大义，洞烛奸谋，此中利害，当已尽知，即不为一身计，何独不为子孙一计之乎。汉族兴亡，在此一举。幸贵大臣无拘君臣小节，而贻万世殷忧，盍归乎来，共襄民国，拯同胞于水火，复大汉之山河。为此檄告。

是晚，军政府又派部队第四协到汉增援。武昌防务以第五协任之。同时军政府召集军事会议，由参谋部提出研究事项如下：

一、满清在汉败退后，固守三道桥北端，陆续向祁家湾、滠口等处增加队伍，欲图恢复，此必然之势。但海军现在阳逻，如不响应，颇为我害。唯三道桥隘路，我既进攻不易，敌人向我进攻亦难。按以上情形，我军或攻或守，此应研究者一也。

二、满军兵力集中之后，连合海军向我进攻，此意中事。但是彼之目标，或攻武昌，或攻汉口，均未可知，此应研究者二也。

三、如满军向汉口进攻，用海军掩护由何处渡江，我应如何阻止而防御之，此应研究者三也。

四、如满军此时无力攻我，或暂时防御我，或先向彼进攻，以击退滠口之敌，此应研究者四也。

大家讨论结果，谓与其防御待敌攻我，不如乘敌未集中完备，先行进攻。倘能将滠口之敌军击退，则我前进一步，有一步之好处。军政府据此决议，对满军进攻，由都督发如下之命令：

军政府都督命令（八月二十七日午后十一时半于咨议局发）

一、在汉口退败之满军，其步兵约两标，附有机关枪，已占领三道桥北端，滠口附近一带。又据侦探报告，黄陂、孝感、祁家湾各车站，满军亦陆续派兵南下。但海军共计在阳逻有五只，司令官系萨镇冰。连日派员疏通，尚未妥协。闻满军有令海军协攻我军之举。

二、本军政府拟乘满军集中未完备前，先攻击滠口附近之敌。

三、张景良为汉口指挥官，率在汉所有各部队，明日准备进攻滠口之敌，但攻击计划及命令，须先呈报军政府。

四、部队第一协统宋锡全率所部队伍，防御汉阳，但须设法接济我军汉口进攻军队之弹药。

五、步兵第三协统陈炳荣率所部队伍，防御两望至青山一带，但须派炮队在青山附近，占领阵地，阻止海军前进。

六、步队第五协统熊秉坤，率该协防御武昌省城。

七、本都督在咨议局。

都督黎元洪

张景良接都督命令后，竟将全文抄转各队伍。各队伍以为指挥官转此，是使各部队知道全般情形，再给攻击命令于各部队也。讵料景良不另命令，乘马亲往各部队，与各带兵官商量，饬照都督命令进攻。各带兵官谓都督命令系给指挥官者，应由指挥官照都督主旨，再下攻击命令于部下，部下等始能照指挥官所指示之任务施行。都督命令是概括计划，部下等实无从下手也。景良见各带兵官如此答复，随返刘家庙，与司令部人员商拟命令。迟至次日正午，命令尚未下。二十八日，军政府转知各协，将输送接济等事好为预备。又令军政分府在汉组织粮台。詹大悲、何海鸣等派参谋吕丹书，偕叶达三、黄之根三人，在刘家庙设第一粮台，在大智门设第二粮台，存储粮秣子弹，以便接济各战斗部队。又派罗家炎为运输子弹队长。各事皆准备完全，至下午十一时，尚未见张景良报告，军政府异甚，特派杨玺章、蔡济民、蔡国光、徐达明四人到汉调查。玺章等与景良晤谈，知其毫无计画，状甚惊慌，恐误大事。即商代景良下一命令，以便各部队准备。命令如下：

指挥官命令（八月二十八日午后三时于刘家庙发）

一、在汉口败退之满军，其部队约两标，附有机关枪，已占领滠口附近一带。但黄陂、孝感、祁家湾等处，满军亦陆续增加队伍防御。海军计兵轮五只，在阳逻停泊，似有与满军协攻我军之势。

二、本军拟于明二十九日，进攻滠口附近之敌。

三、步队第二协何统领，率该协于明二十九日拂晓，先派一部步队潜进，占领三道桥以北掩护，其余队伍陆续前进，向敌之正面攻击。

四、步队第四协张统领，率该协（欠第七标）于明二十九日拂晓出发，由藤子岗前进，向滠口之敌右翼攻击。

五、炮队第一标蔡统带，率该标于明二十九日拂晓，占领第一道铁桥堤防，布置放列，以能射击三道桥以北，援助我军前进为要。但须派一部于第二道桥堤防，占领阵地，亦向三道桥附近射击，工程一队，附属炮队。

六、其余部队第七标及敢死队，为预备队，在造纸厂西南端集合待命。

七、我明日拂晓在丹水矶。

指挥官张景良

命令拟就，一面呈报都督，并请转各协协力助攻，一面发于各部队。但各队兵官，对于景良殊多怨言，谓彼不早通知准备，仓卒如何能行。大众不得已，只有依照命令，准备明早动作。并通知船政局，派小火轮数艘及民船多只，到刘家庙江岸停泊，拟明日拂晓，轻装进行。一俟前方队伍潜行，接近敌人，达到掩护目的，余即跟随猛进。或乘小火轮与民船渡过彼岸，向敌左右翼攻击。是晚，都督又通令各协，一律准备，协助汉口部队进攻。又专令第三协在青山炮队阻止海军上驶。如汉口队伍攻过三道桥以北，即派一小部队，由青山渡江，扰敌之背。二十九日拂晓，第二协令谢元恺之一标，潜由三道桥陆续赴滠口。满军步哨已发觉鸣枪。谢标队伍猛进，将敌步哨刺死数人。旋至三道桥北端，敌用机关枪扫射。谢标死伤甚众。复用冲锋喝进，敌仍不退。惟所有队伍，均在桥上成纵队形，既不能展开，又不能前进，被击死落水中者不少。于是退回二道桥堤防占领。少顷天明，敌用炮队与机关枪向我堤防队伍猛击，谢标仍退回原地。两军在三道桥两端，各用炮射击。至第四协队伍，由藤子岗附近，用船渡至滠口右岸，亦因地势低洼崎岖，难于前进。且满军防御严密，当在彼处停止。旋以正面步队退却，亦退回原防。张景良见各队退回原地，即令炮队向三道桥北端敌人射击。一面令在造纸厂一带防御，并将不能进攻情形，报告都督。其防御命令列后：

指挥官命令（八月二十九日午前十一时于造纸厂发）

一、敌人在滠口一带，陆续增加步队，现用机关枪炮等，堵塞三道桥北端隘路口。

二、本军本日拟于造纸厂一带防御。

三、部队第二协占领造纸厂附近，右翼由造纸厂东端，左翼至三道桥南端。

四、步队四协（欠第八标之一营）占领阵地，右翼与步队第二协联络，左翼至藤子岗附近。

五、炮队第一标占领第一道桥堤防附近，但派一部占领戴家山，以能射击三道桥北端一带为要。

六、工程队附属炮队。

七、马队警戒我军左翼。

八、步队八标之一营及敢死队，为预备队，在造纸厂西南端集合。

九、本指挥在造纸厂。

指挥官张景良

是役谢标死伤甚众，其第一营几全军覆没。退回检查人数，共死二百余人，伤七十余人。是晚，军政府接汉口报告，知进攻失利，折回原地防御，极为忧虑。于是都督令参谋召集军事会议。先由参谋部提出进攻困难理由，谓与其进攻徒遭损失，不如暂在三道桥南端据险以守。一俟计画确定，准备完好，再筹前进。讨论良久，即决定暂取守势。由都督传知武汉各部队，赶紧施行坚固工事，严密防御。是晚，军政府再电促各省响应，及催刘英所派数千人，从速来援。并由都督致书萨镇冰及各兵船司令，请其速与本军一致。都督曾肄业天津水师学堂机械科，与萨有师生谊，因拟以情感动之，寓书冀其来归，不报。都督复致函萨氏，函录于下：

致萨镇冰书

夫子大人函丈：前肃一函，早邀钧鉴。然至今未奉训谕，中心惕悚不安。洪此次所以出督诸军之由，实非由于得已，敢敬再上告于军门之前。洪当武昌变起之时，所部各军，均已出防，空营独守，束手无策。党军驱逐瑞澂出城后，即率队来洪营，合围搜索。洪换便衣，避匿室后，当被索执，责以大义。其时枪炮环列，万一不从，立即身首异处，洪只得权为应允。吾师素知洪最谨厚，何敢仓卒出此。虽视事数日，未敢轻动，盖不知同志究竟若何，团体若何，事机若何，如轻易着手，恐至不可收拾，不能为汉族雪耻，转增危害。今已誓师八日，万众一心，同仇敌忾。昔武王云："纣有臣亿万，惟亿万心，予有臣三千，惟一心。今则一心之人，何止三万？而连日各省纷纷之士，大多留学东西各国各种专门学校，及世代簪缨，各有专长，阅历极富，并本省官绅人等。故外交着手，各国已认为交战团体，确守中立。党军亦再无侵外人及私人财产之事。不但在中国历史上视为创见，即各国革命史亦难有文明若此。可知满清气运已衰，不能任用贤俊，致使聪明才智之士，四方毕集，此又岂洪一人之力所能致哉？即就昨日陆战而论，兵丁各自为战，虽无指挥，亦各奋力突进。汉族同胞，徒手助战，持刀夹击，毁损铁轨者，指不胜屈。甚有妇孺，馈送面包、茶水入阵。此情此景，言之令人奋武。谁无肝胆，谁无热诚，谁非黄帝子孙，岂肯甘为满清作奴隶，而害同胞耶？洪有鉴于此，识事机之大有可为，乃誓师宣言，矢志恢复汉土，改革专制政体，建立中华共和民国，维持世界和平。是以连告各国政府，遍檄各省同胞，劝其各自独立，以备联合，择定地点，公举大统领摄治。同胞欢迎此言，声震天地，故一战而歼敌数百。现今满汉兴亡之机，兆端已久，不待智者而已明。洪之所以能明此大义者，亦系吾师平日训诲之功。此次武昌之举，洪已审定确实，非如他项革命可比，以数小时之间，居然恢复武汉三镇，其地有兵工厂、铁厂、织布局、纺纱局、麻布局、缫丝局，为全国商务上、政治上之中心。今值交通之世，国都合建于此，始能与伦敦、柏林、巴黎、圣彼得堡、华盛顿相颉颃。刻下又风闻永平秋操，满汉各兵，亦交相哄斗。果如所言，则天数已定，岂人力所能为？洪受业于师，学识浅陋，不能担负重任，已向同志宣告，将以党军之所要挟者，请诸先生登轮，要求师宪，昔人谓谢安云："斯人不出，如苍生何？"同胞万声一气，谓吾师不出，如四万万同胞何？刻下局势，只要我师肯出拯救四万万同胞，则义旗所至，山色改观。以四万万同胞，与数千满族竞争，以方兴之民国国民，与运尽之清廷抵抗。华盛顿兴美，八年血战，吾师若出，将见不八月，而亚洲地图之上，必有中华民国国旗飘扬也。知弟莫若师，知师亦莫若弟，洪虽不肖，不为旗人之奴，独不为大匠之弟乎？时乎！时乎！师一出，不但名正言顺，而实较胜于汤武，何也？盖汤武救民，犹自为帝，吾师救民，必不让华盛顿专美于前也。洪非为私事干求函丈，实为四万万同胞请命，满汉存亡，系于师之一身，齐王反手，洪计之已熟。否则，各同胞视为反对此志之人，即以满奴相待，虽洪亦不能禁止其不要击也。倘不以为妄，尚祈训示祗遵，当即率汉族同胞，出郭欢迎。临颖不胜迫切待命之至。肃此，即请钧安。

黄帝四千六百零九年八月二十九日，受业黎元洪上

又致楚有、楚同、楚泰、建威、建安、江利各船主书

诸位船主大鉴：本军政府起义，为汉族复仇，光复我旧日河山，前已函萨军门，详陈一切，已邀默许。今日本军政府作战计画，意在扑灭满奴，故炮弹攻击，专注楚豫，藉表本军政府对诸船主之微忱。而诸船主竟未还击一弹，具见诸船主深明大义，共表同情。本军政府暨我汉族同胞，罔不额手，遥对称谢。但贵轮何不开往鲇鱼套，而仍在下游，想诸船主别有深意。果如所云，汉族存亡之机，在诸船主一臂之助。孰无心肝？孰无血诚？孰非黄帝子孙，岂肯甘为满族奴隶，残害同胞？请勿犹豫。汉口陆战，昨日刘家庙已为我军占领，足见祖宗默佑，满人气运，合该尽绝，此已见端。请诸船主下一决心，诛锄船内满贼，共成义举，则将来汉族复仇史，诸船主必大有光荣。巍巍铜像，只在一反手间，即可取得。倘不河汉斯言，敢乞即日实行。临颖不甚迫切待命之至。此请决安。

八月二十九日，黎元洪上

书去，皆不省。党人李长龄，念军队同志仅数千人，非广招新附不可。因约安郡同志邓汉卿等二十余人，联名上书军府，请札委当地党人，回县收复各郡县。一面巩固地方，一面相机以援武汉。都督许之，并给枪三百枝，弹五万发，分布于安、荆七属。并寓书刘英，起宋开先旧部，以占领襄江一带，使革命力量，遍于全省。时季雨霖归自保定，与胡瑛、蒋翊武均为都督顾问。三人皆善长龄，言于都督，延主府中秘书。九月初一日，军政府接湖南、陕西光复电。翌日，又接九江来电报告光复，欣喜欲狂。当传知各军、各机关及各府、州、县，并电告上海及各省，无论远迩，闻者无不掌声雷动。盖以湖北一省而当满清，力实不足，必各省响应，乃克有济。尤其湖北上游之湘，下游之浔，共同反正，即前后无虞。当我军二十六、二十七两次小挫，湘巡防营统领黄宗浩，欲乘此时，分防营之半，以攻武昌。焦达峰、陈作新即于是日攻抚署，驱走巡抚余诚格，投黄宗浩于辕门，湖北之危以

解。我军受敌舰威胁特甚，九江独立，敌舰归路已断。故湘、赣两省独立，而阳夏一隅之胜负，皆不足动摇革命之根本矣。湖南都督焦达峰，与湖北革命之关系，已如前述，副都督为陈作新。居正、谭人凤请都督协助湖南饷械，许之。发枪三千支，款如干，派卫队营长刘佐龙护送人凤回湘劳军。达峰得款械，扩充原有队伍为两协，命王隆中率一协援鄂，一协驻岳州作预备队。惟长沙有少数兵营，咨议局绅士复把持湘政，人凤骇异，力主解散，达峰难之，致有九月十日之变（事见后）。湘鄂两省人士，至今悲之。九江都督为马毓宝，马非党人。先是鄂总机关派同志丁人杰赴浔，运动五十一标，士兵悉表赞同。及得武昌光复消息，全标兵士迫标统马毓宝反正，马乃独立。人杰以目的已达，回鄂赴军政府向各同志报告，并出九江道府两官印缴呈都督，大众掌声雷动。陕西反正，可表示革命乃全国之趋势，并非武汉一隅之动作，此种意义，至为重大。三省响应，吾鄂之勇气倍增。是日军政府对滠口之敌，仍欲进攻，拟先派别动队，袭敌后路，以分其力。又派间谍赴京汉沿路，散布各省独立消息。并分遣同志往各省联络，助其发动。尤其胡石庵所办之《大汉报》，极鼓吹之能事，每日必有可惊可喜之新闻数条，增加军民之勇气。故虽九、十两月，阳夏屡败，而活泼气象，终不少衰。湖南光复之功诚伟矣。兹将电文列后：

黄帝四千六百零九年九月初一日，湖南全省人民宣告独立，公推焦达峰、陈作新为正副都督。特此电闻。

湘军政府全体叩

是日，军务部长孙武伤愈，到部视事，军政府开军事会议，拟定各协增加补充队一营、辎重一营，以便补充战斗时缺额及保护输送队。又令汉阳兵工厂赶造子弹及枪支。晚，军政府接上海、江西、山西、陕西各省来电，谓对于武昌首义，极表钦佩。其未反正者，则谓现正积极进行，不日即宣布独立云云。初二日，军政府派工程营李占魁率该营到汉口，附属炮队，筑防御工事，将要塞炮安置于三道桥江岸，测准距离，便向满军射击。武昌武胜门外凤凰山，亦将炮台修理完善，敢死队则全体派往汉口增援。并饬黄州驻军派队由麻城进扰京汉路。时两军在三道桥对峙，均用炮战。但敌军之管退炮较我军之山炮，效力略大。幸我军作有防御工事，无甚损害。是日，同志及投效者，纷集鄂垣集贤馆，已有人满之患。居正即收西厂前警道冯启钧宅以馆之。晚间，军政府召集军事会议，主战者多。遂决定令各部队准备进攻。初三、初四等日，各军奉令积极准备。初五日，阳逻海军乘拂晓天黑，偷入谌家矶，径抵造纸厂江岸，向我军防御阵地侧面猛击，将我散兵壕内及附近之兵，击死五百余名。刘家庙亦无端起火，弹械粮秣，尽遭焚如。军心由是摇动退却。而滠口敌军之机关枪队，乘海军掩护，当由隘路前进，越过二、三两桥。见我军败退，复用机关枪扫射，水陆夹攻，我军无力抵御，造纸厂遂为敌军占领。敌后援部队源源而来，陆续前进，我军不得已，退至大智门，始占领阵地，刘家庙亦为敌有。敌舰见滠口之清军已通过三道桥狭路，自以掩护任务已达，仍返阳逻停泊。青山炮队了望疏忽，致误大事，群欲置协统陈炳荣于法。旋以彼同学多人，在都督前营救，仅记大过两次，令带罪立功。而不知其总因，则在指挥官张景良通敌也。景良本热中之人，故平素结纳亲贵，若铁忠、宝英之伦。并以其妹嫁宪兵营长满人果清阿。其实学识有限，只以工应酬，得寮寀欢心，故时誉归之。然利害心重，首义时，以革命军两日即下武汉三镇，满清必瞬息可倒，故欣欣然就参谋长而不辞。及见党军凌乱，清廷将大兵压境，又若不可终日。于是神经错乱，以劫黎都督而下狱。在狱复闻清军大败，又跃跃欲动，表示立功赎罪，复获得汉口指挥官头衔。及就职也，见吾新造之兵，等于乌合，清军复源源南下，又别具肝肠，藉其地位，以阴通敌军。景良纵无似，接长官命令后，转令所属实施，当然知之。乃故作糊涂，接都督命令后，东奔西突，不发一令，盖欲延宕时间，授清军以灭此朝食之机会也。杨玺章辈竟为所欺，以为景良无学识，代下命令，此真昧于汉奸之阴谋，致酿汉口惨败之结果也。是日正午，我军誓图报复，即在大智门早餐后，准备进攻。惟指挥官张景良自火烧刘家庙后，即踪迹不明，众以主持无人，颇形张皇。标统谢元恺曰："此时往何处觅指挥官？势迫矣，我愿作前驱，诸君请随我前进。"于是各部队长官踊跃集合，共同拟定于午后一时，开始进攻。届时，谢元恺领队前行。第二协在右，第四协在左，齐向刘家庙攻击，士气极盛。清军在刘家庙，用机关枪及步炮队，顽强抵抗，弹如雨注，我军冒弹猛进。将近刘家庙五六百米达，谢元恺令上刺刀，吹冲锋号，齐声喝杀，直冲至刘家庙，与敌肉搏。敌不支后退，我军夺回刘家庙。复向造纸厂追击，会天已黑，遂在刘家庙占领阵地防御。是晚，以战斗形式彻夜，两军枪声，终夜未息。清军亦恐惧，自由向三道桥潜逃者甚众。敌将领王占元、鲍贵卿、贾德耀等，令卫队机关枪在道桥隘路口阻止之。冯国璋复严令后退者，以军法从事。晚间，我军将经过战况报告军政府，兹将是日死伤之数列下：

一、步队第二协谢元恺标，官兵死五百余人，伤一百八十余人。

二、步队姚金镛标，死一百余人，伤七十余人。

三、步队第四协杨传连标，并吴胜元之一营，共死一百四十余人，伤九十人。

四、炮队蔡德懋标，死五十余人，伤七十余人。

五、其余敢死队、工程队、输送队等死一百余人，伤五十余人。

是日激战，共计死伤一千余人，闻敌军亦死伤相等。

是役，我军在造纸厂遗失子弹、粮秣以及军需物品无算。刘家庙之军实，复毁于火。晚间，军政府召集军事会议，决定数事：

一、通知各处，不准供给敌舰煤粮，并以都督名义警告萨镇冰。

二、是日步队，死伤过重，派第五协往汉口增援。

三、派敢死队队长方兴、杨云开两队赴汉口督队。

四、张景良能力薄弱，特派姜明经往汉口，协助张景良办事。

五、增兵一协，以杨载雄为协统，担任武昌城防务。

是晚，军政府发如下之命令：

军政府都督命令（初五日午后十一时于咨议局发）

一、满军约一混成协，今日由刘家庙退占造纸厂附近。其滠口及武胜关以南各车站，仍陆续增加部队。但海军仍到阳逻停泊。我军政府拟派炮队驱逐，一方通知各处，不接济海军粮煤。

二、本军政府拟明日击扰造纸厂之满军于三道桥以北。

三、汉口指挥官张景良，统率在汉各部队，明日攻击在造纸厂之敌。

四、步队第一协协统宋锡全，明日须派一部，援助汉口进攻。其余所属各队，仍固守汉阳。

五、步队第三协协统陈炳荣，明日所属各部队，仍防御青山至两望一带。但须派炮队刻刻防御海军上驶。

六、步队第六协协统杨载雄，率武昌所有部队，防御武昌城。

七、各部队给养，仍由自行就近筹备。

八、本都督在咨议局。

都督黎元洪

命令发后，都督又派员与张景良接洽，嘱其谨慎从公，与各部队好为会商，一致行动，万不可再事疏忽，自取罪咎。景良唯唯。是晚，发下攻击命令如下：

指挥官命令（九月初六日午前二时于大智门发）

一、敌人兵力，约一混成协，已占领造纸厂附近。其滠口及武胜关以南，仍陆续增加军队。但海军仍在阳逻停泊。已由都督拟派炮队驱逐，并通知各处，不接济海军粮煤。

二、本军拟于本日拂晓，攻击前面造纸厂之敌。

三、步队第二协何统领，于本日拂晓，率贵协由刘家庙出发。其进攻地域，右翼自江岸起，左翼至刘家庙车站西端一带。

四、步队第四协张统领，率贵协于本日拂晓出发，其进攻区域，右翼与步二协连络，左翼至戴家山附近一带。

五、步队第五协熊统领，率贵协于本日拂晓，在刘家庙南端集合，为预备队。

六、炮队第一标蔡统带，率贵标及工程队，于本日拂晓，在刘家庙以北附近，占领阵地，援助我步队进攻。

七、马队黄管带，于本日拂晓，率贵营警戒我军左侧。

八、敢死队第一第二两队，于本日拂晓，在步队第二协后面，协助进攻。

九、本指挥官本日拂晓在刘家庙。

指挥官张景良

初六日拂晓，清军乘我军未前进时，一由造纸厂，一由姑嫂树，分两路，附机关枪多杆，攻击我军。我军已占领刘家庙阵地，彼此以火力相持，射击极为猛烈。谢元恺令其标部前进，余亦随之。惟新兵不善利用地形，死伤颇重。至午前十时，火力益烈，空中子弹飞过，如风卷落叶。我军无机关枪、管退炮，仅恃山炮抵抗，效力不大。清军复由滠口增加一镇以上之兵力，两军相持一日。午后五时，清军用炮队援助机关枪，由姑嫂树向戴家山前进，侧击我军。协统张廷辅受伤，士兵伤者极多，遂向后退。左翼亦动摇，敢死队在后阻止，无如新兵过多，秩序渐乱。战至天晚，我军终向大智门新停车场附近退却，清军复占领刘家庙一带。时军政分府得同志报告，谓指挥官张景良已通敌。并令营长罗家炎以子弹资敌，火刘家庙，而逃匿无踪。主任詹大悲即派同志多人，到处搜索景良。忽在后城马路探得，而第八镇正参谋官刘锡祺竟在座，同志愈疑之，即请张、刘同往分府，刘拒之。大众趣其行，始同景良至分府。大悲问锡祺曰："尔从何处来？"祺曰："由湖南来。"大悲曰："往湖南何为？"祺曰："公事。"大悲曰："今回鄂，何以不在军政府投到，而与景良私人往来？"祺曰："我是满清官吏，如何要在军政府投到？"大悲曰："你现在还不投降么？"祺曰："万不能投降。"大悲曰："你既不归顺，你即是汉奸。"祺曰："我是汉奸，你们还是土匪呢。"

于是大悲饬将锡祺收押。又问景良曰："你是汉口民军指挥官，何为不照料队伍？"良曰："各部队不受指挥，我亦无法照料。"大悲曰："你既无法照料，就应向军政府辞职。"良曰："我从此不干。"又云："各部队如听我指挥，我真要切实办理，早已攻过武胜关了。"大悲曰："若如汝所说，岂不是故意作坏？"亦将景良看管。并将罗家炎逮捕，录供以报都督。旋奉命，将张景良、刘锡祺、罗家炎三人正。景良诛后，都督即委姜明经为汉口指挥官。于是晚召集会议，所议决者为：

一、步队第四协协统张廷辅受伤，以谢元恺代之。谢元恺之标统，以胡效骞代之。

二、派尚安邦率炮队两营，往汉增援。

三、通电湖南、江西两省，速急派精锐队伍，来鄂援应。

四、派工程营与敢死队多携带工作器具到汉，帮同各部队，筑设坚固堡垒。

五、派游击队往黄、孝扰敌后路，牵制其南下兵力。

六、电知上海《民立报》，速请黄兴来鄂，以资震摄。

七、汉口所有部队，迅速整顿，明日必须固守原阵地，如有机可乘，则向敌前进逆袭。

八、多印白话，数满清罪恶，派间谍到满军散发，以启惕其军心。

九、电请陕西出兵，袭满军侧面。

十、通电各省，促其响应。

议决事件，当晚积极办理，一面派府中要员，多数赴汉口，与各部队接洽襄助。并令汉口军政分府，购办酒肉，犒赏各部队。一面派李作栋、向海潜、阎鸿飞赴湘，请速出兵援鄂。初七日，刘英遣其弟刘杰送来新兵二千余人，抵省，当发枪支编制，命季雨霖为标统，组织援助队，到汉应援。午前七时，我军在大智门新停车场一带，防御清军，即由刘家庙进攻。协统谢元恺通知各军，藏匿掩堡，不许还击，俟敌接近时冲出，以白刃相搏。正午，敌军进距三百米达之地，炮队标统蔡德懋，令连发排炮射击，毙敌甚众。元恺令吹冲锋号，我军齐出喝杀。时居正亦愤敌不下，带卫队八人，奔前线，狂呼杀敌，士气愈愤。敌军不支，向后退。我军猛扑，追杀敌军，死伤甚众。并夺敌机关枪步枪甚多。追至刘家庙附近，敌预备队又用机关枪猛击，我军死伤极多，复退回原防阵地。居正亦为流弹所中，当即晕倒，卫士以门板舁至江汉关。时军政分府主任詹大悲，见鄂事危殆，赴九江请援。惟职员方孝正在署，命暂置床上，延医生看护，为正洗涤包扎。其时黄兴随红十字会救护队，饰为救护人员，同田桐、刘揆一等自沪抵汉，旋渡江至武昌。都督派刘公、蒋翊武、孙武、胡瑛等为代表，带卫士一队及军乐队，到汉阳门江岸迎迓。兴登岸，至军政府，一路市民放鞭爆欢呼，男妇老幼，无不额首致敬。兴到府，与都督相见，都督致诚恳之敬意，即谈汉口战事情形，请兴主持。兴领之。居正之在江汉关也，至午五时，痛亦稍减，而敌人反攻甚急，江汉关之屋瓦上，弹落如雨，分府职员俱走避。方孝正乃扶居出街，途遇蔡济民。告以黄克强先生已到。遂同济民迂道济汉阳渡江，赴都督府。至，则黄兴已在座，与都督及各同志商出兵事宜。乃公推黄兴为总司令。居正建议，谓汉口原有之部队，转战十余日，其气已衰。须调生力军，乃能有济。座中一同志曰："现江防营水师方在都督府告奋勇。"正曰："善。水师素经训练，速调之。"乃下令调长龙舢板，约得九百人，同志陈滔在焉。正见其器械不精，令换新枪。又命庶务备饭，令士得饱。复亲往交通机关，商调轮船。至初八日黎明，乃由黄总司令偕居正、田桐、查光佛、蒋翊武、胡瑛、蔡济民、杨玺章、徐达明等，带队渡江。临行，都督戒诸将曰，诸事惟黄先生之命是听，诸将皆敬诺。至汉，则以歆生路满春茶园为总司令部。部门张贴黄总司令布告，市民见者，若得无上之安慰。正部署间，敌酋王占元、陈光远、鲍贵卿等，已带队侵至六渡桥，协统谢元恺、标统蔡德懋阵亡，协统何锡藩受伤，敢死队长马荣及工程队长李忠孝，同时战死。马荣尸体为敌军所得，剥肤剖心，恣其残忍。总司令得报，大怒。乃率胡培德、高建瓴等十余人，带江防军出战。清军闻黄兴名，俱胆落。兴挥队猛扑，清军反奔，直追抵刘家庙。惟清军武器精良，加之众寡不敌，虽得而不敢守也，仍退回原地防御。命炮兵管带孟广顺，步兵管带陈人杰镇守六渡桥，王安澜守水塔附近，江防营则布置于总司令部附近各要隘。时参谋甘绩熙在汉游击数日，见七、八两日之惨状，回府报告战情。府中闻谢、蔡、马、李阵亡，锡藩受伤，兵士伤亡二千余人，都督以下无不悲愤。幸有黄总司令在汉震摄，亦略安慰。是日，清廷复授袁世凯为钦差大臣，以冯国璋总统第一军，段祺瑞总统第二军，均归袁节制调遣，召荫昌回京。其日山西光复，推第二标标统阎锡山为都督，督练公所会办温寿泉副之。初九日晨，总司令检查所有队伍，其结果开列于后：

一、步队第二协，兵额约两千人。

　　标统胡效骞。

　　标统刘廷福。

　　协统何锡藩伤，以罗洪升代。

　　标统姚金镛病，以刘廷福代。

二、步队第四协第七标，兵额约一千人。

　　协统张廷辅伤。

　　标统胡廷佐。

三、步队第五协，兵额两千余人。

　　协统熊秉坤。

　　标统杜武库。

　　标统伍正林，督队官方汉农。

四、步队第一协林翼支之一标。

五、马队一营，管带黄冠群。

六、炮队约一标。

　　标统尚安邦。

七、工程队一营。管带李占魁.

八、敢死队约二大队。

　　队长方 兴。

队长杨金龙。

九、季雨霖之团防兵一千余名。

据检查以上各部队人数，第四协欠第八标。林翼支一标，只有百余人。总司令一面通知都督，一面问林翼支。林云："兵士系在汉口附近招募，夜间各潜归家。"总司令曰："此系最危险之事，何不严办？"林无言可答。黎又接黄兴通知，谓第八标官兵俱不见。查知杨标统显清，在家办理结婚喜事，擅将队伍带回武昌。于是孙武、张振武等派人将杨标统请至都督府，开军法会议。众诘以违令事，议决死刑。杨氏曰："某知罪矣。"立解佩刀、臂章呈都督，从容步至刑场，面枪手曰："请开枪。"即毙之。杨氏襄阳人，初为第二十九标步兵伍长，首义时，在标为首先发动人。攻督署，战汉口，俱有大功，故屡迁至标统。今以违令被戮，同志多哀之。是日，总司令命熊秉坤、胡效骞等负责防御各阵地，并配敢死队在后督率。歆生路由江防营警戒，堤后由尚安邦布置炮队放列，附以工程营，赶筑掩堡。又以林翼支为预备队。蔡济民、杨玺章、甘绩熙、王安澜、高建瓴等分途在各段监督防御。歆生路沿街树林最多，敌军恐有伏，不敢前进。我军匿民房后，遇敌即击之，敌军搜索困难。正午，敌军向歆生路树林猛击，我军亦不还击，敌渐前进。午后二时，敌进达我军防御线，于是我步炮队齐发，屋内伏兵亦喊杀，声震天地，敌军不明真象，退还原地。随贼将冯国璋反攻六渡桥，以重炮轰击我阵地，我炮兵管带孟广顺阵亡。并纵火烧江汉关军政分府，势益险恶。是晚，湖南来电云，已派王隆中、甘兴典，各率步兵一协，来鄂应援。又云南蔡锷来电，谓腾越厅已为张文光光复。都督当将各电通传各部队，令耐苦坚守，各部队亦欣欣然有喜色矣。初十日午前九时，总司令派胡瑛、张振武、蒋翊武，及参谋人员吴兆麟、杨玺章、蔡济民、徐达明等，视察各阵地。时两军仍在歆生路附近以炮火战斗，皆未前进。杜武库奉都督命，同参谋甘绩熙，带队赴汉口助战。杜、甘至满春茶园一带，不见一兵，持望远镜登高细瞭，则多伏铁路旁柳林中及高粱田内。于是冲锋四次，直薄林下，将敌人尽驱于高粱田内。我军以铁道堤塍作掩护，以击高粱内之敌，所杀过当。惜兵少不敷分配，乃至守满春总司令部者，亦无兵可派，绩熙愤极，渠一人守满春要口一夜。总司令亦急，当发如下之命令：

总司令命令（九月初十日午后九时于满春茶园发）

一、满军仍占领大智门新停车厂附近。

我湘军已有步兵两协，业已出发，不日来鄂援助。

二、本军今晚拟在原占领阵地，以战斗队形过夜。

三、步队第二协警戒线，右翼由歆生路后城马路起，左翼至查家墩以东，火车站之堤防一带。

四、步队第五协警戒线，右翼与步队第二协联络，左翼至玉带门一带。

五、其余各队之集合地如下：

步第七标在满春以北空地。

马队一营，在满春西端。

炮队一标，在满春西北端附近。

工程一营，在满春北端附近。

敢死队二队，防御满春本司令部。

六、步队第一标，及季雨霖标，警戒汉口市街各要地。

七、各队给养，用军政分府预备之粮秣。

八、本总司令在满春茶园。

总司令黄兴

注意：今夜口号—复汉。

是日，湖南反革命党谋变，杀都督焦达峰，副都督陈作新，拥谭延闿为都督。同日，袁世凯令其部属鄂人刘承恩寓书都督言和，都督召集府中高级职员商应付之策。佥谓刘书俱认贼作父之词，如何答复，因置不理。又江西来电，谓马当金鸡坡海军已归顺，现皆集合九江，不日派兵一协，用军舰运鄂应援。十一日午前十时，敌藉歆生路附近房屋掩护，用机关枪猛射，我军右翼受伤过重，后退。敌乘机放火，烧歆生路房屋，使我军失所依托。复用重炮猛击，我右翼节节后退。季雨霖在市街指挥，一弹由胸洞背，当昏倒，由兵夫抬送医院。正面及左翼见右翼火起退却，亦借抬伤兵陆续后退。黄兴在后阻止，士兵复绕两翼潜逃。黄兴手刃数人，亦不能止。午后二时，我军前线队伍渐少，黄兴无法维持，下令各部队退防玉带门。敌即节节纵火，烧市街商店，烧一段，即占据一段。黄兴急，虑汉口不可保，通知都督，火速催湘军应援。都督饬船政局开多只小火轮赴上游，接湘军来鄂。时汉口已失正式战斗能力，全恃一般勇敢同志，若甘绩熙、高建瓴等，以个人之勇气，呼朋引类，横冲直突，使敌不能揣测。是晚黄兴通报都督，谓现查汉口部队，除伤亡外，共计不及五千名，实无战斗力也。都督即召集紧急会议，决议如下：

一、除派轮船迎接湘军外，再电江西派兵，偕同海军来鄂援助。

二、汉口各队，仍竭力固守，使敌迟滞前进，以待援军之来。

三、武昌、汉阳，宜严密警戒，不可稍事疏忽。倘有疏虞，决以军法从事。

四、所有战斗队伍损失缺额，一律补足。唯受伤长官，或派人代理，或另行委人，看情形酌定。

五、湖北军队，以五协之众，加以特种军队，防御武汉，其兵力亦不为少。各协宜赶练补充兵一团，以资补充。

六、通电各省，数清军在汉口纵火延烧市街民房之罪恶。

七、汉阳、武昌附近，加筑极坚固之防御工事。

八、仍电请响应各省，迅速出兵，合攻清军，使其各方不能兼顾。

当即照会议各节，分别进行，一面通知黄兴，令汉口部队固守原地，以待援军。一面派轮船到襄河内停泊，以便接济汉口部队。军务部孙武、张振武、蒋翊武等，以兵士伤亡太众，商决扩充步兵两协，及先锋队一协。以邓玉麟、罗洪升、王国栋为协统。军政府见汉口情况较紧，令饬军政分府，将子弹、粮秣派输送队搬至汉阳。而詹大悲早走九江，分府无人负责，遂由辎重营营长胡恢汉（即祖舜）清查所存军需物品，知已焚烧尽净，损失甚巨。是夜，敌在市街纵火，共计火头六处，人民呼救之声，惨不忍闻。商家纷纷雇船搬迁，或移租界，敌乘便抢掠，被我军民捕杀者亦多。山西巡抚吴禄贞在石家庄抗疏，请清廷诛在汉口纵兵烧杀之将帅，以谢天下。是日，清廷罢亲贵奕劻等，摄政王退位，命袁世凯为内阁总理大臣，组织内阁。以魏光焘为湖广总督，王世珍先行署理。世凯于是日由项城南下，抵孝感，周历前线各营，并授诸将密计而归。先是世凯奉起用之命，屡以足疾力辞，嗣袁之故旧内阁协理大臣徐世昌微服出京，亲往密谈，始应召。然以招集旧部，筹备饷糈，至九月二十三日始入京。当清廷之起用袁氏也，第六镇统制吴禄贞语人曰："清已不成问题，惟袁在，则战祸不知何日能已。"乃说第二十镇统制张绍曾及奉天混成协协统蓝天蔚，使天蔚草十二款奏稿，联名以要清廷，不纳，即三面攻北京。清廷览奏，大惧。命资政院议决宪法十九条，公布以塞之。禄贞见计不售，复密组燕晋联军，约张绍曾、阎锡山，共图会攻燕京。是日，云南省城光复，公推新军协统蔡锷（字松坡，湖南宝庆人，日本士官毕业）为都督。十二日（一说为九日，兹据孙种因《重九战记》书之。）晨，黄兴命汉口各部队，仍在后堤至玉带门一带防御。又派查光佛通知甘绩熙、杨传连、伍正林，防御张美之巷附近。午前七时，清军在歆生路刘家花园一带，专用炮队射击市街，节节纵火。并向汉阳兵工厂及武昌都督府轰射威胁。午后一时，复派步队与机关枪，由王家墩绕至玉带门北，向我军右翼攻击。我预备队及敢死队潜绕清军右侧轰击，旋吹冲锋号，黄兴命各队齐出向敌冲杀。敌后退，我军追之。敌复以大炮猛击，我军仍退回原阵地。时市街火头愈烧愈烈，两军以火为界，只能炮战。都督知汉口之危局无法挽救也，于是派员赴汉口接黄兴渡江。午后六时，黄兴命各部队仍守原阵地待援。如万不获已，即退汉阳，沿襄河一带防御。黄兴返武昌，与都督会商湘军到后应敌之策。当召集紧急会议，黄兴主席，报告如下：

一、兄弟日前来鄂，即往汉口督队，意欲反攻，恢复汉口。不料各队新兵最多，秩序不整，颇难指挥。

二、军官程度太低，均不上前指挥。至战时，因与兵士穿一样服装，辨别不清，亦极复杂。

三、各队战斗日久，伤亡过多，官与兵均已疲劳太甚，毫无勇气。且一闻机关枪声，即往后退。

四、兵士中在武汉附近所招者甚多，一到夜间，即潜回其家，以致战斗员减少。各军官因仓卒招募，亦无从查实。

五、民军军火，全在步枪，无机关枪，一与敌接近，即较敌人损失为大。民军炮队又系山炮，子弹射出，又不开花，且射出距离太近，不及敌军管退炮效力之远。

六、查满军俱系北洋久经训练之兵，秩序可观，亦善射击。唯冲锋时，不及民军灵敏。故每闻民军冲锋喝杀声即往后退。此民气之盛，可恃者仅此耳。

大众闻言，均以为然，望湘军来甚急。一面准备固守汉阳及武昌根本。又分电各省已响应者，均派兵来鄂应援，未响应者，促其响应。居正复提议决守汉阳，请都督任命黄兴为战时总司令，所有鄂军援军，概归节制。并请都督于明日行拜将式，以昭隆重。一致赞成。是晚，湘军援鄂第一协统王隆中及第二协统甘兴典，各率步兵一协抵武昌。都督派员率军乐队，赴文昌门外江岸迎迓，以两湖书院驻王协，平湖门乙栈驻甘协。市民闻援军至，欢呼雷动，群放鞭炮以迎。都督犒赏军需物品及牛酒甚丰。居正代表黄总司令往劳。少顷，王、甘两协统至军政府谒黎都督、黄总司令及一般首义同志，欢聚一堂，充满革命空气。都督向王、甘两人致欢迎词曰：

贵湘军在国内素有威名，百战百胜。此次来鄂作战，军政府极表欢迎。先请固守汉阳，则汉口不难恢复。指日大功告成，满清消灭，论功行赏，贵统领必得千秋万世之光荣。此次武昌倡义，军队不多，不得已扩充数协。但时间急迫，不及训练，驱之作战，形同乌合，军容不整，指挥困难。加以战斗太久，极为疲劳，死伤颇众，目下兵数缺额太多。拟请贵军明日赴汉阳接防，以便将久战之军，另行补充编练，再图合攻汉口之敌。望贵统领等，转告各部属，务齐心努力，奋勇立功，无任盼祷。

王、甘二人敬谨答谢，并与诸同志一一周旋回营，具领子弹及军需物品，准备出发作战。黄兴见湘军已到，喜形于色。各同志益兴奋，武汉人心，略安定矣。即敌军亦侦知之，而不敢轻进，第在汉口赶筑防御工事，以防湘军进攻。汉口被敌军纵火延烧，市民迁徙净尽，粮秣给养极其困难，我军因陆续向汉阳退却。兹将是日退至汉阳部队概数及布置列下：

一、步队第一协协统蒋肇舰，其兵力约一千余人，防御兵工厂。

二、步队第四标统带胡效骞，其兵力约三营，共一千二百人，防御汉阳黑山剳丝口一带。

三、步队第四协协统张廷辅，其兵力约两标，共两千人，防御汉阳南岸嘴至兵工厂一带。

四、佚。

五、步队第五协协统熊秉坤，其兵力两标，约二千六百余人，防御汉阳十里铺、锅底山一带。但派有一部，警戒琴断口三眼桥。

六、炮队约山炮两营，以一营在大别山（即龟山），以一营在黑山。

七、工程一营管带李占魁，分配步炮队，构筑防御工事。

以上退至汉阳各队，都督特派参谋部人员吴兆麟等赴汉阳照料，分段防御，构筑工事。一面整顿队伍，俟湘军开到换防。旋都督据兆麟等报告，即饬各队严行防御，死守待援。是日，刘承恩又奉袁世凯命，函达都督言和。众以袁氏求和三次，可利用反戈，当答以苟袁氏赞成共和，即推彼为大总统。袁氏督师，汉口已得，而不乘胜进攻，此书与有力焉。十三日晨，作者在汉阳府署检点文书，一同事走告曰："闻昨夜铁政局协统宋锡全已带全协部队走矣。"余闷甚。又一工役曰："大人（时犹称知府为大人）已走。"余急趋视，果然。视职员，则曹部一空，惟一胡姓号芸香者在。视门卫，则寂无一人。急反告胡君，促行，余趋朝宗门渡江无舟。溃兵复纷纷下。因思胡瑛昨夜至府署云，武汉不能守，余蹴瑛足止之，恐摇动府中人心也。临行，瑛私语余曰："难先兄，要活动一点，吾辈明日在沌口，收集溃兵守岳州。"余见彼惶遽甚，亦未便多言而别。以为退岳州，是政府公意，即步行赴沌口。途间溃兵频频顾余，余恐其误会行劫也，解长衣置肩上以行。抵沌口，遍街觅收容所，毫无所见。赴江边，则见沿岸所弃枪身枪机无算，无过问者。始知瑛说奇异，乃辗转至武昌。则知瑛等前晚在铁政局开秘密会议，主张弃武汉而守岳州，命宋锡全将兵工厂之机件，乘夜撤卸运湘，外人莫得知也。瑛等盖以汉口失，汉阳、武昌，决不能守，此亦事理之常。岂料汉口失，清军竟取守势。说者有谓袁知各省独立，即得武汉，亦无救于清廷之亡。因一面取汉口以威胁党军，一面密令部属，不许进攻，以愚清廷，而收渔人之利。清军不急攻汉阳，我军因得从容沿汉江布防，而局势又定。于是瑛等退湘之计画不行，而宋锡全之临阵脱逃，复撤去兵工厂之机器他运，则罪无可逭矣。锡全轮抵长沙之新河（章裕昆纪事，载为九月十一日，注以待考），湘督已得鄂电，列队江岸迎击，宋令鸣号致敬，始止。轮抵岸，宋即被执，甚诧异，私揣应无他。解至督署，宋求见焦督，不答，交军法处会鞫。示以鄂督致谭都督电曰："鄂军第一协统领宋锡全，临阵退缩，卷款潜逃，请即正法。"宋览电，始知焦督易谭，欲启辩，不应，当即正法。以首级解鄂，悬城门三日示众。同行之王宪章、胡玉珍、祝制六等俱下狱，卫兵缴械，部队中途闻警自散，此宋锡全之冤狱也。余因佐治汉阳无状，同志商任事者，俱谢之。时李长龄亦以事忤黎，辞职。吾二人俱以闲散之身，各处探听消息，供各同志参考。是日上午，都督在阅马厂集合各部队，举行拜将典礼。届时，黎都督与黄总司令并辔出军政府，登台拜黄兴为战时总司令官，都督授印、授令剑，以兵属之。并训话，勉各军领袖绝对服从总司令。黄总司令答礼毕，随作简单演说，各军环呼万岁。旋渡江往汉阳，组织总司令部。

汉口战事遇害阵亡烈士名录

姚　斌	传见后	熊世藩	传见后
徐少斌	传见后	谢元恺	传见后
蔡德懋	汉口阵亡	李继广	传见后
赵承武	汉口阵亡	马　荣	传见后
李忠孝	汉口阵亡	石占魁	四十二标二营副代表，在汉口刘家庙阵亡
孟华臣	传见后	郑雄飞	汉口阵亡

孟广顺 炮队营长，在六渡桥阵亡。

以上共十三人

汉口战事伤亡无姓名之烈士数目汇记

八月二十五日，刘家庙死伤共约三百五十余人。

八月二十六日，三道桥阵亡士兵十余人，伤二十余人。

八月二十九日，滠口阵亡官兵二百余人，伤七十余人。

九月初五日上午，谌家矶阵亡官兵五百余人，伤数无稽。

下午，谢标阵亡官兵五百余人，伤一百八十余人。

姚标阵亡官兵一百余人，伤七十余人。

杨标阵亡官兵一百四十余人，伤九十人。

蔡标阵亡官兵五十余人，伤七十余人。

敢死、工程、输送各队共阵亡官兵一百余人，伤五十余人。

九月初七、初八两日，官兵伤亡二千余人。

再初九至十二日，汉口激战三四昼夜，然死伤数无稽。

汉口战事遇害阵亡先烈列传

熊世藩传

张难先

熊世藩者，共进会会员。武昌首义后，见辎重第八营管带萧安国率所部逃汉口，负隅相抗，危之。径渡江入萧营，说其士兵反正。事泄被获，直认不讳，当就义于刘家庙江岸。时八月二十二日。同时运动萧营者，有姚斌、萧国宝、李国梁、及世藩共四人。斌另有传。国梁因蓄辫开释。当时绑赴刑场者，为斌、世藩、国宝三人。斌、世藩，当场击毙。国宝连击三枪，刽子以为死矣，离去。殊未中要害，夜苏。国宝蛇行入小舟中，渡江，医愈。后任十三旅旅长。

姚斌传

张难先

姚斌，字义卿，湖北沔阳人。勤学负特性。在陆军特别学堂时，成绩最优，师友俱爱重之。辛亥，武昌光复，充军政府参谋。见辎重第八营管带萧安国带所部负隅汉口。斌言于其师李长龄曰："安国素亲亲贵，今兔脱踞汉，实巨患也。安国性根劣，不可说。愿与其部下图之。其部下纯属黄帝子孙，未染官僚习气。"斌拟挺身说之，俾来归。长龄曰："汝意诚善，恐事实非易也。"斌曰："事安得计成败，第视当为否也。"长龄曰："善，汝往哉。"于是斌击楫渡江，径赴刘家庙萧营，遍谒连排长，痛陈种族大义，俱感动。事为萧安国所觉，执之。慷慨就义于刘家庙江岸。时八月二十二日，年二十六。斌沔阳下查埠人，其子女各一。今年同里朱树烈来书告余曰：斌子结婚年余，即病故。

论曰：义卿就义之次日，李长龄涕泗纵横，走告余曰："义卿死矣。平时好以节义相期许，今果偿其志，若不胜其戚者。"余慰藉之。长龄至辛亥后，亦感叹如义卿君之不可复见，乃闭门谢客，至十七年而老死牖下。今去长龄死时又十七年矣，江河日下，吾如之何无悲。

徐少斌传

张难先

徐少斌，或曰绍斌，曰兆宾，共进会会员，工程营营代表也。八月十九日，工程营首义，代营长阮荣发严厉制止，少斌枪杀之。随总代表熊秉坤等赴楚望台占领军械库。时诸军云集，约攻督署，少斌率一支队向望山门进攻，达督署，冲锋陷西辕门，以纪鸿钧火督署免。武昌光复，长敢死队，率队渡江。八月二十五日，汉口之捷，与有力焉。时指挥官何锡藩以敌人退滠口，再攻，则左翼为江，右翼为湖沿，军法所忌，不敢攻。少斌曰："行军乌有万全者，不乘胜急攻，转瞬敌兵大至，顾可为耶？"乃告奋勇攻三道桥。舆论复主战。何锡藩即派谢元恺为司令，少斌为前卫。八月二十六日午后一时，少斌带队前进，至二道桥，命士兵射击，敌无应者。少斌直冲至三道桥，桥下伏兵起，以机关枪扫射，兵士伤数十人，少斌阵亡，尸落水中。

论曰：此一役也，议论至为纷拿。讲军学者，谓地势如此，不可攻。言革命者，谓必胜而后战，命可不革。两说时相水火。惟少斌见义勇为，刚断于俄顷间，至今犹有生气，懔懔可敬也。

谢元恺传

张难先

谢元恺者，原八镇三十标三营左队队官也。其标多旗人。十九日夜，我军以重炮击散之。元恺已投民军。其营长杜锡钧已拜军政府第二协统之命。乃委元恺为第四标统带。旋锡钧调长军令部，而代以何锡藩。元恺于二十四日随何渡江作战。次日，奉命沿京汉路当敌正面，射击极为猛烈。午后四时，敌步炮队标，余以火车输送增援。我炮队击翻敌车，元恺冲锋，占领刘家庙，追敌至滠口。后元恺屡攻三道桥，俱以地势不宜失利。复易汉奸张景良作指挥官。于是敌海陆军攻破我造纸厂、刘家庙各阵地。我军退大智门，誓图反攻。遍觅指挥官不获。元恺曰："何处觅指挥官，事急矣，我愿为前驱。"议定。各部队随元恺攻刘家庙。敌机关枪弹如雨下，元恺令上刺刀冲锋，敌不支，退。遂夺回刘家庙，并追敌至造纸厂。会贼将王占元、鲍贵卿增加一镇以上之兵力，亲出督师，相持一日，我军张廷辅受伤，刘家庙复为敌军占领。都督命元恺代理第四协统领。翌日，清军倾巢来犯。元恺令吹冲锋号，齐出喝杀，毙敌甚众。卒以众寡不敌，阵亡。时九月初七日也。

论曰，大矣哉，人生之成败，重系乎遭际也。使元恺不幸而死于义军之炮火中，则与蝼蚁奚异。幸免，而投民军，任偏师，转战于铁骑四围之中，屡立奇功。虽古之名将何以过。乃又因隶汉奸张景良麾下，毁我军实，挠我戎机，致将星西陨，马革裹尸。诚哉，遭际之不偶也，不然则韩、彭比烈矣。

马荣传

张难先

马荣，鄂城人。投工程营当兵士，居恒以节义自期，同列未之许也。辛亥入共进会，任营代表。八月十九日，奉命守楚望台军械库，夜闻工程营枪声，知已发动，乃起事占领军械所，手刃旗兵十八人。旋与熊秉坤等组织敢死队，攻总督署。武昌光复，渡江与清军鏖战，屡挫敌锋，清军多有知马荣其人者。后黄总司令至鄂，敌军侵入六渡桥与襄河口一带，荣愤甚，率敢死队与敌肉搏，突破虏阵数次，杀伤过半。卒以众寡不敌，为清军围数匝战死。死后得其尸，知为马荣也，剥其肤，剖其心以泄恨。时九月初八日。

论曰：马荣非英勇绝伦，何至剥其肤，剖其心哉。剥其肤，剖其心，即所以彰马荣之英勇也，然而惨矣。

孟发成传

张难先

发成姓孟，河南南阳人。投湖北第八镇炮队当士兵，参加共进会，被推为营代表。其所运动入会者略二百余人。得一人，即书其名于红绫上，书满，再具一方，共藏三方，其大幅则列七十余人。辛亥八月初三日，翟殿臣等饯梅青夫行，纵酒悲歌，官长欲笞之，殿臣怒，夺炮欲发难。发成夺其枪劝止，伤指，血如注。奔城内机关部告急，赵师梅为之裹伤。机关部令发成归视，若俱动，则俱响应，若只一二棚，则令彼等易装逃，免牵动全局也。发成衔命归，竟将事变弥缝，未兴大狱。事详武昌首义篇中。十九首义之夕，发成同徐万年率队进城，轰击督署，瑞澂遂逃。发成为一炮手，各炮位之设置及职司之分配，俱出其手。其得人实出总代表徐万年上，有指挥炮队之权。然从不要求名义，长守炮位，以炮手自居。九月初六日，汉口以张景良之通敌，我军大败。发成发炮猛攻，竟阵亡于后湖堤畔，惨矣。

论曰：吾欲写发成传，寓书赵师梅问状。据答，发成为人忠诚，重然诺，有古烈士风。诚哉其不爽也。惟其人淡泊无名位，迄今举其名者，或曰华臣，曰发丞，甚或人与名俱忘之，悲夫。

李继广传

李春萱

李继广，沔阳南乡人，春萱族弟也。少同赴武昌游学。见外侮日亟，清廷泄泄沓沓，措注乖错。继广愤慨填膺，每谈及满夷入关之扬州十日，嘉定三屠，辄泪下。春萱时亦志萌改革，睹其情状，引为同调，潜约在武汉为大图。继广赞允，主先联络军学两界。春萱肄业两湖师范学校，继广投新军第八镇充兵士。值陆军特别小学堂立，膺选入堂，结合同舍生之抱革命思想者，如蔡济民、萧国宝、曾尚武、杜武库等商讨方略，秘密推动。虽未正式组织社会，而革命根荄，已缘是遍滋于军学两界。逮居正、谭人凤、杨时杰诸君先后莅鄂，倡办革命党团，继广居间奔走，尽力颇多。辛亥起义，军政府设军政部，公推负干部之责。继广谓胡虏未灭，敌军压境，吾辈军人，应进而与作殊死战，且后方不乏贤能可任，拒不受。旋委为北伐军团长，即率兵往汉，镇滠口，与清军隔河而阵。惟所部多新军，而众寡悬殊，难于支持，继广亲冒石矢，指挥不稍弛。抵暮，谓死守此无益，宜涉水而前，攻退清军，纵危险较甚，牺牲不顾也。翌日拂晓，果渡河进击，其锋精锐，清军节节后退。奈江中兵舰未反正，射程可达继广军，继广正追逐间，军舰开炮轰击，我军死者无算，继广乃以身殉，尸陷敌阵，未夺回，可谓壮烈矣。继广有父母妻子，继广没后，春萱亦因讨袁亡英伦，家少将护者，嗣黄陂继任总统，春萱被召回国，则闻继广家属，均已物故，追怀既往，不禁凄怆。而继广死事，无人道及。今张公难先撰《湖北革命知之录》，为辛亥死难烈士立传，特述其概，以备采纳，垂不朽焉。

汉阳战事始末

九月十三日下午，总司令黄兴赴汉阳组织总司令部。原择定伯牙台为部址，嗣以距汉口太近，敌弹可达，即以南数里之淮军昭忠祠为总司令部，归元寺为粮台。时李书城自北京归，即委书城为参谋长（时任北京军咨府科员，武昌起义，其第一厅厅长冯耿光派来汉口查察军情，书城素主革命，复与兴同学，因委任焉），王孝缜（号勇公，福建人，时亦由北京来鄂）为副官长，杨玺章、高尚志、吴醒汉、张羽等为参谋，甘绩熙、李南星等为参谋，兼战地制图工作，田桐为秘书（冯自由亦使作参谋），王安澜为粮台总办，胡祖舜任后方勤务，蔡达生任军法，康济民任庶务，何亚新任会计，陈磊任金柜。组织毕，总司令率全体职员视事，并传知湘军两协，准于明早开赴汉阳接防备战。是日，接吴禄贞在石家庄截留清军子弹，响应民军消息。又闻清廷下罪己诏，取消皇族内阁，命袁世凯组织责任内阁，颁布“十九信条”等。众知满清已至崩溃时期，不觉狂喜。十四日，上海、江苏、浙江均先后光复，上海推其美为都督，江苏推程德全为都督，浙江推汤寿潜为都督。晚间，接侦探报告，谓清军在汉口桥口玉带门、观音阁一带防御。又刘家庙至桥口一带，均有清军节节驻扎。又谓孝感至新沟方面，亦有清军小部队出没，似有绕攻汉阳之势。黄兴接以上报告，即与参谋长李书城计画攻守事宜。黄、李均初至鄂，于部队情形不甚明了，函都督请派熟悉军队情形之参谋，赴部协助。是晚，都督派吴兆麟率蔡济民、姚金镛、徐达明、宾士礼、夏维善等往汉阳总司令部赞襄军务。十五日，黄兴率参谋长李书城，参谋吴兆麟等巡视防御阵地，先至大别山，然后由右翼南岸嘴起，经十里铺至左翼三眼桥止。旋回总司令部，命侦探科长胡鄂公多派侦探间谍，赴汉口方面侦察敌情。并派侦探赴新沟、蔡甸方面广远搜索。是晚，接得各方报告如下：

一、满军仍沿京汉铁路自刘家庙至玉带桥一带备战。

二、孝感至新沟方面亦发现满兵侦探。

三、满军利用湖北旧日军官，充其间谍，侦察民军情形。一面散布谣言，一面派人投毒药于水井，以图残害民军。

黄兴接以上报告后，即传知各部队严为防御。又派人盘诘形迹可疑之人以防奸细。十六日，湘军第一协部队已完全开至汉阳。黄总司令命赴十里铺附近防御。协统王隆中曰："我协愿休息数日，听总司令之命，攻汉口之敌，长在十里铺度安闲生活，非士兵初志也。"黄悦，令在十里铺集合待命。是日，松江、清江浦光复。松江组军政分府，推钮永建为临时会长，旋推为军政部长。清江浦组军政分府，推蒋雁行为江北都督。时清廷大惧，赦前谋炸摄政王之汪兆铭、黄复生等，资遣回南，欲彼讲解。十七日，广西、镇江光复。广西推巡抚沈秉堃为都督，王芝祥、陆荣廷副之。镇江组军政分府，推林述庆（字颂亭，福建人。时充江南第九镇营官）为都督，许崇灏为参谋长。是日，接各方面侦探报告如下：

一、袁世凯、冯国璋命南下之清军，于黄河以南，所有铁道、铁桥、车站及电局，均派重兵保守。但袁世凯之大本营在孝感，冯国璋之司令部在汉口大智门，其所到地方，遍贴布告。

二、清军现由北运来重炮数门，并架桥材料，均已到汉。但架桥材料，似欲在襄河架设桥梁，有准备攻我汉阳之举。

三、清军在大智门及招商局附近，设有管退炮位，专司武昌、汉阳射击。

都督将以上报告通知黄总司令，黄总司令亦将汉阳防御情形报告都督。除以步队第二协防御武昌城附近，以步队第三协防御青山一带，武昌凤凰山设有重炮外，兹将汉阳防御部队列下：

鄂军步队第一协，协统 蒋肇舰。
鄂军步队第四协，协统 张廷辅。
鄂军步队第五协，协统 熊秉坤。
鄂军步队第四标，统带 胡效骞。
湘军步队第一协，协统 王隆中。
鄂军炮队团，团长 曾继梧。
鄂军工程第一营，管带 李占魁。

以上各步队员额、枪支、被服、弹药等项，均补充完足，预备反攻。是晚，吴禄贞被刺于石家庄，死焉。其副官长周维桢（字干臣）、参谋长张世膺（名华飞，一字育和，江西德化人）同及于难。刘伯刚、孔庚、副官曹进等，仅以身免。先是武昌起义时，禄贞请以所部第六镇之师往，清廷疑之，令从督师荫昌行，拟戕诸途。吴疑有异，称疾不行。及滦州军逼清廷立宪，以吴得将士心，命往抚之。至则演说革命所由来，其利益不专在汉人。军士有隶旗籍者、至是亦心折。乃定计纠合诸军，顿兵丰台以逼清帝逊位。谋泄，清廷潜调京奉路线列车集京师，军不得行。会清廷令所部第六镇往攻山西民军，吴在滦州闻报，径抵石家庄，叱令六镇将士无得进攻，而单骑叩晋关，与晋军定议，联合燕晋诸军，协力图北京，劫取清军南征之辎重，以厚军实，而以山西民军就抚报清廷。并带山西民军五百人来石家庄。清廷诇知吴有异，袁世凯尤惮之，乃命吴为山西巡抚，阴遣贼刺杀之。是时如吴谋能遂，则北京专制之瑕秽，可及早荡除，无须南北议和，经种种之波折，而我共和国家，更不知作何景象也。详具庚子汉口之役篇禄贞本传。十八日，接九江转来电报，谓安庆业已光复，举巡抚朱家宝为都督，王天培为副都督。实则朱为自全计，阳示反正。前詹大悲所派之吴春旸等恨其狡诈，檄独立各州县进攻省会，朱乃离皖。孙毓筠、柏文蔚相继任安徽都督。总司令部接侦探报告，满军于汉口上关及花楼一带，并在黑山对岸，构筑掩堡，沿江岸均设有炮位。又据谍报，谓满军兵力除连日战斗死伤外，尚有一万余人。本日下午一时，其后方续到增援部队约五千人，已抵祁家湾。又有步队约一标，由信阳萧家港南下，今晚可抵汉口。是日黄总司令乃发如下之命令：

战时总司令官命令（九月十八日午后三时于汉阳昭忠祠）

一、满军在汉口军力约一万余人，在汉口刘家庙至桥口附近。又于上关及花楼一带，并黑山对岸，均构筑掩堡，沿江岸设有炮位。又由孝感至新沟方面，有满军出没，清廷派袁世凯南下，现已抵孝感。冯国璋在大智门。又迭接上海、浙江、江苏、广西、安庆来电，均已宣布独立，拟派兵应援武昌。

二、本军拟在汉阳南岸嘴至三眼桥附近一带防御。

三、步队第四协统领张廷辅率该协于南岸嘴，至兵工厂附近，占领阵地，且派一部掩护我右侧。

四、步队第一协统领蒋肇舰率该协占领阵地，右翼与第四协联络，左翼至钢药厂西端附近。

五、步队第四标统带胡效骞率该标与步队第一协联络，须于黑山至割丝口附近占领阵地。

以上各队，须利用时间，构筑强固防御工事。

六、湘军第一协统领王隆中率该协及工程第一营，在十里铺、锅底山附近，占领阵地，但须构筑强固防御工事，且派一部警戒琴断口、三眼桥附近。

七、炮队团标统曾继梧率该团须于大别山、黑山、仙女山、扁担山附近选占阵地，以能射击汉口龙王庙至玉带门及琴断口、三眼桥附近为要。

八、步队第五协统领熊秉坤率该协在十里铺为预备队。

九、各部队给养，派员在归元寺粮台领取粮秣。

十、予在汉阳昭忠祠。

总司令官黄兴

同时又给粮台司令及辎重第一营训令如下：

给粮台司令官及辎重第一营训令（十八日午后三时于汉阳昭忠祠）

一、本军拟在汉阳南岸嘴至三眼桥防御。

二、该粮台司令官王安澜、辎重第一营胡恢汉，须按照在汉阳本军所辖各部队准备粮秣，以便各部队派员领取。并须先在本司令部计算各部队报来人数，妥筹办理。

三、予在汉阳昭忠祠。

总司令官黄兴

十九日，据各侦探报告，满军第四镇全部兵力驻扎汉口各要地，及第十混成协全部驻孝感。第五镇之一协于今朝八时已抵孝感。又据土人云，满军一支队似由新沟向蔡甸前进。斯时全国陆军共三十六镇，在各行省者多已反正，只近畿六镇（即北洋六镇）受清廷调遣及供袁世凯抗顺耳。兹将满军兵力列下：

北洋六镇

第一镇，统制 赵国贤　驻南苑。

第二镇，统制 马龙标　驻保定。

协统 王占元　（已南下在汉口指挥）

协统 鲍贵卿

标统 马继贞　（已南下）

第三镇，统制 曹 锟　驻长春

第四镇，统制 王恩澄　驻马厂（全镇南下驻汉口）

　协统 陈光远

　协统 何丰林

　标统 蒋廷璋　（炮队）

　标统 张九卿　（马队）

　标统 刘起垣　（步队）

　标统 李厚基

　标统 吴长植

　标统 张致平

第五镇，统制张怀芝　驻山东。

　协统 贾宾卿

　协统 张树元

第六镇，统制吴禄贞　（十七日被刺）

　协统 李 纯

　协统 周符麟

外二十镇统制 张绍曾　驻滦州

当时清廷力量，只有此数，然其中怀革命思想者亦不少。再将袁世凯进攻阳夏之主力军列下：

第四镇全部

第五镇一协

第二镇一混成旅　王占元指挥　步队标统 马继贞

第六镇一混成旅　李 纯指挥　马队标统 贾德耀

　　　　　　　　　　　　　　步队标统 吴鸿昌

河南步队约二营　张锡元指挥　管带朱凤藻

总司令部 先设信阳州。次孝感县。（称湖广总督行辕）

再驻滠口。现移汉口大智门。（袁世凯行辕仍在孝感）

由上表观之，袁世凯实无抗拒革命军之能力，然犹勉强挣扎者，实别有肺肠耳。是日，总司令接以上报告，即以祁国钧率马队一营，步队一营，赴蔡甸附近，防止满军渡河。湘军第二协协统甘兴典于是日率该协全部抵汉阳。广东光复，公举胡汉民为都督。江阴要塞亦宣布独立，黎都督通电各省，请派全权委员，赴武昌组织临时政府，以为光复省分联合进行之机关。二十日，袁世凯复派蔡廷幹、刘承恩因汉口英国领事葛福来武昌奉书都督，开列四条：

（一）下罪己之诏。　（二）实行立宪。
（三）赦开党禁。　（四）皇族不问国政。

与我军议和。据称如能承认君主立宪，两军即息战。都督召集居正、汤化龙、胡瑛、胡瑞霖等商议，一面招待蔡、刘二使，一面通知各机关高级职员，齐集都督府开欢迎会。并请宣布来意。刘承恩登台曰：

鄙人系汉人，湖北襄阳籍。前充湖北武建营督带，旋奉命调赴广西，在广西解职后，即到北京。此次武昌起义，袁项城奉命出山，调鄙人随营办事。项城此次派蔡君与鄙人前来与黎都督接洽和议，免得同胞相残。按中国国情，是要顺从人民之意，实行君主立宪，如大家同胞赞成，两军即可息战。

蔡氏继说大旨亦与刘同。两人演说毕，群推汤化龙致答词曰：

今日蔡、刘二君来到武昌，我等同胞极为欢迎。但是我们武昌此次首义并非专行种族革命，实政治革命。我中华民国据有二十二行省，内有汉、满、蒙、回、藏五大族。求五族平等，所以必须改建五族共和。处现在二十世纪时代，君主国逐渐减少，民主国日益加多。如能按照共和制度，实事求是，则满清永久立于优待地位，享共和幸福，较之君主时代之危险，至有世世子孙莫生帝王家之惨，胜百倍矣。我想清廷真有觉悟，顺应潮流，必以吾言为然。请蔡、刘二君转达项城，不必固执可也。

胡瑛、胡瑞霖等亦相继演说，大意俱劝蔡、刘二使，转达项城牺牲君主立宪，赞助共和。蔡等当答以："诸君之意，我二人已领教矣。一俟返汉，即当转达，能否收效，则不敢必。因为我们所受意旨，是君主立宪，如项城能牺牲已见，免除战祸。亦属幸事。"演说毕，都督在府欢宴二使，并为书交二使返汉转达袁氏，书词如下：

蔡、刘两君来，备述德意，具见执事俯念汉族同胞，不忍自相残害，令我佩荷，开示四条，果能如约照办，则是满清幸福。特汉族之受专制已二百六十余年，自戊戌变政以还，曰改革专制，曰预备立宪，曰缩短国会期限，何一非国民之铁血奋争而来？徐锡麟之刺皖抚，安庆之召兵变，孚琦之被炸弹，广州督署之被轰毁，满清之胆，早经破裂。然逐次之廷谕，纯系牢笼汉人之诈术，并无改革政体之决心。故内而各部长官，外而各省督抚，满汉比较，满人之掌握政权者几何人。兵权、财权为立国之命脉，非毫无知识之奴隶，即乳臭未干之亲贵，四万万汉人之财产生命，皆断送于少数满人之手，是而可忍，孰不可忍。即如执事，岂非我汉族中之最有声望，最有能力之人乎？一削兵权于北洋，再夺政柄于枢府，若非稍有忌惮汉族之心，己酉革职之后，险有性命之虞。他人或有不知，执事岂竟忘之？自鄂军倡义，四方响应，举朝震恐，无法支持，始出咸同故技，以汉人杀汉人之政策，执事果为此而出，可谓忍矣。嗣又读奉条件，谆谆以立宪为言。时至二十世纪，无论君主国、民主国、君民与主国，皆莫不有宪法，特其性质稍有差异，然均谓之立宪。将来各省派员会议，视其程度如何，当采择何等政体，其结果自不外“立宪”二字。特证诸舆论，满清恐难参与其间耳。鄂军起义只匝月，而响应宣告独立者，有滇、蜀、赣、皖、苏、杭、粤、桂、秦、晋等省。沪上反正之兵轮及鱼雷艇，共有八艘。其所以光复之速而广者，实非人力之所能为也。我军进攻，窃料满清实无抵抗之能力，其稍能抵抗者维有执事。然则执事一身，系汉族及中国之存亡，不綦重哉。执事之于满清，其感情之为何如，执事当自知之，不必局外人为之代谋。同志人等，皆能自树勋业，不愿再受满人羁绊，勿劳锦注。至疑鹬蚌一层，读各国报纸，自知鄂军举义价值，比拟似觉不伦。倾由某处得无线电，知北京正危，有爱新氏去国逃走之说。果如是，则法人资格丧失，虽欲赠送友邦，而已无其权矣，执事又何疑焉？比闻清廷有召还执事之说，窃为执事分二策以研究之。（一）清廷之召执事回京也，恐系疑执事心怀不臣，藉此以释兵权，则宜援在外君命有所不受之例以拒之。（二）清廷果危急而召执事乎？庚子之役，各国联军入都，始召合肥入定大乱，合肥留沪不前，沉机观变，前事可师。所惜者合肥牵于旧义，仅得以文忠结局，了此一生历史，在今日岂能终无余恨？昔孟子数言“保民”。元洪本一武夫，罔识大义，惟常奉教于孟轲，其心将除保民外无第二思想。况执事历世太深，观望过久，不能自决？须知当仁不让，见义勇为，无待游移。孟子云：“虽有智慧，不如乘势；虽有兹基，不如待时。”全国同胞，仰望执事者久矣，请勿再迟疑三思，有失本来面目，则元洪等所忠告于执事者也。

是日，都督通电独立各省，电举各部政务官，组织中央临时政府以一军权，电文如下：

大局粗定，非组织临时政府，内政外交，均无主体，极为可危。前电请速派妥员，会议组织，谅达尊鉴。惟各省全权委员，一时未能全到，拟变通办法，先由各省电举各部政务长，择其得多数票者来鄂。以政府成立，照会各国领事，转各公使，请各本国承认，庶国基可以粗定。敝省拟中央临时政府暂设七部，一内务、二外交、三教育、四财政、五交通、六军政、七司法。其首长之条件，以声望素著，中外咸知，并能出任政务为必要，盖非此不足以昭各国之信用也。现除外交首长，多数省分已举伍廷芳、温宗尧二君外，其余各首长应请协举，电知敝省，候汇齐后，其得多数当选者，一面电聘，一面通告。时事急迫，希即会议举定。再财政首长，敝省拟举张謇，并闻。

旋各省都督皆覆电赞成。二十一日，侦探陈受涛报称满军有骑兵数百骑，步兵约三千人，欲于毛陈渡架桥，占领蔡甸之金牛山，为进攻汉阳之计。又于汉口桥口铁路南端及歆生路附近，均筑设炮垒。且满军由北运来野炮甚多，陆续增加战线。同日接九江来电云，萨镇冰所统海军下驶，俱已迫降。萨潜逃，公举高级参谋汤芗铭为司令，舰长杜锡珪副之。都督派李作栋持汤化龙书赴浔慰劳海军，令其驶汉助战。不日果至。先是都督命沈鸿烈（字成章，天门人，日本海军毕业）为长江舰队宣抚官，奔走于长江上下游，鼓动各处海军反正。萨镇冰知部属不稳，率海容、海琛、海筹、江贞及鱼雷艇湖鹗等六舰欲逃上海。过浔，为马当金鸡坡炮台所阻，夜泊九江。林森时任浔军政府政务处长，以乡谊开欢迎会，请各舰长官上岸联欢。惟海容舰长隶旗籍投江死。马都督阴派兵赴各舰卸下炮门。萨镇冰亡匿。各舰遂降。同日又接得各探报告敌情如下：

一、满军在南岸嘴及高公桥对岸，均设有机关枪数尊。又铁厂对岸有敌炮兵阵地。

二、汉口水电公司至桥口一带，均有满兵驻扎。戴家山有满军步兵约一营。又姑嫂树附近有满军旗兵约一营。

三、闻满军现由国外购来野战炮十二门。

四、满军步兵约千余人由新沟南下，于本日午后一时，其队头已抵油榨坊附近。

是日总司令因第一协防御不密，令赴武昌换第六协接防，并召集各部队长官开军事会议，规定各部队防御地区，并绘略图。乃发命令如下：

战时总司令官命令（九月二十一日午后四时于汉阳昭忠祠）

一、综合各种情报，满军主力，仍在汉口至孝感附近一带。另有一部似由新沟方面南下。

又接九江来电，海军俱已反正，拟不日来鄂协攻满军。

二、本军拟仍在南岸嘴至三眼桥附近一带防御。

三、步队第四协统领张廷辅率该协仍在原阵地防御。并须利用时间，加筑防御工事。

四、步队第五协统领熊秉坤率该协（欠第十标）右翼，与步第四协联络，须于兵工厂至钢药厂之间占领阵地。

五、步队第四标统带胡效骞率该标于钢药厂及黑山西麓占领阵地，须与步第五协联络。

六、湘军第一协统领王隆中率该协及工程第一营（欠二队）右翼与步第四标联络，须于割丝口至琴断口附近占领阵地。

七、湘军第二协统领甘兴典率该协及工程第一营之两队，于美娘山、三眼桥至扁担山附近占领阵地，并与湘军第一协联络，但须派侦探搜索蔡甸方面之敌情。

八、炮兵团仍占领原阵地，以能射击汉口新停车厂至东亚制粉工厂一带，并三眼桥附近为要。

九、步队第六协在七（编者注：可能为十）里铺，同第十标在归元寺附近为预备队。

十、各部给养，仍派员到归元寺领取粮食。

十一、予在昭忠祠。

注意：本部队须按规定防御，配备略图，构筑工事。

总司令官黄兴

命令下后，黄兴派参谋副官到各部队帮同指示防御工事。后复亲赴各部队视察防御阵地。连日以来，敌军汉口炮队昼夜向汉阳兵工厂及归元寺射击，然无大损伤。兵工厂照常兴工。又敌每于夜深之际，用民船在襄河黑山附近一带，作渡河之势，俱被我军击沉。是日福建光复，推孙道仁（时为新军统制）为大都督，许崇智（字汝为，广东人，时任新军协统）为海陆军总司令。是晚，闻上海军政府以徐绍桢为联军总司令，将会攻南京。二十二日，山东烟台独立。又广西都督沈秉堃避匿无踪，由龙州李道、标统陈元伯等公举广西提督陆荣廷为都督。是日侦探报告，谓满军在汉口兵力约有二镇，其主力在大智门附近，其第一线在桥口及龙王庙一带。但桥口附近设置炮兵阵地，共计有野炮十六门。是晚，又得报告，谓满军拟对汉阳取夹攻之势，已派遣一支队出新沟，过蔡甸渡襄河，向我左侧背攻击。另以一支队绕黄陂，经阳逻，拟进攻武昌。总司令接以上报告，一面转报都督，一面下令各部队仍续行以前任务。都督接报，即调前在九江投降之海军停泊阳逻附近，以防敌进攻武昌。是日有同志建议都督，谓襄、郧尚未反正，而满军又派队在襄河上游活动，实属可虑，须派人前往招讨，以消隐祸。都督纳之。于是派季雨霖为安襄郧荆招讨使，率刘佐龙一标前进。二十三日，上海各省都督府代表联合会公认武昌为中央军政府，黎都督为执行中央军政府任务之大都督（联合会详政府篇）。同日袁世凯入京，就清廷内阁总理职，组织内阁，阁员多不就职。是日总司令接日人（名大元，带数日人投效于总司令，愿代民军侦察敌情及帮筹军事，兴聘为客卿）侦探报告，并绘略图，将汉口清军兵力配备，一一注明。报告列后：

一、汉口清军之兵力约一镇以上。

二、其主要炮兵阵地在水电厂满春茶园及刘氏堤防附近。

三、其步兵阵地在龙王庙至玉带门一带。

四、刘家庙及大智门均有步炮兵占领。

总司令将以上情形报告都督，谓求我军在扬子江上下游安全计，须组织别动队，一则掩护上下游，一则扰害敌之后侧，以牵制敌之兵力。都督从之，编游击队二营，一派赴黄陂扰敌后侧，一派赴大军山附近防御武昌上游。是日都督为防御武昌严密计，特发命令如下：

中华民国中央军政府大都督命令（九月二十三日午后四时于咨议局）

一、清军在汉口兵力，约一镇以上，其第一线仍在龙王庙至玉带门一带。但派一支队出新沟经蔡甸南下。另以一支队由黄陂向阳逻进。我汉阳各部队仍沿襄河一带，由南岸嘴至三眼桥附近防御。

二、本军拟防御武昌省城。

三、步兵第二协协统何锡藩率该协防御武昌城。但派一部，附炮兵一队，骑兵一排，防御东湖门附近。

四、步兵第三协协统陈炳荣，率该协仍防御两望至青山一带。

五、步队第一协及其余各部队，仍在武昌城内待命。

六、余在咨议局。

都督黎元洪

是晚接侦探报告，满军有步兵约两营，在汉川、安陆连界之虾蟆潭掳掠民船四百余只，向蔡甸方面下驶。又据北方潜回之各将校报称，满军原拟在汉口龙王庙玉带门一带防御。夜间用民船施行佯渡之法，并用炮向汉阳、武昌射击，以牵制民军在汉阳及武昌之兵力。另派一支队绕攻汉阳。嗣后察得湘军来援，极为谨慎。刻下正在准备中，能否施行攻击，不得知也。但满军中有种族思想者甚多，或潜逃，或观变，均不愿战。惟有一般汉奸，仍媚当道及满人，怂恿主战。又云民军之炮，射击效力不大，想系山炮。其炮弹均不开花，即能命中，亦不过损伤一二人。又缺机关枪，是其短也。又入伍学生队回鄂学生报告，北京极形恐惧，满清诚恐学生队在保定为害，特嘱队长萧展舒一律遣散。我辈抵上海时，民心甚为欢悦。船经扬子江时，沿途遍插白旗，声势浩大，无人不欢迎云云。二十四日，午前九时，总司令集合各部队长官在司令部开军事会议，规定攻击计画，指示各队应准备之事件如后：

一、工程第一营管带李占魁赴东亚制粉工场附近，侦察渡河点，准备架桥材料，架设桥梁。

二、炮队团统带曾继梧派炮队两营，准备渡河，其余仍在原阵地援助进攻步队。

三、步队第四协协统张廷辅准备船只及大小火轮，即由原阵地准备渡河，向汉口市街攻击。

四、步队第六协协统杨载雄准备小火轮及民船，由汉阳东北岸前进，向汉口龙王庙登陆，攻击敌人右翼。

五、湘军第一协同第二协，及步队第五协、马队一队、炮队两营、敢死队一营，均准备渡桥攻击。

六、步队第四标防御兵工厂及钢药厂。

七、各兵须携带子弹百粒，干粮一日份，先派人至归元寺领取。

八、战斗时各部队应需粮食，由粮台司令王安澜派员补充，应需弹药，由辎重营管带胡恢汉补充之。

以上各件，各部队须限于明二十五日准备齐全，以便施行攻击。

总司令指示攻击计画后，将校间有以新兵未经训练相难者。总司令曰："兵贵神速，我已准备进攻，勿徒逞议论，乱人心志。"遂决定进攻。二十五日午后八时，总司令复召集各部队会议，告以各省响应情形，各部队长官亦将准备攻击之事报告总司令，商定进攻事项如下：

一、通知武昌凤凰山炮队，当我军施行攻击之际，即向汉口攻击，以援助我军。

二、通知海军于我军攻击时，即向汉口满军射击。

三、设信号于武昌黄鹤楼、凤凰山及汉阳大别山等处，以资连络而期迅速。

四、派吴兆麟、王安澜专办攻击部队补充弹药、粮秣及收集情报等事。

五、各部队即按照如下命令施行。

战时总司令官命令（九月二十五日午后九时三十分于汉阳总司令部）

一、满军在汉口龙王庙至玉带门一带占领阵地。其炮兵阵地在刘氏堤防水电厂及满春茶园附近，我游击队已向黄陂方面进发，扰满军之侧背。

二、本军拟于明二十六日渡襄河前进，出其左岸，攻击汉口满军。

三、工程第一营明日午后三时，用铁舶及民船将湘军步队第一标（欠一营）输送于东亚制粉工厂，同时架设军桥。

四、左之诸队掩护架桥：

湘军第一协（第一标欠一营）明日午后三时，占领赵家湖西北附近。

步队第五协（欠第十标）明日午后三时，占领琴断口东端附近。

炮队第一标（欠一营）明日午后三时，于黄家湾、大吴湾附近布置放列，以能射击博学书院及东亚制粉工厂北方之无名独立家屋方向为要。

五、步队第四协明日由原地准备渡河，俟我左翼部队出襄河左岸，施行攻击时，即开始动作，向汉口中国街市攻击。

六、步队第六协明日准备由汉阳东北岸航进，与步队第四协协同动作，至龙王庙登岸，向汉口满军左翼攻击。

七、炮队团（第一标欠一营）仍占领原阵地，须限于明日午后三时三十分向汉口龙王庙至玉带门一带及刘氏堤防附近开始射击，援助我攻击部队。

八、步队第四标明日防御兵工厂及钢药厂，于明日午后三时，向襄河对岸开始射击，援助我部队进攻。

九、其余诸队。须限于午后三时，在花园附近集合待命。

十、予明日午后三时在花园。

总司令官黄兴

二十六日午前七时，总司令派骑兵队队长王作宾率骑兵一排，搜索敌情。又派朱树烈（字舜钦，沔阳人，测绘学生）率便衣军士数人，并间谍数人，赴汉口由租界登岸，搜索汉口之敌情。又派敢死队长方兴率兵一队，各带手枪，潜至汉口租界登岸，于本晚到车场附近，扰乱汉口满军。是日午后二时，接得各侦探间谍报告，汉口满军在刘氏堤防及水塘附近之炮队，均已布置放列，时向汉阳兵工厂、大别山及黑山等处射击。其步队仍在龙王庙至玉带门一带占领，尚未见有若何动作。至于大智门、刘家庙及各主要地点，均有满军占领。刘家庙以南至日租界止，沿江岸满军设有炮位。又刘家庙、大智门两处车站，满军设有粮台，司令部亦在此两处。午后三时，总司令率部中人员赴花园（汉阳花园），工程营正在架设桥梁，掩护队均已占领阵地。其余各队均在花园集合。四时，我炮队及兵工厂附近一带之步兵，并武昌凤凰山炮队，俱开始射击。汉口满军炮队，亦向我炮队还击。五时，桥梁架设完竣，总司令即于花园下命令如下：

战时总司令官命令（二十六日午后五时于花园发）

一、满军仍占领汉口龙王庙、玉带门及刘家庙、大智门、刘氏堤防并水塔附近。

二、本军拟于本晚向玉带门一带攻击，先展开兵力于博学书院附近堤防一带之线。

三、湘军第一协统领王隆中率该协为右翼进攻队，即时由军桥渡河前进，展开于博学书院北端，至襄河左岸之间，须与湘军第二协连络。

四、湘军第二协统领甘兴典率该协为中央进攻队，俟湘军第一协渡河毕，即由军桥渡河前进，与右翼进攻队连络，展开于博学书院以北堤防之线。

五、步队第五协统领熊秉坤率该协（欠第十标）为左翼进攻队，俟湘军第二协渡河毕，即陆续渡河前进，与右翼中央进攻队连络向北展开。

六、炮队第一标统带尚安邦率该标（欠一营）及工程一队，即时准备渡河，须于博学书院西南端附近布置放列，以能射击玉带门一带为要。

七、工程第一营管带李占魁率该营（欠一队）保护桥梁。

八、步队第十标及其余各队为预备队，赴博学书院西端家屋附近集合待命。

九、予午后六时在博学书院。

总司令官黄兴

各部队接命令后，一面侦察地形，一面按命令顺序渡河，前进至指定地点展开。午后十时，部队陆续前进，达预定展开地点。时天色黑暗，方向不明，彼此询问，极形喧哗。满军已侦知我军渡河，严行防御。惟我军新兵过多，不知夜战原则，不易静肃。幸满军派队不及，我军得从容占领阵地。当我军渡河之际，我大别山及武昌凤凰山炮队，已向汉口猛烈射击。兵工厂至黑山一带之步兵，亦猛烈射击对岸满军。少顷，我进攻步队均已沿堤防展开，向玉带门一带射击。满军闻我军渡河，射击甚烈，遂依掩堡向我之枪炮声处还击。午后十一时，我步兵第四协由南岸嘴至高公桥一带向对岸猛烈射击，业将满军火力压倒。即派教练官马得胜及第七标第一营管带李国栋，率该营由南岸嘴渡河。我军行将登岸，满军用机关枪射击，我军死伤百数十人，仍退回南岸嘴。满军见我军步炮射击猛烈，各方面实行攻击，甚为恐慌，将火车准备齐全，不支时即向北退却。总司令时达汉口，见满军在防御地位，不敢越雷池一步。我军步队悉达彼岸，逐次向玉带门前进，极为喜悦。特命各部队联络前进，向敌扫射。敌我两军，渐次接近。我军各部队死伤甚众，仍勇往直前。午后十二时，黄兴派人到十里铺用电话通知步兵第四协同第六协，迅速渡河向满军左翼攻击。又通知王安澜、吴兆麟、胡恢汉等对于各部队粮秣、弹药，务要陆续接济，不得贻误，否则即以军法从事。是晚，我与敌相持于玉带门一带，扫射猛烈，无一刻间断。是日，张国荃（汉川人）、李秀昂、许志清等光复襄阳。先是章裕昆、张国荃俱在马队八标三营充兵士，于八月初一日由省出发，十四日抵襄阳。裕昆察襄形势及所驻军队实力，计巡防统领刘韫玉所属巡防军三营约千人，城守营约二百人，襄阳道署卫队约百人，而马队兵力驻襄城者仅百人。裕昆正联络巡防军时，忽蒋翊武、孙武、刘尧澂派同志谢远达至，告以武昌准备中秋节大举，商裕昆谋在襄声援。裕昆乃招双沟（距襄城六十里）同志黄维汉、刘建一入城会商，均主张运动巡防营。八月二十二日，襄阳商会已得武昌起义，推黎元洪为都督消息。襄樊传遍，军队长官已失统驭能力。旋宋锡全复派朱碧珍、萧国藻赴襄联络响应。裕昆等乃向管带孙长龄陈说利害，请调集队伍，进占襄阳，否则回武昌援助义军。孙佯应之，即派其心腹缴子弹于襄阳道喜源，并献策分散马队及侦缉党人。于是裕昆、谢远达、朱碧珍、萧国藻奔武昌。时国荃分防老河口，知事急，乃与同队李秀昂、许志清结纳洪门弟兄，通声气于老河口巡防营，于是日杀巡防营管带，收编其队伍。星夜下樊城，攻襄阳。李秀昂极勇敢，攀垣而入。城既下，道台喜源、巡防统领刘韫玉、马队管带孙长龄均遁，全城克复。张任总司令，襄阳县知事黄仁炎组军政分府。二十七日午前三时，玉带门附近之满军，向东北退却。我军前进占领玉带门一带。黄兴复派员用电话通知各部队，谓汉口玉带门之敌已被我军击退，望步队第四协同第六协，必须奋勇渡河，协攻以收夹击之效。第四协统领张廷辅即派第七标统带胡廷佐率该标由南岸嘴至高公桥附近渡河，数渡，皆被满军机关枪击回，死伤亦重，第六协杨载雄见第四协不能登岸，亦不敢渡。两协统即将危险情形报告总司令。午前九时，我湘军一二两协第一线已进攻占领居仁门之线，我第五协之第九标并敢死队两队，占领王家墩之线。两军相距千余米达。满军用排炮向我军射击。我军虽死伤甚多，均沉着应战。满军火力渐衰，正午满军渐次向北退却。午后二时，我军因战斗一昼夜，极为疲劳，适有令食饭，各新军不知战斗机宜，一闻食饭，群往争食。湘军第一协见他部队摇动，忽向后退。满军见我军后退，即前进用机关枪猛击。我军慌乱，纷纷后退。总司令下令制止，均不顾。乃自率学生团及同志等向前堵截，并手刃士兵数人，亦难制止。满军乘机追击，复占玉带门一带，向我军行射击追袭，我军死伤颇众。总司令下令退师，而自殿后。士兵争渡琴断口，堕水死者无算。黄兴叹功败垂成。晚归总司令部开军事会议，拟斩违令诡奔之甘兴典以徇。甘畏罪逃湘。黄后电湘督谭延闿枪毙。是日决定固守汉阳，下命令如下：

战时总司令官命令（二十七日午后七时三十分于昭忠祠总司令部）

一、满军仍占领汉口龙王庙至玉带门一带。

二、本军今夜拟仍防御汉阳，以战斗形准备彻夜。

三、步队第四协仍占领南岸嘴至兵工厂东端附近。

四、步兵第四标防御兵工厂。

五、步兵第五协在兵工厂与钢药厂之间占领阵地。

六、步兵第六协占领梅子山及割丝口一带。

七、湘军第一协在割丝口至琴断口之间占领阵地。

八、湘军第二协在美娘山、三眼桥、扁担山附近占领。

九、炮队团仍占领原阵地。

十、工程第一营将桥梁撤收后，在十里铺集合。

十一、各部队给养用归元寺粮秣。

十二、余在昭忠祠。

总司令官黄兴

是晚，总司令派参谋长李书城将反攻汉口情形报告都督。都督恐黄兴因败灰心，当派蒋翊武赴汉阳慰勉黄兴，谓汉阳有襄河之险，偶败，不足虑，俟各省援军齐至，再图恢复。午后八时，各部队按照命令占领阵地。总司令复派参谋副官十余人分途往各部队视察战线，并安慰各部队长官。晚十二时，得各部队战后报告，知此次战斗，军官死伤五十七员，兵士死伤共七百九十二名，失去山炮十八尊，步枪六百余支，子弹约二千三百余箱（每箱一千粒）。嗣敢死队队长方兴报告云，该队于昨晚九时到汉口，由日人指导前进，向大智门袭击。敌用机关枪猛烈还击，我队死伤二十余人，日人大元等亦阵亡，其余兵士现退回汉阳。二十八日，接探报，谓满军司令官冯国璋之司令部仍在大智门车站，冯驻该处第一宾馆，闻派人在汉口美最时洋行购琵琶桶七百个，又在祥泰洋行购松木数百株，为架桥材料之用。午后三时，又接探报云，满军由枯桐树至汉口，向三眼桥附近之湖水内，搬运架桥材料，似欲架设浮桥。黄兴即传知各部队，速为整顿。并须将缺额设法补充，好为防备。此次汉口失败，即与清军以进攻汉阳之机。敌由罗家店至舵落口一带设防，并于制粉公司后筑三座炮台。两军隔河互攻，终夜炮声不息，然均无大损害。二十九日接各方报告，谓满军由京汉路增援，自黄河南约有兵力三镇之谱。午后三时，又接探报，谓满军有步兵约千余人，骑兵一队，炮兵一营，已占领油榨坊附近，并在新沟架设桥梁。是日我九江海军由汤芗铭、杜锡珪率兵舰三只，开至青山附近。都督命向刘家庙之满军射击，炮弹连续爆发，莫不命中。清军炮兵阵地，尘沙飞扬，附近村落，亦起火延烧。清炮兵几悉为炮火所歼，清军汉口东方阵地，全为动摇。惜前日反攻汉口，海军未及赶到也。惟我海容左舷船腹及后樯烟突受敌炮击伤。战至日没，奉都督命开赴阳逻停泊，掩护武昌下游。同日又接报告，谓满军约千余人，集合民船百余只，占领新沟，以一部经蔡甸占据城头山，其本队队头已抵马家湖，渐向我汉阳左侧背绕进，似有图攻汉阳之举。午后五时，总司令命湘军第二协派一部赴蔡甸方面，侦察敌情，并防止满军渡河。工程第一营在三眼桥、仙女山附近设备防御，以固我军阵地。并将海军轰击敌人情形通知各军。又请都督派兵在汉阳增援。都督派第七协统领邓玉麟到汉阳援助。邓先派标统黄申芗率该标开赴汉阳。三十日午前八时，接探报，谓诸兵混合之满军，约二千余人，自孝感南下，由新沟渡河，至蔡甸设司令部于乐善堂，并在城头山筑炮垒。另以民船载机关枪四杆，在其处登陆。又以一部占领舵落口与下游汉口之满军相联络。而汉口之满军，已备就番布舟数十只架桥。又刘家庙江岸布置野炮数十尊，以防我海军攻击。总司令接以上报告，判断满军准备向汉阳进攻，即召集各部队长官会议，讨论对付策略。当决定汉阳暂取守势。武昌以海军对汉口取攻势，使敌立于防御地位，未能径攻汉阳。并派参谋姚金镛等准于明晨出发，侦探汉口情形，绘具略图，以便计画向汉口进攻。将是项讨论，报请都督核示。十月初一日午前七时，接湘军第二协报告，谓满军兵力约一混成协，已由蔡甸渡河，向汉阳攻入。当渡河时，我军派往蔡甸方面部队努力防止。惟敌人炮队威力甚大，弗克抵御，是以退回三眼桥附近防御。总司令接报告，即令十里铺至三眼桥之部队严行防御并注重奸细。是日参谋姚金镛等将汉口敌情及地形侦察毕，绘具略图，报告总司令转报都督。都督阅后，发命令如下：

中华民国军政府湖北都督命令（十月初一日午后八时于都督府）

一、满军之主力仍在汉口刘家庙至玉带门一带，另有一部由新沟经蔡甸向汉阳北进。

我汉阳各部队在南岸嘴、琴断口至三眼桥附近防御。

我游击队在黄陂方面骚扰满军之侧背。

二、我军拟海陆军并进，由青山附近渡江，先占领汉口谌家矶，然后向刘家庙满军施行攻击。

三、步队第三协统领陈炳荣率该协及工兵一队，于明日由青山附近渡江，由谌家矶登陆，向刘家庙进攻。

四、海军司令官汤芗铭率阳逻各舰队于明日会同步兵第三协统领陈炳荣掩护该协渡江，协同攻击刘家庙之满军。

五、凤凰山及青山要塞炮队，于明日步兵第三协与海军进攻时，即向刘家庙附近射击，援助我军进攻。

六、予在武昌咨议局。

都督黎元洪

命令下后，派参谋杨玺章、姚金镛、宾士礼帮同陈炳荣计画反攻汉口，惟陈人极昏庸，一旦受命，手忙脚乱，恐怖万分，似有神经病者。杨玺章见陈如此，代为计画。并与该协两标之统带刘廷璧、胡廷翼会商，准备船只火轮，由海军掩护于二日在青山下游渡江。陈闻之，投江，当被船夫救起。官兵等见协统投江，大哗。玺章报都督撤炳荣差，以标统刘廷璧升补。汉阳方面，午后二时，由蔡甸北进之满军达三眼桥南，约三千米达之地。总司令命管带祁国钧赴三眼桥增援，与湘军第二协协同防御。炮火交集，未曾少息。是日天气黑暗，其地狭隘，我军防御严密，满军亦难前进。两军以战斗形式相持于三眼桥。是日，安襄郧荆招讨使季雨霖由省出发赴襄，随行者有参谋长谢超武（字楚珩，枣阳人）、副官吕丹书、军需官童子方（枣阳人）、军法官杨澧（字径曲，鄂城人）、军医官陈雨苍（字少峰，荆门人）及高仲和（重源，枣阳）、阙龙、章裕昆、胡玉珍、顾鸿、张英、陈重民、耿毓英（默容，枣阳）、邢子文、李仪吉（蔼臣，应城）、汪秉乾（子明，竹溪）、江迪生（名竟飞，黄安人）、邹栋、张难先、文新五、赵尚香、余良才等并卫队百余人，乘小火轮经沌口北上。刘佐龙标已准备随发。初二日午前七时，满军在三眼桥附近与我军战斗甚烈。满军以汉口炮队向仙女山、锅底山附近猛烈射击，援助其汉阳进攻部队。我湘军第二协在仙女山、锅底山守兵死伤极重，俱退山麓。两军战至正午，满军正面与我三眼桥之步队相持。另以一部携带机关枪多杆，由彭家嘴两端徒涉，潜占美娘山，向我三眼桥之守兵侧击。管带祁国钧受伤，其余官兵亦受伤甚众。我三眼桥之队伍及湘军第二协即退占锅底山与花园之线。总司令接上报告，命步队第四协抽派一标，赶赴花园增援，进攻美娘山。午后三时，步队第七标统带胡廷佐率该标由南岸嘴出发，午后五时半，行抵花园，向美娘山满军攻击。总司令见汉阳紧急，电请都督派兵增援。都督即派步队第十四标及步队第三标到汉阳助战。少顷，总司令偕吴兆麟等赴十里铺、花园等处，察看情形。午后六时，满军渐向美娘山增加，携带机关枪极多，火力更形猛烈，我军伤亡甚重。惟仙女山与美娘山距离较近，我湘军第二协复由仙女山退占锅底山、扁担山附近，满军则进据仙女山矣。战至午后七时，始停止射击。其青山海陆军反攻谌家矶者，于是日午后四时，第三协全部渡江，亦因夜黑未动。是晚，黄总司令发如下命令：

战时总司令官命令（十月初二日午后七时于花园发）

一、美娘山、仙女山、三眼桥等处之敌，其步兵约两千人。汉口之敌，其兵力约一镇，仍在龙王庙、玉带门一带。

我海军现在阳逻附近，掩护武昌下游。

二、本军今晚以战斗队形彻夜。

三、各部队今晚占领阵地如下：

湘军第一协在琴断口至郭家湾一带。

湘军第二协在锅底山及扁担山附近。

步队第七标与湘军第二协连络，在花园附近。但派一部夜袭仙女山及美娘山之敌。敢死队一营，在汤家山附近，掩护该山炮队。

步队第四协（欠第七标）在南岸嘴至兵工厂东端。

步队第四标在兵工厂。

步队第五协，在兵工厂与钢药厂之间。

步队第六协，在梅子山、黑山及割丝口一带。

炮队团仍在大别山、杨家山原阵地。

工程第一营在十里铺。

四、各部队接济，仍用归元寺粮秣。

五、予今晚九时以后在十里铺。各队于十时派员来领命令。

总司令官黄兴

命令下后，各部队均严为防御，以防敌人夜袭。步队第七标统带胡廷佐命第一营袭击仙女山。午后八时，步队第七标第一营管带左国栋率该营由花园向仙女山袭击。满军防御极严，及至彼山东麓，满军步哨开枪射击，山上机关枪齐发。我在山麓还击，并前进仰攻数次，均因敌机关枪猛烈，仍退回花园，共死伤官兵十余人。是晚，第三协夜袭谌家矶者，五六两团先后由某村出发，行至中途，前列人声、脚步声闻于后，疑为敌，后列对前射击。时五团一营一连连长聂国青大声呼口号，始知误会，于是不敢前进，而退回原阵地。黄总司令原冀攻汉口以牵制敌兵，概不生效。满军复占领仙女山，仙女山地势高，一可瞰制汉阳，一能侧击大别山，汉阳极形危险，非速驱逐，汉阳难保。决拂晓向敌攻击，发命令如下：

战时总司令官命令（初二日午后十时于十里铺发）

一、据侦探报告，满军抵三眼桥附近之步兵不过一标。占领仙女山、美娘山者，步兵约一营，机关枪十余杆。

二、本军拟明日拂晓击攘仙女山、美娘山之敌。

三、步兵第七标（欠第一营）明早五时以前，由花园之线向仙女山开始进攻。

四、湘军第一协派一标（欠一营）明早五时以前，占领郭家湾之线，同时向美娘山开始进攻。

五、湘军第二协派一标（欠一营）明早五时以前，与步队第七标连络，同时由锅底山向仙女山开始进攻。

六、在扁担山及汤家山炮队，明早天明，即向仙女山及美娘山开始射击，援助我步队进攻。

七、步队第七标第一营及湘军第二协（欠一标欠一营）为预备队，明日五时以前，在花园集合待命。

八、其余各部队仍占领原阵地。

九、予明早五时在十里铺。

总司令官黄兴

初三日午前五时，我步队第七标由花园开始进攻，至午前七时，占领仙女山东北部。我汤家山炮队亦向仙女山、美娘山注射。满军损伤甚众，似有动摇之势。惟满军陆续派兵增加，其后面已派队督阵，勿论如何牺牲，不准后退。我第七标亦耐苦抵抗。湘军第一协见前面射击猛烈，不敢前进。湘军第二协见一协如此，亦停止不进，后竟自由行动，潜向后退。午前八时，胡标已进至仙女山东南部，势成孤立，伤亡颇重。满军复陆续向火线增加。时总司令由十里铺至花园，派员催湘军前进，则负责无人，遂亲往指挥，仍自由后退，所有在战线者无几。总司令不得已，令预备队一营向前增加，旋又加派敢死队一营。午前十一时，步队第七标统带胡廷佐左膀受伤，第一营管带左国栋亦受重伤，士兵伤亡更重。总司令一面派该标第二营管带杨泽鸿代理统带，并派参谋副官帮同战线指挥。午后二时，满军逐渐增加，火力益猛，并派一部绕攻右侧，由仙女山出击。我军因火力不支，退占大吴湾西北高地及扁担山、汤家山之线。满军进占锅底山时，都督所派增援步队第三标及第十四标已到。总司令乃抽调步兵第四协往火线增援，并派第三标在南岸嘴，第十四标到梅子山防御。是日正午，我步队第三协令五团任左翼，与海军同时并进。左翼攻抵谌家矶，海军亦射击丹水池，将洋油栈附近悉毁。满军在汉口第一道桥梁防御，相持约数时之久。忽海舰前舱受伤，左翼为敌军猛烈之炮火所阻，不能前进，右翼向铁路仰攻者亦阻于水，仍不能捣敌巢穴，以解汉阳之危。至晚，三协仍退回青山，海军复往阳逻停泊。于是敌军将出全力以攻汉阳。总司令急甚，乃悬赏以求能恢复汉阳各山及驱敌于襄河北岸者。各部队勇敢之士，相率前进，攻击锅底山、仙女山之敌。进至山腰，满军用机关枪扫射，我军冲锋数次，均被击退。一般热心之士，奋勇先登者，多数阵亡，死伤共四百余人，其余士兵，俱已胆怯，仍退回原阵地。总司令见战斗部队损伤太重，其他各队亦无斗志，特派参谋长李书城赴武昌报告都督，谓汉阳恐难支持，万一不守，则武昌危，请都督筹挽救之法。晚十时，各机关首长齐集都督府，由都督说明汉阳情形，令大众商讨办法。众闻汉阳失利，非常愤慨，有谓宜另派队援助者，有谓必须死守几日，电催各省来援者，又有谓大家齐赴汉阳计画抵御者。遂一面电催响应各省从速来援，或直接出兵攻京汉路敌；一面由张振武、甘绩熙、余鸿勋、高建瓴等组织学生军，赴汉阳助战。都督当致电徐总司令绍桢乞援，文曰：

鄂战甚烈，援宁军队如已得手，速来鄂援助。并烦转大小各兵舰，酌留船只防守长江口岸外，其余一并饬令来鄂。盼切。

又致镇江林都督述庆电文曰：

通济运船，请令开赴汉。并请专员赴宁。速令浔军司令部部长海筹军舰黄钟英君，即率楚谦、楚观、江贞刻日到汉。顷预备鏖战，非全力不足制胜。即盼施行。

又致江苏程都督德全电文曰：

闻上海制造厂有机关枪十二尊，敝处战事需此物甚急，全数连子弹借用，速派兵轮运鄂为盼。

初四日，苏州来电，谓所有海军全体反正。先是都督以海军关系极大，当派沈鸿烈往沿海运动，屡濒于危，卒有此收获也。是日午前四时，总司令发如下命令：

一、汉阳之满军，现占领锅底山、仙女山及美娘山附近。汉口之满军，仍在龙王庙至玉带门一带。

二、我军拟以一部迎击汉阳之敌，以一部防御南岸嘴至梁山附近。

三、步队第四协统领张廷辅率该协本日午前四时须占领花园至扁担山之线，迎击前面之敌。

四、湘军第一协统领王隆中率该协本日午前四时须占领琴断口郭家湾之线，与步队第四协连络，迎击前面之敌。

五、步队第三标统领刘廷福率该标本日午前四时在南岸嘴至铁厂一带防御。

六、步队第五协统领熊秉坤率该协本日午前四时右翼与第三标连络。左翼至西月湖北端一带防御。

七、步队第四标统带胡效骞率该标本日午前四时在钢药厂一带防御，但须与步队第五协连络。

八、步队第十四标统带黄申芗率该标本日午前四时占领钢药厂以北防御，须与步队第四标连络。

九、步队第六协统杨载雄率该协本日午前四时右翼与步队第十四标连络，在黑山至割丝口之线防御。

十、炮队团长曾继梧率该团炮队本日午前四时仍占领原阵地。但扁担山、汤家山炮队须射击锅底山及美娘山附近为要。

十一、敢死队队长方兴率该队在汤家山附近掩护炮队。

十二、湘军第二协统领甘兴典率该协并其余各队为预备队，在金龙岭附近集合待命。

十三、学生军本日午前四时在扁担山、花园、琴断口、郭家湾之线督队，迎击前面之敌。

十四、予本日午前四时以后在十里铺。

总司令黄兴

按：甘兴典虽逃湘，名义部队还在，故令中仍举其名也。

是日总司令因各部队长官多有临阵胆怯、自由避匿者，特传知各部，如再有畏缩不前、贪生避匿者，一经查觉，即以军法从事。更令学生军分班督战，如有借故退却者，无论何人，即拿交总司令部法办。是日午前六时三十分，满军机关枪向我军开始射击。同时接报告，谓满军有步兵一营，附属机关枪多尊，骑兵二队，由徐家湾至三眼桥附近增加。又琴断口附近亦有满军占领，我步队第四协及湘军第一协迎战良久，两军战斗极形猛烈。午前十时，总司令命预备队陆续增加火线。但我军前进，满军不退，专以机关枪扫射，两军伤亡俱重。正午，战线上兵士有自由退却者，总司令在十里铺道上枪毙数人，于是士兵不敢后退，而在战线停止抵抗。是日湖南复派湘军统领刘玉堂率步兵一标，到武昌应援。都督命赴汉阳援助，受总司令节制。午后三时半，刘玉堂率队抵十里铺与总司令接洽。总司令命赴花园附近增援，攻击仙女山之敌。刘军到火线上，剧战良久，前进数次，满军用机关枪扫射，毫无动摇。刘愤极，身先士卒，冲锋数次，官兵死伤甚众。午后七时，两军始停止射击。我军仍占领扁担山、花园之线。是夜接战线报告，谓花园及扁担山一带守兵多潜行退却，满军已进扁担山、花园之线。总司令闻之，甚为焦急，严令各部队长官云，倘该管防地发生事变，即维该长官是问。初五日午前六时，满军由扁担山、花园之线，专用机关枪向我军猛烈射击。我军在十里铺一带防御。总司令命沿襄河防御各队，各抽派四分之一兵力赴十里铺增加。同时满军在汉口炮队亦向十里铺注射，我军伤亡甚重。总司令与李书城等会商，谓汉阳益趋危急。我军缺乏机关枪，能战之兵，勇敢之士，俱已损伤殆尽。目下军无斗志，一闻机关枪声，恐怖异常。既无生力军增援，又无精良武器，如再退后，汉阳更形危迫。设汉阳失，则兵工厂为敌所有，满军力量益厚。于是议决暗将兵工厂紧要机件及所余枪支子弹，搬运武昌，以免资敌。并将以上情形，派李书城至武昌报告都督。正午，沿襄河防御各部队均已抽派援兵向十里铺增加，两军即在十里铺之线相持，战斗极猛。我军利用十里铺壕战坚守，满军亦未前进。都督闻汉阳情形急迫，召集各机关长官谋挽救，并设法将汉阳兵工厂机件、弹药运至武昌。众表赞同。惟杨玺章以为不可，谓汉阳乃武昌保障，万不可弃。如汉阳失，则大别山能瞰制武昌省城，危险曷堪设想。且搬运兵工厂机件，人心摇动，是促其速失。为今之计，宜利用坚固防御阵地，竭力抵抗，俟江西援兵赶到，再图恢复。李书城则云办不到。两人争执甚烈。众以一面竭力抵御，一面搬运兵工厂机件决之。是日两军在十里铺相持，彼此无进展。晚间，总司令恐守兵潜逃，特派余鸿勋、高建瓴、宾士礼、胡东平、夏维善、吴兆麟等各往战线督率。又将战线后方各要道，俱派兵严守。是日都督致九江都督电曰：

> 昨准江电开，有海筹一舰，拟驶赴鄂助战等因。此间与北兵水陆鏖战数日后，现尚猛烈，恳速令海筹星夜驶鄂接应。海容、海琛两舰，望通济兵轮转运甚切。该轮及楚谦、楚观、江贞三舰，顷究在何处，如均在浔，请并饬随同海筹刻即来鄂为荷。再由浔至芜，电线通否。诸希示复。
>
> 附复电一
>
> 歌电敬悉，海筹在皖，业已派员赴皖，赶催该舰星夜驶鄂助战。弹药一节，早已电沪饬通济速运往鄂接济。江贞已载军兵米赴皖，事毕，

即遵遣该兵轮一同前往。惟楚谦、楚观两兵舰刻下不知停泊何处。俟侦确息，再转饬该两兵舰亦速来鄂。浔至芜，电不通。

附复电二

奉钧电，催派海筹赴鄂助战，均经转催安庆。顷准皖都督李咨，称“上游水浅，海筹不能上驶。已转电驻沪徐总司令官，速派江楚兵轮，兼程赴鄂助战”等语。用特电闻，以纾廑念。

又发金口防营电：“如遇有逃兵过金口者，务将枪弹截留，以免遗害地方为要。”因日来湘军挟械潜逃者不少也。初六日午前六时，满军在汉阳兵力，逐渐增加。由花园以北，向我十里铺绕攻。火线上密布机关枪，向我右翼施行猛烈射击。其炮队亦向十里铺注射，弹如雨下。至午前八时，我右翼部队渐向后退。同时接报告云，满军派有奸细在汉阳散布谣言。又有张朝禧者，在汉阳暗中运动，私用红旗为内应。有将我军防御配置报告满军，谓某处有地雷，某处有副防御等等。自作战以来，专与汉奸连络，刻见我军在汉阳受挫，该汉奸更形活动，捏造谣言，恐吓士兵，以故各部队殊多疑团，军心涣散。午前十一时，满军渐渐前进，火力益猛。我部队第三标第二营管带王殿甲阵亡，下级军官死伤亦多。尚安邦、甘兴典之部队，皆先退却。王隆中退至武昌两湖书院，都督亲往面请仍赴汉阳增援，不应，与甘部封民船多艘回湘，时危甚。总司令又传命令，不准后退，并斩后退者二十余人，复令赵学魁、李翊东、孙绳武、吴兆麟等，到两翼督率，不许后退。午后一时，副参谋长杨玺章阵亡。时参谋甘绩熙卧病武昌，闻仙女等山失，顿足愤呼。于午后二时，与蔡济民、高尚志同渡江，至昭忠祠，已三时矣。询知总司令、参谋、副官，均在十里铺，乃往谒之。途遇吴兆麟、吴醒汉、李书城，俱怒骂向汉阳城退，询之，惟摇头促令速返。蔡、高气夺，亦随之返。复遇高建瓴、余鸿勋，约见总司令。总司令神气沮丧，呈病象，呼甘曰：“绩熙，汝病好耶？”甘曰：“初愈耳。”复谓仙女等山失，先生将如何？黄曰：“死守十里铺，守一日，算一日。”甘曰：“数山失，敌人置炮于磨子、扁担二山，以下击十里铺，乌能守也？绩熙愿挑敢死队一二百人，乘夜夺获诸山。”

黄太息曰："势至此，谁告奋勇者？"少顷，曰："往挑之，云我命令，都督曾有令：能恢复数山者，以五十万元赏之，视有人敢去否？"甘唯唯出，适遇朱树烈，邀与同往。先至先锋队营门，高呼都督有令，能夺获所失数山者，赏银五十万元，愿去者请至此报名。三四呼无应者。绩熙怒曰："汝等号先锋队，顾如此怕死耶？"愤愤赴辎重营，如前呼。其管带孙宏斌应声出，就其营挑得六十余人。复至工程营，管带韩某又挑得三四十人。又有下级军官及陆军中学生数人，共得一百零八人。回报总司令，约以得手时，即焚磨子山顶小庙，请速派援队。绩熙领队去，临行，总司令作简单之训话以鼓励之。已十二时，树烈持火把，绩熙、韩管带任尖兵，先攻磨子山。行里许，则息火而停止队伍，维尖兵前行。探明后，始以尖兵招队伍缓行而前。将及山顶，绩熙足触敌人枪头，缘敌人步哨十余人，疲倦，共卧一土坑稻草中。绩熙大呼曰："敌人！"开枪轰击，当毙八人。其余仓卒惊起，莫知所措，悉被歼灭。我队亦齐到，当冲锋至山顶。庙中多数敌人，见我喊杀震天地，黑夜中亦不知我兵多寡，朦糊应战。我军奋不顾身，直前猛扑。敌弃山逃，我即占领磨子山，纵火焚庙，以报总司令增援。我援兵至。绩熙复领队夺扁担山，至山腰，绩熙冲锋喊杀上山，援兵俱奋勇前进。绩熙病后，跌蹶数次，乃杖枪行，或卧地射敌。援军带兵官一为孙宏斌，一为湘军统领刘玉堂。宏斌途间为流弹所伤而返。绩熙望山巅有敌兵数百，俯射我军，于是与刘统领皆令士兵卧放。复忧子弹不继，乃呼刘下令停放，上刺刀冲锋，均不应。绩熙自揣子弹无多，不前进，必死，即起喊呐向山顶奔去，复大呼曰："汝等快来，将此獠一齐活捉！"又呼曰："叫抄山后队伍快去，不许一个逃逸。"时援队纷纷上山。敌闻言颇惊，复见绩熙等来势猛勇，乃相率北奔。又将扁担山完全占领。绩熙奔磨子山时，后脑已受伤，在扁担山冲锋，又伤其左手食指，惫甚。湘军刘统领谓绩熙曰："此山较他山高，得此，已足与敌相抗，惟非增援不可。君头手俱受重伤，可回部就医，并速催总司令派兵来，再夺仙女、美娘二山。"绩熙亦以伤，再难临阵，欣然往。临行，嘱刘、周两带兵官曰："援兵必速来，请两公力守此山。"刘曰："吾辈死亦死在此山，第去，请援兵速来。"绩熙离山回部，谒总司令请兵。总司令喜甚，预备增援，持望远镜复望二山，熟视良久，惊曰："噫，敌人又上扁担山矣。"绩熙不信，总司令以镜授绩熙，绩熙顿足曰："大事去矣。"后知刘统领玉堂为流弹所中阵亡，部下惊散，敌因乘之，二山遂失。绩熙创益甚，乃转昭忠祠渡江就医。时诗人胡石庵作《甘侯行》以纪其事曰：

墨云压天黑风吼，百八健儿衔枚走。雄狮一奋万怪逃，笑挹芙蓉握两手。

如斯壮剧问谁能，伟哉甘侯名穆卿。大志直欲傲宗悫，问年年恰俪终军。

江豚吹起浪如花，相偕一舸赴荆沙。清谈不借李邕酒，小坐同倾顾渚茶。

为言十月初六日，羽书飞驰战甚亟。仙女美娘皆易人，磨子扁担相继失。

黄总司令但悲惶，李参谋已离汉阳。士无斗志群思遁，敌势猖獗如虎狼。

甘侯尔时在武昌，闻之愤气溢胸膛。投袂而起出城走，扁舟飞渡长江长。

晚风吹卷九星旗，甘侯已至昭忠祠。大声疾呼告奋勇，东奔西驰觅男儿。

斜阳如血暮烟森，百八儿郎已起行。

前进前进复前进，誓与诸山共死生，任他骨肉委沙泥。

甘侯言已众皆喜，甘侯前驱众尾驭。更有朱韩二君奇，独能相偕作耳语。

夜色幕天无寸光，冷风沁骨骨欲僵。鬼影摇摇山影寂，惊心动魄此战场。

甘侯处之若无有，精进直前不少阻。白刃相接大激战，智勇绝伦为众首。

君不见磨子之山突且兀，甘侯取之如取物。

数十敌兵半死亡，维余残酒与残烛。

（攻进磨子山上庙中时，敌人欢饮之残酒残烛在焉）

又不见扁担之山高插天，甘侯三呼跻其巅。

敌军数百鸟兽散，甘侯大笑声琅然，二山既得晨光起，甘侯伤头复伤指，

犹能力守待援师，热血定多一斗许。援师至，甘侯归，风卷征尘落征衣。

但知沙场有奇乐，不问人生几往回。岂意归途未及半，汉帜倏又赵帜换。

竟夕奇勋付水流，欲哭无声只长叹。甘侯言已情脉脉，似有牢骚难再说。

我闻其言已黯然，更念浮生同恻恻，吁嗟夫。

异族凭陵二百秋，端赖男儿挽逝舟。宝刀划堕天边月，铁笛吹开海上楼。

奈何临战辄逃去，至死不脱奴隶气。辜负甘侯一片肠，辛苦夺来轻易弃。

甘侯甘侯毋消磨，我为甘侯作长歌。人生百年一弹指，仗有浩气亘山河。

君不见苌弘之血，子胥之睛，身死犹使贼虏惊。

百千年后，黄尘白骨皆奇馨。

初七日晨，总司令亦退回昭忠祠。十里铺遂失。都督闻总司令愤不欲生，派人往汉阳劝慰，并请回武昌休息。汉阳队伍，已退至城东门外，由船政局派轮输送武昌。归元寺粮秣搬运不及者，悉令焚毁，以免资敌。时日本士官生萧钟英（兴国州人），同盟会党员也，不忍见汉阳之失，危及根本，乃约一般敢死之士，渡汉阳决斗。龚国煌阻之，不听。径赴汉阳铁厂码头登岸，持枪向满军猛射，杀伤过当。旋满军用机关枪还击，不支，钟英与各同志死焉。午前六时，我兵工厂机件，及部队在江岸者，尚未退毕，

满军即由黑山之线，向汉阳城进攻。我步队第四标第一营管带黄经猷，率其营及辎重第一营队官黄甲，在城垣开枪射击。敌退却。至午前十时，总司令已渡江。满军节节搜索前进，汉阳城被敌军占领。人民渡江避难者，妇孺老弱，多被满军击沉江中，外人亦为之悲愤。此汉阳失陷之大略也。

汉阳战事阵亡烈士名录

杨玺章 传见后　　　刘玉堂 传见后

萧钟英 传见后　　　王殿甲 三标二营管带，十月初六日阵亡。

梁喜章 见仇亮所撰张振武传中函询各同志均不知此人，有疑或杨玺章之误者。存以待考。

大元 日人，在汉阳总司令部投效，派赴汉口侦探敌情，九月二十七日在汉口阵亡。

以上共六人

汉阳战事阵亡无姓名之烈士数目总记

自九月二十七日起至十月初六日止，共死军官一百三十七名，伤八十五名。兵士计死二千六百九十三名，伤四百余名。

汉阳战事阵亡烈士列传

杨玺章传

张难先

杨玺章者，光复武昌后，组织都督府之副参谋长也。在府勤于职守，都督信赖。汉口之战，都督见指挥官张景良态度奇离，特命玺章佐之，代为计画一切。汉阳之战，见协统陈炳荣处事糊涂，复命玺章佐之，均甚得力。黄总司令驻节汉阳，请都督遴熟悉地方情形之参谋派往协助，都督亦命玺章往。玺章在部，多所擘画。十月初五日，汉阳战事失利，总司令命参谋长李书城报告都督，并请示机宜。都督召集紧急会议，玺章与焉。书城报告，总司令以汉阳危甚，欲将兵工厂枪械、机件搬运武昌，以免资敌。佥赞同。玺章独抗议曰："汉阳万不可弃，汉阳失，敌人以大炮置龟山轰击武昌，则大势去矣。且搬运兵工厂机件，人心摇动，是速其亡。为今之计，宜死守汉阳以待援军，再图恢复。"两人争执甚烈。众以一面竭力抵抗，一面搬运机件解之。玺章即回汉阳赴前线指挥，初六日上午，为流弹所中，阵亡。

论曰，战事危急之时，军实资敌，洵属重要。玺章固娴军事者，舍此不图，以死守汉阳为上计，盖以汉阳失，武昌不保，迁亦何益。自后汉阳失，武昌无恙，实有他种关系，轶出军事范围外者。玺章卒以死殉国，知非御人以口给者，可谓烈矣。

刘玉堂传

张难先

刘玉堂者，湘军统领也。当汉阳军事紧急时，都督乞援于湘，都督谭延闿令玉堂率步兵一标，兼程应援，于十月初四日上午抵武昌。都督告以汉阳事急，速谒总司令增援。午后三时，玉堂率队渡江，赴十里铺见总司令。总司令令往花园会攻仙女山之敌。玉堂当率队加入战线，激战良久，进攻数次。敌恃机关枪作保障，讫不为动。玉堂愤甚，身先士卒，冲锋数次，官兵死伤甚众，战至夜七时始止。我军乃固守扁担山。次日，汉口敌以大炮猛击我军，伤亡甚众。玉堂与诸军竭力防御，终日保持原有阵地。初六日，满军部队愈增愈众，复密布机关枪、巨炮，向我军猛击，弹下如雨。我军纷纷退却，总司令严禁无效，遂失磨子、扁担二山。二山失，十里铺即在敌火线笼罩中，危极。参谋甘绩熙于夜半告奋勇，率敢死队百余人，誓夺二山。临行请于总司令曰，磨子山夺得后，即以烧山顶寺庙为号，请总司令速增援。火举，总司令派玉堂赴援。玉堂即率队会绩熙部再夺扁担山。是山有敌兵数百守卫，闻磨子山枪声时，俱已戒备。玉堂、绩熙至，敌人猛烈射击。两人奋不顾身，冲锋数次。敌以夜黑，不辨我军多寡，师遂溃，扁担山复夺回。玉堂谓绩熙曰："此山较他山高，得此，已足与敌相抗。俟援队及炮兵来时，再夺仙女、美娘二山，诚易事也。但请援非君无可任者，胡一往？"绩熙亦以头手俱受伤，不任战，许之。临行嘱玉堂曰："无论如何，援兵必来，此山夺回非易，请注意焉。"玉堂曰："第请援兵速来，我当尽力守之，虽死亦不离此山一步。"绩熙去后，满军复派大队环攻此山。玉堂率兵拒战，身先士卒，竟为流弹所中阵亡，二山复失。

论曰，玉堂身为将官，于危急之秋，黑夜之际，竟亲临前敌，等于卒伍，真所谓知有国而不知有身者。其死事之烈，则与唐之张许何异。上所引称，皆甘君绩熙亲告余者。乃观曹君亚伯真史，则谓玉堂于初四日阵亡，特此志异。

萧钟英传

张难先

萧钟英，一曰钟音，湖北兴国州人也。留学日本士官学校，加入同盟会。实勇敢，为侪辈推重。辛亥秋，闻武昌首义，即约同志回国。十月初抵鄂。七日晨，我军溃退，汉阳垂失，敌人已至兵工厂。钟英不忍见根本摇动，乃约敢死同志赴汉阳决斗。崇阳龚国煌阻之，不听。径渡江由汉阳铁厂码头登岸，持枪向满军直冲猛击，满军俱披靡。旋满军用机关枪扫射，不支，钟英死焉。余人无一生还武昌者。

论曰，春秋时，狼瞫以其属死敌，左丘明称为君子。今观钟英，何其后先一揆也。惟钟英纯于为国，毫无私人之关系存乎其间，则又贤于前哲矣。惜同难诸人，不能一一悉其姓字，为遗恨耳。

无名英雄传

张难先

欧美各国之崇拜无名英雄也，有以哉。辛亥武汉光复，殉国有姓名可纪者只三十二人。（名均见前）无姓名而确记数字者，四千二百八十余人。死伤浑列者，为二千三百七十余人。受伤专列者，为一千七百三十五人。武昌仓卒发动，无明确记载，以卫生队殓埋之纪载考之，为数亦复不少。汉口初九至十二日浑战四昼夜，汉阳十月初六、初七浑战两昼夜，均无纪载。合伤兵不治而死之数，约计总在万人以上。吾以为此万余无名英雄，关系实非常重大。当时武昌首义，殉国有名者为十三人，谓仅此十三人即可以光复武昌？虽愚者亦知其不能也。有此多数之无名英雄，而武昌光复矣。汉口战役，阵亡有名者为十三人，谓仅此十三人即可以抵抗清军二十余日？虽愚者亦知其不能也。有此数千之无名英雄，而汉口支持二十余日矣。汉阳战役，阵亡有名者为六人，谓仅此六人即可以抵抗清军二十余日？虽愚者亦知其不能也。有此数千之无名英雄，而汉阳支持二十余日矣。汉口支持二十余日，而湖南、江西、陕西、山西、云南等省光复。汉阳支持二十余日，而江苏、浙江、贵州、安徽、广西、广东、东三省、福建、山东、河南等省光复。有此万余人之头颅，支持武昌根据地两月，使各省胆气雄壮，次第反正，致亡国二百六十八年之汉族，垂手恢复，则此万余无名英雄之功绩，顾可湮没耶？庚子汉口之役，甲辰长沙之役，辛亥广州之役，其领导人才之雄伟，之众多，实属超越千祀。然悉无成者，以无名英雄少也。则无名英雄之重要也，为何如哉？吾不敢作夸大之词，谓中华民国，纯由此万余之无名英雄所缔造。然至少武汉之光复，之支持，甚或湖北之军政府、都督府、大都督、总司令等等，悉由此万余无名英雄之血肉换来，洵事实也。顾可等闲置之，以无纪乎？吾因敬谨为此万余无名英雄立传，以次于武、阳、夏三役烈士之后，以告来者，而知复楚之不易也。

武昌防御始末及停战

十月初七日上午十时，战时总司令官黄兴由都督派员接至武昌。正午，都督召开紧急会议，到者约六百余人。都督、黄总司令坐台上。都督请黄总司令报告汉阳战事经过，及发表对以后之意见。总司令起而言曰：

> 此次汉阳之役，非军队不多，非阵地不固，非弹药粮秣不充足；其致败原因，第一，官长不用命，第二，军队无教育，第三，缺乏机关枪，有此缺点，故每战失利。自第一次败退后，各兵士一闻机关枪声，极为惶恐，长官亦多畏避不前。屡次奖励，亦难收效。此汉阳失败之原因也。汉阳失，武昌不易保守。鄙人愚见，只有放弃武昌，以其兵往援南京，若得南京，然后组织北伐精锐军队，再图恢复可也。

黄言毕，都督起立赞成，孙武和之。张振武、李翊东、甘绩熙等闻放弃武昌之言，群抗声曰："头可断，武昌不可弃。"振武并以手枪示大众曰："有再言弃武昌者，当以此饷之。"全体掌声如雷。谭人凤复起反对，全场哗然。都督即请新自日本归国之范腾霄发言。腾霄曰：

> 汉阳失，武昌不保，据战术原理言之，黎、黄两公之言极是。惟军学原理，战略恒重于战术。鄙人虽初到此，但由吴淞溯长江，沿途视察，武昌如人之首脑，苟有摇动，必致影响全国。再则围攻南京之联

军，十倍于张勋守城之军队，想不日可下，无须吾辈参加。且淞、沪、皖、赣各援鄂军，出发在途。人方援我，而我先自弃之，一失也。南京诸军云集，吾辈新附，指挥之权谁属，意见之争，影响攻势，二失也。顾手足而弃首脑之武昌，首脑失，则四肢随之，影响民国生命，三失也。有此三失，武昌断不可弃。（全场鼓掌）且武昌犹有可守之理由三：一、袁世凯借民军自重，决无必攻武昌之企图。二、清军多数在汉口，逆流攻武昌，必以船，我沿江以步兵布置防线，敌不易登岸。三、虑敌炮毁我机关，可多备数处，甲毁移乙，乙毁移丙，又何害焉？有十日之维持，援军麇集，武昌可臻万全。

言至此，咸举手高呼曰，赞成范君主张，遂决意守武昌。黄兴见反对者众，遂辞都督，约李书城、田桐等同赴上海。黄兴走后，都督以前南京陆军中学总办万廷献代理战时总司令。时冯国璋据有汉阳，以龟山之炮轰击武昌，城中秩序大乱。孙武令移藩库储金，邓玉麟、熊秉坤、甘绩熙等力阻。万廷献见时局纷乱，无从着手，又疑忌者多，亦不辞而去。是晚，都督复召集紧急会议，遴选总司令官，众推蒋翊武，于是以蒋翊武护理总司令官。蒋即命令各部队防御武昌城。时参谋部长杨开甲辞职，副部长杨玺章阵亡。都督乃调杨充顾问，任吴兆麟为参谋部长，姚金镛副之。又以窦秉钧任步队第三协协统。是日，集合各部队战报，自九月二十八日至十月初六日，在汉阳战斗，我军共死伤军官一百三十七名，伤八十五名，兵士计死二千六百九十三名，伤四百余名，枪炮弹药，遗失甚剧。都督并发出乞援各省都督电曰：

连日汉阳剧战，因我军力单薄，半系新募之兵，不能支持，只有退保武昌。窃思武汉关系中国全局，武昌危，即全局难保。元洪当督率将士，誓以死守，以维大局。惟敌人以全力争武汉，同胞必以全力援助，方能取胜。务恳诸大都督迅速调拨老练之兵，携带枪弹并机关枪、新式快炮，星夜来鄂援助。或另分兵他出，以牵敌势。统希裁夺施行，并祈示复。

上海陈都督其美复电：

阳电悉。武汉垂危，自应赴援，除由敝处饬南琛准明日上驶，并向安庆代为乞师外，已电商浔分府，立派海筹、海容、江贞三舰前来济助矣。

镇江林都督述庆复电：

阳电悉。兵舰渐归，已令悉数上驶。并速电催沪上三军舰。又电闽粤运兵北上，以为牵制。刻南京城外炮台均下，刻日可破，即移水陆师向武昌，望坚守以待。

湖南谭都督延闿复电：

汉阳军情紧急，请浔都督派兵一二千，由黄州登陆，直出黄陂、孝感以断北军铁道，并派兵轮保护上岸。并请粤都督迅派精兵，带足饷械，由海道赴鄂助战。敌情如何，并望示复。

浙江都督汤寿潜复电：

各省已水陆赴援，浙于两三日内，亦勉备一协上驶。南京昨已下。请公力障东南，维持全国。

清江浦蒋都督雁行复电：

虞、阳两电均悉。前据歌电，即复征调队伍，厚集炮兵往援，谅邀明察。现敌军兵将北窜，势甚可虑，拟一面堵截窜兵以牵敌势，一面赶集队伍，并共联军协同援鄂。

九江马都督毓宝复电：

连接汉阳警电，焦虑万分。现已招集各处原有老练之兵约二千人，惟缺少大小轮拖送，祈贵处速拨大小轮或商轮来浔拖运。并请多备五生七炮弹及其火底，又毛瑟枪，德国八十八年式，日本三十年式，三种子弹，以便应用。再海筹兵舰，因水浅不能上驶，并闻。

又军务部孙武、张振武等亦发电乞援曰：

各省军政府鉴：鄂事万分紧急，老兵已尽，新兵无用，汉阳危。有弹乏枪，有五生七炮乏弹，请贵都督火速调精兵援救，以免武昌有碍。鄂军务部叩。

是晚城内谣诼繁兴，有谓满军将袭武昌城者，有谓敌派汉奸多人，混入城内，以为内应者。市民异常惊慌，机关职员亦多逃匿。惟人心同具悲愤，车夫、舟子，武汉同时停业。故大江、襄河两岸，帆船几至绝迹，敌军亦难飞渡，且知人心之不可侮也。夜城中特别戒严，张振武、刘公并派员在各机关调查，发现形迹可疑之人，往往绳以军法，汉奸亦非常恐怖，故无何事发生。初八日午前十时，都督召集各部队长官会商武昌防御计画，其议决事件列后：

一、设战时总司令部于洪山宝通寺。

二、规定沿江防御区域以专责成。

甲、由青山至大堤口为第一区。

乙、由大堤口至鲇鱼套为第二区。

丙、由鲇鱼套至金口为第三区。

三、黄州、鄂城两处，为武昌下游重镇，派黄楚楠、张济安率兵一标据守黄州。派张其亚、陈伟率兵一营据守鄂城县。

四、设兵站于防御线后方各处。派康济民为第一区兵站，徐寿林为第二区兵站，何瓛为第三区兵站。

五、海军须在阳逻附近游弋，掩护武昌。

都督即将以上各节通饬各部队及有关机关，同心协力，严为防范。是日正午，江西派协统冯嗣鸿率兵一混成协抵阳逻应援。冯入城谒都督请示，当令在阳逻候命。我军自汉阳退回各部队，都督饬各自整顿，所有缺额均设法补充。一面在沿江岸构筑防御工事。城门午后六时即关，极为严备。初九日午前八时，满军在大别山炮队，向武昌省城开始射击，城内房屋略有毁坏。惟市民伤亡颇众，极为惊慌。我凤凰山、蛇山、黄鹤楼等处炮队，亦向龟山（即大别山）还击。大江断绝交通，彼此戒备甚严。是日，蒋翊武已在洪山成立总司令部，即传知各部队，将占领地点、队号、兵数，迅报总司令部。下午九时，发防御命令如下：

战时总司令官命令（十月初九日午后九时于洪山宝通寺）

一、清军在汉口、汉阳沿江一带占领阵地，其炮队在大别山。

我海军舰队现游弋阳逻、木鹅港、黄州一带，掩护武昌下游。

我江西军第一混成协现已到阳逻占领待命，援应武昌。

二、本军拟以主力防御武昌城附近沿江一带，以一部防御金口附近。

三、步队第三协统领窦秉钧，率该协防御青山东北凤凰山，经青山至两望北端一带，特须搜索凤凰山下游各要地。

四、步队第五协统领熊秉坤，率该协防御两望至砖瓦厂一带，须与步队第三协连络。

五、步队第六协统领杨载雄，率该协防御左翼，与步队第五协连络，左翼至大堤口附近。

六、步队第七协统领邓玉麟，率该协（第十四标）防御武昌城沿江一带，须与步队第六协连络。

七、工程第一营管带李占魁，率该营防御鲇鱼套，同第二营杨金龙率该营防御造纸厂附近，须与部队第七协连络。

八、步队第四协统领张廷辅，率该协防御右翼，与工程营连络。

九、步队第一协统领蒋肇舰，率该协防御右翼，与步队第四协连络。左翼至吉祥宾馆附近，特须搜索中新洲上游各要地。

十、步队第二协统领何锡藩，率该协（欠两营）防御武昌省城。但由武胜门经平湖门至望山门一带，须多派兵力防御。

十一、步队第八协统领罗洪陞，率该协防御金口附近，并须与步队第一协联络。

十二、步队第十四标统带黄申芗，率该标防御东湖门及沙子岭附近，特须搜索该地以东各要地。

十三、步队统领姜明经，指挥所属炮队占领凤凰山、黄鹤楼及沿江一带，须能射击汉口刘家庙及汉阳鹦鹉洲沿江一带为要。

十四、马队第一标统带王祥发，率该标在洪山宝通寺附近集合候命，同马队第二标统带刘国佐率该标在鲇鱼套附近集合待命。

十五、其余各队为总预备队，在洪山南麓附近集合待命。

十六、卫生队在武昌城内准备。

十七、各队大接济，均在各队阵地后方集合，但粮秣之补充，暂按平日方法，自行办理。

十八、予在洪山宝通寺。

护理总司令官蒋翊武

注意：

一、各部队按占领区域，雇用民人协同筑设防御工事。

二、上命令如不转取攻势，务须常川严密防御。

三、各部队对于来袭之敌，不到我有效射击距离界内，不论昼夜，不得射击，总以节省子弹为要。

四、炮队如未见敌人渡江，施行袭击，勿庸炮击，总以常川监视敌人为要。

五、各部队除监视哨外，总须集团兵力，以便指挥。

是日，都督致苏、赣、浙等省都督电曰：

汉阳一变，武昌戒严，然已防守缜密，请勿念。刻有驻京英公使电汉领事，提议停战议和之举。南京之役，未识如何。请告徐统制，如此间议决停战，则取宁之师，本当同时停战，事机如何，手腕须灵活。特此电闻，余俟议决再告。

南昌彭都督复电：

敝处现派刘懋政统领步队一标，准十一日乘轮赴鄂助战，惟该师或由水路运抵汉口，或绕道黄州抄敌左侧，以何处为集合点，均须先期知会，以便接洽。汉口日内战况如何，仍乞随时电告。

九江马都督复电：

准南昌电，已续派步队一标赴鄂，阳日出发。宝又电调萍乡、袁赣二州军队，自湘至鄂助战。特闻。

林都督述庆自南京复电：

南京内容，已有头绪。兹同黄之根与大家议决，不日即派大队水陆并进，援助湖北。请坚守勿懈。并请将湖北战用地图专送数份来宁。盼复。

是日敌军以龟山火炮轰击武昌，都督府、军务部俱中弹。都督左右有怂恿走葛店者，黎同意。张振武、甘绩熙等力为反对。绩熙并移驻都督府，晨夕追随都督。初十日，各省代表齐集汉口开会，议组临时政府。时袁世凯知民军之不可侮也，密托英公使朱尔典嘱汉口领事葛福出为斡旋和平，介商双方停战。嗣葛福出示冯国璋所开短期停战条件，犹称我军为“匪党”，并有

“匪党须退出武昌城十五里”，及“匪党军舰之炮闩，须卸下交与介绍人英领事收存”等语。都督即派员报告各省代表会，即由代表会议决答复冯国璋，回亦以“满军须退出汉口十五里以外”及“满军所据之军火，应由介绍人英领事签字封闭”相当之滑稽语答之。遂无结果。新清军亦未进攻。实则袁氏欲借外人之调停，以愚弄满清耳。是日，季雨霖在沔阳仙桃镇联合刘英、梁钟汉、李亚东、李荣陛诸军北进。先是初一日在省出发时，刘佐龙标以人多封民船后，忽汉阳城头山失。都督知事急，截刘标另用。雨霖至仙，见部队不至，电省询之，得其情实。乃由阙龙、章裕昆、张难先奔走于诸军之前。刘英等即以其部队尽归雨霖统编，雨霖颁英、钟汉、亚东、难先为高等顾问。亚东自汉阳奔汉川，与陈少武收编溃军，设游击队司令部于仙桃镇，至是改编一营，以胡玉珍为营长。李荣陛一营，原隶刘佐龙标以驻仙，故雨霖得挟之赴襄，仍职管带。十一日晨，汉阳炮射都督府，穿数洞，毙二役，旋火光起，职员俱星散。刘公、孙武、甘绩熙、张振武等商曰：“时事至此，都督欲出城，吾辈应许之。万一都督不幸，吾辈之罪大矣。”众谓然。刘、孙请都督乘小轿，派队，饬邝汉卿随侍，出宾阳门，而止于王家店焉。是日午后六时，英领事仍派英商盘恩赴洪山总司令部奔走局部停战，并云清军现已让步，出停战三日条件求同意盖印。孙武、蒋翊武、吴兆麟均认为大致不谬，盖都督印付盘恩交英领事，得停战三日。兹将停战条款录后：

一、范围，武汉两军所占之地，不得变换。

二、日期，自十月十二日上午八时起，至十五日上午八时止，停战三日。

三、民军应守之条款：

甲、民军于停战范围日期内，一律按兵不动。

乙、民军之兵船于停战范围日期内，不得行驶。并将机关卸交驻汉英水师官收存。须于十五日上午六时转交该船收回。

四、北军应守之条款：

甲、北军于停战范围日期内，一律按兵不动。

乙、北军之火车，于停战范围日期内，不得往来作军事上之运动。由驻汉英水师官监视。

停战条款双方协定后，护理总司令蒋翊武一面布告地方，及通传各部队，一面发如下之命令：

战时总司令官命令（十月十一日午后十二时于洪山总司令部）

一、同前停战条件。

二、自明十二日午前八时一律实行停战。

三、各部队自接到命令时起，至明十二日午前八时止，为准备停战之期限。满军如不开枪炮射击，及渡江情形，我军不得无故发射。

四、予在洪山宝通寺。

护理总司令官蒋翊武

十二日，南京光复。先是同志在上海议决，推柏文尉（字烈五，安徽人）经营南京，失败。十月初，宋教仁与陈其美等谋联苏、浙各军合攻南京。嗣苏军司令为刘之洁，浙军司令为朱瑞，沪军司令为洪承点，镇军司令为林述庆，桂军司令为黎天才等，均统军会于镇江，无所系属。陈其美提议推徐绍桢为总司令，众赞同。设总司令部于镇江，总兵站于上海。定十月二日分道攻南京。至十一日晚，徐总司令以镇、沪、浙三军，及敢死队围攻天保城，破之，置炮射朝阳门、太平门及城内富贵山。是日苏军又占领雨花台。清将军铁良、总督张人骏乞和，其要求如下：

一、不伤人民生命。

二、不杀旗人。

三、准张勋率所部北上。

四、准张人骏、铁良北上。

徐总司令谓一、二、四可许，三极不同意。并谓张勋部下，应解除武装，方许出城，张勋本人应行留禁，俟临时政府成立始放。明日正午不诺，即行攻击。张人骏等以乞和不成，相率乘夜奔徐州。城内狮子山炮兵见将帅俱逃，十二日晨，扬白旗开仪凤门示降服。联军遂以次入城。宋教仁提议，以程德全为都督，诸军同意。迎程移督南京，南京始定。时刘公、孙武、蒋翊武等以停战期间，城中安静，各派代表赴王家店请都督回城办公，俾协机宜。都督许之，即时起节，至午后九时始抵洪山刘氏宗祠舍焉。时城内因炮火关系，大小职员，多数避匿，形同解散。都督召集党代表会议于刘祠，调整人事。当决定以杨时杰任内务部长，李作栋任财政部长，李四光任实业部长，杨玉如任都督府秘书长，王世杰副之。自此党人正式参加政治。原都督府已毁于火，遂派员选定城内山后昙花林高等小学堂旧址为都督府。十三日上午，都督入城，驻新都督府，并布告晓谕人民。汉口各国领事亦联衔布告停战协定，以安人心，于是民众迁徙者逐渐来归，各机关职员亦相率回署，城内气象又如故矣。十四日，上海代表会举黄兴为大元帅，黎副之，组织临时政府。黄辞，推荐黎为大元帅。代表会复改选黎元洪为大元帅，黄副之。是日汉口代表会议长谭人凤以代表会移南京开会，于正午返武昌，与都督、孙武等商讨军事。十五日，总司令蒋翊武因停战期满，清军又抽派军队向黄陂方面增援。特给江西军训令如下：

战时总司令官训令（十月十五日午后四时于洪山总司令部）

一、综合各种情形，清军兵力，由信阳州至阳夏，约两镇以上，但阳夏兵力，共约一镇，黄陂方面，似已派兵增援。

我舰队现停泊于阳逻附近。

我广西、湖南两军，已派援军由湖南出发，不日来鄂。

我江西赣州援军，今日来电，已于本月十三日起程，向武昌进发。

二、本军拟仍防御武昌省城沿江一带。俟各省援军齐到，转取攻势。

三、贵江西军统领冯嗣鸿率该协向黄陂方面进展，俟停战期满，则派队威胁京汉铁路。且须掩护我军之右侧。

四、贵江西军后方连络线，即为葛店通阳逻至黄陂之道路，并须派员与葛店、阳逻兵站接洽，以便补充粮秣、弹药。

五、予在武昌宾阳门外洪山宝通寺。

护理总司令官蒋翊武

是日清内阁电开四项停战条件至汉口英领事介定。兹节录二条如下：

一、停战三日期满，续停战十五日。

二、北京不遣兵向南，南军亦不遣兵向北。

此次清内阁所开停战条件，乃属全国性者。期满又续，自后未发生战事。十六日，孙武、杨玉如、李作栋等，以黄总司令走后，暂以蒋翊武护理。现黄已不能来鄂，宜确定总司令人选，以便负责主持军事。当多属意谭人凤，征其意见，人凤曰："现在情形与汉阳不同，宜一面防御武昌，一面计划北伐。鄙意欲将总司令名义取消，改设武昌防御使，兼北伐招讨使，始名实相符也。"孙武等俱表赞同，言于都督，都督可之。遂任命谭人凤为武昌防御使，兼北伐招讨使，节制武昌各军。调蒋翊武为都督府高等顾问。十七日午前九时，谭人凤亲往洪山总司令部接事，改设防御使兼招讨使署于前总司令部。自此以后，大局好转，全国重心，移于南京。不久南京政府成立，又不久南北和议告成，而武昌首义之局乃告结束矣。

中华民国政府成立

辛亥九月十九日，都督府见吾党已有天下之大半，其目的固属一致，然各自为政，无联合进行机关，深感不便。于是通电各省，请派全权委员赴武昌，组织临时政府，是为各省民军倡议组织临时政府之始。嗣江苏都督程德全、浙江都督汤寿潜，于九月二十一日，亦联电各省公举代表，集议于上海，并提议大纲四条：

一、各省旧咨议局，各举代表一人。

二、各省现时都督府，各派代表一人，均常驻上海。

三、以江苏教育总局为招待所。

四、两省以上代表到会，即行开议；续到者，随到随与议。

又提大纲三条：

一、公认外交代表。

二、对于军事进行之联络方法。

三、对于清皇室之处置。

九月二十二日，即以江苏都督府代表雷奋、沈思孚，浙江都督府代表姚桐预、高尔登之名义，通电各省来沪会议，组织临时政府；并请各省公认伍廷芳、温宗尧二君为临时外交代表。九月二十五日，代表会开第一次会议，议决定名为各省都督府代表联合会，并提出黎都督请各省派代表赴武昌，组织临时政府案。议决，以上海交通便利，会所仍在上海为宜，及电武昌即派代表与会。又议决，承认武昌为民国中央军政府，以鄂军都督执行中央政务；并请以中央军政府名义，委任各代表所推定之伍廷芳、温宗尧为民国外交总副长。都督府接此决议案，觉既认湖北为中央军政府，则代表会亦自应在政府所在地，府、会地隔数千里，办事实多迟滞，非常时期，恐失机宜。因派居正、陶凤集赴沪，与代表会磋商，遂于十月初四日开会讨论，决议各省代表赴武昌，各留一人以上于上海。赴武昌者，议组织临时政府事；留沪者，联络声气，为通信机关。赴武昌代表名录后：

江苏代表　雷　奋　马君武　陈陶怡
浙江代表　汤尔和　陈时夏　黄　群　陈　毅
福建代表　潘祖彝
山东代表　谢鸿焘　雷光宇
安徽代表　王竹怀　许冠尧　赵　斌
湖南代表　谭人凤（被推为议长）　邹代藩
广西代表　张其锽
四川代表　周代本
直隶代表　谷钟秀
河南代表　黄可权
湖北代表　时象晋　胡　瑛　王正廷　孙发绪

各省代表陆续抵武昌时，适值汉阳失守，武昌全城，皆在龟山炮火之下。因假汉口英租界顺昌洋行，为各省代表会会所。十月初十日，开第一次会议，推谭人凤为议长。十二日议决，先规定临时政府组织大纲；并举雷奋、马君武、王正廷起草。又议决，如袁世凯反正，当公举为临时大总统。十三日，议决临时政府组织大纲二十一条，即日宣布之。全文如下：

中华民国临时政府组织大纲

第一章 临时大总统

第一条 临时大总统，由各省都督府代表选举之，以得票满投票总数三分之二以上者为当选。代表投票权，每省以一票为限。

第二条 临时大总统，有统治全国之权。

第三条 临时大总统，有统率海陆军之权。

第四条 临时大总统，得参议院之同意，有宣战、媾和及缔结条约之权。

第五条 临时大总统，得参议院之同意，有任用各部长及派遣外交专使之权。

第六条 临时大总统，得参议院之同意，有设临时中央审判所之权。

第二章 参议院

第七条 参议院，以各省都督府所派之参议员组织。

第八条 参议员，每省以三人为限。其派遣方法，由各省都督府自定之。

第九条 参议院会议时，每参议员有一表决权。

第十条 参议院之职权如下：

（一）决议第四条及第六条事件。

（二）承认第五条事件。

（三）议决临时政府之预算。

（四）检查临时政府之出纳。

（五）议决全国统一之税法、币制及发行公债事件。

（六）议决暂行法律。

（七）议决临时大总统交议事件。

（八）答复临时大总统咨询事件。

第十一条 参议院开会时，以到会参议员过半数之决议为准；但关于第四条事件，非有到会参议员三分之二同意，不得决议。

第十二条　参议院议决事件，由议长具报，经临时大总统盖印，发交行政各部执行之。

第十三条　临时大总统，对于参议院所议事件，如不以为然，得于具报后十日内，声明理由，交复议。参议院对于复议事件，如有到会参议员三分之二以上同意仍执前议时，应仍照前条办理。

第十四条　参议院议长，由参议员用记名投票法互选之，以得票满投票总数之半者为当选。

第十五条　参议院办事规则，由参议院自订之。

第十六条　参议院未成立以前，暂由各省都督代表会，代行其职权；但表决权每省以一票为限。

第三章　行政各部

第十七条　行政各部如下：

（一）外交部

（二）内务部

（三）财政部

（四）军务部

（五）交通部

第十八条　各部设部长一人，总理本部事务。

第十九条　各部所属职员之编制及其权限，由部长规定，经临时大总统批准施行。

第二十条　临时政府成立后六个月以内，由临时大总统召集国民会议，召集方法，由参议院议决之。

第二十一条　临时政府组织大纲施行期限，以中华民国宪法成立之日为止。

十月十二日，南京光复，于是决议，以南京为临时政府所在地。各省代表，于七日内齐集南京。若有十省以上之代表到南京，即开临时大总统选举会。先是清廷亦有谕令各省选派代表，赴京会议国是，然无一应者。十月初十日，驻汉英领事葛福出为介绍，两方商议停战，未有结果；然自十二日起，竟为武汉局部之停战。至十五日，清内阁电开停战条件至汉口，有“停战三日期满，续停战十五日”及唐绍仪充袁代表，与黎都督或其代表讨论大局等语。是日代表会讨论议和纲要：一、推倒满清政府；二、主张共和政体；三、礼遇旧皇室；四、以人道主义待满人。并决议，以汉口为议和地点，黎大都督代表为伍廷芳，与唐绍仪对待。十月二十一日，唐绍仪抵汉口，伍廷芳在沪任外交，不能遽之汉，唐允赴沪就伍。于是改以上海为议和地点。唐于十月二十七至上海。伍之参赞为温宗尧、王宠惠、钮永建、胡瑛、王正廷，唐之参赞为杨士琦。和议开始，伍、唐在理论上折冲，俱有接近之趋势；惟袁氏别具肺肠，不易为合理之解决。十一月初六日，总理自美洲归国，抵沪。初十日，各省代表会，开临时大总统选举会，总理当选为中华民国临时大总统。各省代表欢呼万岁。代表姓名录下：

江苏　陈陶怡　袁希洛
浙江　杨尔和（被举为代表会议长）　黄　群　陈时夏　陈　毅　屈映光
湖北　居　正　杨时杰　马伯援　王正廷　胡　瑛
湖南　谭人凤　邹代藩　宋教仁　廖名搢
四川　萧　湘　周代本
云南　吕志伊　张一鹏　段宇清
山西　景耀月　李　素　刘懋赏
陕西　张蔚森　马步云
安徽　许冠尧　王竹怀　赵　斌
江西　林子超　赵士壮　王有兰　俞应麓　汤　漪
福建　潘祖彝　林长民
广东　王宠惠（被举为代表会副议长）　邓宪甫
广西　马君武　章勤士
奉天　吴景濂
直隶　谷钟秀

河南　　　李　鎜

山东　　　谢鸿焘

中华民国元年（西历一九一二年）正月一日，总理就临时大总统职，行宣誓礼，词曰：

倾覆满清专制政府，巩固中华民国，图谋民生幸福。国民之公意，文实遵之，以忠于国，为众服务。至专制政府既倒，国内无变乱，民国卓立于世界，为列邦公认，文当解临时大总统之职。谨以此誓于国民。

宣誓毕，各省代表授大总统印，并致词。大总统启印，发表宣言。大总统就职之日，易正朔为阳历（旗帜以五色旗为国旗，星旗为陆军旗，青天白日旗为海军旗）。三日，大总统莅代表会，交议中央行政各部及权限案，决议后，即照规定提出国务员九人，求同意。议决国务员发表，姓名列下，并附次长名。

陆军总长黄　兴（次蒋作宾）　海军总长黄钟英（次汤芗铭）

外交总长王宠惠（次魏宸组）　司法总长伍廷芳（次吕志伊）

财政总长陈锦涛（次王鸿猷）　内务总长程德全（次居　正）

教育总长蔡元培（次景耀月）　实业总长张　謇（次马　和）

交通总长汤寿潜（次于右任）

嗣代表会议决修正临时政府组织大纲若干条，加临时副总统。于一月三日，选举黎元洪为临时副总统。时和议未有结果，双方俱积极备战。正月十六日正午，袁世凯入朝，行至丁字街地方，同志杨雨昌、黄之萌、张光培等在道左茶楼上，掷炸弹于袁之车后数尺，轰毙卫队长一、巡警一、坐马二，伤兵士十二、路人三，北京大震。雨昌等当场被逮，均直认不讳，从容就刑。宗社党主要人良弼，即和议之大障碍也。同志彭家珍曰："吾誓扑杀此獠！"正月二十六日下午，怀良弼小照一、崇恭名刺一、炸弹二（名刺、小照，得自吴禄贞马弁某，彭与之善，马弁有为吴复仇意，后入普陀出家），由津入京。十时，乘马车，径赴西华门外红罗厂良弼宅，以良与崇恭善，冒崇恭名请谒，阍者以良外出告。彭即反驾，甫数武，良归，彭旋轮造访，良甫下车，阍者以崇恭名刺呈，彭即探囊中炸弹击良，良适立石阶上，弹落阶旁，良弼轰毁一足，昏倒于地。弹落时，因石激弹反射，彭应声殒命。良弼流血不止，医生施手术，断其足，血益涌，翌日死。自是清亲贵皆胆落，纷纷离北京，走天津、青岛、大连，托庇外人宇下。虽隆裕太后召集王公会议，亦鲜有至者。于是解决方法，以清廷退位为最和平条件。两方协议，逐渐接近。正月二十日，伍代表即将优待皇室等条件，提交清内阁总理袁世凯。条件分甲乙两种：

（甲）优待皇室条件。

（乙）优待满蒙回藏人条件。

正月二十八日，参议院成立。临时政府于二月初五日，将袁之复电，提交参议院，开会讨论。二月初六日，由参议院咨复临时政府照行。是时清廷仍纷哓不休，袁世凯从中操纵。参议院乃于二月十二日议决，如三日内不依约退位，即收回优待条件。清廷因即日退位，袁世凯亦电临时政府宣布政见，绝对赞成共和主义。总理乃按各省代表会之原议，于二月十三日，提出辞职书于参议院，十四日可决。十五日，参议院开临时大总统选举会，袁世凯当选为中华民国临时大总统。二十日，参议院开临时副总统选举会，黎元洪当选为临时副总统。自袁世凯当选临时大总统后，临时政府即派教育总长蔡元培、外交次长魏宸组、海军顾问刘冠雄、参谋次长钮永建、法制局总裁宋教仁及汪精卫、戴传贤、万廷献等为专使，迎袁世凯来南京就职。二月二十六日抵北京，袁从之不愿，拒之不可，乃嗾第三镇统制曹锟所部兵变。二十九日晚八时，东安门外及前门外一带火光烛天，土匪乘之，抢掠达旦，商民被害者数千家。蔡等住法政学堂，乱兵持枪闯入，魏宸组越墙走，蔡元培、汪精卫匿于隐室，扃户息灯，仅免于难。袁复故作谣言，谓系反对于彼等等风说，以淆视听。蔡等为所欺，三月二日，电临时政府及参议院，略谓："北京兵变，外人极为激昂，日本已派兵入京，设使再有此等事发生，外人自由行动，恐不可免。培等睹此情形，集议，以为速建统一政府，为今日最要问题，余尽可迁就以定大局。"于是三月初六日，参议院议决办法六条，允袁世凯在北京就职，惟须电参议院宣誓。袁世凯乃在北京就临时大总统职，并电传誓词于参议院，文曰：

> 民国建设造端，凡百待治。世凯深愿竭其能力，发扬共和之精神，涤荡专制之瑕秽，谨守宪法，依国民之愿望，达国家于安全强固之域，俾五大民族，同臻乐利。凡此志愿，率履无渝。俟召集国会，选定第一期大总统，世凯即行辞职。谨掬诚悃，誓告同胞。

袁世凯就职后，拟派唐绍仪为国务总理，经参议院通过任命。三月二十五日，唐来宁组织新内阁，增为十一部，提出参议院通过。

陆军总长	段祺瑞	海军总长	刘冠雄
外交总长	陆徵祥	司法总长	王宠惠
财政总长	熊希龄	内务总长	赵秉钧
教育总长	蔡元培	实业总长	张　謇
交通总长	施肇基	农林总长	宋教仁
工商总长	陈其美		

大总统就职，国务员议定《临时约法》，参议院于二月初六日起，开至三月初八日，全案告终，即日宣布，三月十一日，临时大总统公布之。中华民国之雏形，可谓完全告成矣。《临时约法》凡七章五十六条，全文如下：

中华民国临时约法

第一章　总纲

第一条　中华民国，由中华人民组织之。

第二条　中华民国之主权，属于国民全体。

第三条　中华民国领土，为二十二行省、内外蒙古、西藏、青海。

第四条　中华民国以参议院、临时大总统、国务院、法院，行使其统治权。

第二章　人民

第五条　中华民国人民，一律平等，无种族、阶级、宗教之区别。

第六条　人民得享有下列各项之自由权：

一、人民之身体，非依法律，不得逮捕、拘禁、审问、处罚。

二、人民之家宅，非依法律不得侵入或搜索。

三、人民有保有财产及营业之自由。

四、人民有言论、著作、刊行及集会、结社之自由。

五、人民有书信秘密之自由。

六、人民有居住迁徙之自由。

七、人民有信教之自由。

第七条　人民有请愿于议会之权。

第八条　人民有陈诉于行政官署之权。

第九条　人民有诉讼于法院，受其审判之权。

第十条　人民对于官吏违法损害权利之行为，有陈诉于行政院之权。

第十一条　人民有任官、考试之权。

第十二条　人民有选举及被选举之权。

第十三条　人民依法律有纳税之义务。

第十四条　人民依法律有服兵之义务。

第十五条　本章所载人民之权利，有认为增进公益，维持治安，或非常紧急必要时，得依法律限制之。

第三章　参议院

第十六条　中华民国之立法权，以参议院行之。

第十七条　参议院以第十八条所定各地方选派之参议员组织之。

第十八条　参议员每行省、内蒙古、外蒙古、西藏各选派五人，青海选一人，其选派方法，由各地方自定之。参议院会议时，每参议员有一表决权。

第十九条　参议院之职权如下：

一、议决一切法律案。

二、议决临时政府之预算决算。

三、议决全国之税法、币制及度量衡之准则。

四、议决公债之募集及国库有担负之契约。

五、承诺第三十四条、三十五条、四十条事件。

六、答复临时政府咨询事件。

七、受理人民之请愿。

八、得以关于法律及其他事件之意见，建议于政府。

九、得提出质问书于国务员，并要求其出席答复。

十、得咨请临时政府查办官吏纳贿违法事件。

十一、参议院对于临时大总统，认为有谋叛行为时，得以总员五分之四以上之出席，出席员四分之三以上可决，弹劾之。

十二、参议员对于国务员认为失职或违法时，得以总员四分之三以上之出席，出席员三分之二以上可决，弹劾之。

第二十条　参议员得以自行集会、开会、闭会。

第二十一条　参议院之会议，须公开之；但有国务员之要求，或出席参议员过半数之可决者，可秘密之。

第二十二条　参议院议决事件，由临时大总统公布施行。

第二十三条　临时大总统对于参议院议决事件，如否认时，得于咨达十日内，声明理由，咨院复议；但参议院对于复议事件，如有到会参议员三分之二以上仍执前议时，仍照第二十二条办理。

第二十四条　参议院议长，由参议员用记名投票法互选之，以得票满投票总数之半为当选。

第二十五条　参议院参议员，于院内之言论及表决，对于院外不负责任。

第二十六条　参议院参议员，除现行犯及关于内乱外患之犯罪外，会期中，非得本院许可，不得逮捕。

第二十七条　参议院法，由参议员自定之。

第二十八条　参议院以国会成立之日解散，其职权由国会行之。

第四章　临时大总统、副总统

第二十九条　临时大总统、副总统，由参议院选举之。以总员四分之三以上出席，得票满投票总数三分之二以上为当选。

第三十条　临时大总统代表临时政府，总揽政务，公布法律。

第三十一条　临时大总统为执行法律，或基于法律之委任，得发布命令，并得使发布之。

第三十二条　临时大总统统帅全国陆海军队。

第三十三条　临时大总统得制定官制官规，但须提交参议院议决。

第三十四条　临时大总统任命文武职员，但任命国务员及外交大使、公使，须由参议院之同意。

第三十五条　临时大总统经参议院之同意，得宣战、媾和及缔结条约。

第三十六条　临时大总统得依法律宣告戒严。

第三十七条　临时大总统，代表全国，接受外国之大使、公使。

第三十八条　临时大总统得提出法律案于参议院。

第三十九条　临时大总统得颁给勋章，并其他荣典。

第四十条　临时大总统得宣布大赦、特赦、减刑、复权，但大赦须经参议院之同意。

第四十一条　临时大总统受参议院弹劾后，由最高法院全院审判官，互选九人，组织特别法庭审判之。

第四十二条　临时副总统，于临时大总统因故去职，或不能视事时，得代行其职权。

第五章　国务员

第四十三条　国务总理及各部总长，均称为国务员。

第四十四条　国务员辅佐临时大总统，负其责任。

第四十五条　国务员于临时大总统提出法律案，公布法律，及发布命令时，须副署之。

第四十六条　国务员及其委员得于参议院出席及发言。

第四十七条　国务员受参议院弹劾后，临时大总统应免其职，但得交参议院复议一次。

第六章　法院

第四十八条　法院以临时大总统及司法总长分别任命之法官组织之。法院之编制及法官之资格，以法律定之。

第四十九条　法院依法律审判民事诉讼及刑事诉讼。但关于行政诉讼及其他特别诉讼，别以法律定之。

第五十条　法院之审判，须公开之，但有认为有妨害安宁秩序者，得秘密之。

第五十一条　法官独立审判，不受上级官厅之干涉。

第五十二条　法官在任中，不得减俸或转职，非依法律受刑罚宣告，或应免职之惩戒处分，不得解职。惩戒条规，以法律定之。

第七章　附则

第五十三条　本约法施行后，限十个月内，由临时大总统召集国会。其国会之组织及选举法，由参议院定之。

第五十四条　中华民国之宪法，由国会制定。宪法未施行以前，本约法之效力，与宪法等。

第五十五条　本约法，由参议院参议员三分之二以上，或临时大总统之提议，经参议员五分之四以上出席，出席员四分之三可决，得增修之。

第五十六条　本约法自公布之日施行。

临时政府组织大纲，于本约法施行之日废止。

南京参议院参议员名录

议　长　福建　　林　森

副议长　浙江　　王正廷

全院委员

四川　　李肇甫

江西　　王有兰　文　群　杨　漪

湖南	刘　彦	彭允彝	欧阳振声
湖北	时功玖	刘成禺	张伯烈
福建	潘祖彝	陈承泽	
安徽	常恒芳	凌　毅	胡绍斌
江苏	杨廷栋	陈陶怡	凌文渊
浙江	殷汝骊	黄　群	
四川	熊成章	黄树中	
山西	刘懋赏	李　素	
陕西	赵士钰		
广东	钱树芬	赵士北	金　章
广西	邓家彦	曾　彦	
云南	张耀曾	席聘臣	段宇清
贵州	平　刚	文崇高	
山东	彭占元	刘星楠	
河南	李　槃	陈景南	
奉天	吴景濂		
直隶	谷钟秀		

国会成立

辛亥光复之役，民意机关，造端于“各省都督府代表联合会”，其威权几与国会相埒，进而为参议院，再进而为国会。南京联合会及参议院，已如上述。自政府由宁北迁，参议院亦随而北；但不若南京之能行职权，无多可述。姑录北京参议员名于后。

议　长	奉天	吴景濂
副议长	湖北	汤化龙
全院委员长	直隶	谷钟秀
法制委员长	云南	张耀曾
财政委员长	浙江	殷汝骊
庶政委员长	湖北	郑万瞻
请愿委员长	广西	曾　彦
惩罚委员长	山东	彭占元
奉天	曾有翼　李秉恕　申孝宗　刘兴甲	
吉林	王树声　金鼎勋　杨　策　何裕康　李　芳	
黑龙江	高家骥　王赤卿　战云霁　关文铎　杨喜山	
直隶	王振垚　籍忠寅　李　榘　谷芝瑞	
山东	刘星楠　丁世峄　侯延爽　周树标	

山西	李　素 苗雨润 宋汝梅 张联魁 刘盥训
陕西	赵士钰 李述膺 景志传 茹欲可 陈同熙
甘肃	王鑫润 田骏丰 秦望澜 宋振声
新疆	蒋举清 刘　熺
河南	陈景兰 阮庆澜 刘积学 孙　钟
湖北	刘成禺 时功玖 张伯烈
湖南	覃　振 彭允彝 陈家鼎 刘　彦 欧阳振声
四川	李肇甫 熊成章 邓　镕 杨　芬 刘声先
江西	汤　漪 卢士模 曾有澜 李国珍 陈鸿钧
安徽	曹玉德 王庆云 江　辛 愈道暄 胡璧城
江苏	杨廷栋 秦瑞玠 汪荣宝 张鹤第 王嘉宾
浙江	周　珏 王家襄 王文庆 陈时夏
福建	刘崇佑 李兆年 周　翰 林　翰 连贤基
广东	杨永泰 徐传霖 梁孝肃 卢　信 司徒颖
广西	蒙启勋 曾　彦
云南	张华澜 段宇清 席耿臣 顾视高
贵州	刘显治 陈国祥 陈廷策
蒙古	叶显扬 张树桐 博迪苏 那彦图 祺诚武　鄂多台 熙浚阿 连　赍 阿蒙尔灵圭
青海	唐古色

《临时约法》第五十三条规定："本约法施行后，限十个月内，由临时大总统召集国会"等语。乃北京政府，延至二年四月初八日，两院始能开幕，并于三月二十日，刺宋教仁于上海沪宁车站，向国会示威，则国会已名存实亡，去南京各省都督府代表联合会，及参议院，真天渊矣。然告朔饩羊，不无可爱，河阳巡狩，亦存空名。武昌首义之结果，推倒二百余年之满清，铲除四千余年之专制，中华民国之政府、国会，

均经成立，亦可谓冠冕堂皇，形式备具矣。因即此以终吾篇，并纪两院议员名于下：

参议院议员

议　长	直隶 张　继（后辞，王家襄补）
副议长	浙江 王正廷

全院委员长

福建	林　森
奉天	赵连琪 陈瀛洲 苏毓芳 富　元 谢书林 杨　度 延　荣 龚玉昆 李绍白 孙万祥
吉林	娄鸿声 萧文彬 杨福洲 高鸿恩 齐中甲 杨绳祖 金鼎勋 王洪身 赵承恩 赵学臣
黑龙江	蔡国沈 刘正堃 郭相维 金德馨 姚翰卿 杨崇山 郑林皋 杨喜山 李伯荆 高家骥
直隶	籍忠寅 刘彭寿 王法勤 郝　耀 宋　桢 王试功 王文芹 王观铭 张其密 张　继
山东	丁世峄 萧承弼 唐仰怀 刘星楠 安举贤 徐镜心 张锡畛 尹宏庆 王凤翥 杨日训
河南	李　槃 刘积学 陈铭鉴 谢鹏翰 王靖方 段世垣 黄佩兰 毛印相 黄鸿图 贾济川
山西	王用宾 田应璜 张杜兰 刘懋赏 张瑞玑 陈敬棠 张联魁 段砚田 苗雨润 班廷献
陕西	钟允谐 焦易堂 陈　佶 岳云韬 何毓璋 张蔚森 赵士钰 窦应昌 李述膺 范　樵
甘肃	王鑫润 宋　梓 马良弼 万宝成 文登瀛 范振绪 梁登瀛 王芷清 马维麟 魏鸿翼
新疆	蒋举清 李　溶 廉炳华 孔宪瑞 刘隽佺 宋国忠 哈德尔 阎光耀 何海涛 何多才

四川	李国定 饶应铭 潘 江 王 湘 杨 芬 赵时钦 谢 持 周 择 程莹度 吴炳臣
湖南	陈焕南 彭邦栋 李汉丞 周震麟 黎尚雯 胡 瑛 吴景鸿 田永正 盛 时 向乃琪
湖北	刘成禺 韩玉宸 张 汉 董昆瀛 居 正 彭介石 高仲和 郑江灏 蒋羲明 胡秉柯
江西	萧辉锦 周泽南 汤 漪 燕喜达 蔡突灵 邹树声 符鼎升 朱念祖 卢式楷 刘 濂
安徽	李子幹 章兆铭 张我华 丁象谦 马 坤 石德纯 汪律本 吴文翰 胡璧城 高荫藻
江苏	陶 逊 蒋曾燠 辛 汉 郑斗南 蓝公武 王立廷 秦锡圭 解树强 朱甲昌 杨 择
浙江	金兆棪 张 烈 许 燊 陆宗舆 王正廷 王家襄 陈宏道 张 嘈 童杭时 郑际平
福建	宋渊源 陈祖烈 林 森 雷焕猷 杨家骧 潘祖彝 刘映奎 黄树荣 李兆年 方圣徵
广东	周廷励 温雄彪 何士果 李自芳 彭建标 杨永泰 王鸿庞 李茂之 李英铨 黄锡铨
广西	马君武 曾 彦 卢天游 梁士模 梁 培 黄宏宪 黄绍侃 严 恭 郭椿森
贵州	徐承锦 吴作棻 黄元操 周学源 张金鉴 姚 华 张光炜 李耀忠 刘光旭 陈光焘
云南	吕志伊 谢树琼 朱家宝 孙光廷 王人文 袁家谷 李文宇 赵 鲸 陈 善 杨 琼
内外蒙古	
哲里木盟	阿蒙尔灵圭 色旺端噜布
卓索图盟	金永昌 熙凌阿
昭乌达盟	德色赍托布 苏珠格图巴图鲁

锡林郭勒盟	罗布桑车珠尔 布霖
乌兰察布盟	旺楚克拉布坦 诺尔布三布
伊克昭盟	刘新桂 王銮声
土谢图汗部	祺诚武 鄂多台
车臣汗部	鄂伯噶台 车林桑都布
三音诺颜部	祺克坦 荣　厚
扎萨克图汗部	布尔格特 陆大坊
乌梁海	唐古色 曹汝霖
科布多及旧土尔扈特	杨增炳 噶拉增
阿拉善塔旺布理甲拉	
额济纳巴图东	
华侨	唐琼昌 朱兆莘 谢良牧 吴　湘 蒋报和 卢　信
青海	三名 （改选中）

中央学会　八名 （未选出）

西藏	
前藏	顿桂罗布 扎希土噶 王　赓 厦扎噶布伦 孙毓筠
后藏	江赞桑布 傅　谐 龚焕辰 厦仲阿旺益喜 程　克

众议院议员

议　　长	湖北 汤化龙
副 议 长	贵州 陈国祥
全院委员长	张耀曾
奉　天	马泮春 刘恩格 姜毓英 翁恩裕 杨大实 张嗣良 曾有翼 蒋宗周 吴景濂 李有忱 邴克庄 王荫棠 刘兴甲 李秉恕 仇玉珽 罗永庆
吉　林	张雅南 李膺恩 齐耀珊 董耕云 毕维垣 王玉琦 范殿栋 杨振州 莫德惠 徐清和

黑龙江	叶成玉 刘振生 孟昭汉 秦广礼 邵庆麟 杨荣春 陈耀光 关文铎 于文璞 田美峰
直隶	邓毓怡 恒 钧 韩增庆 马文焕 李搢荣 金诒厚 王吉言 李春荣 吕泮林 王玉树 张云阁 李保邦 张滋大 谷芝瑞 刘景沂 王锡泉 张国浚 张官云 杨式震 耿兆栋 温世霖 孙洪伊 马英俊 李家桢 张书元 贾睿熙 杜凯元 童启曾 吕 复 张秉文 谷钟秀 王保真 王振尧 崔怀灏 张士才 胡源汇 张则林 吕金镛 李景濂 陈纯修 张敬之 李永声 王双岐 常堉璋 张恩绶 赵金堂
山东	周庆恩 刘昨一 穆肇仁 阎兴可 艾庆镛 张玉庚 袁景熙 张金阑 王广瀚 金承新 王谢家 盛际光 王之篆 杜凯之 周祖澜 侯延爽 管象颐 丁维汾 于洪起 于廷璋 董毓梅 于思波 于元芳 周树标 王 讷 郭广恩 剑寇三 周廷弼 魏丹书 彭占元 林元亮 曹 瀛 史泽咸
河南	贺升平 张锦芳 李载赓 胡汝麟 王 杰 任耀墀 孙正宇 岳秀夫 丁廷謇 张协灿 王印川 王廷弼 杜 潜 刘峰一 耿春宴 魏 毅 张善与 郭桂芬 王敬芳 梁文渊 郭光麟 韩胪云 张 坤 张嘉谋 金 涛 陈景南 袁习圣 林英钟 刘奇瑶 凌 钺 彭运斌 刘荣棠
山西	常丕谦 冀鼎铉 康慎徽 周克昌 斐清源 康佩珩 谷思慎 梁善济 赵良臣 穆 郇 罗 黻 张升云 阎鸿举 耿臻显 李景泉 王定圻 贾鸣梧 郭德修 侯元耀 石 璜 李庆芳 刘祖尧 刘志詹 景定成 王国祐 景耀月 狄楼海 刘盥训

陕西	焦子静 谭焕文 王鸿宾 白常洁 李含芳 茹欲立 杨思浙 马　骧 段大信 寇　遐 尚镇圭 刘治洲 朱家训 陈　豫 高　杞 姚守先 张树声 杨铭源 斐廷藩 高增融 王兆维
甘肃	李增秾 张国钧 王定国 祁连元 郭目修 侯效儒 李克明 贾缵绪 杨润身 张廷弼 周之翰 段维新 李发春 丁丰沛
新疆	文笃周 继　孚 刘隽伦 张万龄 陈世禄 袁炳煌 李式璠 罗润业 张　瑞 米家骥
四川	李为伦 张治祥 曾　铭 熊成章 张知竞 刘泽龙 刘　伟 廖希贤 袁弼臣 周　泽 郭成炆 黄云鹏 萧　湘 杨　霖 江　椿 李肇甫 王安富 孙　镜 傅鸿铨 杜　华 李文熙 秦肃三 萧德明 张瑾雯 蒲殿俊 唐　玠 卢仲琳 王　枢 萧贤俊 黄　璋 张　澜 余绍琴 熊兆渭 黄汝鉴 杨肇基
湖南	郭人漳 刘　彦 李　锜 石润金 李积芳 陈家鼎 陈嘉会 黄赞元 周大烈 彭允彝 郑人康 罗永绍 魏肇文 胡寿昺 程崇信 钟本宏 陈九韶 席　绶 覃　振 欧阳振声 周泽苞 王恩博 李执中 张宏铨 梁系登 彭施涤 禹　瀛
湖北	范熙壬 杨时杰 汪呖鸾 胡祖舜 欧阳启勋 覃寿恭 张大昕 田　桐 石　瑛 彭汉遗 汤化龙 陈邦燮 吴　昆 张伯烈 王笃成 白逾桓 查季华 邱国翰 胡鄂公 郑万瞻 时功玖 骆继汉 廖宗北 萧　萱 冯振骥

江西

张于浔 徐秀钧 黄茂鑫 梅光远 李国珍 王　恒
王有兰 曾幹桢 曾有澜 陈鸿钧 葛　庄 陈子斌
赖庆晖 刘景烈 黄裳吉 戴书云 郭　同 黄攻素
程　铎 黄格鸥 邹继龙 文　群 潘学海 辛际唐
卢元弼 吴宗慈 邓　元 王　侃 黄家熙 欧阳沂
罗家衡 欧阳成 彭学浚 邱冠棻 贺赞元

安徽

何　雯 贺廷桂 陶　镕 丁秉炎 张　埙 余　棨
吴汝澄 唐理淮 凌　毅 戴声教 常恒芳 杨士骢
陈　策 曹玉德 刘鸿庆 甯继恭 杨松年 吴日法
汪建刚 江　谦 陈光谱 汪彭年 王多辅 许植材
王源瀚 周学辉 彭昌福

江苏

吴荣萃 陶保晋 方　潜 汪秉忠 张鹤第 夏寅官
董增儒 凌文渊 徐兆玮 王绍鏊 孙润宇 蒋凤梧
陈允中 徐兰墅 姚文枬 孙炽昌 瞿启甲 陈经镕
胡兆沂 刘可均 孙光圻 茅祖权 石　铭 孟　森
陈　义 高　旭 朱溥恩 董继昌 屠　宽 杨廷栋
王汝沂 杨　润 陈士髦 胡应庚 谢翊元 邵长镛
吴　涑 张相文 王茂材 朱继之

浙江

俞凤诏 周　珏 姚勇忱 诸辅成 杭辛斋 陈敬第
张世桢 胡翔青 谢国钦 张傅保 杜士珍 金尚铣
卢钟兵 朱文劭 周继潆 俞　炜 傅家铨 韩　藩
田　稔 蒋著卿 陈燮枢 戚善谋 丁儁宣 金秉理
王　烈 袁荣叟 邵瑞彭 蔡汝霖 傅梦豪 张　浩
殷汝骊 黄　群 赵　舒 虞廷恺 徐象先 林玉麒
陈黻宸 杜师业

福建	刘崇祐　林万里　欧阳钧　郑得元　高登鲤　曾振懋 丁超五　丁济生　陈承箕　陈　堃　朱金紫　李尧年 张　琴　黄肇河　杨树璜　林鸿超　朱腾芬　黄　荃 陈蓉光　林辂存　詹调元　连贤基　刘万里　杨士鹏
广东	伍朝枢　陈　垣　刘栽甫　伍汉特　谭瑞霖　叶夏声 马小进　黄霄九　苏祐慈　徐傅林　黄汝瀛　萧凤翥 郑懋修　邹　鲁　饶芙裳　郭宝慈　杨梦弼　梁仲则 林伯和　梁梦元　司徒颖　易次乾　黄增耆　江　瑔 许峭嵩　梁成久　林绳武　陈治安　林文英　陈发檀
广西	蒋可成　黄宝铭　马如彪　凌发彬　钟业官　程大璋 龚　政　陈绳虬　程修鲁　陈太龙　赵炳麟　王永锡 梁昌诰　王乃昌　萧晋荣　翟当文　覃　超　罗增麒
贵州	陈廷策　金铸昌　蹇念益　牟　琳　符诗荣　杜成镕 刘显治　孙世杰　万贤臣　夏同龢　陈国祥　唐瑞铜 刘尚衡
云南	李　增　王　桢　严天骏　张大义　由宗龙　张翼曾 陈光勋　萧瑞麟　李燮阳　何秉谦　陈时铨　陈祖基 朱朝瑛　张华澜　张联芳　沈河清　段　雄　寸品昇 李根源　赵　藩
内外蒙古	
哲都木盟	富勒珲　阿昌阿
卓索图盟	叶显扬　张树桐
昭乌达盟	乐　山　饱　喜
锡林郭勒盟	卜彦吉里郭勒　阿育勒乌贵
伊克昭盟	唐宝锷　吴　渊
乌兰察布盟	蔡汇东　拉　什
土谢图汗部	孙　钟　汪荣宝

车臣汗部　　熙　钰 李景龢
三音诺颜部　　金　还 林长民
扎萨克图汗部　　克希克图 易宗夔
乌梁海　　恩和布林 张国溶
科布多及旧土尔扈特　　诺门答赖 乌泽声 邓　镕
阿拉善　　莽哈赍
额济纳　　奇米子
青海　　颗　录 楞住布 花力旦
西藏
前藏　　一喜托美 王　戈 康士铎 薛大可 罗桑班爵
后藏　　方　贞 江天铎 阿旺根敦 恩　华 苏麻的

宪法起草委员会

（甲）由参议院选出者

汤　漪 蒋举清 丁世峰 蓝公武 陆宗舆 高家骥 段世垣 陈　善 赵士钰 石德纯 张我华 金鼎勋 吕志伊 曹汝霖 金兆棪 王家襄 朱兆莘 杨永泰 解树强 陈铭鉴 王　赓 王用宾 金永昌 向乃祺 饶应铭 车林桑都布 阿穆尔灵圭 王鑫润 宋渊源 蒋曾燠

（乙）由众议院选出者

张耀曾 黄云鹏 杨铭源 夏同龢 谷钟秀 李国珍 孙润宇 刘崇祐 刘恩格 诸辅成 孙　钟 李　芳 汪荣宝 伍朝枢 李庆芳 史泽咸 何　雯 黄　璋 汪彭年 易宗夔 王印川 张国溶 王绍鏊 吴宗慈 王敬芳 陈景南 彭允彝 李肇甫 徐秀钧 孟　森

（丙）因选出委员有去职而递补者

卢天游 刘积学 田永正 徐镜心 程莹度 杨　度 杨福洲（以上参议院递补者）

黄赞元 龚　政 陈发檀 马小进（以上众议院递补者）

后　序

此为本书第四次稿也。每次稿成，同志之记录仍有来者，因再三据以增改。至四次，则来者希矣，非资料搜尽也，能搜者只限于可以通讯之处。至沦陷区域及通讯地址不明者，则无从访问，殊为遗恨。惟所搜资料，皆当时参加首义之同志所供给，大体比较确实。就本书细考，其中甚多令人索解之处，谨条具后，供国人研究焉。

一、武昌地方，四面受敌，当时全国人士，俱认不宜发难，何以公然发难，并且成功。

二、几个政府所忽视、社会所菲薄之士兵（当时学生参加者亦不少，然主力仍在士兵），何以竟成此有史以来之奇迹。

三、如此艰剧伟大事业，何以秘密运动，仅费五千八百元之财力，即奏推翻数千年专制之效。

四、几个乡村无文采、寡见闻、少声气之士兵群众，武昌首义，何以竟倾动世界之文明大国，一致赞美，严守中立。

五、八月十六日事泄，领导人物全体出亡，何以仅寥寥之下级干部，于雷霆万钧之下，一反手而举其事，并且不扰市民，不费约束，人自为战，动协机宜。

六、武昌光复，党魁出亡，其在省之党人缙绅，有猎都督之资格者为数尚多，何以俱谦让未遑，毫无争督之事。

七、湖北历来团体，曰科学补习所、曰日知会、曰群治学社、曰益智社、曰兰友社、曰文学社等等，多数名称，毫无革命之表示，何以其结果竟致推翻满清。

八、和议告成，政府成立，何以当事党人，视禄位若敝屣，袁世凯屡电不至，或至亦望望然去之，极少热中富贵者。

以上八点，俱似轶出于常情之外。谨举出以供好学深思之君子考鉴焉。其次，一国数千年之大革命，首义区域，自宜有伟大之纪念，以扬国光，以励后进。民国十一年，余杭章太炎先生循鄂人之请，曾撰《武昌首义纪念宣言》曰：

> 太史公曰："作事者必于东南，收功实者常于西北。"其于汉楚之际则然也。明起东南，转战至蓟丘，再传卒建都焉，地直北而迤于东，少异汉矣。民国之兴自武昌，终乃都明故墟。武昌南国之纪，而形势为土中，转而宅蓟，直其东北陬，与汉事差愈远。由此言之，兴废之端，各以其时，兹谋国者之所怵惕也。当武昌之未起也，义夫材勇，散植于四方，谋几十年，断骼遗胔者盖百千人。而武昌、夏口当中央，阴为斡柄，卒以铁道小衅，黚然如雷霆而起，南北从之者十余省。阕事四月，胡命以倾，大建中夏，不失旧物，所谓合从讨伐，轶于三代者，惟是乃当之，诚非汉明所得拟也。隆于仁，短于义者，其附丽市民如易，然其握权不牢，且谓建虏已覆，无所事兵革，未尝自营汤沐之泽，为族党求蔽障也，而因授之北方。四达之地，寇来不遮，曾不再稔而荆楚为丘，至于今不复。曩者倡义之士，杀身者有矣，屏于闾巷者有矣，转徙沟壑，妻子无所覆露者有矣。汉之兴也，复丰沛之民，世世无所赋役；明之北徙也，则金陵为留都，以今之武昌方之，盖不当其豪忽焉。功大如此，而报薄如彼，于是旧勋吴兆麟等九人喟然叹曰："摩顶踵以利天下，终于纳侮，智者不为也。利及行道之人，而伐其肺腑，仁者不为也。"相与起武昌首义纪念，冀形之实事，以扶伤、抚孤、纪功为主。然后事不灭没，而国殇虚厉有所附。其存者免于莩殣，其胤嗣得以长育，比于汉明之道则未也。民国十一年谋于抱冰堂，既成言，以书走三千里告于

余杭章炳麟。炳麟与武昌诸勋，一体也。六七年中欲拯其民于水火者三矣。谋几成而卒无效。得其书，曰：使首义之绩废坠至于是者，吾之耻也。斯事也，固将缟素以从之，虞殡而道之，于是宣示大义，以对于天下，以祈匄于国之人。其事列左：

一、设纪念大学。

二、设公园，置倡义纪念碑。

三、设功裔教养所，附幼稚园。

四、设伤军养济院，附工厂。

五、铸张文襄铜像。

宣言发表之时，我政府正厄于北洋军阀，无力顾及。迄后北伐统一，倭寇又至，更难过问。迩者胜利在望，复员可期，望政府于事定建设之时，将章氏所祈于国人者，注意及之。将来大战结束，邦交频繁，行人观国，固重当时之执政，亦采过去之民风。武昌首义，实维国魂，不有表示，直衣绣夜行耳，将何以扬国威而销隐患哉？所以首义纪念，乃整个国家之雄风，并非湖北一省之虚誉也。惟明达察焉。

中华民国三十四年三月十日沔阳张难先识于陪都歌乐山之耻庐

本书干支、西历、纪年对照表

甲子 1864 民前 48（清同治三年）
乙丑 1865 民前 47（清同治四年）
丙寅 1866 民前 46（清同治五年）
丁卯 1867 民前 45（清同治六年）
戊辰 1868 民前 44（清同治七年）
己巳 1869 民前 43（清同治八年）
庚午 1870 民前 42（清同治九年）
辛未 1871 民前 41（清同治十年）
壬申 1872 民前 40（清同治十一年）
癸酉 1873 民前 39（清同治十二年）
甲戌 1874 民前 38（清同治十三年）
乙亥 1875 民前 37（清光绪元年）
丙子 1876 民前 36（清光绪二年）
丁丑 1877 民前 35（清光绪三年）
戊寅 1878 民前 34（清光绪四年）
己卯 1879 民前 33（清光绪五年）
庚辰 1880 民前 32（清光绪六年）
辛巳 1881 民前 31（清光绪七年）
壬午 1882 民前 30（清光绪八年）
癸未 1883 民前 29（清光绪九年）
甲申 1884 民前 28（清光绪十年）
乙酉 1885 民前 27（清光绪十一年）
丙戌 1886 民前 26（清光绪十二年）
丁亥 1887 民前 25（清光绪十三年）
戊子 1888 民前 24（清光绪十四年）
己丑 1889 民前 23（清光绪十五年）
庚寅 1890 民前 22（清光绪十六年）
辛卯 1891 民前 21（清光绪十七年）
壬辰 1892 民前 20（清光绪十八年）
癸巳 1893 民前 19（清光绪十九年）
甲午 1894 民前 18（清光绪二十年）
乙未 1895 民前 17（清光绪二十一年）
丙申 1896 民前 16（清光绪二十二年）
丁酉 1897 民前 15（清光绪二十三年）

戊戌 1898 民前 14（清光绪二十四年） 己亥 1899 民前 13（清光绪二十五年）
庚子 1900 民前 12（清光绪二十六年） 辛丑 1901 民前 11（清光绪二十七年）
壬寅 1902 民前 10（清光绪二十八年） 癸卯 1903 民前 9（清光绪二十九年）
甲辰 1904 民前 8（清光绪三十年） 乙巳 1905 民前 7（清光绪三十一年）
丙午 1906 民前 6（清光绪三十二年） 丁未 1907 民前 5（清光绪三十三年）
戊申 1908 民前 4（清光绪三十四年） 己酉 1909 民前 3（清宣统元年）
庚戌 1910 民前 2（清宣统二年） 辛亥 1911 民前 1（清宣统三年）
壬子 1912 民国元年 癸丑 1913 民国二年
甲寅 1914 民国三年 乙卯 1915 民国四年
丙辰 1916 民国五年 丁巳 1917 民国六年
戊午 1918 民国七年 己未 1919 民国八年
庚申 1920 民国九年 辛酉 1921 民国十年
壬戌 1922 民国十一年 癸亥 1923 民国十二年
甲子 1924 民国十三年 乙丑 1925 民国十四年
丙寅 1926 民国十五年 丁卯 1927 民国十六年
戊辰 1928 民国十七年 己巳 1929 民国十八年
庚午 1930 民国十九年 辛未 1931 民国二十年
壬申 1932 民国二十一年 癸酉 1933 民国二十二年
甲戌 1934 民国二十三年 乙亥 1935 民国二十四年
丙子 1936 民国二十五年 丁丑 1937 民国二十六年
戊寅 1938 民国二十七年 己卯 1939 民国二十八年
庚辰 1940 民国二十九年 辛巳 1941 民国三十年
壬午 1942 民国三十一年 癸未 1943 民国三十二年
甲申 1944 民国三十三年 乙酉 1945 民国三十四年
丙戌 1946 民国三十五年 丁亥 1947 民国三十六年
戊子 1948 民国三十七年 己丑 1949 民国三十八年

庚寅 1950 民国三十九年
辛卯 1951 民国四十年
壬辰 1952 民国四十一年
癸巳 1953 民国四十二年
甲午 1954 民国四十三年
乙未 1955 民国四十四年
丙申 1956 民国四十五年
丁酉 1957 民国四十六年
戊戌 1958 民国四十七年
己亥 1959 民国四十八年
庚子 1960 民国四十九年
辛丑 1961 民国五十年
壬寅 1962 民国五十一年
癸卯 1963 民国五十二年
甲辰 1964 民国五十三年
乙巳 1965 民国五十四年
丙午 1966 民国五十五年
丁未 1967 民国五十六年
戊申 1968 民国五十七年
己酉 1969 民国五十八年
庚戌 1970 民国五十九年
辛亥 1971 民国六十年
壬子 1972 民国六十一年
癸丑 1973 民国六十二年
甲寅 1974 民国六十三年
乙卯 1975 民国六十四年
丙辰 1976 民国六十五年
丁巳 1977 民国六十六年
戊午 1978 民国六十七年
己未 1979 民国六十八年
庚申 1980 民国六十九年
辛酉 1981 民国七十年
壬戌 1982 民国七十一年
癸亥 1983 民国七十二年